21 世纪高等院校财经管理系列实用规划教材

U0879926

服务营销

主　编　熊　凯　刘泉宏

副主编　顾　桥　周　红　洪　菲

参　编　赵　农　李志宏　孙安彬

汪元群　林　静　龙　莉

彭光辉

北京大学出版社
PEKING UNIVERSITY PRESS

内 容 简 介

作为市场营销学的一个分支，服务营销学在 20 世纪 60 年代从传统的市场营销学中独立出来，经过 70 年代的发展而逐渐确立了它的学术地位。服务营销学既是从市场营销学中衍生出来的，也是对市场营销学的拓展。本书由 15 章内容构成，包括绪论、服务营销概述、服务中的消费者行为、服务目标市场营销战略、服务产品策略、服务定价策略、服务分销策略、服务促销策略、服务的员工管理策略、服务的顾客管理策略、服务有形展示策略、服务过程策略、服务质量、服务补救及服务业的关系营销。

本书结构严密，层次清楚，内容丰富，形式多样，语言通俗，案例新颖。本书力求帮助读者既能理解西方服务营销理论精髓，又能结合中国本土服务业和服务营销实践，重点突出理论在中国本土文化背景下的适用性和实用性。

本书适合作为普通高等院校市场营销专业的教材，也可作为相关从业人员的学习参考用书。

图书在版编目(CIP)数据

服务营销/熊凯，刘泉宏主编. 一北京：北京大学出版社，2013.1
(21 世纪高等院校财经管理系列实用规划教材)
ISBN 978-7-301-21889-1
Ⅰ. ①服… Ⅱ. ①熊…②刘… Ⅲ. ①服务营销—高等学校—教材 Ⅳ. ①F713.50
中国版本图书馆 CIP 数据核字(2013)第 002353 号

书　　名：服务营销
著作责任者：熊　凯　刘泉宏　主编
策 划 编 辑：林章波　李　虎
责 任 编 辑：魏红梅
标 准 书 号：ISBN 978-7-301-21889-1/C・0858
出 版 发 行：北京大学出版社
地　　址：北京市海淀区成府路 205 号　100871
网　　址：http://www.pup.cn　新浪官方微博：@北京大学出版社
电　　话：邮购部 010-62752015　发行部 010-62750672　编辑部 010-62750667　出版部 010-62754962
编辑部邮箱：pup6@pup.cn
总编室邮箱：zpup@pup.cn
印　刷　者：北京虎彩文化传播有限公司
经　销　者：新华书店
787 毫米×1092 毫米　16 开本　23 印张　537 千字
2013 年 1 月第 1 版　2025 年 12 月第 5 次印刷
定　　价：65.00 元

前　　言

党的二十大报告提出，构建优质高效的服务业新体系，推动现代服务业同先进制造业、现代农业深度融合，为服务业高质量发展指明了方向。从实践方面来看，随着服务经济时代的来临，服务业在国民经济中的重要地位日益凸显。无论是从产业地位、产业结构、就业人数，还是对 GDP 的贡献，服务业都具有蓬勃的发展态势和美好前景。服务营销学正是在这一社会背景下，不断得到理论界和实践管理者的推崇和重视，逐渐绽放出它独特的光芒。服务营销学不仅仅解决服务业面临的营销问题，而且对所有有形产品中的服务部分也同样适用。实际上，在服务经济时代，有形产品与服务已经融为一体，许多传统的制造产业，在其市场营销实践中，也越来越离不开服务营销学的理论指导了。

鉴于此，编者组织编写了本书。本书按照目前学术界普遍接受的服务营销 7Ps 框架展开，同时又增加了服务质量、服务补救、服务业的关系营销等前沿理论，既展现了服务营销理论的专业性、系统性，又体现了服务营销理论发展的前沿性、学术性。本书在系统阐述服务营销基本原理的同时，很好地结合了党的二十大精神和我国服务业实践，注重理论原理的适用性和实用性。与其他同类教材相比，本书具有以下三个方面的特点。

(1) 注重营销视角，而不是管理视角。国内许多教材在阐述服务营销理论时，大多将服务营销与服务管理交叉在一起，致使许多教师在授课时感到迷惑，摸不清教学重点。而且，许多高校在开设服务营销课程的同时，也开设服务管理或服务运营管理课程，造成许多重复授课现象。本书注重营销视角，以 7Ps 为核心构架，根据服务本身的特点，揭示服务营销区别于传统营销的根本所在。在阐述每一个营销要素时，非常强调与有形产品中同类要素的区别，特别是对于“人”这一要素，又分别从员工和顾客两个视角全面阐述服务营销中“人”要素的重要性。

(2) 突出通俗易懂，而不是枯燥说教。本书在每章开篇都设有导入案例，并对案例进行分析，引出每一章的知识重点。在具体介绍有关原理时，并不是一味地枯燥说教，而是用通俗易懂的语言，力求言简意赅，让学生易于理解。并在诠释理论的过程中穿插多种形式的解读，如特别提示、知识链接、寓言故事、营销案例、阅读材料等，这些不同形式的交叉运用，既加深了读者对理论原理的充分理解，又增强了知识性、趣味性、新颖性，便于读者更好地理解和掌握晦涩枯燥而又深奥无比的理论。

(3) 强调适用实用，而不是游离实践。服务营销理论源于西方，因而不可避免地带有西方文化的色彩。针对这种情况，为了增强理论与中国本土文化的融合，本书选用了大量中国本土服务营销案例，把服务营销实战展现在读者面前，让读者在领略服务营销理论无穷魅力的同时，又能联系中国服务企业实际，帮助服务业解决营销中遇到的实际问题，避免理论游离于实践，从而增强理论原理在中国本土的适用性和实用性。

本书由熊凯、刘泉宏总体策划、设计，并与参加撰写人员共同讨论后修订，然后按编写大纲分工撰写。熊凯、刘泉宏任主编，顾桥、周红、洪菲任副主编。本书共 15 章，具体编写分工如下：第 1 章、第 9 章、第 15 章由熊凯(江汉大学)、刘泉宏(江汉大学)编写；第 2 章由顾桥(武汉工业学院)编写；第 3 章由赵农(江汉大学)编写；第 4 章、第 10 章、第 14 章由周红(江汉大学)编写；第 5 章由李志宏(江汉大学)编写；第 6 章由孙安彬(江汉大学)编写；第 7 章、第 8 章由洪菲(江汉大学)编写；第 11 章由汪元群(武汉商业服务学院)编写；第 12 章由熊凯(江汉大学)、林静(中南财经政法大学)编写；第 13 章由龙莉(长江期货有限公司客户部)、彭光辉(江汉大学文理学院)编写。全书最后由熊凯、刘泉宏总纂和定稿。感谢江汉大学商学院院长梁东教授为本书担当主审。

本书在编写过程中，参考和引用了大量专家、学者的相关论著和论文，也参考了有关网站的资料，除注明出处的部分外，限于体例原因不能够一一说明，在此谨向有关作者表示诚挚的谢意！

本书是江汉大学 2011 年度教材立项建设的成果，在编写过程中，得到了江汉大学教务处和商学院有关领导和老师的指导、帮助、关心与支持，同时也接受了华中师范大学经济管理学院王娟博士提出的中肯意见，在此一并表示感谢！

由于作者水平有限，书中难免出现疏漏不当之处，在此恳请有关专家、学者、读者不吝指教。

编　者
于江汉大学三角湖畔

目　录

第1章 绪论

教学目标

通过对本章的学习，了解服务经济时代的特点和服务战略观，掌握服务的概念、分类及特点。同时，能对服务业的发展趋势有清晰的认识。

教学要求

知识要点	能力要求	相关知识
服务经济时代与服务竞争	(1) 理解服务经济时代 (2) 理解并运用服务竞争 (3) 灵活运用服务战略观	(1) 服务经济时代的含义及特点 (2) 服务竞争的含义及趋势 (3) 不同竞争战略观比较
服务的概念、分类及特点	(1) 理解服务的概念 (2) 理解服务的类型 (3) 理解服务的特点	(1) 服务的概念 (2) 三种不同的服务分类方法 (3) 服务的特点
服务业概述	(1) 理解服务业的分类 (2) 了解服务业的发展	(1) 五种服务业分类的方法 (2) 服务业的发展趋势

如果我们不把这种新经济模式称为后工业模式的话，最好的替代词汇是服务经济。
——格罗鲁斯(Gronroos)

基本概念

前工业化社会　工业化社会　后工业化社会　服务竞争　服务经济时代　核心产品战略观　价格战略观　形象战略观　服务战略观　服务　服务分类法　服务业

导入案例

京东商城如何布局服务竞争

如果要看服务的布局，京东商城是标杆，京东的老板同时会兼任CSO(chief solution officer，首席服务官)。京东商城完成了北京、上海、广州和成都四大仓储中心的布局，将配送的时间整整缩短了一天。一级城市，基本能做到上午下单，下午就到。京东商城配送大提速对于当今电子商务市场的冲击，不亚于列车提速对于中国运输市场的冲击。配送快，将成为京东商城巨大的服务优势，这一竞争优势背后隐藏的是其整合资本和政府资源，打造四大仓储中心，自建物流体系，建设全国呼叫中心，通过规模经济打造集约化运营能力的核心竞争力。这种竞争力，将凝聚成强大的竞争优势，对现在的电子商务市场格局形成强大的冲击。

点评：在服务经济时代，服务竞争是提高企业核心竞争力的重要手段。

在服务经济时代，服务竞争成为一种新的竞争类型。服务企业，都在寻求通过服务竞争创造企业的竞争优势，打造企业的核心竞争力。本章主要介绍服务竞争时代的含义及特征，服务的含义、类型及特点，以及服务业的类型及发展趋势。

1.1　服务经济时代与服务竞争

1.1.1　服务经济时代

党的二十大报告中指出要“建设现代化产业体系”。现代化产业体系是现代化国家的物质支撑，是实现经济现代化的重要标志。要大力发展设计、专利、品牌、物流、法律、金融等现代服务业，通过与先进制造业和现代农业融合发展，提升产业体系整体质量和效率，形成产业协同发展的良好格局。目前，在全球范围内，服务业在整个社会经济活动链条中的地位日益重要，已经成为经济社会的中心和市场竞争的焦点。根据哈佛大学社会学教授丹尼尔·贝尔(Daniel Bell)的著作——《后工业社会的到来》，可以按照经济发展阶段将社会形态划分为前工业化社会、工业化社会和后工业化社会。前工业化社会又称农业社会。在这种社会中，生产力水平极其低下，人们所进行的活动主要是针对自然界的，生活就是人与自然的抗争过程。劳动者依靠其体力和传统的习惯在农业、矿业和渔业这些传统行业里辛勤劳作。工业化社会的主导性活动是商品生产，人类关注的焦点是降低商品生产成本、提高商品的生产效率及质量。在这个阶段，大量的机器被制造出来，人类进入了“机器社会”，自然的能源和人的体力一起成为社会最重要的资源。工业化社会中，人们的生活水平是由物质产品的数量决定的，而后工业化社会中，人们更关心的则是生活的质量。生活质量是由健康、教育、娱乐等方面的服务水准所决定的。在这个阶段中，信息是最重要的资源，各种专业人士成为社会的主导力量。在后工业化时代，服务业已成为主导产业。自20世纪60年代以来，主要发达国家的经济重心开始由制造业向服务业转移，全球产业结构逐渐由“工业型经济”向“服务型经济”转型，人类进入服务经济时代。

自20世纪50年代以来，全球经济经历着一场结构性的变革，对于这一变革，美国经济学家维克托•福克斯(Victor R. Fuchs)在1968年称之为“服务经济”。所谓服务经济，是指服务业的产值在国内生产总值(gross domestic product，GDP)中的比重超过60%的一种经济状态，或者说，服务经济是指服务业中的就业者在整个国民经济全部就业者中的比重超过60%的一种经济态势。福克斯认为，美国率先进入了服务经济社会。福克斯的宣言预示着始于美国的服务经济在全球范围的来临。在我国，随着市场经济的发展，服务经济开始得到政府主管部门的高度重视，其在国民经济中的比重逐渐加大，它是我国正在进行的产业结构调整升级的主要途径，关系到未来我国经济发展的走向与创新。现代服务经济是依托信息技术和现代管理理念而发展起来的，其发达程度已经成为衡量区域现代化、国防化和竞争力的重要标志之一，是区域经济新的极具潜力的增长点。

服务经济时代的来临，使社会经济发展出现了一系列新的特征。

1. 服务业在经济中占主导地位

20世纪 80年代以来，多数国家的服务业产值在其各自国家的经济活动中逐渐取得了主导地位。2000年，全球服务业增加值占GDP比重达到63%，主要发达国家达到71%，中等收入国家达到61%，低收入国家达到43%，大多数国家服务业产值的年平均增长速度超过了本国GDP的增长速度，发达国家约2/3的GDP来自服务业。2005年，全球服务业增加值占GDP的比重增加到68%，澳大利亚、加拿大、法国、德国、英国和美国等主要发达国家服务业产出比重已经接近或达到80%。2022年，美国服务业增加值占GDP的比重高达80%。欧盟的经济也严重依赖服务业。2020年，服务业占欧盟经济增加值的70%以上，同时，服务业也是欧盟就业比例最高的行业，达到73%。其中，卢森堡拥有庞大的金融服务业，该国87%的GDP来自服务业。相关公开信息显示，截至2023年3月14日，我国服务业加快发展，初步核算，2022年我国服务业增加值占GDP的比重为52.8%，对GDP的贡献率达到 41.8%。一些新兴的服务行业（如电信服务业、科研和综合服务业、金融保险业、咨询业、数字文旅产业等）快速成长，已经成为国民经济新的增长点。

特别提示

国际经验表明，在人均GDP达到3 000～6 000美元时，产业结构将发生重要变化，即工业不再处于绝对主导地位，很有可能出现工业、服务业并驾齐驱的格局，条件具备的国家或地区还可能出现以服务业为主导的产业结构。

2. 服务业成为社会就业的主要支撑

根据国外统计的一般规律，在经济增长阶段，服务业的就业率比第一、第二产业增长迅速。20 世纪 80 年代以来，服务业的就业增长率达到 4.8%，高于同期制造业 3.8%的增长率。1997 年，多数国家服务业吸纳的就业人数已经超过第一、第二产业的总和。2000 年，主要发达国家服务业吸纳的就业人口的比重均超过 70%，即有 3/4 的人从事服务业。2019 年，全球服务业就业人口占全球就业总人口的比重约为 50%。其中，发达国家这一比重约为 75%，不发达国家约为 20%。我国这一比重约为 45%，还在稳步增长。

3. 全球范围内服务贸易日益加快

20 世纪 90 年代以来，全球海外直接投资总额的一半以上流向了服务业，为服务贸易的发展提供了强劲动力，主要体现在两个方面：一方面，服务贸易的增长速度于 20 世纪 90 年代开始快于货物贸易，其中商业服务类贸易增长最快；另一方面，服务业正逐渐成为外国直接投资的重点，以 OECD 国家为例，外国直接投资服务业的总额明显高于投资制造业的总额，主要集中在零售、金融、商务服务和电信业。

4. 服务业全球化趋势日益显著

服务业是全球化程度最高的产业，2022 年的胡润世界 500 强名单显示，从行业分布来看，2022 年世界 500 强企业中有 104 家金融服务业企业，57 家能源行业企业，52 家医疗健康行业企业，31 家零售业企业，30 家软件与服务业企业，27 家食品饮料业企业，26 家消费品业企业。2022 年，我国企业承接服务外包合同额 24371 亿元，执行额 16514 亿元，同比分别增长 14.2%和 10.3%。我国服务外包产业继续保持稳步增长，展现出较强韧性和发展活力。服务业跨国转移由制造业追随型逐渐向服务业自主扩张型转变，现代服务业事实上已成为全球现代产业链、价值链和创新链的高端部分。

1.1.2 服务竞争

1. 服务竞争的含义

企业服务竞争是市场经济的一种崭新的竞争形式，有别于技术竞争、管理竞争、产品质量竞争、价格竞争、广告竞争、促销竞争等，它是企业为满足顾客需要、提高顾客对产品的满意程度而进行的市场竞争。实践证明，服务竞争是企业制胜的法宝，是企业在新世纪的战略选择，是服务经济时代企业竞争的必然结果。在服务经济时代，仅凭技术、质量、价格因素是难以创造出竞争优势的。要想取得竞争优势，除了必须把根基扎在技术、质量、价格上外，还要拓展技术服务、维修保养、顾客培训、服务咨询、送货上门、超值服务、电子商务等一系列服务形式，从服务竞争中去凸显企业的竞争优势。

服务竞争体现了以“市场需求”为导向的经营理念和发展战略，体现了企业的“诚信”、“人性”和市场经济伦理道德，体现了企业赢利和服务顾客的双重目标。服务竞争是以提高顾客对产品的满意程度为目的的市场竞争，其实质是服务理念的竞争，是以服务顾客为导向的企业文化的集中反映。要提高顾客对产品的满意程度就意味着一切要从顾客的需要出发，即从产品的设计、制造、销售到使用的全过程中无条件地满足顾客的消费需求：既要把消费者想到的想到、做到，又要把消费者未想到的想到、做到；既要考虑到消费者现在的利益，又要考虑到消费者未来的利益。服务竞争的充分开展，一是要有超过顾客期望的超值服务；二是要有满足顾客未来需求的服务意识和准备。因此，服务竞争是无条件、无止境的，是永恒的。

服务竞争是最具竞争力的一种竞争形式。服务竞争浸透于产品设计到产品消费的全过程中。因此，没有哪一种竞争形式能具有像服务竞争这样的竞争力。在实践中，顾客与企业员工通过服务的接触明显高于其他竞争战略，因此，只要善于勤于挖掘员工的潜力，服务质量就会日臻完善。服务不仅是凝聚着一定技术含量的实质性服务，如送货、维修、安装、现场演示等，更多的是企业与顾客的情感交流、信息沟通，如“笑脸相迎”就是一个人人都能提供的服务形式。尽心尽力的完美服务是爱心、诚心、关心、耐心的奉献，是企业与顾客相互信任的新型亲情、友情关系的建立，这种“面对面”、“心贴心”的服务竞争效力是其他任何一种竞争形式都难以做到的。1996 年以来，我国的大小彩电企业使尽浑身解数，历经价格战、质量战、款式战、促销战，然而几轮大战下来，高扛中国彩电行业大旗的，依然是长虹、TCL、康佳三巨头。究其深层原因，就在于这些彩电企业在技术、服务、策略等方面拥有其他企业无法比拟的竞争优势，而盲从者的简单模仿无法触及竞争的真正实质，自然也无市场和利润可言。

2. *服务竞争发展趋势*

在服务经济时代，服务竞争呈现多元化、全球化的发展趋势。竞争优势是市场检验的结果，它并非来源于市场，而是来源于企业所控制的核心资源。在工业经济时代，企业的竞争优势来源于生产的规模化所带来的低成本优势。而在工业经济时代向服务经济时代转型的过渡期，竞争优势越来越倾向于企业所掌握的核心技术。在服务经济时代，由于信息共享程度空前提高，产品生命周期越来越短，维持原有的技术优势几乎不可能，而由于服务的无形性、难以模仿性，其本身已经成为打败竞争对手的一种有效手段。同时，服务业不可阻挡的扩张势头和从辅助产业到主导产业的角色演变，使得越来越多的企业和投资者看到了服务业在未来经济中的作用和前景。在日益激烈的服务市场竞争中，每一个服务竞争者都想在竞争格局中抢占有利的先机。

服务竞争的多元化表现在不同的企业进入服务领域的时间和空间范围明显不同。最早进入服务市场的通常是那些在实体产品领域中已经确定了领导者地位的企业。作为领导者，它们具有规模大、利润高、融资能力强等优势，出于持续发展和多元化经营的目的，它们较早进入了新型的服务业并抢先占据了有利的市场地位。较晚进入服务竞争的通常是那些大型分销商。它们先以自销的商品为中心，利用丰富的客户关系，将业务逐步向服务领域延伸。例如，英国某些前身为分销商的服务企业现已成为服务业的主力军，其业务领域扩展到保险、金融、餐饮、娱乐等。同时，在公共管理部门，政府也开始组建一些公共资源管理机构、企业或服务团体，加入到服务竞争的大潮中来，如在火车站、博物馆中提供餐饮服务，警察提供某些有偿服务，法院提供有偿服务咨询服务等。

全球经济一体化的发展，推动了服务经济的全球化。有专家指出，世界经济已全面向服务经济转型，全球服务经济具有五个明显的特征：一是服务创新成为价值增值的主要源泉；二是产业边界日益模糊，产业融合与分工细化不断催生新型业态，在服务经济时代，制造业服务化、服务业制造业相互交融，不断激发新的经济增长点；三是服务业增加值占经济总量的比重占绝对优势，服务消费、服务业就业成为经济和社会发展的动力源泉；四是国际分工和全球价值链正在重新构建世界经济体系，推动全球经济新的增长，而服务业是国际分工和全球价值链的重要内容；五是服务经济成为经济合作与竞争越来越核心的内容。从本质上来说，经济全球化对服务的推动远远大于其对有形产品生产的促进，因为有形产品的地域化生产矛盾在很大程度上可以通过国际贸易缓解。

营销案例

南翔大酒店的服务竞争策略

南翔大酒店的服务竞争策略是正确的，主要体现在以下几个方面。

首先，从服务市场营销的角度来分析，该酒店采取服务竞争明显优于削价竞争方式。因为，该城市国内外游客每年虽然超过 200 万人次，但已有的宾馆和酒店的接待能力已超过 700 万人次/年，当地酒店业竞争过度，平均开房率不到 40%，靠削价已难以提高开房率，必须转入服务竞争，靠优质服务才有可能进入良性发展的轨道。

其次，对当地酒店服务业市场进行细分。在全部客源中，国内外要求住三星级饭店的游客超过 60 万人次/年，而全城仅有三家三星级的酒店，即三星级酒店明显不足，并已迫使客源向低档店分流。在这种市场背景条件下，作为刚投入运营的三星级南翔大酒店以中高层次游客为营销对象，采用服务取胜的策略，而不与低档酒店开展新一轮的价格战是明智之举。同时，服务竞争也体现了"以目标顾客服务为中心、服务就是效益"的原则。

1.1.3 服务战略观

一般而言，在企业竞争中，企业可以采取四种竞争战略观：核心产品战略观、价格战略观、形象战略观和服务战略观(见表 1-1)。

表 1-1 不同竞争战略观比较

竞争战略观	特 点
核心产品战略观	企业管理的重点是保持产品核心技术优势，这种优势是形成顾客感知价值的最重要源泉；企业通过技术优势形成与竞争者的差异；服务并不处于战略位置
价格战略观	价格是决定顾客感知价值的最重要因素；重视价格因素，企业通过低价策略进行竞争；忽略附加服务对顾客感知价值的影响
形象战略观	形象是提高顾客感知价值的最重要因素，特别是品牌形象；企业利用形象进行竞争，如品牌形象；这种独特形象是通过广告和市场沟通形成的
服务战略观	强调服务产品组合能提高顾客感知价值；有形产品、服务、信息、顾客关怀和其他要素共同构成服务产品组合；强调服务产品组合是管理者最重要的任务；采用服务战略观的企业可以称之为服务企业

核心产品战略观是一种建立在传统的科学管理理论和方法基础上的竞争策略。按照这种观念，核心产品的质量是决定竞争优势最重要的因素。如果某个企业科技力量雄厚，具有长期的科技优势，这种战略观是有效的。该价值观有一个前提条件：核心产品是顾客价值的唯一或最重要的来源。如果这个条件不成立，企业则有可能陷入价格战的泥沼。

价格战略观意味着企业将价格作为唯一和持久的竞争优势。如果企业能够保持长久的低成本优势，这种战略观是可行的。如果一旦企业的低成本优势逐渐丧失，采用这种战略就会变得相当危险，企业将面临不断降价的压力，其长久的发展将受到很大影响。

形象战略观是指企业所关注的不仅仅是提供核心产品，不仅仅以价格作为竞争手段，而是通过持续的市场沟通，在市场上建立起良好的形象，并将这种形象作为竞争的手段。对于有些产品和服务，如时尚产品中时装、香水，消费品中的软饮料、快餐等，形象是十分重要的。但这种策略需要企业拥有富有吸引力和功能良好的核心产品，这是根基，同时，顾客还要将包装与特定的品牌相联系。如果企业没有这些识别要素，则这种产品或服务就会逐渐失去其独特性，成为一种商品。因此，采用这种战略观，要求企业具有大量的和不间断的市场沟通投入，当企业资金拮据时，这种战略显然是不可行的。

服务战略观意味着将服务视为与顾客保持长期关系的战略性要素。无论是产品还是服务，要想依靠技术优势来长期保持竞争优势是相当困难的。因为这种技术优势必须非常明显，即便如此，也不能保证企业肯定会在竞争中取得成功，因为技术是容易模仿的。实际上，顾客所购买的不是产品或服务本身，而是由产品或服务所提供的利益。他们所购买的是由有形产品、服务、信息、关怀和其他要素所组成的“服务产品组合”，而且正是这个“服务产品组合”中为顾客所感知的服务创造了价值。因而，持有这些组合要素对于企业发展与顾客的长期关系具有非常重要的意义。

在当今的经济领域中，以服务为主导的竞争战略观逐渐占据上风，成为企业获取竞争优势的最强有力的手段。当然，选择服务战略观并不意味着要排斥其他战略观，只是不同的战略观要求企业采用不同的发展模式和途径。服务战略观并不意味着企业忽视产品质量和技术，相反，由于存在激烈的竞争，企业更需要通过建立核心产品优势来获取服务竞争优势，但企业在对战略观排序时，必须分清主次，这样才能抓住重点，取得纲举目张的效果。

特别提示

被国际学术界和实务界誉为“服务营销理论之父”、“世界CRM大师”的芬兰赫尔辛基汉肯经济与管理学院格罗鲁斯教授表示，企业树立以客户为中心的服务观是由工业经济向服务经济转型所必需的。

1.2　服务的概念、分类及特点

1.2.1　服务的概念

市场营销学界对服务概念的研究大致是从20世纪60年代开始的。关于服务的概念，各国不同学者的理解各有不同，其中有代表性的包括以下几种。

1960年，美国市场营销学会(American Marketing Association，AMA)对服务的定义是“用于出售或者是同产品连在一起出售的活动、利益或满足感”。

1963年，著名学者雷根(Regan)将其定义为“直接提供满足或者与有形产品或其他服务一起提供满足的不可感知活动”。

1990年，北欧著名学者格罗鲁斯将其定义为“或多或少具有无形特征的一种或一系列活动，通常(但并非一定)发生在顾客同服务的提供者及其有形的资源、商品或系统相互作用的过程中，以便解决消费者的有关问题”。

美国著名营销学大师科特勒(Kotler)将服务定义为“一方能够向另一方提供的任何一项活动或利益，它本质上是无形的，并且不产生对任何东西的所有权问题，它的生产可能与实际产品有关，也可能无关”。

英国著名学者佩恩(Payne)在分析了各国营销组织和学者对服务的界定之后，把服务界定为“一种涉及某些无形性因素的活动，它包括与顾客或他们拥有财产的相互活动，它不会造成所有权的更换。条件可能发生变化，服务产出可能或不可能与物质产品紧密相连”。

美国学者泽斯梅尔(Zeithaml)和比特纳(Bitner)在其著作《服务营销》中将服务定义为“某种能够使他人得到满足的行为、过程或表现。这种行为、过程或表现不仅存在于服务企业的活动之中，而且也是许多制造商向市场提供的组合的一部分”。

上述不同学者分别从不同的角度对服务的概念进行了诠释，虽然揭示了服务的一些共同特点，但都或多或少具有一定的片面性。目前，市场营销学界普遍接受了AMA在1960年定义的基础上经过补充完善之后的定义：“服务是可被区分界定，并且是无形的，可使人们欲望获得满足的活动，而这种活动并不需要利用实物，而且即使需要借助某些实物协助生产服务，也不会涉及这些实物的所有权转移的问题。”这一定义抓住了服务活动的本质，大大丰富了原有定义的内容，使人们更为清楚地认识到服务同有形产品的区别。

知识链接

出色的客户服务——一个公司提供的日常的、正在进行的支持——对于形成品牌的一致性及获得最终成功是至关重要的。它包括回答问题、接受订单、处理账单问题、处理抱怨、日常安排及类似的获得。这些重要的职能能够形成或破坏一个组织与其客户的关系。由于其在形成印象进而维持客户关系中具有重要作用，客户服务有时也被称为一个组织的“前门”或“脸面”。

1.2.2 服务的分类

要了解服务的类型，首先应该分清服务与有形产品之间的界限。事实上，服务与有形产品之间是很难严格区分开的，大多数情况下两者是结合在一起的，只不过是某一方占主导而已。G·林恩·萧斯塔克(G.Lynn Shostack)将企业提供的产品分为四大类，它们构成了一个连续谱系，如图1.1所示。

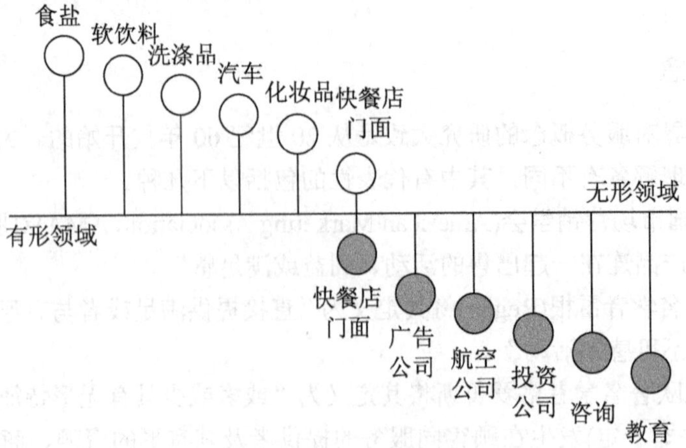

图1.1 产品连续谱系

(1) 纯粹实体产品：产品本身没有附带明显的服务，销售的标的物是实体产品，如盐、牙膏等。

(2) 附带服务的实体产品：销售的标的物还是实体产品，但附带有明显的服务，借以提高产品对顾客的吸引力，如汽车、电视机等。

(3) 附带实体产品的服务：销售的标的物是无形的服务，但附带有实体产品，如航空旅行、医疗、健身等。

(4) 纯粹的服务：服务提供者直接为顾客提供的服务，基本无实体产品，如心理咨询、信息服务等。

连续谱系强调的是，大多数产品都是不同要素属性的结合体，纯粹的服务和纯粹的有形产品都很少。服务与有形产品两者的区别在于有形性程度的不同，从高度无形到高度有形之间形成一个连续谱系。

服务内涵的复杂性决定了人们会从不同的角度去考察服务，因而产生了不同的分类法。服务的分类是为认识不同行业、不同部门服务的特征服务的，是制定服务营销战略的基础。虽然不同的分类方法或多或少都有一定的局限性，但通过分类可以帮助人们理解和把握概念的内涵，概括出不同行业中服务的共同特征。目前，服务分类的方法很多，美国服务营销学家洛夫洛克(Lovelock)将服务按照服务活动的对象、服务传递方式、服务经历要素、服务组织同顾客之间的关系、服务过程中的定制化程度等几个方面进行了分类，是目前关于服务分类的较为权威的观点。这里介绍三种分类方法。

1. 顾客参与程度分类法

(1) 高接触度服务。是指顾客在服务推广过程中参与其中全部或大部分的活动，如影剧院、美容厅、公共交通、学校等部门所提供的服务。

(2) 中接触度服务。是指顾客只是部分地或在局部时间内参与其中的活动，如银行、律师、地产经纪人等所提供的服务。

(3) 低接触度服务。是指在服务推广中顾客与服务的提供者接触较少的服务，其间的交往主要是通过仪器设备进行的，如广播网、电话公司等提供的服务。

顾客参与程度分类法的优点是便于将高接触性服务从中低接触性服务中分离、凸现出来，以便采取多样化的服务营销策略，满足各种高接触性服务对象的需求；其缺点是过于笼统。

2. 综合因素分类法

综合因素分类法是从服务的综合因素着手，分别从不同的侧面进行分类。例如，按照提供服务工具的不同，分为以机器设备为基础的服务(如自动售货机)和以人为基础的服务(如会计审计服务、旅行服务等)；按照顾客是否在现场，分为顾客亲历现场的服务(如身体检查、美容美发等)和顾客不必亲历现场的服务(如汽车修理、衣物熨烫等)；按照顾客需求异同性，分为个性化服务和标准化服务；按照服务组织的公益性和所有制性质，分为营利性服务、非营利性服务、公共服务、私人服务等。这种分类法综合考虑了各类因素，对其客观状态进行了分类，包容性较广，但从服务营销管理角度考虑不够，与对服务业的管理不太协调。

3. 服务营销管理分类法

服务营销管理分类法结合了前几种方法的优点，并重点结合对服务业的管理过程进行分类(见表 1-2)。

表 1-2 服务的分类

服务的分类标准		举　例
服务的直接对象	人	保健、美容、娱乐、教育、信息服务
	物	货物运输、干洗、银行、法律服务、保险
服务活动的无形性程度	高	教育、信息服务、娱乐、银行、法律服务
	低	保健美容、娱乐、货物运输、干洗
服务关系的时间性质	持续	保险、银行、警察、电台、灯塔
	间断	俱乐部、电话、出租车、邮政、电影院
服务关系的归属性质	正式	保险、银行、月票、俱乐部、电话
	非正式	警察、电台、灯塔、出租车、邮政、电影院
服务对顾客个性的重视程度	高	法律、建筑设计、家庭教育、酒店服务
	低	大规模教育、公共交通、公共保健
服务人员灵活处理的程度	高	法律、建筑设计、教育、公共保健
	低	酒店服务、零售银行、公共交通、电影院
服务需求的波动性	大	电话、消防服务、饭店、剧院、旅游交通
	小	保险、银行、法律服务
服务供求平衡的难度	大	饭店、剧院、旅游交通
	小	电话、消防服务、保险、银行、法律服务
服务提供的地点	单一	剧院、美发店、租赁、信用卡
	多样	公共汽车、连锁店、邮政、电话
服务提供者与顾客接头的方式	顾客上门	剧院、美发店、公共汽车
	提供者上门	草坪维护、家政、保姆、应急修理
	双方随时接头	信用卡、电视台、广播、电话

营销案例

全球第一个电话银行

对英国银行顾客进行的营销调研表明，大多数顾客偏向于尽可能减少去当地营业支行的次数，27%的人表示愿意通过电话进行更多的银行交易(但电话另一端必须是一个活生生的人)。看到这个结果，米德兰德银行(Midland Bank)就设立了一项名为“一线通”的全新业务，即所有标准的零售银行业务都通过每年365天、每天24小时开通的电话完成(以邮递和自动取款机作为支持)。为了创建“一线通”服务，米德兰德银行对全球范围内的银行业和技术领域的创新思想进行了研究。这是全球第一个电话银行——一个没有分支行、雇员不需要和顾客见面的银行。仅仅过了5年，米德兰德银行就吸引了650 000位客户(他们中的许多人是由得到满意服务的银行老客户推荐而来的)。

1.2.3 服务的特点

为了将服务同有形产品区分开来，自20世纪70年代以来，西方市场营销学者从产品特征的角度来探讨服务的本质。对于大多数服务而言，服务具有以下四个最基本的特征。

1. 无形性

商品与服务之间最基本的，也是最常提到的区别就是服务的无形性。由于服务是一种绩效或行动，而不是实物，所以人们不能像感觉有形商品那样来看到、感觉或触摸到服务。例如，医疗保健服务是由提供者针对患者进行的行为，如诊断、检查、治疗，虽然涉及有形的设备等，但顾客接触的更多的是服务。顾客只能从看到的服务设备、资料、人员、价格上作出服务质量的评价。一般而言，顾客只有充分信任服务的提供者，才会购买或消费。同时，服务的无形特征使得顾客在购买服务时，总感觉要比购买有形产品承担更大的风险。因此，服务营销人员应设法降低顾客的可感知风险。

知识链接

1979年，约翰逊·史密斯和尼斯利(Johnson Smith & Knisely)咨询顾问公司的一位主要负责人加里·尼斯利向从事服务营销工作的人员询问了一个问题：“服务营销和有形产品营销是不同的概念吗？”尼斯利还特别调查了几个高级营销管理人员，他们都有丰富的产品营销经验，并转入服务行业。

当他们试图直接将消费品营销实践应用于服务业时(后来证明部分是成功的)，他们发现了区别。假日酒店的詹姆斯·L·肖尔，以前曾在宝洁公司工作，发现无法把消费品企业的营销系统应用于服务企业。他与其他被调查的管理人员一起，描述了某些重复发生的问题。首先，服务营销组合的变量要比消费品多，因此，服务生产过程是营销过程的一部分。其次，顾客介入是有形产品营销与服务营销的一个主要区别，来自于有形产品企业的管理人员从未想过与顾客直接对话，对于肖尔来说，推销宾馆房间可归结为一种“人对人”的销售。罗伯特·L·卡特林在谈到他在航空业中的经历时说：“在顾客看来，与服务的其他任何特性一样，你的人员是产品的重要组成部分。”人们购买产品是因为他们相信产品有效用，但对于服务来说，人们会与他们喜欢的人打交道，而且因为他们认为自己会喜爱这项服务才购买，这使得顾客与员工接触成为服务营销工作的一个关键部分。

1979年，当学者们较早地开始争论有形产品与服务在营销管理上是否存在差别这一问题时，在这两个行业中都有经验的高层管理人员已经明显认识到这种差别，而这种差别今天仍然存在。这些早期的服务营销人员注意到的区别是今天应用的许多观点、概念和战略的发展推动力。

2. 差异性

差异性是指服务的构成成分及质量水平经常变化，很难统一界定。人类个性的存在使得对于服务的质量检验很难采用统一的标准。一方面，受服务人员自身因素的影响，即使由同一服务人员所提供的服务也可能会有不同的水准；另一方面，由于顾客直接参与服务的生产和消费过程，顾客本身的因素也会直接影响服务的质量和效果。服务的差异性使服务组织难以对其产品质量实施标准化。服务的差异性，导致服务组织在质量控制方面面临诸多服务业本身所固有的难题。

3. 不可分离性

不可分离性是指服务人员服务于顾客时，也正是顾客消费服务的时候，服务的生产与消费两个环节在时间上不可分离。由于服务本身不是一种具体的物品，而是一系列的活动或者说是过程，所以在服务过程中，消费者和生产者必须直接发生联系，从而生产的过程也就是消费的过程。服务的这种特征表明，顾客只有而且必须加入到服务的生产过程中，才能最终消费到服务。顾客不仅是服务的消费者，而且是服务的协作生产人。他们参加生产过程并且能观察生产过程，因此他们可能会影响服务交易的结果。

特别提示

大多数有形产品首先是生产，然后是进行销售和消费。但大部分服务却是先销售，然后同时进行生产和消费。

4. 不可储存性

基于服务的不可感知形态及服务的生产与消费同时进行，服务不可能像有形产品一样被储存起来等待销售和消费。服务的不可储存性是服务供给和需求矛盾的主要来源，服务营销人员必须设法对供给和需求进行平衡。因此，需求管理是服务企业的一项极为重要的工作。在旺季，为了满足市场需求，服务企业往往会增添服务设备，增加服务人员；在淡季，许多服务企业经常削价促销，希望提高销售量和服务设施的利用率。

1.3 服务业概述

1.3.1 服务业的分类

服务业的分类有许多不同的方法，下面介绍几种常用的分类方法。

1. 按产业标准划分

服务业又称第三产业，OECD 和世界银行对三大产业进行了如下划分，从而较明确地界定了服务业的范围。国务院于 1985 年批准的《国家统计局关于建立第三产业统计的报告》中也认可了这一划分标准：第一产业是指农业、畜牧业、林业、渔业和狩猎业；第二产业包括制造业、建筑业、自来水、电力和煤气生产、采掘业和矿业；第三产业范围最广，它包括第一、第二产业之外的所有产业，如商业、餐饮业、仓储业、运输业、交通业、邮政业、电信业、保险业、金融业、房地产业、租赁业、技术服务业、职业介绍、咨询业、广告业、会计事务、律师事务、旅游业、装修业、娱乐业、美容业、修理业、洗染业、家庭服务业、文化艺术、教育、科学研究、新闻传媒、出版业、体育、医疗卫生、环境保护、宗教、慈善事业、政府机构、军队、警察等。

2. 国际标准工业分类法

按照国际标准工业分类法(international standard industrial classification，ISIC)，可以将服务业划分为 12 类，即批发贸易、零售贸易、餐馆、运输与贮存、通信、金融机构、不动产及商业服务、公共管理及防务、社会服务和社区服务、娱乐及文化服务、个人及家庭服务、国际机构及跨境组织等。

3. 按服务领域划分

按服务领域，可以将服务业分为10类，见表1-3。

表1-3　服务分类

类　别	例　子
1. 医疗保健服务	医院、诊所、疗养院、康复医疗保健服务中心等
2. 食宿、交通与旅游服务	宾馆、饭店、客运、旅行社、航空公司等
3. 金融服务	银行、券商、保险公司、金融服务等
4. 专业服务	法律咨询、房地产开发、编程、工程设计等
5. 体育、艺术与娱乐服务	世界杯、奥林匹克运动会体育、艺术与娱乐服务、马戏团、歌剧院等
6. 渠道、物流与租赁服务	批发、零售、快递、货运、重型设备租赁等
7. 教育与研究服务	大、中、小教育与研究服务学教育、远程教育、员工培训、研究机构等
8. 远程通信服务	BBC、电视、电报、卫星通信、Internet等
9. 个人及维修服务	美容、健身房、猎头公司、电器和钟表修理、家政服务等
10. 政府、准政府与非营利组织	居委会、福利院、邮政服务、交通和治安警、政府、准政府与非营利服务警察服务等

4. 按生产要素密集类型分类

服务业按照生产要素密集类型可分为四类：①劳动密集型服务业，如餐饮业、旅游、运输、家政服务、邮政等；②资本密集型服务业，如银行、保险、证券、国际融资公司、租赁服务等；③技术密集型服务业，如维修、治安、消防、通信、交通管理服务等；④知识、信息密集型服务业，如咨询、法律事务、教育、科学研究、电视、网站等。

5. 按经济性质进行分类

服务业按照经济性质可分为以下五类。

① 生产服务业，是指直接和生产过程有关的服务活动行业，包括厂房、车间、机器等劳动手段的修缮和维护，作业线的装备和保养等；经营管理活动，如生产的组织，工时的运算，劳动力的调整，以及计划、进度、报表的编制等。

② 生活性服务业，是指直接满足人们生活需要的服务活动行业，包括加工性服务，具有提供一定物质载体的特点，如饮食、家用器具的修理等；活动性服务，即不提供物质载体，而只提供活动，如旅店住宿、理发等；文化性服务，如戏剧、电视、电影、舞蹈等文化娱乐活动及旅游活动中的服务等。

③ 流通服务业，是指商品交换和金融业领域内的服务行业，包括生产过程的继续，如保管、搬运、包装等；交换性服务业，如商品的销售、结算等商业活动服务；金融服务业，如银行、保险、证券等行业。

④ 知识服务业，是指为人类的生产和生活提供较高层次的精神文化需求的服务业，包括专业性服务业，如技术咨询、信息处理等；发展性服务业，如新闻出版、报纸杂志、广播电视、文化教育等。

⑤ 社会综合服务业，是指不限于某个领域的交叉性服务活动行业，包括公共交通业，如运输业、航运业等；社会公益事业，如公共医疗、消防、环境保护等；城市基础服务，如供电、供水、供气、供暖、园林绿化等。

知识链接

有关资料显示，美国最大的产业是健康服务业，该行业占美国 GDP 的比重高达 17%，堪称美国的三大产业支柱，行业规模超 20 万亿元；而我国 2022 年的健康服务业规模为 12.37 万亿元，仅约为美国的半数，仅占我国 GDP 的 10%。。由此，美国《财富第五波》一书的作者保罗·皮尔泽预言，全球下一个兆亿产业将是健康产业。健康服务业远比医疗卫生业的范围宽泛。健康服务业是以生命技术和生物技术为先导，以健康至上理念为指导，涵盖健康检查、疾病预防、医疗卫生、营养健康、身体养护、康复治疗、身心与精神治疗等多个领域的产业的集合，蕴涵着巨大的市场潜力。例如，现在越来越多的人开始进行药膳、养生及亚健康调理，就是因为随着我国经济的迅速发展及生活水平的提高，对于防患于未然的健康服务产生了迫切的需求。

1.3.2 服务业的发展

党的二十大报告提出：“构建优质高效的服务业新体系，推动现代服务业同先进制造业、现代农业深度融合”，为服务业高质量发展指明了方向。我们应认真落实党的二十大精神，加快构建优质高效的服务业新体系，为构建现代化产业体系、满足人民美好生活需要做出更大贡献。随着服务经济时代的来临，服务业已逐渐成为各国经济增长的支柱产业，服务业的发展水平也成为衡量现代社会经济发达程度的重要指标之一。在许多发达国家，服务业对于整个国民经济部门覆盖的深度和广度是任何其他类部门所无法比拟的。在国际贸易和国际直接投资领域，服务贸易增长最快。同时，由于全球经济一体化进程的深入发展，整个生产的服务密度越来越大，服务的可交易性日益增大。

在技术进步的条件下，未来可能出现有形产品与服务的融合，而企业也可能同时生产有形产品和服务，即有形产品与服务的边界被打破，有形产品与服务的区分不再存在。例如，国外的大型跨国企业一方面是传统的制造业企业；另一方面在市场竞争压力下，这些跨国企业不仅有自己庞大的销售体系，还有庞大而精密的售后服务体系。美国通用电气公司就声称将建成“生产和销售高质量产品的全球性服务公司”，而 IBM 也声称“IBM 就是服务”，实际上这类企业已成为“制造业与服务业的联合企业”。

在经济全球化和信息化的强劲推动下，服务业正在迅速发展，并呈现一些新的发展趋势。

1．制造业服务化

制造业服务化是指制造业的一些知名企业通过增加服务项目或是直接经营服务业务来扩展经营领域的现象，如 GE 进入金融业、HP 兼并服务性企业、IBM 由制造业企业成功转型为服务型企业。其结果使许多企业的收入构成中服务业务所占的份额明显提高，从事服务活动的人数显著增多。有资料表明，美国制造业中有 65%～76%的人员在从事如研究、后勤、维修、产品设计、会计、金融、法律和私人服务等服务工作。

制造业业务的服务化趋势是市场竞争推动的结果。随着科技的进步和经济的发展，市场逐渐由卖方市场转向买方市场，一般产品的设计、技术含量日渐接近，产品硬件的同质性越来越明显，而服务的加入既可以创造产品的差异化特色，又可以产生不同的附加价值，使附加价值高者获得竞争优势。

2. 服务内核知识化

随着新一轮科技革命的不断推进及知识经济时代的到来，服务业的发展从内核上来看呈现出知识化和高科技化的趋势。目前，国际高科技领域发展最快的是以计算机和通信技术为代表的信息技术产业，而信息技术产业的发展中心及发展的方向则是软性化的服务。服务业逐渐成为高科技产业化的主要领域，很多服务业成为技术水平发展变化最快的行业。金融、零售、运输、管理咨询等服务行业，也在越来越多地运用先进的技术手段和信息技术。高科技的发展，不仅使得世界服务业的发展不断地高科技化，而且也使得很多传统的产业和传统的服务都被高科技手段所武装，金融的电子化、商务活动的电子化、电信业务的数字化都体现了服务业的高科技化趋势。许多新兴服务行业从制造业分离出来，形成了独立的服务经营行业，其中技术、信息、知识密集型服务行业发展最快。其他如金融、运输、管理咨询等服务行业，由于运用了先进的技术手段，也很快在全世界范围内扩大。

20 世纪 90 年代以后，发达国家知识密集型和技术密集型服务业得到空前发展。随着经济发展、技术进步和社会分工深化，服务业从劳动密集型转向知识密集型、技术密集型和资金密集型，知识、技术含量高的服务业逐渐占据服务业的主导地位。更多的应运而生的新兴的现代服务业，本来就是以技术、知识、资金、信息和智力等为最主要的资源要素的。在相当大的程度上，发达国家经济的“服务化”实际是“知识化”、“信息化”或“网络化”。有资料显示，发达国家知识密集型服务业已占服务业总值的 50%以上。

3. 服务消费多元化

随着现代科技化经济的快速发展，服务消费需求越来越呈现出多元化特点。服务消费需求的多元化是指现今社会的服务消费已远远超出以往餐饮、住宿、理发、修补等简单的生活服务范围，服务业已发展成为一个有着广泛领域和崭新内容的国民经济支柱产业，社区服务、家政服务、物业服务、护理服务、文化服务、信息服务、专业服务、生产服务等新的服务项目层出不穷。即使是一些传统的服务项目，由于科学技术的进步和经济文化的发展，也增添了许多新的内涵。同时，现代服务消费还呈现出向信息化、网络化、智能化的发展趋势，知识、信息、科技、创意、新奇、刺激、体验等成为现代服务消费的重点，从以往那种以体力、技能为主要特征的服务逐渐向以信息、知识、科技为主要特征的服务方向发展。

与服务消费需求的多元化及信息化、网络化、智能化方向发展相适应，服务业发展也越来越多元化。许多新兴服务行业如研发设计业、网络服务业、会展业、创意产业应运而生。在生活性服务当中，突出以人为本，以顾客为上帝，以人的需求、尊严和体验为服务重点，讲究个性化服务、人文化服务等成为服务业发展的新的亮点。如心理健康咨询、终生教育、人文关怀、志愿者行动等在新的理念指导下创造的新型服务方式如雨后春笋般不断涌现。

知识链接

世界经济发展的进程表明，在工业化中后期，大量生产性服务需求的形成将成为该阶段服务业发展的重要特征和最主要动力。“十二五”期间我国大部分地区工业仍将保持较高速度增长，产业分工深化、工业转型向研发和营销两端延伸及服务外包步伐逐步加快，对生产型服务业将产生巨大的需求支撑。此外，受到政府的重视和当前启动的一系列内需政策的效用延续，消费需求对经济增长的拉动作用将有所增加。可以预期，“十二五”期间，需求将拉动如商贸、餐饮、医疗、社区服务、文化娱乐、旅游、体育健身、教育培训等在内的消费服务业实现总量扩张和结构升级。

同时，新生服务行业及服务业态将层出不穷，具体表现为，随着产业链重组和专业化分工的不断深化，生产性服务企业将根据商业环境的变化不断创新商业模式、服务方式和经营业态，开拓新的市场空间；服务业和新技术相融合而衍生出的新兴服务行业将成为我国经济发展的新增长点；服务方式呈现网络化、连锁化、信息化等趋势，使各种相关联的结构性要素发挥市场价值，服务的内容和领域将不断扩展。

近年来，创意经济、网络经济、总部经济、空港经济、楼宇经济、服务外包等新兴服务业态在一些中心城市的兴起，以及互联网信息服务、通信增值服务、动漫、工业设计、供应链管理、网上银行等新兴服务行业的不断涌现，就是这种趋势的最好说明。

4. 服务竞争全球化

随着经济全球化的纵深发展，各国服务市场开放度不断提高，服务业发展的国际化和全球化也势在必行。目前，世界范围内服务贸易的增长速度明显快于货物贸易，服务贸易在整个国际贸易中所占的比重已经达到了26%，预计在今后20～30年，这一比重每年大约还要提高一个百分点。到21世纪30年代，服务贸易将成为国际贸易的主要内容。服务业如零售业、金融、电信、商务服务、保险等正成为跨国公司和国际化企业对外直接投资的重点，服务业跨国交易发展的潜力和空间将十分巨大。

本章小结

本章主要介绍了服务经济时代与服务战略观、服务的含义、类型与特点及服务业的类型与发展趋势等。在后工业化时代，服务业已成为主导产业，服务经济时代已经来临。在服务经济时代，服务竞争成为区别于技术竞争、产品竞争和价格竞争的一种新的竞争形势。服务是可被区分界定，并且是无形的，可使人的欲望获得满足的活动，而这种活动并不需要利用实物，而且即使需要借助某些实物协助生产服务，也不会涉及这些实物的所有权转移的问题。服务具有无形性、差异性、不可分离性、不可储存性、不涉及所有权转移等特点。在经济全球化和信息化的强劲推动下，服务业正在迅速发展，并呈现制造业服务化、服务内核知识化、服务消费多元化和服务竞争全球化等一些新的发展趋势。

名人名言

在服务经济时代，有形产品与服务已经融为一体。

——格罗鲁斯

IBM就是服务。

——IBM公司

从通用电气到王安公司，从施乐到惠普，这些几乎几年前利润几乎大都来自于销售产品的企业正迅速转变为服务提供商。

——C·H·德驰(C.H.Deutsch)

服务是一种需要、努力和操作。

——罗纳德·L·贝瑞(Leonard L. Berry)

服务是行为、过程和表现。

——泽斯梅尔和比特纳

课后练习

一、复习题

1. 选择题

(1) 服务经济的标志是服务业的产值占GDP的比重超过(　　)。
A．70%　　B．60%　　C．50%　　D．40%

(2) 在服务经济时代，企业应以(　　)作为企业的竞争战略观。
A．核心产品战略观　　B．价格战略观　　C．形象战略观　　D．服务战略观

(3) 产品连续谱系是(　　)提出的。
A．科特勒　　B．萧斯塔克　　C．洛夫洛克　　D．佩恩

(4) 有形产品与服务的最基本区别是(　　)。
A．不可分离性　　B．不可储存性　　C．无形性　　D．差异性

(5) 按照生产要素密集类型，旅游属于下面(　　)服务业。
A．资本密集型　　B．技术密集型
C．劳动密集型　　D．知识密集型

(6) 根据服务的不可分离性特点，下面哪一种说法是错误的？(　　)
A．顾客是服务的协作生产者　　B．顾客不会影响服务交易的结果
C．服务生产的过程也是服务消费的过程　　D．顾客参与服务的生产过程

2. 填空题

(1) 在服务经济时代，IBM宣称“IBM就是______”。
(2) 在服务经济时代，服务竞争呈现______、______的发展趋势。
(3) 按照经济发展经历的不同阶段，可以将社会形态划分为______，______和______。

3. 判断题

(1) 服务产品的生产离不开顾客的参与。　　(　　)
(2) 在服务经济时代，服务战略观已经成为一种新型的竞争战略观。　　(　　)
(3) 在服务生产过程中，顾客会参与其中。　　(　　)

(4) 制造业服务化将成为今后的发展趋势。 ( )
(5) 在服务经济时代，知识将占据重要的地位。 ( )
(6) 有形产品与服务之间的界限越来越模糊化。 ( )
(7) 服务是过程、行为或表现。 ( )
(8) 在相当大的程度上，发达国家经济的“服务化”实际是“知识化”、“信息化”或“网络化”。 ( )

4. 问答题

(1) 什么是服务？服务的特点有哪些？
(2) 服务经济时代具有哪些特征？
(3) 服务业的发展趋势有哪些？
(4) 什么是服务竞争？
(5) 为什么服务战略观是一种新型的竞争战略观？
(6) 试分析服务战略观与核心产品战略观、价格战略观和形象战略观的区别。
(7) 如何理解“制造业服务化”？请举例说明。

5. 讨论题

(1) 如何理解服务的不可分离性特点，讨论顾客如何参与服务生产过程并最终影响了服务的结果。

(2) 以某企业为例，分析其竞争优势的来源，并讨论服务战略在其竞争战略中的重要地位。

二、案例应用分析

服务：获取竞争优势的另一张王牌

案例一：长安“亲情服务”打造中国小型车第一服务品牌

长安汽车集团的“长安亲情”服务品牌以“长安·亲情，四海一家”为理念，建立“亲情、诚信、规范、快捷”的品牌体系全程评估标准。最终使“长安亲情服务品牌”成为国内小型车行业第一服务品牌。

长安亲情服务品牌，包含以下三个方面的含义：一是把用户当亲人，明确长安服务的定位。用户不是上帝，用户是亲人，上帝是西方文明的产物，而在中华文明几千年的发展中，亲情才是最重要的。二是体现与时俱进的精神品格。要想赢得更大的发展，必须要靠服务来支撑，必须实现从售后服务向售前、售中、售后全过程服务转变，从应急服务向主动回访转变，从单一服务向多样化转变，从解决问题向预防问题转变，从被动服务向主动关怀转变。三是体现对用户负责的精神和态度。

长安亲情服务品牌的特色是细致的人文关怀。无论是“长安亲情·冬季关怀”、“长安亲情·新春贺喜”、“浪漫3月·长安献亲情”、“迎七一·长安亲情服务，双周免费大检查”，还是“平安出行·凉爽相伴”活动，长安在各大型节日、长假用车高峰对用户进行回访。在“五一”、“十一”这样的驾车旅游高峰，还将临时服务点设立到各旅游景区，方便驾车旅行的用户。

案例二：重汽“亲人服务”维护用户利益就是维护企业效益

中国重汽集团的服务口号是“车在用户手中，更在亲人手中”，树立“维护用户利益就是提升企业效益”的思想，做到想用户之所想，急用户之所急，干用户之所需，解用户之所难，维护重汽集团及其产品的信誉，为用户提供“亲人”服务。

重汽亲人服务的特色是标准化。在众多标准中，连服务作风及态度和文明用语规范都有成文规定。其中文明用语不但包括宣传客户用语、接听电话用语、接待客户用语，而且还包括用户离站用语和服务禁语。

案例三：东风柳汽“阳光在线”以优质的服务提高产品附加值

东风柳汽投入近百万元启动的“阳光在线”服务品牌，大力倡导其“服务零距离，关怀永在线”的核心服务理念。其对“阳光在线”的理解为，服务就像阳光一样，永远普照大地，希望即使用户在天涯海角，也能享受到温暖如春、温情周到的服务。当然，阳光在线并不是狭隘的售后服务，而是把服务作为营销战略的重要组成部分，其内涵也从单一的售后服务扩大到为用户所提供的全面服务。

东风柳汽“阳光在线”的特色是高效。高速维修车“巡逻”，服务零距离。自2004年6月开始，东风柳汽的“阳光在线”服务专车，就开始在中国最长也是最繁忙的高速公路主干线——京珠高速上，以最低限速来回穿梭。只要看到路边有东风柳汽的汽车出现故障，服务车就会立即赶上去进行紧急处理，保证用户的投资利益得到回报，不会因为故障而错失商机。而今年，随着东风霸龙重卡大举进军中国北方市场，“阳光在线”服务专车将开始在中国北方的几条主干道上“巡逻”，以满足用户的不时之需。

案例四：北汽福田“同步世界，服务中国”大服务战略赢市场

在“服务创造价值”经营理念的指导下，北汽福田2005年又提出新的服务推广概念——“同步世界，服务中国”，将在营销方面坚持“全方位大服务”的战略，大打服务品牌。

该战略包括自新车出厂进入流通领域，直至其使用后回收报废各个环节所涉及的所有服务性工作，其内涵和外延包括服务理念和服务行为，即作为服务主体的企业、组织和个体满足全方位的服务客体不断延伸的需求的全过程。目前，已延伸出“亲情体验服务”品牌，概括为“一杯茶、二洗车、三充气、四食宿、五救援”。

北汽福田同步世界，服务中国的特色是覆盖面广的网络。为了更快速地响应消费者的需求，福田汽车建立了中国汽车行业最大规模的呼叫中心，全年365天24小时实现全覆盖、不间断为消费者提供服务，而且通过短信、传真、E-mail、网络数据、视频、语音等多种通信媒介，面向消费者开展产品咨询、定期回访、市场调查、服务站报修、用户投诉、客户关怀等业务。

案例五：江淮汽车“贴心服务，共同经营”将服务作为品牌建设的一部分

江淮汽车坚持“贴心服务，共同经营”的理念，把客户的利益放在第一位。江淮高层表示，服务已经作为江淮汽车品牌建设的一部分，公司将以对客户服务的质量和水平作为衡量品牌价值的标准之一。

江淮认为，优质的产品可以为客户提供基础的使用价值，而良好完善的服务可以为客户提供附加价值，客户只有通过使用产品获取更高的价值，才能更加关注和信任产品，从而进行再次购买，厂家也才能获取更大的利益，并发展壮大。这是一个以客户为中心的价值循环，客户经营得好，厂家才能经营得好，江淮轻卡53%回购率的秘密便在于此。

案例六：长城汽车“专业服务，用心呵护”新服务构筑新“长城”

长城汽车公司的服务理念是“专业服务、用心呵护”。围绕这一核心，该公司建立了八要素服务体系：健全的服务网络、及时的配件供应、快捷的救援队伍、严格的服务承诺、透明的监督机制、高超的专业技能、灵活的特色服务、三级回访呵护。

长城汽车的服务特色是俱乐部模式的服务管理。现已运作和在建的俱乐部有近100家。这些俱乐部定期开展各项优质服务活动，如春季健诊活动、夏季送清凉活动、冬季送温暖活动等，力争给用户提供更多实惠。

(资料来源：http://www.chinacsbbs.org/bbs/redirect.php?fid=15&tid=3900&goto=nextnewset.)

问题：

(1) 六家汽车企业的服务特色各有什么不同？

(2) 为什么说服务成为企业获取竞争优势的另一张王牌？

(3) 联系实际说明在服务经济时代企业树立服务竞争观的战略意义。

阅读材料

服务交易中戏剧表演分析方法的应用

服务营销著作与评述行为的戏剧表演观点之间有一些相似点。两者都对在观众面前创造和维持好印象所需的战略及行动很有兴趣，同时也都认识到，可以通过成功管理“演员”的“表情”和他们所处的实物环境来实现这一目的。戏剧表演法所提供的“表演”的观点显示：服务营销者应注意公司代表着的“个人外观”(外表和行为)。此外，“环境(实物环境)必须受到严格控制以产生正确的印象。如果服务演员成功地进行了印象管理，他们的管理水平就会大幅提高”。

例如，一家餐馆因为其接触度、观众规模大，由此能够发现许多应用的可能。比如，戏剧表演显示，男女侍应生和其他服务人员的表现依赖于他们作为团队成员，在履行戏剧表演的忠诚、纪律和慎重义务上做得怎样。因个人问题或无法礼貌接待无礼顾客所发生的违规行为，会影响顾客对服务的总体满意度。同样，在跑堂倌、女侍应生、厨师和出纳之间缺乏协调，则会导致顾客长时间等待，造成不好的印象。当然，泄露有关同事工作的私人信息，以图削弱同事的业绩，如泄露厨师拿手好菜的秘密，也能造成对服务评价的负面效果。

很明显，就环境而言表演的舞台及前台区域工作人员的个人外观在餐馆是很重要的。“气氛”和其他“表现工具”及服务人员的礼貌和外表会创造出一种印象。未擦干净的桌子，肮脏的银器，冷漠的设计，昏暗的灯光和粗鲁的女侍应生都可以使甚至是经过精心烹制的菜肴吃起来像隔夜的燕麦粥。相反，陈设宜人的餐馆，加上整洁有效的人员将会大大提高客人对餐馆产品的满意度。

戏剧表演法进一步显示了将前台区域和后台区域保持分类的必要性。在餐馆里这一点尤为重要。在寻找洗手间时，失去方向的顾客会误闯进未标明的餐馆厨房领域，他由此会见到各种令人不愉快的景象，脏话、不合适的行为、杂乱的工作环境及勾起的他对家里做饭的脏腻情景的联想都会在顾客脑中留下与前台矛盾的印象，这种经历对顾客满意度会造成可怕的后果。

除了将厨房保持在后台之外，戏剧表演法也提供了另外一种选择：将它转移到前台区域，完全展示在餐馆顾客面前。这当然意味着厨房必须保持洁净和运作良好。许多顾客会对厨房区域的外观留下印象，并且着迷于观看食物烹制的过程。这种方法同样有利于驱除消费者通常所认为的厨房脏腻的看法，这一策略事实上已被许多餐馆成功地使用。

(资料来源：克里斯托弗·H·洛夫洛克，服务营销．3版．陆雄文等，译．北京：中国人民大学出版社，2001：98.)

第2章 服务营销概述

教学目标

通过对本章的学习，了解服务营销学的兴起和发展，掌握服务营销学与传统市场营销学的联系与区别，以及服务营销组合与产品营销组合的区别。同时，掌握服务营销管理过程、服务营销战略的内容和类型。

教学要求

知识要点	能力要求	相关知识
服务营销学概述	(1) 服务营销学兴起和发展的概况 (2) 服务营销学与市场营销学之间联系与区别的概况与理解能力	(1) 服务营销学发展的三大阶段 (2) 服务营销学与市场营销学的联系与区别 (3) 中国服务营销发展的现状和趋势 (4) 中国推广服务营销学的条件
服务营销组合	(1) 理解服务营销组合七要素 (2) 理解服务营销组合与传统营销组合之间的区别	(1) 服务营销组合的含义 (2) 服务营销组合七要素的内容 (3) 服务营销组合与传统营销组合之间的区别
服务营销管理	(1) 理解服务营销管理的过程 (2) 理解服务营销战略	(1) 服务营销管理过程的内容 (2) 服务营销定位战略 (3) 总成本领先战略 (4) 差异化战略 (5) 集中化战略 (6) 多角化战略

营销学不仅适用于产品与服务，也适用于组织与人，所有的组织不管是否进行货币交易，事实上都需要搞营销。

——菲利普·科特勒(Philip Kotler)

基本概念

服务营销　可感知性　服务营销组合　有形展示　服务过程　服务营销管理　规模经济　异质性　不可分离性　不可贮存性　总成本领先战略　差异化战略　集中化战略　多角化战略

导入案例

美国沃尔玛零售公司的“超值服务”标准

美国沃尔玛零售公司是世界上最大的零售公司，有许多其他商家所不具备的优势，其中之一便是“超值服务”理念，包括“日落原则”、“比满意还满意原则”、“10 步原则”等。“日落原则”是指当天的工作必须在当天日落之前完成。对于顾客的服务要求，要在当天予以满足，绝不拖延。这个原则与尊重个人、注重顾客服务和精益求精的信念一脉相承，已成为沃尔玛企业文化的重要内容。“比满意还满意的原则”，公司创始人沃尔顿对此的解释是，“让我们成为顾客最好的朋友，微笑着迎接光顾本店的所有顾客，尽可能提供能给予的帮助，不断改进服务，这种服务甚至超过了顾客原来的期望，或者是比其他任何商店更多更好的服务”。例如，曾有一名沃尔玛员工把一名儿童从马路中央推开，避免了一起交通事故；另一名员工主动延长工作时间，帮一位母亲精心挑选儿子的生日礼物，却耽误了自己孩子的生日晚会，等等。这些根植于沃尔玛员工心目中的优质服务，给公司带来了无数的“回头客”。“10 步原则”，是指只要顾客出现在沃尔玛员工 10 步距离的范围内，员工就必须主动上前打招呼，并询问是否需要什么帮助。沃尔玛的这些经营理念在实践中被认为是成功的范例。薄利多销并没有使沃尔玛无钱可赚，相反，服务到位使沃尔玛顾客盈门。

点评：理念影响成功。

服务理念对企业经营的成功与否有重大影响，一切经营管理活动都要接受服务理念的指导。因为正确的服务理念决定服务的质量，服务质量的好坏又会影响顾客的满意度。因此，服务理念影响着企业经营的成功。本章主要介绍服务营销学的基础知识、服务营销组合及服务营销管理等相关内容。

2.1 服务营销学概述

在社会经济活动中，随着服务业的发展和产品营销中服务活动所占比重的提升，将服务营销从市场营销学中独立出来进行专门研究成为必要。服务营销学既是从市场营销学中衍生出来的，也是对市场营销学的拓展。服务营销学对服务营销行为的专门研究是 21 世纪知识经济发展的需要，并将成为推动第三产业发展的动力和理论依据。

2.1.1 服务营销学的兴起和发展

1. 服务营销学的兴起

随着服务业在社会经济中的主导作用日渐突出，服务营销学逐渐从市场营销学中衍生出来并独立发展壮大。服务营销学于20世纪60年代兴起于西方。1966年，美国约翰·拉斯摩(John Rathmall)教授首次对无形服务与有形实体产品进行区分，提出要以非传统的方法研究服务的市场营销问题。1974年，由拉斯摩所著的第一本论述服务市场营销的专著面世，标志着服务市场营销学的产生。在该著作中，作者明确指出仅把市场营销学的概念、模型、技巧应用于服务领域是行不通的，必须建立服务导向的理论架构。视服务营销学为市场营销学的衍生还不够，必须认清服务营销学与市场营销学之间存在着某种明显的区别，才使服务营销学成为独立的学科。不过，当时认真领会这些问题的重要性并开展相关研究的学者甚少。直到20世纪70年代中后期，美国及北欧才陆续有市场营销学者正式开展服务营销学理论的研究工作。值得注意的是，传统的市场营销理论主要是根据北美市场的经验而总结发展起来的，但对于服务营销学的理论探讨，北欧学派(又称诺迪克学派 Nordic School)却占有举足轻重的地位，其代表人物格罗鲁斯和詹姆斯·赫斯克特(James Heskett)在服务市场营销管理方面提出了突破性观点。他们的服务质量理论及服务营销管理理论成为服务营销学的重要理论支柱。

知识链接

在服务营销学界，一般将服务营销理论的研究学派分为“北美学派”和“北欧学派”。北欧学派强调市场营销决策不能与总体管理决策截然分开，认为管理决策渗透于营销决策之中，企业的服务管理应是市场导向的服务管理。

服务营销学的兴起缘于服务业的迅猛发展和产品营销中服务日益成为焦点的事实。随着经济的发展，服务业在国民经济中的比重日益扩大，产业升级与产业结构优化必然会产生服务业的强劲发展和产品营销中服务成为企业竞争焦点的局面。具体而言，服务业的发展与下述因素有密切的关系。

1) 科学技术的进步和发展是服务业扩展的前提条件

科学技术的不断发展及其广泛应用，不仅推动生产模式由劳动密集型向技术密集型转化，同时又为服务行业的扩张提供了可能。显然，很多服务的产生都同计算机技术和信息处理有关。例如，电子计算机的出现为信息咨询、旅游等行业提供了物质条件，并促进了一些新的服务行业的产生。

2) 社会分工和生产专门化使服务行业独立于第一、第二产业之外

随着生产力的发展，社会分工越来越细，专门化程度越来越高，在第一和第二产业自身的发展过程中，一些生产和流通环节相继独立出来，如商业、交通运输业、通信服务业和仓储业、包装业等，日渐成为国民经济中具有特色且具有一定比例的新的产业群，即服务业群。

3) 市场环境的变化推动新型服务业的兴起和发展

随着生产力水平的不断提高，社会产品越来越丰富，市场竞争也不断加剧。为了使自

己在竞争中处于有利地位，扩大市场占有率，每一个企业都必须从生产到销售的各个环节上下工夫，促使企业利润不断增长。这时，企业对生产和服务过程要素投入的需要就随之增强。正是为了满足企业竞争的需要，一些专业性服务行业，如管理咨询、工程咨询、市场调研、广告业等从企业母体中独立出来。

4) 人们消费水平的提高促进了生活服务业的发展

随着社会的发展，人们消费水平的提高，人们对提高生活质量和改善生存环境的要求越来越迫切，人们不仅要求满足物质生活需求，而且对精神生活的需要更为突出。于是，娱乐、体育、美容、健美等服务就产生了。另外，出于对生态环境恶化和资源稀少的考虑，各种环保性服务也出现了。

服务业的兴起和发展符合社会经济发展的规律。企业在进行有形产品营销时，服务已成为销售的重要手段，成为企业间进行市场竞争的焦点，并日益成为产品市场竞争的主角。正如管理学大师彼得·F·德鲁克(Peter F.Drunker)所说，“‘新经济’就是服务经济，服务就是竞争优势”。企业营销及市场竞争不仅需要市场营销学作为理论基础，而且需要其作为行动指导。中国服务营销学的兴起和广泛传播将是继市场营销学蓬勃发展之后掀起的又一个高潮。

知识链接

所谓“新经济”就是建立在信息技术革命和制度创新基础上的经济持续增长与低通货膨胀率、低失业率并存，经济周期的阶段性特征明显淡化的一种新的经济现象。新经济的特性主要有三点：首先，企业越来越注重将价值从有形资产转移到无形资产上；其次，价值从提供产品的企业，转移到不仅提供产品同时提供低价并且高度个性化服务的企业，或者能够提供问题解决方案的企业；最后，企业可以方便地通过数据管理来降低成本，这也是新经济的另一个重要特性。通俗地讲，新经济就是我们一直追求的“持续、快速、健康”发展的经济。

2. 服务营销学的发展

服务营销学脱胎于市场营销学，在自己的空间得以茁壮发展。科特勒曾指出，服务代表了未来市场营销管理和市场营销学研究的主要领域之一，一些学者甚至称之为市场营销领域的服务革命。在欧美地区，服务营销学正蓬勃发展起来。自20世纪60年代以来，服务营销学的发展大致上可分为以下三个阶段。

(1) 第一阶段(20世纪60—70年代)：服务营销学的形成阶段。这一阶段是服务营销学从市场营销学中脱胎而出的时期。这一阶段主要研究的问题是：①服务与有形实物产品的异同；②服务的特征；③服务营销学与市场营销学研究角度的差异。

这一阶段，服务营销学还只是处于描述性研究阶段。继拉斯摩的研究之后，1977—1980年，理论界对服务特征的研究最为普遍，约翰·E·G·贝特森(John E.G. Bateson)、G·林恩·萧斯塔克、罗纳德·L·贝瑞等学者纷纷提出经典性论述。于是，无形性、不可分离性、品质差异性、不可储存性及所有权不可转让性被归为服务所独有的五大特征。

(2) 第二阶段(20世纪80年代初中期)：服务营销的理论探索阶段。第二阶段的研究建立在第一阶段的研究成果之上，主要探讨服务的特征如何影响消费者购买行为，尤其集中于消费者对服务的特质、优缺点及潜在的购买风险的评估。不少营销学者还探讨了服务的分类问题，针对不同类型的服务，营销人员需要采取不同的营销战略和战术。这一阶段具有代表性的学术观点主要是：①顾客的评估服务如何有别于评估有形产品；②如何依据服务的特征将服务划分为不同的种类；③可感知性与不可感知性差异序列理论；④顾客卷入服务生产过程的高卷入与低卷入模式；⑤服务营销学如何跳出传统的市场营销学的范畴而采取新的营销手段等。

在这一阶段，美国亚利桑那州州立大学成立了“第一跨州服务营销学研究中心”(the First Interstate Center of Services Marketing)，成为继北欧学派之后的又一个服务营销学研究中心，它标志着对服务营销理论探索的深入。

知识链接

营销学上，根据在消费者购买决策的过程中对商品信息的收集和介入程度，将商品分为高卷入性商品(high involvement)和低卷入性商品(low involvement)。其中，高卷入性商品通常是指价格相对比较昂贵、消费者需要支付较大一笔费用的商品，如房子、汽车，还有如手表和价格较高的数码类产品。低卷入性商品通常是普通的快速消费品，如饮料、洗发水这类商品，价格相对较低，作用和功能十分明确。

(3) 第三阶段(20 世纪 80 年代后期至今)：理论突破及实践阶段。这一阶段，市场营销学者们在第二阶段取得对服务的基本特征共识的基础上，集中研究了在传统的 4P 组织不够用来推广服务营销的情况下，究竟要增加哪些新的组合变量的问题。这一阶段具有代表性的学术观点有以下几种。

① 服务营销应包括七种变量组合，即在传统的产品(product)、价格(price)、分销(place)和促销(promotion)之外，还要增加“人(people)”、“过程(process)”和“有形展示(physical evidence)”三个变量，从而形成 7P 组合。

② 由“人”(包括顾客和企业员工)在推广服务及生产服务的过程中所扮演的角色，并由此衍生出两大领域的研究，即关系营销和服务系统设计。

③ 服务质量的新解释，确认服务质量由技术质量和功能质量组成，前者指服务的硬件要素，后者指服务的软件要素。

④ 提出了服务接触的系列观点，包括服务员工与顾客相互之间沟通时的行为及心理变化，服务接触对整项服务感受的影响，如何利用服务员工及顾客双方的“控制欲”、“角色”和对投入服务生产过程的期望等因素来提高服务质量等问题。

⑤ 从对 7P 研究的深化，到强调跨科学研究的至关重要，服务营销学强调从人事管理学、生产管理学、社会学及心理学等学科领域观察、分析和理解服务行业中所存在的各种市场关系。

⑥ 特殊的服务营销问题，如服务价格理论如何测定、服务的国际化营销战略、资讯技术对服务的生产、管理及市场营销过程的影响等。

服务营销学的发展过程也是服务营销学跨地域、跨国界的传播过程。

知识链接

所谓关系营销，是把营销活动看成是一个企业与消费者、供应商、分销商、竞争者、政府机构及其他公众发生互动作用的过程，其核心是建立和发展与这些公众的良好关系。1985 年，巴巴拉·本德·杰克逊提出了关系营销的概念，使人们对市场营销理论的研究又迈上了一个新的台阶。

2.1.2 服务营销学与传统市场营销学的关系

服务营销学是从市场营销学中派生出来的，其从理论基础到结构框架都来自于市场营销学。服务营销学作为一门独立的经济学科，与市场营销学既有联系又有区别。

1. 服务营销学产生于市场营销学

服务营销学是从市场营销学中派生的，其基本理论、原理和方法都来自于市场营销学。例如，服务市场消费者行为的分析方法，服务市场细分的原理和方法，目标市场选择的策略，服务的开发、定价、分销和促销等，与市场营销学是一致的，而且几乎所有的市场营销学中的理论和方法在服务营销中都可以应用。从这一点上讲，服务营销与市场营销并没有本质上的区别。

2. 服务营销学与市场营销学研究的对象存在差异

市场营销学是以产品生产企业的整体营销行为作为研究对象的，服务营销学则以服务企业的行为和产品营销中的服务环节作为研究对象。服务业与一般生产企业的营销行为存在一定的差异。虽然产品的广义概念包含了服务，而且不能彻底地把有形产品和无形的服务区分开来，但服务和有形产品总是存在差异的。服务营销学更侧重于研究无形的服务，而市场营销学更侧重于研究有形的产品。服务营销的组合由市场营销组合的 4P 发展为 7P，即加上了人、过程和有形展示这 3P。

特别提示

服务营销学的研究视点集中要从服务业的无形性、不可分离性、不可储存性等基本特征出发，只有抓住了服务业的这些本质特征，服务营销学的研究才能突现学科的特色，才有助于解决服务业市场营销活动中的营销目标、营销战略、营销策略、营销组合等一系列问题。

3. 服务营销学加强了顾客对市场过程参与状况的研究

服务过程是服务生产与服务消费的统一过程。服务生产过程也是消费者参与的过程，因而服务营销学必须把对顾客的管理纳入有效地推广服务、进行服务营销管理的轨道。市场营销学强调的是以消费者为中心，满足消费者需求，而不涉及对顾客的管理内容。

4. 服务营销学强调人是服务产品的构成因素，故而强调内部营销管理

服务产品的生产与消费过程，是服务提供者与顾客广泛接触的过程，服务产品的优劣、服务绩效的好坏不仅取决于服务提供者的素质，也与顾客行为密切相关，因而研究服务员工素质的提高，加强服务业内部管理，研究顾客的服务消费行为十分重要，人是服务的重要构成部分。市场营销学也会涉及人，但市场营销学中人只是商品买卖行为的承担者，而不是产品本身的构成因素。

5. 服务营销学要突出解决服务的有形展示问题

服务产品的不可感知性，要求服务营销学要研究服务的有形展示问题。服务产品有形展示的方式、方法、途径、技巧成为服务营销学研究的系列问题。这也是服务营销学的突出特色之一。市场营销学不需要涉及这方面问题的研究。

6. 服务营销学与市场营销学在对待质量问题上也有不同的着眼点

市场营销学强调产品的全面营销质量，强调质量的标准化、合格认证等。服务营销学研究的是质量的控制。质量控制问题之所以成为服务营销学区别于市场营销学的重要问题之一，是因为服务的质量很难像有形产品那样用统一的质量标准来衡量，其缺点和不足不易发现和改进，因而要研究服务质量的过程控制。

7. 服务营销学与市场营销学在关注物流渠道和时间因素上存在差异

物流渠道是市场营销关注的重点之一，而由于服务过程是把生产、消费、零售的地点连在一起来推广产品，而非表现为独立形式，因而着眼点不同。对于时间因素的关注，产品营销虽然也强调顾客的时间成本，但在程度上还不能与服务营销相比。服务的推广更强调及时性、快捷性，以缩短顾客等候服务的时间。顾客等候时间长会破坏顾客的购买心情而使之产生厌烦情绪，会影响企业的形象和服务质量，因而服务营销学更要研究服务过程中的时间因素。

8. 服务营销学是市场营销学的发展

市场营销学已经诞生了 100 多年，而服务营销学则是最近几十年才从市场营销学中派生出来的。如果不考虑产品和服务的无形性和有形性，仅把产品和服务看成是提供某种利益或满足的东西，那么，服务营销学则是比市场营销学更高层次的营销学，服务营销学是市场营销学的发展。

服务营销学虽脱胎于市场营销学，但与市场营销学还存在着很大差异，这表明服务营销学有独立存在发展的必要。

营销案例

“施乐”不卖产品只卖服务

在世界上，“施乐”就是复印机的代名词，就好比看到 IBM 就想到电脑一样。而且其市场占有率高达一半以上。所以，称施乐公司为“复印机之王”一点也不过分。

为什么施乐公司在竞争激烈的复印机市场中能独占鳌头呢？原因是，它有一招“逆向反常”的独特经营策略，那就是只卖服务不卖产品，也就是只租不售的销售方法。

施乐公司于 1864 年由美国人威尔逊创立，但直到 1960 年“施乐 914”干式复印机问世后，施乐公司才异军突起。

传统的湿式复印机不但在复印时必须使用化学液体，而且必须使用表面涂有感光药物的复印纸。“施乐 914”干式复印机则无上述麻烦，因此大受欢迎。

当时美国法律规定，任何产品的定价超过成本 10 倍时，即不得销售。然而，每台成本只有 2 400 美元的“施乐914”复印机，却被威尔逊定出29 500美元的高价。这样的高价，不但市场无人问津，而且法律也禁止销售。这正中威尔逊的心意。他不想卖产品，只想卖服务。换言之，“施乐914”只出租不出售。

因为复印机和电脑非常类似，维修相当麻烦，不出售机器，就不会有许多维修的麻烦了。所以，威尔逊干脆提高售价，采取只租不售的经营方式。事实证明，威尔逊的决策非常正确，出租复印机的利润千倍于销售复印机的利润。“施乐914”就像一只会生金鸡蛋的母鸡，给施乐公司赚进了大笔的财富。

现代社会中人们越来越关注购买过程中的精神享受，“服务”现在是销售中更具分量的卖点。

2.1.3 服务营销学在中国的发展

1. 中国的服务营销学现状

由于受到政策、经济、消费等方面因素的影响，总体而言，我国服务业发展水平普遍较低，这表现在技术、行业市场化程度、从业人员素质、服务质量、管理水平等多个方面，而服务营销观念落后是我国服务业落后的重要原因之一。进入21世纪以后，由于全球服务经济的快速发展，服务业的竞争也由国内发展到国际。在经济全球化、服务贸易自由化的大趋势下，我国的服务业必须尽快转变观念，用新的理论指导企业经营发展，以迎接更为严峻的国际服务市场的挑战。

目前，我国的服务营销发展现状突出表现在以下几个方面。

(1) 理论研究落后，制约实践发展。在整个宏观经济和微观管理领域内，都忽视服务业的重要性，更谈不上对服务相关理论的研究。特别是我国的服务营销理论研究，不仅滞后于西方理论学界，更滞后于现代服务行业的实践发展。

(2) 营销观念陈旧，缺乏战略指导。我国服务业长期运用传统的市场营销观念指导企业，这本身与服务行业的特点不符，也缺乏全面有效的服务营销战略作为企业发展的重要支撑。

(3) 专业教育不足，缺乏专业人员。在实践中，许多服务行业由于从业人员缺乏必要的专业教育，服务素质参差不齐，特别是缺乏服务营销和服务管理的专业教育，导致在现实中严重缺乏专业的服务营销从业人员。

(4) 营销手段单一，忽视服务质量。大多数企业只知道运用传统的营销手段去应对市场竞争，而不注重服务质量、顾客关怀和顾客体验等，这些都是服务经济时代服务企业竞争取胜的法宝。

2. 中国推广服务营销学的必要性

随着中国服务业的迅猛发展，中国有条件、有必要推进服务营销学的广泛传播和应用。我国推广服务营销学的必要性和紧迫性出于以下原因。

首先，我国服务业发展空间较大。据世界银行统计，发达国家服务业生产总值占国民生产总值的70%以上，中等发达水平国家的服务业产值平均亦为国民生产总值的50%左右。而根据国家统计公报，2022年我国服务业增加值达到63.87万亿元，占GDP的比重为52.8%，低于发达国家水平，服务业增加值比重和就业比重都处于较低水平。因此，我国服务业的发展空间较大，有必要通过服务营销的传播推动服务业的发展。

其次，我国服务业就业渠道宽广。发展服务业则是投入小、见效快的最有利的途径。

在我国，服务业发挥着安置就业主渠道的作用。中国目前在服务业领域就业的人数相对滞后，只为20%左右，而发达国家服务业从业人数占社会就业总人数的60%，一些发展中国家也达到40%。中国发展服务营销学对于推动服务业领域就业人数的增加也会起推动作用。

最后，新型服务业全新的服务营销学理论作指导。在我国，商贸餐饮、交通运输等传统服务业占40%左右。金融保险、信息咨询、科研开发、教育、旅游、新闻出版、广播电视等所占比重不到30%，信息服务业所占比重仅为5%左右。服务业范围广阔，涉及的领域众多，这些服务行业的除旧迎新需要理论指导，中国在新世纪全面推进服务营销学恰逢其时。

3. 中国服务营销学发展的方向和趋势

进入21世纪以来，随着全球服务经济的发展，以及我国服务业的突飞猛进的发展现状，中国服务营销学的发展已是势在必行。我国国内的服务企业不仅面临着国内的竞争压力，而且也面临着国外强大的竞争者。同时，无论是服务性企业，还是传统的制造业都已经逐渐认识到，以产品、技术、质量等为基础构建起的竞争优势越来越容易被模仿，而通过服务创造的竞争优势则更持久、更不易被模仿。毋庸置疑，服务将成为企业今后竞争的焦点所在，这是竞争发展的必然规律，也是企业发展的必然选择。因而，我国企业需要更加重视服务营销学和服务营销管理等相关理论的发展，吸收国外先进的服务营销思想，并结合我国的企业发展实际，在引进、消化和吸收西方服务营销理论的基础上，在营销观念和营销方法两个大的方面不断进行创新，去更好地指导我们的企业发展。在营销观念方面，主要是指接受西方的服务营销理念和思想，转变传统的产品、价格、形象等战略观，树立服务竞争战略观，构筑以服务为基础的竞争优势。在营销方法方面，主要包括产品创新、技术创新、营销工具创新和营销管理创新等。

营销案例

“蛋卷冰激凌”诞生记

哈姆威是美国的一个糕点小贩。一次在美国举行的世界博览会上，组委会允许商贩在会场外摆摊设点。这样，哈姆威就来到了会场外出售他的甜脆薄饼。在他摊位旁边的是一位卖冰激凌的小贩。

当时正值盛夏，卖冰激凌小贩的生意红火极了。但由于吃冰激凌的人太多，盛装冰激凌的小碟子不够使用，有很多顾客要等别人吃完退了碟子之后才能一享口福。

哈姆威看到这种情况，灵机一动，把自己的薄饼卷起来，成为一个圆锥形，把“锥子”倒过来，就可以装冰激凌吃了。顾客们目睹这种情况，都纷纷用薄饼卷成的小筒子装冰激凌，并觉得这样吃起来具有一番风味。

就这样，薄饼装冰激凌受到了出人意料的欢迎，这也就是现在大家喜欢吃的蛋卷冰激凌的雏形，哈姆威也因此发了一笔横财。

2.2 服务营销组合

营销组合是为了便利管理者控制所有的变数条件并使之系统化，因为这些变数会影响到市场交易。服务营销组合是服务企业依据其营销战略对营销过程中的七要素变量进行配置和系统化管理的活动。服务市场营销组合的形成过程大致与产品市场相似，其过程主要是将产品分解成部分或细节组合，再将各细节组合调整成为营销组合。每个公司所采用的独特营销组合应随条件如需求水平、服务提供等的变化而变化，营销组合过程也是随着变动的市场状况和需求不断修正和调整其构成要素的，不可避免的是营销组合各种不同成分之间，会有所重复且相互关联。因为在做决策时，考虑组合中的一项内容，不可能不考虑到它对其他组合项目的牵制和影响。

2.2.1 服务营销组合要素

20 世纪 80 年代初，市场营销学专家布姆斯(Booms)和比特纳(Bitner)将服务营销组合要素定义为产品(product)、定价(price)、渠道(place)、促销(promotion)、人员(people)、有形展示(physical evidence)和过程(process)，称为 7P。在制定营销组合时，企业要考虑这些组合要素间的关系。

1. 产品

服务产品是必须格外注意的重点因素，每项服务产品都包括提供服务的范围、服务质量和服务水准，同时还应注意品牌、保证及售后服务等。服务产品中，这些要素组合变化相当大。例如，一家提供单一种类培训的专业培训机构与师资雄厚的综合性大学的要素组合相比就存在巨大差异。

2. 定价

价格方面要考虑的因素包括价格水平、折扣、折让和佣金、付款方式和信用。在区别一种服务和另一种服务时，价格是一种识别方式，是顾客决定是否购买的重要衡量标准。价格和质量之间的相互关系，也是服务定价的重要考虑因素。

3. 渠道

提供服务的所在地及其地缘的可达性在服务营销上都是重要因素，地缘的可达性不仅是指实物上的，还包括传导和接触的其他方式。所以，销售渠道的形式及其涵盖的地区范围都与服务可达性密切相关。

4. 促销

促销包括广告、人员推广、销售促进、直复营销、公共关系或其他宣传形式的各种市场沟通方式，以及一些间接的沟通方式。服务促销相对于产品促销更困难、更复杂。

5. 人

“人”是服务营销中非常重要的一个组成要素，因为服务产品的提供者很难离开人而独立存在。人是指参与服务过程的所有人员，不仅包括服务的直接提供者和服务的接受者，还包括企业员工及处于服务环境中的其他人员。对人的认识包括以下内容。

第一，所有参与到服务过程中的人都对顾客认识服务本身的性能提供了重要线索。在服务业企业担任生产或操作性角色的人，在顾客看来其实就是服务产品的一部分，其贡献也和其他销售人员相同。大多数服务企业的特点是操作人员可能担任服务表现和服务销售的双重工作。因此，市场营销管理必须和作业管理者协调合作。企业工作人员的任务极为重要，尤其是那些经营“高度接触”的服务业务的企业。所以，市场营销管理者还必须重视雇用人员的筛选、训练、激励和控制。

管理寓言

动物拉车

梭子鱼、虾和天鹅不知什么时候成了好朋友。一天，它们同时发现了一辆车，车上有许多好吃的东西。于是，它们就想把车子从路上拖下来。三个家伙一齐负起沉重的担子，它们铆足了劲来拉车，可是，无论它们怎样拖呀、拉呀、推呀，小车还是在老地方，一步也动不了。

原来，天鹅使劲往天上提，虾一步步向后倒拖，梭子鱼又朝着池塘拉去，究竟谁对谁错？反正，他们都使劲了。

第二，对某些服务业务而言，顾客和顾客之间的关系也应引起重视。因为，一位顾客对一项服务产品质量的认知，很可能会受到其他顾客的影响。在这种情况下，管理者应面对的问题是在顾客与顾客之间相互影响方面的质量控制。

6. 有形展示

在市场交易上没有有形展示的纯“服务业”极少，有形展示的部分会影响消费者或客户对于一家服务营销公司的评价。服务的有形展示又称服务实体环境，包括的要素有服务提供的实体环境及任何便于服务履行和沟通的有形要素和形式；服务提供时所需用的装备实物(如汽车租赁公司所需要的汽车)，还有其他的实体性线索，如航空公司所使用的标志或干洗店在洗好衣物上加上的“包装”。

知识链接

所谓“有形展示”是指在服务市场营销管理的范畴内，一切可传达服务特色及优点的有形组成部分。对于服务企业而言，借助服务过程的各种有形要素有助于其有效地推销服务产品的目的的实现。服务企业的有形展示可分为实体环境、信息沟通和价格三种要素类型。

7. 过程

服务过程指服务提供的实际程序、机制和作业流程，即服务的提供和运作系统。人的行为在服务业企业很重要，而服务传递过程也同样重要。表情愉悦、专注和关切的工作人员，可以减轻顾客必须排队等待服务的不耐烦的感觉，或者平息技术上出现问题时顾客的怨言或不满。然而，工作人员的良好态度，对出现的问题是不可能全部补救的。整个体系的运作政策和程序方法的采用、服务供应中机械化程度、雇用人员裁决权的使用范围、顾客参与服务操作过程的程度、咨询与服务的流动等都是营销管理者要特别关注的事情。

服务营销组合增加的“人”、“有形展示”和“过程”这三个要素体现了服务营销组合的特点，能够更好地、更有针对性地解决由服务产品特征衍生而来的营销和服务管理问题。

特别提示

服务营销组合要素是营销方案的核心，忽略了任何一个要素都会关系到整体方案的成败。在制定营销战略时，营销人员需要熟悉各个要素并结合实际情况认真分析，确定各个要素之间的联系及如何有效运行，制定确切的营销方案。

2.2.2 服务营销组合与传统营销组合的区别

服务营销组合与传统营销组合的差别主要体现在新增的“人”、“有形展示”和“服务过程”这三个要素上。

首先，从总体上来看，4P 侧重于早期营销对产品的关注上，是实物营销的基础，而 7P 则侧重于后来所提倡的服务营销，对于除了产品之外服务的关注，是服务营销的基础。

其次，从营销过程上来讲，4P 注重的是宏观层面上的过程，它从产品的诞生到价格的制定，然后通过营销渠道和促销手段使产品最终到达消费者手中，这样的过程是粗略的，并没有考虑到营销过程中的细节。相比较而言，7P 则是在这些宏观的层面上，增加了微观的元素，它开始注重营销过程中的一些细节，因此它比 4P 更加细致，也更加具体。它考虑到了顾客在购买时的等待、顾客本身的消费意识，以及顾客对于消费过程中所接触的人员的要求。

再次，就立场而言，4P 是站在企业者的角度所提出的，而 7P 则更倾向于消费者的一面。站在企业者的这一面，往往会忽略掉顾客的一些需求，有时候这种忽略是致命的。7P 完善了企业者的这种忽略，虽然不是完整的，但起码给企业者一个提醒：顾客的需求是不容忽视的。

最后，从营销对象来讲，4P 组合侧重于对产品的推销，而 7P 组合则侧重于对顾客的说服。4P 讲究“推”的营销策略，而 7P 则更加注重“拉”的策略。

因此可以看出，4P 较为粗放，而 7P 则较为精细。服务营销组合理论是以顾客满意为导向，以 7P 为手段的营销新模式。企业应根据具体的营销环境来制定不同的营销组合策略。7P 虽然比 4P 要完善，但是营销没有绝对，企业的营销行为必须秉承因地制宜、因时制宜的原则。

管理案例

尽全力为顾客服务

一次，芝加哥的一家企业在一次国际商会上请到当时的第一夫人南希·里根做演讲。总经理要求高层人员要一起加入欢迎的队伍。一位经理在办公室里紧张地忙碌了一天之后，来到了四季饭店，可是他还是穿着上班的服装，而没有时间回家换礼服了。

当他站在门厅里思考应该怎么办时，饭店接待员注意到他脸上迟疑的表情，走上前问道：“先生，我可以为您做些什么吗？”

接待员得知情况后，自告奋勇地说：“我们有一位侍者今天不上班，我把他的礼服给你。”当他们来到更衣间时，却发现该侍者的晚礼服被送去洗了。经理谢了接待员，但接待员却不放弃：“您可以穿我的礼服。”他一边说一边开始脱衣服。当发现自己的礼服太大了，他马上给饭店的裁缝打电话，裁缝立即当场修改衣服……

后来，当经理要感谢接待员时，接待员坚持说：“我只是在做自己的工作，就是为顾客排忧解难。”不久，这位经理将一个国际性的商务会议“拿”到了四季饭店召开。

2.3 服务营销管理

服务营销管理是指以顾客和顾客感知质量为导向，强调服务的特殊性，并注重长期关系和内部开发的一种综合管理方法。服务营销管理的意义非常广泛，它不仅包括服务企业的市场营销、市场运作和人力资源管理等，而且也包括其他任何组织中所存在的许多类型的管理。由于服务具有特殊性，服务管理也具有不同于有形产品管理的原则和方法。

2.3.1 服务营销管理过程

服务营销管理过程就是服务企业发现、分析评价、选择和利用市场机会，以实现企业经营任务和目标的过程。服务营销管理的过程主要体现在以下几个方面。

1. 服务信息的收集和处理

服务信息的收集和处理，包括外部信息和内部信息。外部环境信息包括人口环境、经济环境、政治法律环境、社会文化环境、科学技术环境、自然环境、竞争环境(竞争对手的数量、经营规模、营业环境设施等有形展示情况，所经营或提供的服务、企业市场定位，区位经营环境，可服务的半径，服务的对象，促销策划的方案和措施，与供货商的关系，是否采取会员方式等)、供货者环境(供货者的数量、分布与地理位置、经济实力、资信情况，与其他服务企业的关系与供货政策，资源供应者生产经营水平和服务能力，对企业的依赖程度等)。内部环境包括企业人力资源状况，企业经营商品或提供服务的种类及消费者的信息反馈，企业的服务文化及经营理念、企业营销整体策略、企业的区位特征及网络规划等。企业要根据内外部信息进行营销的有效管理。

2. 企业自身条件分析

要分析企业自身的经营优势和劣势、营销机会和威胁。

优势和劣势分析主要体现在人力资源、资金实力及规模、企业及品牌、社会信誉、与供货商的关系、经营的历史及经验、资源是否独占、企业的对外关系状况、区位、硬软件设施等方面。应特别注意区分潜在的优势与现实的优势、绝对优势与相对优势、整体优势与局部优势，分清并把握企业经营的主要优势与劣势。

企业要通过市场机会和威胁分析，找出发展的机会及可能出现的威胁，综合研究营销成功的可能性。

3. 企业服务的目标市场的确定

企业服务的目标市场的确定主要体现在服务市场的市场需求的测量和预测、服务市场细分、选择目标市场、进行市场定位，以此树立企业的特色，形成差异化经营。

4. 企业营销目标的确定

企业营销目标既包括经济效益目标，也包括社会目标。经营效益目标主要体现在企业的营业收入额、企业的毛利率、利润率、市场占有率、资金周转率、服务企业重要客户发展与巩固数、企业服务分支机构发展数等方面。社会目标就是指企业要承担一定的社会责任，主要包括对社会发展和公益事业及环境保护做出一定的贡献。

5. 企业服务营销组合的策划

企业要根据自身情况，综合内外部环境，依据服务营销组合要素做出符合企业实际的营销组合的策划，并付诸实践。

6. 营销方案的实施和控制

营销方案的实施和控制是对企业营销规划及执行的具体时间安排，以及每一阶段要达到的目标的统筹性的、具体的安排，同时要使方案在实施过程中按照原计划的要求进行，不能偏离营销的总体目标。

7. 营销方案的评估、检讨与调整

营销方案的评估、检讨与调整主要是指在营销策划方案实施后，评价取得的成绩，把它与既定的目标与绩效标准进行比较，发现差距并分析出现偏差的原因，从而找出方法进行方案调整，纠正偏差，最后使营销方案的实施能更好地与企业当前所处的内外部环境、企业目标协调一致。

2.3.2 服务营销战略

服务营销战略是指服务企业为了谋求长期的生存和发展，根据外部环境和内部条件的变化，对企业所作的具有长期性、全局性的计划和谋略。服务营销战略是企业在组织目标、资源和它的各种环境机会之间建立与保持一种可行的适应性的管理过程。服务营销战略的宗旨即是保证服务目标的实现。

1. 服务领域的特点

在世界经济这个大舞台上，虽然服务行业千差万别，种类繁多，而且就服务对象、服务本质而言，差距甚大；但就整个服务业而言，仍存在以下共性。

(1) 难以形成规模经济。首先，与制造业相比，服务业的规模一般都很有限。制造业可以集中在一地或少数地方进行生产，提高产量，降低单位成本。而服务业一般是在很大的区域内为消费者设置很多进入点，如银行。其次，服务的需求也不能像制造业那样往往是大批量需求，由于服务是抽象的，不可能有库存，并且经常是设施和人员联合生产，因而服务的生产过程分散于各地，因此很难形成规模效益，唯有特许经营的企业可以通过联合购买或分享广告支出来实现一定的规模经济。

(2) 总体进入障碍较低。首先，服务创新无专利保护；其次，许多服务行业属于劳动密集型，竞争对手很容易模仿成功。

(3) 服务需求每时每天都在变化，需求的波动性大。

(4) 退出障碍很高。一些服务企业甚至在低赢利甚至亏损的状态下经营，这主要有两个原因：一是国家的干预；二是店主的喜好。对于一些公共服务行业而言，往往是国家进行补贴以维持其存在。而对一些私人小企业，如古董店或潜水用品店等，往往是出于店主自己的兴趣、工作上的满足感等原因而长期在低赢利或亏损下经营。

(5) 其他产品被一些有形产品所替代，因此服务企业也应预计那些会使服务过时的产品创新。例如，健身器材对健身房的替代、录像对电影的替代等。

(6) 创新上的障碍。服务创新不同于有形产品的创新，其困难主要表现为新的服务很难进行试验和成功的服务创新很容易被模仿。

以上是服务领域上的一些较显著的特点。正是这些原因导致服务业通常在一个困难的环境中竞争。我们只有了解其特点，才能在此基础上制定出相应的战略。

2. 服务营销战略的内容

1) 服务营销定位战略

服务营销与产品营销有着明显的差异，这是基于服务本身无形性、异质性、不可分离性和不可贮存性的特点而形成的。因此，在制定服务营销定位战略时，应关注这四个特点进行战略的制定。

(1) 基于服务无形性的定位战略。针对服务的无形性，服务定位战略主要表现在服务有形化和服务技巧化两个方面。服务的有形化主要指服务的包装化、品牌化和承诺化。服务的技巧化主要包括服务的技能化、知识化和专业化等。服务企业要进行有策略的设计，改善服务环境，增强服务技能，让顾客对服务的理念、质量和水平形成感知，从而提高企业服务品牌的知名度，提升企业的信誉和形象。

(2) 基于服务异质性的定位战略。针对服务的异质性，服务定位战略主要表现在服务规范化和服务差异化两个方面。服务的规范化可概括为服务的理念化、标准化和可控化三种方式。服务理念化、服务标准化都能够在服务过程中得到较高的顾客评价。加强服务可控化，可使服务活动及质量的偏差被控制在尽可能小的范围内。同时，可以在服务方面对不同的顾客采取不同的符合其特点的独特服务，使其能够提高满意度，从而取得较好的收益。

知识链接

服务的异质性，是指服务不能像有形产品那样重复制造，而每次制造差异不大，而服务具有多样性的特点。服务的异质性使服务组织难以提供强可靠性、强一致性的服务。所以，企业在服务运营中，标准化和品质管理就存在一定的困难。

(3) 基于服务不可分离性的定位战略。针对服务的不可分离性，服务定位战略主要表现在服务可分化和服务关系化两个方面。服务可分化主要有服务自助化、服务渠道化和服务网络化三种方式；服务关系化则包括服务的角色化、细微化、组织化、合作化等。其中，服务网络化程度在服务过程中得到充分的运用，使客户不仅能够享受专业的服务，更能使客户在交易过程中感受到方便和快捷。同时，在营销过程中应着重注意关系化营销。

(4) 基于服务不可储存性的定位战略。针对服务的不可储存性，服务定位战略主要表现在服务可调化和服务效率化两个方面。服务企业可以通过网络和声讯电话等多种方式的服务过程进行调整，以更好地满足客户需要。同时，要充分利用服务的时间资源提高服务的时间效率。

2) 服务营销战略管理

首先，加强内部管理，改善服务质量。优质的服务是客户满意的保证，也是客户忠诚的重要依托，更是核心竞争力的体现。因此，对服务质量进行管理尤为重要。一方面，应对客户进行服务承诺，制订高标准的服务规则；另一方面，加强对员工的管理和培训，加强内部的监控控制。

其次，提高服务生产率，为双方创造更高的价值。通过对服务生产率的管理，可以取得更好的经济效益。在服务业中，生产率是指在服务或者制造过程中将投入的资源转化成客户价值的效益，包括内部效益和外部效益。为了取得更好的经济效益，应该提高服务生产率。一方面，要加强对员工的培训，同时合理设置服务过程中的技术难度和销售难度；另一方面，在服务过程中应加强顾客的参与程度，让顾客能够掌握更多的信息，也让顾客感受到更加优质的服务。

3. 服务营销战略的选择类型

服务营销战略主要有以下几种战略可供选择。

1) 总成本领先战略

总成本领先战略是一种内涵积累式战略。其内容是，通过降低成本，使成本低于竞争对手，以便可以在行业中赢得总成本领先的优势，并获得高于行业平均水平的收益。

实施总成本领先战略必须具备三个基本前提条件：①服务产品的品质相同；②企业资金实力雄厚；③服务功能相同。

可以通过以下途径实施总成本领先战略：①调整企业资产结构和服务产品结构；②压缩费用，减少支出；③改善分销渠道并改进促销方案；④在高成本、劳动密集型的活动中实现自动化。

2) 差异化战略

差异化战略也称特色经营战略。其内容是，通过企业形象、产品特色、客户服务、技术特点、客户网络等形式，努力形成一些在行业范围内具有特色的东西，使用户建立起品牌偏好和忠诚。

实施差异化战略的企业必须具备以下前提条件：①强大的市场营销能力；②创造性的眼光；③服务方面享有声誉；④拥有传统的优质技能；⑤销售渠道合作伙伴的强有力合作。

管理案例

在缆车上泡温泉

日本大阪南郊的有田观光饭店，近年来对旅游业做了一系列市场调查。他们发现，大多数喜欢到郊外山水风景区旅游的游客，除了希望能欣赏到大自然的山清水秀外，还希望能痛痛快快地泡温泉，消除工作的疲劳并遗忘尘世的烦恼。于是，该饭店老板想出了一个空中温泉的妙招。

这种空中温泉澡池，颇像一个个装满温泉水的空中电缆车，被吊在该饭店上方200米高的缆绳上，上下不停地升降着。游客悠然地泡在里面，仿佛置身于飘飘然的太空仙境里。

据统计，该饭店现在每天接待要求泡在空中温泉澡池的游客竟达上千人。每逢星期日，更是门庭若市，盛况空前。

3) 集中化战略

集中化战略也称专业化战略。其内容是，企业将全部资源集中使用于最能代表自身优势的某一技术、某一市场或某一品牌的服务产品上并取得成本领先优势。这既是企业逐渐分离成许多独立的子企业的过程，也是同类服务由生产趋向集中的过程。

集中化战略的实施必须具备以下条件：①市场需求具有较大规模并具有明显的不同的顾客群；②服务特点适宜于专业化经营；③适合于按标准化管理的企业。

集中化经营的积极意义在于，资源的相对集中能保证成本领先优势；活动范围的缩小，促使企业采取科学管理方式；企业经营方向和目标十分明确，风险较小。其局限性在于企业竞争范围狭窄，企业的应变能力削弱。

4) 多角化战略

多角化战略也称多元化战略，其内容是，一个企业同时经营两个以上行业的服务产品。多元化经营是在企业内部各项功能高度分化和专业化，并拥有协调方式的情况下，采取的分散风险的战略。

实施多角化战略的前提条件是：①所有服务产品都处于市场生命周期的同一阶段；②所有服务产品都是风险产品或滞销产品；③所有服务产品都存在对某种资源的严重依赖。

多角化经营就其类型可分为：

(1) 不相关多角化。一个企业的主要业务收入低于企业全部收入的 70%，而且其他业务与主业务之间不具备相关性；

(2) 相关—关联型多角化，也称同心多角化。主业收入占总收入的比例低于 70%，但与其他相关业务(并不与主业直接相关)总共所占的比例超过 70%；

(3) 相关—延长限制型多角化。主业收入不超过 70%，但与其他直接与主业相关的业务一起所占的比例超过 70%；

(4) 优势—垂直型多角化。垂直整合的业务收入占总收入的 70%以上。

以上四种战略是可供选择的战略，各个企业情况不同，所处的发展阶段不同，所选择的战略也将有所差异。战略内容与战略选择、战略实施是不同层次的概念。不能因战略选择不当或战略实施不力而归咎于战略本身。

特别提示

在服务经济社会，顾客的消费行为日趋成熟，平庸的服务已不能赢得顾客手中的货币选票，优质的、让顾客满意的服务正成为企业走向成功的一把金钥匙。现代企业应该将顾客满意的理念引入整个经营管理的过程中，将顾客满意策划的方法运用到服务的全寿命周期中，同时坚持全过程、始终面向顾客、持续改进的原则，构建顾客满意的服务营销战略。

4. 营销战略选择的原则

企业经营战略的选择，是经营战略评估分析的结果。决策者从备选方案中选择较满意的战略方案，是一个高难度的战略思维过程，是决策者的专业知识、工作能力、业务水平、实际经验、领导作风和领导艺术的集中体现。一般而言，战略的选择要遵循以下原则。

(1) 适应外部环境。外部环境的条件与企业战略有着密切的联系，如在经济繁荣、政治稳定的条件下，是适宜采用发展战略的；反之则需考虑采用稳定或紧缩的战略。

(2) 利用自身竞争优势。自身的优势是建立在保持不败的基础上的，否则便无法产生长期效用。

(3) 反映企业的目标。企业的目标是制定和实施战略的依据。

(4) 保持与其他战略的适当关系。企业总体战略与经营战略及职能战略之间应保持协调的关系。这样才能使战略在各事业部门间产生协同的效果。

(5) 具有一定的灵活性。战略选择要因时、因地、因企业及事业部门的具体情况而定，当情况发生变化时，战略也要随之变化，所以战略的选择应具有弹性。

管理寓言

对老虎发命令

有一个人在荆州做官时，山上的老虎常出来吃人和家畜。老百姓要求县官除去恶虎。这个人只下了一道驱逐老虎的命令，叫人刻在很高的岩石上，凑巧那只老虎因故离开了荆州，他就得意地认为他的命令生效了。

不久，他被调到另一个地方做官。这个地方的老百姓非常刚强，很不容易治理。他认为刻在荆州岩石上的命令既然能够制服凶恶的老虎，便以为也能够镇住能够识文断字的老百姓，便托人去荆州描摹那个石刻。结果，这个地方不但没有治理好，反而因为治理不当而丢了官。

本章小结

本章主要介绍了服务营销学的基础知识、服务营销组合及服务营销管理等相关内容。服务营销学的基础知识主要介绍了服务营销学的兴起与发展、服务营销学与传统市场营销学的联系与区别、中国服务营销学的发展等相关内容。服务营销组合主要介绍了服务营销组合的七要素，服务营销组合与传统市场营销组合的联系和区别，服务营销组合要素包括产品、定价、渠道、促销、人员、有形展示和过程。服务营销管理主要介绍了服务营销管理过程、服务营销战略等具体内容，服务营销战略主要包括总成本领先战略、差异化战略、集中化战略和多角化战略。

名人名言

尊重个人，优质服务，追求卓越。

——IBM 公司

衡量成功的方法不一样，它也可以通过你的收入来衡量，也可以通过你的利润来衡量，也可以通过你的投资回报来衡量，也可以通过你的客户的忠诚来衡量。我认为衡量成功最重要的标准是客户的满意度。

——迈克尔·戴尔(Michael Dell)

赚钱很简单：认识人，了解人，服务人，你将无所不能！

成功很简单：认识人，了解人，服务人，你将无所不能！

——全球营销集团创始人孙毅

销售终端是离消费者身体最近的地方，售后服务是离消费者心灵最近的地方。

——菲利普·科特勒

销售前的奉承，不如售后服务，这是制造“永久顾客”的不二法则。

——松下幸之助(松下电器创始人)

课后练习

一、复习题

1. 选择题

(1) 以下营销观念中以消费者为导向的是(　　)。

A. 服务营销　　B. 关系营销　　C. 整合营销　　D. 市场营销观念

(2) 服务的(　　)特征表明，顾客只有而且必须加入到服务的生产过程中，才能享受到服务。

A. 无形性　　B. 异质性　　C. 不可分离性　　D. 不可储存性

(3) 下列不属于关系营销理念的是(　　)。

A. 专注保留客户　　B. 非常强调顾客服务

C. 产品特征取向　　D. 很高的顾客承诺

(4) 在确定服务营销组合因素之一定价过程中，下列不属于应考虑的因素的是(　　)。

A. 定价目标　　B. 需求弹性　　C. 服务成本　　D. 服务产品

(5) (　　)是指企业要真诚地关心顾客，了解他们的实际需要并予以满足，使整个服务过程富有人情味。

A. 反应性　　B. 保证性　　C. 可靠性　　D. 移情性

(6) 以下不属于定位的要素是(　　)。

A. 确定产品特色　　B. 树立市场形象

C. 市场细分　　D. 巩固市场形象

2. 填空题

(1) 无形性、______、品质差异性、______及______被归为服务所独有的五大特征。

(2) 服务营销组合比传统市场营销组合多出的三个要素是人、______和______。

(3) 服务营销战略主要的战略选择类型有总成本领先战略、______、集中化战略和______。

3. 判断题

(1) 服务营销就是指服务业的营销。　　(　　)

(2) 服务产品是服务营销组合要素 7P 中的首要要素。（ ）

(3) 营销导向的手段是营销组合。（ ）

(4) 服务战略以顾客满意为核心，以服务为宗旨。（ ）

(5) 营销管理过程是企业与它最佳的市场机会相适应的过程。（ ）

(6) 只要企业制定好营销组合策略，做好内部营销，企业的营销活动就一定能够取得很好的营销效益。（ ）

(7) 产品差异化营销以市场需求为导向。（ ）

(8) 集中化战略的核心是争取最大的市场份额，以达到单位产品成本最低，从而以较低的售价赢得竞争优势。（ ）

4. 问答题

(1) 试描述服务营销学发展的三大阶段。

(2) 服务营销学与传统市场营销学的联系与区别是什么？

(3) 阐述服务营销组合的七要素。

(4) 阐述服务营销组合与产品营销组合的异同及服务营销组合的特殊性。

(5) 服务领域的特点有哪些？

(6) 简述基于服务各个特点的服务营销定位战略。

(7) 服务营销战略的选择类型有哪些？其各自的实施条件分别是什么？

5. 讨论题

(1) 以你消费的一种服务为例，根据服务营销组合的七要素，制定适合该服务的营销组合策略。

(2) 找一家你所熟悉的企业，帮其制定一个符合该企业实际情况的服务营销战略。

二、案例应用分析

美国运通的服务战略

美国运通是很多人公认的在服务领域竞争的企业典范，它采取了一些针对竞争对手和顾客的剥离机制。几十年来，它一直是金融服务和旅游服务的主要经营者。自从 19 世纪中期创建以来，运通一直具有突出的经济业绩。在 20 世纪 80 年代，正是不少新的竞争对手进入市场的时期，它的投资回报率却增长了 20%，利润增长了 9%，年均销量增长了 20%。

在金融服务方面，最近几十年，运通信用卡的成交量是主要竞争对手的两倍以上。该公司对零售商的谈判能力表现在 20 世纪 90 年代初期能使零售商接受 3.9%的佣金，而对于 VISA 则只能从零售商那里拿到 1.96%的佣金。

1. 针对竞争对手的战略

美国运通是靠什么战略得到这种成果的呢？他们经过研究确定了一些剥离机制，形成了与竞争对手有所不同的差异定位。

1) 信息差距

运通不间断地投资进行市场调研和对新产品的测试(在潜在购买者中间进行)。这种调研得到的信息用来帮助它决定对潜在购买者提供何种选择方案，如何更好地将自己服务的特点通报给特定的细分市场。

2) 上市时间

采用分散管理的结构，大大缩短了对市场需求做出回答的时间，使得每项生意都能比竞争对手更快地对市场做出回应。1986年，运通经过10个月的测试，推出了一种没有办卡手续费的信用卡，利息很低，信用最高限额为1万美元。为了减少新卡的信用风险，服务仅限于运用“历史上”了解的老顾客。这是运通对顾客进行了十来种从简单到复杂的信用卡的抽样实验后才推出的。

3) 规模效应

由于在全世界100多个国家设立了服务网点，运通能提供的服务质量更高，并赢得了全球企业的形象和知名度。这是在高质量的细分市场成功的重要条件，也是运通的标的顾客的细分市场所在。

4) 人员培训

运通制订了一些人员培训计划，旨在使自己的员工更多地了解金融服务的知识，提高员工素质。计划的例证之一就是服务中心接电话(平均时间7秒)和更换丢失的信息卡的时间(48小时)的质量标准。和麦当劳一样，运通也有一个自己的工作人员的质量大学。

从组织角度，运通建立了一个“服务跟踪系统”，对从顾客处反馈回来的所有服务质量的反映进行评估，而不只是依靠企业内部和服务中心的反馈。

5) 密集分销

在20世纪90年代初期，运通在日本的市场占有率是50%(超过80万张信用卡)，而这个比例以每年20%的速度上升，原因是其他企业很难超越它密集的分销网点所形成的屏障。

2. 对顾客的战略

针对顾客，运通采取了三种战略：高筑离退壁垒、保证购买的便利和广告宣传。

1) 高筑离退壁垒

作为加强买卖双方关系的战略，运通增加了自己对顾客提供的服务产品品种。20世纪90年代初期，运通通过营销行动向自己的顾客直接销售首饰、立体声音响、箱包等各种产品，年均业务量超过6亿美元。这种附加服务好处(低价销售)只针对运通卡的持卡人。通过由SHEARSON LEHMANN HUT—TON和IDS提供的其他金融服务的交叉销售，形成了针对离弃者高筑的壁垒，使运通进一步加强了与顾客的关系。

2) 保证购买的便利

运通还提供了有担保的服务，如在世界各地都可以做到对丢失的信用卡在48小时内予以更换，使运通的顾客对其有一种服务质量的安全感。

3) 广告宣传

运通每年要花费2.5亿美元做广告宣传，这是对手VISA和MASTERCARD加在一起的两倍，其结果是保持了自己的地位。广告用的是那些人尽皆知的广告语言：“你知道我吗？”、“会员有其优越性”。

运通在新服务定位的推出方面投资也很多，如OPTIMA信用卡在1987年上市后很快就获得成功，第一年就达到了预定目标，被美国营销协会指定列入1987年最获成功的前10种产品。

(资料来源：阎剑平．服务营销．北京：中国纺织出版社，2004：293—296.)

问题：

(1) 运通如何将经营和服务融合在一起，为顾客提供优质的产品和服务？

(2) 运用服务营销的相关知识，分析运通的服务战略。

阅读材料

老农夫和服务小姐

在一个炎热的午后，有位穿着汗衫、满身汗味的老农夫，伸手推开厚重的汽车展示中心玻璃门，他一进入，立刻迎面走来一位笑容可掬的柜台小姐，很客气地询问老农夫：“大爷，我能为您做些什么吗？”

老农夫有点腼腆地说：“不用，只是外面天气热，我刚好路过这里，想进来吹吹冷气，马上就走了。”小姐听完后亲切地说：“就是啊，今天实在很热，气象局说有 32℃呢，您一定热坏了，让我帮您倒杯水吧。”接着便请老农夫坐在柔软豪华的沙发上休息。“可是，我们种田人衣服不太干净，怕会弄脏你们的沙发。”小姐边倒水边笑着说：“有什么关系，沙发就是给客人坐的，否则公司买它干什么？”

喝完冰凉的茶水，老农夫闲着没事便走向展示中心内的新货车东瞧瞧，西看看。

这时，那位柜台小姐又走了过来：“大爷，这款车很不错哦，要不要我帮你介绍一下？”“不要！不要！”老农夫连忙说，“你不要误会了，我可没有钱买，种田人也用不到这种车”。“不买没关系，以后有机会您还是可以帮我们介绍啊。”然后小姐便详细耐心地将货车的性能逐一解说给老农夫听。

听完后，老农夫突然从口袋中拿出一张皱巴巴的白纸，交给这位柜台小姐，并说：“这些是我要订的车型和数量，请你帮我处理一下。”

小姐有点诧异地接过来一看，这位老农夫一次要订 8 辆货车，连忙紧张地说：“大爷，您一下订这么多车，我们经理不在，我必须找他回来和您谈，同时也要安排您先试车……”

老农夫这时语气平稳地说：“小姐，你不用找你们经理了，我本来是种田的，由于和人投资了货运生意，需要买一批货车，但我对车子外行，买车简单，最担心的是车子的售后服务及维修，因此我儿子教我用这个笨方法来试探每一家汽车公司。这几天我走了好几家，每当我穿着同样的旧汗衫，进到汽车销售厂，同时表明我没有钱买车时，常常会受到冷落，让我有点难过。而只有你们公司，只有你们公司知道我不是你们的客户，还那么热心地接待我，为我服务，对于一个不是你们客户的人尚且如此，更何况是成为你们的客户……”

目前，营销由以市场为导向逐渐转向以顾客为导向。在营销过程中，顾客购买的除了商品，还有优质的服务，如果缺少了后者，再好的商品也抓不住市场。

(资料来源：http://info.ceo.hc360.com/2009/11/05083387362.shtml.)

第 3 章 服务中的消费者行为

教学目标

通过对本章的学习，了解服务消费者购买行为的特点、服务消费者的需求和动机及其购买行为的影响因素，掌握服务消费者购买决策过程的主要内容并了解服务消费者购买决策模型的构成内容。

教学要求

知识要点	能力要求	相关知识
服务消费者的购买行为特点	(1) 了解服务消费的发展现状 (2) 理解服务消费行为的特点	(1) 服务消费的发展 (2) 服务消费者的购买行为特点
服务消费者的购买行为	(1) 理解服务消费者的需求和动机 (2) 了解服务消费者购买行为的影响因素并能利用	(1) 服务消费者的需求和动机 (2) 服务消费者购买行为的影响因素
服务消费者购买决策过程	(1) 理解消费者对服务和有形产品评价的不同点 (2) 掌握消费者服务购买决策过程并能利用相关模型进行分析	(1) 消费者评价服务与评价有形产品的区别 (2) 消费者服务购买决策过程 (3) 消费者的服务购买决策模型

消费者依然对我们紧闭头脑，这是一个未开启的“黑箱”。我们可以观察黑箱的输入以及作为结果的决策，但是我们永远也不会知道输入(信息)的处理过程的真正内幕。

——约翰·E·G·贝特森

基本概念

购买行为　消费认知　文化　社会阶层　相关群体　角色和地位　品牌忠诚度　生活方式　可寻找特征　经验特征　可信任特征

导入案例

Mabelle——将情感赋钻石

MaBelle(玛贝尔)的母公司利兴集团成立于 1949 年，刚开始时从事宝石进口和批发生意，在全世界搜购优质宝石和玉石，销往亚洲市场，旗下拥有 Mabros、Falconer 等高端钻饰品牌。1993 年，利兴集团的高层发现几乎市场上所有的钻饰品牌都在中高端竞争，大众市场基本上空白。于是，他们推出了 MaBelle 钻饰，成为香港首间开放式的钻饰连锁店，专售价格相对便宜的钻石首饰。MaBelle 和一般珠宝零售商和品牌相比，其最与众不同的地方，就是 MaBelle 设立的会员“VIP 俱乐部”。这个俱乐部可以为会员带去钻饰以外的生活体验，顾客购买了一定数额的 MaBelle 钻饰就可能注册为“VIP 俱乐部”会员。MaBelle 定期为会员举办关于“选购钻石的知识”及“钻饰款式”方面的讲座，还经常为“VIP 俱乐部”会员安排与钻饰无关的各种活动。例如，母亲节为妈妈们准备了“母亲节 Ichiban 妈咪鲍翅席”，情人节为年轻情侣筹办浪漫的“喜来登酒店情人节晚会”，为职业和兴趣相近的会员安排的“酒店茶点聚餐”，以及节假日为年轻会员安排的“香港本地一日游”。香港的生活节奏非常快，人们一般学习工作很紧张，人际交往比较少，这些活动不但给会员提供了难忘的生活体验，而且还帮助他们开拓交际圈，通过俱乐部结识了不少朋友。很多会员参加过一些活动后，都邀请自己的亲友也加入 MaBelle 的俱乐部，真正起到了“口耳相传”的效果。

点评：有形产品与无形服务的结合。

消费者的购买行为受多种因素的影响，为了有效地推出服务，营销经理必须了解消费者决策过程三个阶段中顾客使用的流程，在对备选服务做出选择的购前决策，消费者在消费阶段的反应，以及购后的满意评价。尽管我们可能永远也不知道顾客在做出选择时的真正过程，但了解消费者决策过程可以帮助我们构建思路，指导我们与消费者行为相关的营销研究。本章主要介绍服务消费者的购买行为特点、购买行为及购买决策过程。

3.1　服务消费者的购买行为特点

服务市场是指所有为了个人消费而购买服务的个人和家庭所构成的市场，因此，消费者购买心理及行为是服务营销研究的重要对象之一。成功的服务营销是那些能够有效地开发对消费者有价值的服务，并运用富有吸引力和说服力的方法，将服务有效地呈现给消费者。

3.1.1 服务消费的发展

我国的经济发展目前已经进入经济转型的重要时期。经济转型的目标，就是要加快形成以服务经济为主的产业结构、着力增强消费对经济发展的拉动作用。

1. 发展服务消费将带动一大批服务业发展

服务业发展水平在很大程度上决定着经济转型的速度。长期以来，我国现代服务业发展主要依靠金融、房地产两大板块。这两大板块恰恰都是受经济周期和宏观政策影响比较大的产业，这导致服务业发展的抗波动能力不强。大力发展服务消费，激发服务需求，有助于加快生产性服务业从制造业中剥离并快速成长，进一步细化行业分工合作，培育一批具有国际竞争力和龙头带动作用的生产性服务业企业集团。例如，将某个行业中企业的研发部分独立出来，成立带有行业特点的研发服务企业集团，可以获得更大的发展空间。再如，将汽车物流板块剥离出来，成立专业汽车物流公司，可以为全国所有汽车生产企业提供物流服务。

2. 发展服务消费将增强经济发展的内生动力

消费需求是促进经济发展的最持久动力，而服务消费则是最具持续性的消费。当前，我国东部及沿海发达城市已进入后工业化阶段，投资增速已接近零增长，对经济的拉动持续减弱；受金融危机、欧债危机等影响，发达国家消费疲软，出口存在较大不确定性，对经济的贡献不断降低。大力发展服务消费，将促进一批现代服务业加快发展，为经济发展提供新的动力；同时将提升服务贸易占我国贸易出口的比重，逐步改变我国服务贸易长期逆差的局面。

3. 发展服务消费有助于推进资源节约型环境友好型社会建设

服务不像工业生产需要大量能源资源投入，服务业主要依靠人力、脑力、知识、技能等的软性要素的投入，对自然资源的消耗较少。为维持庞大的生产，中国对铜、铁矿石、石油、煤炭等资源的消耗量已经达到世界前列，资源环境压力不断加大，继续依靠大量物质要素投入来推动发展已不可行。大力发展服务消费，可以有效提高软性要素投入产出比重。由于知识、技能等软性要素的投入具有无限的拓展性，因此依靠软性要素投入生产的产品或服务也具备极高的增值率。同时，用软性要素投入代替物质要素投入，有助于逐步降低物质资源消耗，减轻资源环境压力，真正推动资源节约型环境友好型社会建设。

4. 发展服务消费将有力缓解就业压力，促进社会和谐

就业是民生之本，服务业属于高就业型产业，家政、餐饮等生活性服务业可以吸纳大量低技能劳动人群，金融、研发等高端服务业可以吸纳大量高技能劳动人群。大力发展服务消费，将带动一大批服务型小微企业的发展，创造大量就业岗位，减轻政府就业压力；

将吸引一批高素质服务业人才，有效缓解高端服务业人才不足的瓶颈，提升现代服务业能级和水平；将推动一批劳动人群向服务业岗位转移，提高劳动者技能，优化就业结构，加快经济转型发展。

3.1.2 服务消费者的购买行为特点

与有形产品的购买消费不同，服务本身就是一个过程，因而服务消费者行为与实物消费者行为相比具有以下几个特点。

1. 消费认知的风险性

由于服务的无形性、差异性特点的存在，使得服务消费者在消费认知方面的风险比实物消费者大。首先，服务产品的无形性使消费者在购买前很难判断服务产品的特点、功能、质量及享用服务后所能获得的利益。其次，服务产品差异性这一特点会造成服务产品质量的不稳定，消费者在享受到好的服务之后，并不能保证下次享受同样好的服务。这使顾客在购买和消费服务时，在服务功能、财务、心理、身体、社交、时间及最终在质量上的感知风险大大提高，不利于服务产品的推广。

知识链接

服务的无形性带来的营销问题有服务无法进行存储；服务无法申请专利保护；服务在展示和沟通过程中存在一定的困难；服务定价比较困难。可能的解决方案包括利用有形线索或有形展示；利用人员信息来源；建立一个强大的组织形象。

服务营销可以通过向顾客提供更多、更真实的服务信息，增强服务质量的稳定性和可靠性；向顾客提出服务承诺，减少服务消费者承担认知风险的压力；建立服务至上，“尽心为客”的服务文化等途径来减少顾客认知风险。

2. 信息来源的“口碑依赖性”

在服务消费的过程中，消费者主要通过人际交流获取服务信息，即通过服务产品的口碑来判断产品质量的高与低，而相对地不很看重大众媒体上的广告以做出购买与否的决定。因为无形性使得服务产品较难有效采取传统的为实物而设计的方法做广告，也就是说，服务产品较难通过媒体广告的方式来有效地传递服务信息，因此服务消费者一般不单靠大众媒体上的服务广告。例如，餐饮服务主要是烹饪服务，但是厨师的烹饪过程很难以平面广告表达；由于一家餐饮店烹饪的菜肴品种很多，除非这家店拥有很多的广告经费和时间，否则很难完整地将所有品种都做广告。所以，大多数餐饮店只能做一些店堂环境和少数菜肴品种的广告，但这些广告显然难以全面地体现一家餐饮店的服务水平。服务消费者更看重自己周围的人所传递的服务信息。因为消费服务的过程是一种经验，以“人”作为渠道的信息才能更好地传达这种经验。例如，餐饮消费者听老顾客谈对一家餐饮店服务的感受和评价，这是一种非计划信息，其可信度要比看广告这类计划信息要高得多，也能获得更多、更真实的信息。顾客的口碑，往往是服务消费者最重要的信息来源。

3. 服务品牌选择的有限性

服务的无形性及服务行为易受人及服务场所的环境因素所影响，使顾客特别是新顾客，在购买服务产品前较难审视服务产品的特点和功能，因此也难于准确预测享用服务后所带来的利益和价值。因此，消费者难以比较不同品牌的服务。很多实证研究表明，消费者对服务品牌挑选的程度比对商品品牌低，而且顾客购买消费性服务前寻找有关服务的产品信息所花的时间和精力，远超过购买消费品所付出的时间和努力。那么，对于服务营销而言，增强服务性产品品牌挑选性的途径就是建立服务特色。

4. 服务品牌特有的稳定性

正是由于对于服务品牌的选择存在着有限性这样一个特点，使得消费者对服务品牌一般有较高的忠诚度，不会轻易在服务品牌上“弃旧图新”。因为“弃旧图新”意味着消费者需要花时间乃至金钱对新品牌进行认知，而对于消费者来说一般不愿意再冒认知风险，也不愿再花大量的时间和精力重新挑选服务品牌；另外，服务生产与消费的同步性及长时间的服务接触使得服务消费者对所使用的服务品牌产生感情。因此，消费者一般会长期选择某一固定的服务品牌。

5. 服务过程的参与性

服务生产与消费同步性的特点决定了顾客在购买和使用服务的过程中需要亲自参与，尽管在不同的服务项目中顾客的参与程度各不相同，但是顾客是完成服务必不可少的要素。在关于服务接触的研究中，剧场理论将服务接触时的情境以剧场表演的形式来看待，并用其来解释服务消费时的互动关系，将服务人员与顾客视为同一舞台上的演员与观众，共同演绎服务的整个表演过程。这种消费者参与服务的生产过程的特点，让服务消费者对服务质量也会有一种责任感。

知识链接

迈克·拉罗克(Michel Laroche)和他的同事经过研究后发现，服务的无形性还可以再进行分类。他们研究了一系列服务，如比萨饼店(必胜客)、美发服务和加拿大皇家银行的活期存款服务。他们将服务的无形性分成了三类，即物质性无形、精神性无形和一般性无形。

物质性无形是指某个产品我们看不到，也无法触摸，感官无法去感受，也没有物质形状，比萨饼店是有形程度最高的服务；精神性无形指的是产品或服务有实物形态，但却在精神上难以把握，美发和比萨晚餐被认为具有这种特点；而一般性无形则是指顾客难以精确地描述一项服务或产品，美发服务可以列入此类服务。

上述研究结论说明，仅仅提高服务的有形性并不能完全消除感知风险。服务提供者应当善于与顾客进行沟通，向顾客提供能够对服务进行清晰描述的信息，使顾客了解服务过程、服务接触及其在服务传递过程中的角色，并将这些要素以有形的方式表达出来，从而真正达到消除顾客感知风险的目的。

3.2 服务消费者的购买行为

3.2.1 服务消费者的需求和动机

消费者购买服务的活动都是由动机推动的，并且是某种需要的反映。由于消费者具有不同的性格、兴趣、爱好、经济条件和文化素养，因此其购买行为是受多种多样的购买动机所驱动的。在购买服务的行为中，消费者经常表现出来的购买动机主要有以下几种。

1. 求实型

求实型消费者是以追求服务产品的实用价值为主要目标的消费群。具有这种购买动机的消费者在购买服务产品时，特别重视服务的实际效用、质量和功能，讲求经济实惠，而不太注重服务产品的品牌、宣传包装策略等。

这类消费者在选购服务产品时，大多数都比较认真、细致，受服务产品广告和宣传的影响较小。目前，在我国，虽然人们的消费水平在不断提高，但求实的动机仍然普遍存在。

2. 求廉型

求廉型消费者是以追求价格低廉的服务为主要目的的消费群。具有这种动机的消费者在购买服务产品时，特别注重“价廉”和“物美”，对价格变动格外敏感。为了得到低价、折价的服务，求廉型消费者宁肯多花体力和精力，多方了解有关产品的价格信息，并对服务之间的价格差异进行详细的比较、反复的衡量。价格对他们的购买选择起着决定性的作用。这种购买动机多与消费者的经济条件有关，但也不是绝对的。高收入阶层也有节俭的人，他们也会保持这种购买动机。

3. 求新型

求新型购买动机是指消费者以追求服务产品的时尚、新颖和奇特为主要购买动机。具有这种购买动机的消费者往往富于联想，愿意接受新事物，因此，他们在选购产品时容易受广告宣传和流行时尚的影响。这种动机的消费者不太注重服务产品的实用程度和价格高低，有时甚至会做出冲动式的购买决策。随着人们生活水平的提高，这种购买动机越来越具有普遍性，尤以年轻人最为突出，主要集中在美容、旅游和各种新式的服务产品的购买上。

4. 求速型

求速型购买动机是指消费者在购买服务产品时，希望迅速、方便地完成主要目的的购买动机。具有这种购买动机的消费者特别重视时间和效率，他们讨厌烦琐的服务方式、过长的选择时间和过低的效率，希望能快速、方便地得到适合需要的服务。快餐业、送货上门和电话、网络订货服务业务的兴起，就是充分考虑了这类消费者的购买动机。在我国，随着人们生活节奏的加快和商业服务设施的完善，在社会各阶层中具有求速购买动机的消费者也会越来越多。

5. 求名型

求名型购买动机是指消费者以追求名牌产品或仰慕某种传统服务的名望，以显示或提高自己的身份和地位而形成的购买动机。具有这种购买动机的消费者在购买服务产品时，注重这些服务的社会声誉和象征意义，往往认为名牌服务产品的质量绝对有保证，堪称同类产品中的精品，所以他们对名牌产品倍加信任。这类消费者一般来说经济条件较好，相信有说服力的产品信息，如服务质量和企业信誉等方面的信息。他们在购买过程中讲求服务的优质，不计较价格，因为他们一贯奉行的原则是“一分价钱一分服务”。

3.2.2 服务消费者购买行为的影响因素

影响消费者购买行为的因素有很多，一般而言，主要包括文化、社会阶层、相关群体、家庭等外部环境因素和年龄、职业、角色、地位、生活方式、个性、自我概念等内部环境因素。

1. 外部环境因素

在影响消费者行为的外部环境因素中，文化、社会阶层、相关群体和家庭等都具有十分广泛和相当深远的影响。

1) 文化

文化是一定社会经过学习获得的，用以指导顾客行为的信念、价值观和习惯的总和。瓦拉瑞尔·A·泽斯梅尔(Valarie A.Zeithaml)将文化描述为“知识、信念、艺术、法律、伦理、风俗和其他由社会的大多数成员所共有的习惯、能力等构成的复合体”。它影响着顾客评价和使用产品或服务的方式，也影响着企业及其员工与顾客相互作用的方式，是可以习得的、分享的。虽然不同学者对文化的定义有所不同，但是他们大都认为文化主要包括语言(口头和非口头的)、价值观和生活态度、习惯和风俗、物质文化、审美观、教育和社会机构等。价值观和生活态度指导着消费者的行为；习惯和风俗是某一特定文化对于适当行为方式的看法；物质文化是由文化的实物形态组成的，汽车、房子、衣服等都是物质文化的表现；审美观是指鉴赏美丽和上好品位的文化观，不同文化背景的人们有着不同的审美观；教育和社会机构是文化的传播者，也会受到文化的影响。例如，中国学生传统上习惯于上课听讲、做笔记，而在美国，学生和教师常常在课堂上像朋友一样聊天讨论。

文化对顾客心理的影响是深刻而巨大的，文化对顾客心理的影响是一种深层次的影响。一定的文化将影响到顾客消费的源泉——需要；文化将影响到顾客消费的方向与标准；文化将影响到顾客的购买模式与行为。

知识链接

习惯和风俗是在某一特定的社会环境背景下，处于该社会中的人对正确、恰当的行为方式的普遍认识。因为它们对服务接触有直接的影响，因此分析不同习惯和风俗之间的区别是很重要的。中欧人和东欧人对西欧人希望不高兴的雇员在接待顾客时要展示一个“笑脸”的观点感到迷惑。麦当劳要求员工无论什么时候在与顾客接触时都要微笑，这样的要求在波兰让许多员工感到不自然、不真诚。当麦当劳公司了解到这一情况时，立即调整了策略，鼓励其在波兰的管理人员仔细了解雇员的情况，把有情绪的雇员安排到厨房而不是服务前台。习惯与风俗相似，也会因文化的不同而不同。生活节奏非常快的日本人很少度假，但是日本人一旦度假，他们的假期时间一般比较长。在假期安排方面，习惯了快节奏的日本人往往把假期排满了各种活动，如罗马、日内瓦、巴黎和伦敦十日游。而欧美国家的游客则喜欢比较随意的休闲游，利用假期放松心情，而不是将行程安排得很满。

2) 社会阶层

社会阶层是在一个社会中具有相对的同质性和持久性的群体，它们是按照等级排列的，每一阶层成员都具有类似的价值观、兴趣爱好和行为方式。社会阶层有几个特点：第一，同一社会阶层成员都具有类似的价值观，其行为要比来自两个不同社会阶层的人的行为更加相似；第二，人们以自己所处的社会阶层来判断各自在社会中占有的高低地位；第三，某人所处的社会阶层并非由一个变量决定，而是受到职业、所得、财富、教育和价值观等多种变量的制约；第四，个人能够在一生中改变自己所处的阶层——既可以向高阶层迈进，也可以跌至低阶层。不同社会阶层的消费者在生活方式或购买方式上具有一定的差异，这些差异主要表现在产品的选择和使用、信息的搜集和处理、媒体的选择与接触、购物方式、休闲活动等。

3) 相关群体

相关群体是指那些直接或间接影响人的看法和行为的群体。相关群体对消费者行为的影响主要包括三个方面：相关群体使一个人受到新的行为和生活方式的影响；相关群体影响个人的态度和自我概念；相关群体能产生某种趋于一致的压力，这会影响个人对实际产品和品牌的选择。对受到相关群体影响较大的供应商来说，比较好的方法是接触和影响相关群体中的意见领袖。由于意见领袖对某类产品或活动有着更多的经验和信息，所以他们相对于供应商来说，对消费者更具有说服力。由此可见，当消费者对自己欲购买的产品缺乏了解和信心时，相关群体对他们的影响是不可忽视的。

4) 家庭

家庭是社会的基本单位。一般情况下，人的一生大都是在家庭中度过的。家庭对个体性格和价值观的形成，对个体的消费与决策模式均会产生非常重要的影响。在购买者生活中，会受到两种家庭类型的影响：一是婚前家庭，包括双亲，每个人都会从他(她)的父母那里得到有关宗教、政治、经济、个人抱负、自我价值和爱情等方面的指导，而且这种影响将会贯穿到他们以后的独立生活中；二是婚后家庭，购买者将会受到配偶和子女的影响，如配偶和子女的兴趣倾向将会促使消费者购买与以往不同的产品。

2. 内部环境因素

内部环境因素的影响主要是消费者个人特征产生的影响，主要包括年龄和家庭生命周期、角色和地位、生活方式、个性和自我概念。

1) 年龄和家庭生命周期

处于不同年龄和家庭生命周期阶段的消费者，其需求往往也存在差异。例如，婴儿对产品的需求显然不同于成年人对产品的需求。其中，这里所说的家庭生命周期，是指家庭的成长和变迁，大致可以分为以下九个阶段：单身阶段、新婚阶段、满巢阶段Ⅰ、满巢阶段Ⅱ、满巢阶段Ⅲ、空巢阶段Ⅰ、空巢阶段Ⅱ、鳏寡阶段Ⅰ和鳏寡阶段Ⅱ。不同的家庭生命周期阶段往往有着不同的财务状况和产品需求。相应地，其购买行为模式也有所不同。

2) 角色和地位

在不同的社会关系、不同的场合中，一个人往往扮演着不同的角色。例如，一名妇女在工作时是管理人员，在家里则是母亲和妻子，在父母面前则是孝顺的女儿，在朋友面前则是可以信赖的伙伴。相应地，人们在购买产品的时候，往往也会考虑到自己在社会中所扮演的角色。同时，消费者的角色往往又与其地位密切相关。社会地位方面的差异，也使消费者有着不同的消费行为。实际上，正是由于角色与地位对消费者行为产生着重要影响，一些奢侈品才有市场。同时，正是地位的象征作用，才赋予营销人员更多的有关产品和品牌的创新构思。

知识链接

在荷兰开展的一项研究中，男性消费者更注重利用低价来体现他们所获取到的价值大小。因此，性别应当成为市场细分的变量。对于男性而言，其决策风格如下。

(1) 26%的男性注重品牌和质量。

(2) 22%的男性对时尚和品牌不感兴趣。

(3) 15%的男性勉强可以称得上是完美主义者。

(4) 14%的男性不愿意花费时间和精力去购物。

(5) 15%的男性在购物时会追求高质量和高价值。

(6) 10%的男性以购物为乐趣，并努力创造时尚。

3) 生活方式

生活方式是一个人按照他或她的心理描述所表达的方式生活，是一个人在世界上所表现的有关其活动、兴趣和看法的生活模式。生活方式与消费行为之间有着微妙的关系。人们追求的生活方式影响着他们的需求、欲望、购买决策和产品使用行为，而这些决策和行为又反过来强化或改变人们的生活方式。例如，那些追求高品位生活方式的年轻人，会在周末闲暇时间去星巴克咖啡店消费；而那些追求经济实用的生活方式的人，会在超市里购买经济实惠的速溶咖啡。由此可见，生活方式通常为购买提供了基本的动机和指南，但是它往往都是以间接和微妙的方式表现出来的。

4) 个性和自我概念

个性导致一个人对他所处环境的相对一致和持久不断的反应，是以心理特征为基础在文化环境中形成的。自我概念是一个人对自身存在的体验，强调了消费者的自我定位。个性和自我概念在无形之中影响着消费者的行为，如有的消费者喜欢复古，有的崇尚流行时尚。由此，营销人员应该努力塑造与目标消费者自我概念和个性相一致的产品形象。

营销案例

在美国和日本的不同服务体验

不同文化环境下的不同服务体验影响着消费者评价服务的方式。直到最近，不同文化下的不同服务还都是以趣闻性的眼光而不是系统地去观察，并且我们很少有评价这些差别的指导方针和标准。一个典型的例外是正在进行的研究美国和日本两种文化之间服务体验不同的研究项目，它提供了美日文化微妙差异的生动的例子和实际证据。依据服务行为的维度把与在美国学习的日本学生交流的例子分成几个方面，从这些案例中，我们总结了一些有趣的发现。

(1) 真诚性：在日本，“每个职员都有相同类型的微笑……这种微笑是不自然的”，而且“每件事情都是依据手册而进行的”。在美国，职员“独立地行动”，并且“在接触时有更多的不同”，这是一个新的发现。

(2) 关心：关切或关心在日本是最重要的指标，“顾客就是上帝”。而美国的销售职员经常回答“我不知道”和“他们好像不太关心”。

(3) 控制：对于美国人来说控制似乎很重要。相反地，在日本，顾客有些“胆怯和紧张”，他们倾向于把控制权交给职员。在日本，控制并不重要。

(4) 礼貌：在日本，“假如我们发现服务有什么问题，如他们没有因溅出水而道歉，我们就再也不会回到那里去了”。礼貌在日本很重要。

(5) 礼节：在日本，所有的服务都要有正式的礼节和形式，而在美国大多是非正式的。

(6) 友善：“在美国，我感觉我应该平等对待服务人员”。而在日本却并非如此。在日本，友善可能是失礼的，礼节通常更受欢迎。在美国，人们都期望友善。

(7) 个性化：“在日本，对待顾客都一视同仁”，招待员“几乎是面无表情的，太商业化，不管谁来，他们都以一样的方式对待”。在美国，服务是个性化的，名字的使用频率更高。

(8) 敏捷性：“在美国，销售职员和顾客都期望有一个短暂而美好的交谈……”在日本，许多人更愿意销售人员反应敏捷但不一定友善。

通过这些例子比较了两国之间的文化差异以后，作者提出了几个重要的观点，这些观点对于理解服务提供商需要做什么来影响服务接触的感知和评价很关键。

首先，友善、个性化、真诚性及敏捷性的主题在美国文化中是关键的，而关心和关切在日本文化中处于中心位置，这种区别可以被解释为美国文化以个性化为中心，日本更重视移情作用(关注、关心和有礼貌)。礼貌在两个国家都很重要，但却有不同的含义：在美国，礼貌意味着提供更多的关注和更好的服务，而在日本，礼貌意味着耐心和公平。真诚性在美国是一个与服务行为相关的维度，而在日本不是，这有可能是因为日本人注重于扮演角色而不是表达个人感情。

这个研究和其他类似的研究可以证明，作为一个有效的服务提供商，理解文化是关键的，因为当一项服务扩展到另一个文化领域时，提供与本土完全相同的服务很可能是不成功的。

3.3 服务消费者购买决策过程

3.3.1 消费者评价服务与评价有形产品的区别

在以顾客为导向的市场营销过程中，理解和把握顾客的消费心理与购买行为是企业有效地制定营销战略和开展推广活动的重要前提，对于服务产品而言，由于其自身的特征而使顾客的购买行为不同于有形产品购买者的行为。

1. 评价所依据特征的差异性

消费者在购买产品之前，首先要搜集有关的产品资料并对产品进行评估。由于服务产品具有不可感知性的特征，顾客的评价过程显得相对比较复杂和困难。区分顾客对有形产品和服务产品评价过程的不同，主要依据以下三个特征：可寻找特征(search quality)、经验特征(experience quality)和可信任特征(credence quality)。

可寻找特征是指消费者在购买前就能够确认的产品特征，如价格、颜色、款式、硬度和气味等。如服装、家具和珠宝等产品有形有质，具有较强的可寻找特征。而度假、理发、餐饮则不具备可寻找特征而只具备经验特征。

经验特征是指那些在购买前不能了解或评估，而在购买后通过享用该产品才可以体会到的特征，如产品的味道、耐用程度和满意程度等。饮食只有品尝后才知其味，理过发后才知理发师的技术和服务水平，听过课后才了解教师的水平和能力。

可信任特征是指消费者购买并享用之后很难评价，只能相信服务人员的介绍，并认为这种服务确实为自己带来期望所获得的技术性、专业性好处的服务特征。例如，诉讼寻找律师，投诉者无法判断律师的服务水平，只能听信律师的分析，其他技术性、专业性服务如家电维修、汽车修理、保健等都具有这类特征。

根据泽斯曼尔的研究，对于有形产品，它们拥有较多的可寻找特征，顾客很容易对其作出评价。而对于包括部分有形产品和无形服务的产品，其感知性较低，可能没有那些可寻找特征，顾客在做出购买决策时，只能根据经验特征估计产品的质量；而对于纯服务，顾客只有通过对其可信任特征的考察，才能辨别产品的优劣。

2. 评价过程的差异性

毫无疑问，对于具有较强的经验特征和可信任特征的服务产品，顾客的评价过程将明显地区别于他们对具有可寻找特征的有形产品的评价。这些差异主要表现在信息搜集、评价标准、选择余地、风险认知、品牌忠诚度和对不满意的归咎等方面。

在信息搜集方面，顾客购买有形产品更多地依赖于非人际渠道来获得有关产品的信息，而顾客在购买服务产品时则更依赖于人际渠道；在评价标准方面，在购买有形产品时，顾客可以凭借产品的款式、颜色、商标、包装、品牌和价格等多种标准来判断产品的质量，而在购买服务产品时，顾客的评判标准则只能局限于价格和各种服务设施等方面；在选择余地方面，相对于一般消费品而言，顾客在购买服务产品时其选择余地要小得多；对风险承担方面，由于服务产品是不可感知的、缺乏统一标准的，而且常常没有质量保证，相对于有形产品来说，顾客购买服务时认为自己所要承担的风险要大一些；在品牌忠诚度方面，由于获得服务产品信息的困难，顾客很难全面了解到有关替代品的情况，对其是否比现有产品更能增强满意度亦无把握，因此顾客在购买服务时对品牌的忠诚度较高；最后，关于顾客购买后对不满意的归咎方面，由于顾客在很大程度上直接参与服务的生产过程，他们会觉得要对“不满意”的产生负有一定责任。因为如果是顾客没能向服务提供者清楚地界定其要求而达至不满意时，顾客自己是要承担责任的，这一点同有形商品的购买情形有着很大不同。

3.3.2 消费者服务购买决策过程

消费者在进行购买决策和处理有关产品的信息时，通常会经历一个系统的、循序渐进的过程。他们首先感知到某一需求及考虑满足这一需求不同的替代品，评估每一个选项，然后选择其中一种物品。这就是消费者购买产品的决策过程，这个过程包括：需求识别，即消费者有要满足的需要或要解决的问题；信息搜集，消费者搜集信息来帮助满足需要；替代品的评价，消费者选择替代品的组合并进行评价；购买，消费者选择具体的品牌并购买它；购买后评价，消费者对购买的选择并确定它是否达到了预期的水平。

但是，服务特性的存在使得服务购买决策与有形商品购买决策过程存在着不同之处。在服务消费的过程中，消费者主要通过人际交流获取服务信息，即通过服务产品的口碑来判断产品质量的高低。而对于有形产品的购买，消费者可以比较容易地通过直接观察有形产品了解到产品的相关信息，如形状、颜色等。因此，在服务购买及有形产品购买决策过程中，消费者在信息搜集环节所采取的具体行为是不同的。另外，在服务购买决策中对可选购买方案的评价要难于对有形产品可选方案的评价。因为服务的无形性及服务行为易受人及服务场所的环境因素所影响，使顾客特别是新顾客，在购买服务产品前较难审视服务产品的特点和功能，因此也难于准确预测享用服务后所带来的利益和价值。

尽管在服务购买决策中消费者所采取的具体行为、消费者所需要投入的时间和精力及评价的准确程度等方面与有形产品购买决策过程不同，但是服务消费者的决策过程同样会包括以上五个步骤。

知识链接

与电子商务有关的顾客决策过程

互联网已经对消费者的决策过程产生了巨大的影响。它对信息搜索、服务替代品的评价及购买过程的影响更为特别。以下所列出的就是每个领域中电子营销者的最大化效果。

1. 信息搜索

(1) 浏览的便利性——是否容易地在站点活动。

(2) 网页下载的速度——网页的加载是否足够快。

(3) 搜索工具的有效性——搜索工具能否找到用户所寻找的信息。

(4) 产品更新的频率——产品信息能否及时更新以满足用户的需求。

2. 服务替代品的评价

(1) 产品比较的便利性——是否很容易比较网站提供的不同产品。

(2) 产品描述——产品描述是否足够准确、清晰和全面，以使消费者在信息全面的情况下做出决策。

(3) 接触顾客的服务代表——客服电话号码是否很容易查询。

(4) 存货情况——缺货情况能否在顾客开始订购过程前标明。

3. 购买

(1) 安全和隐私问题——在传送个人信息时顾客是否感到放心。

(2) 订购过程——用户能否在合理的时间限度内完成订购过程。

(3) 支付方式——是否提供了非买者想要的支付方式。

(4) 递送方式——是否提供了非买者想要的递送方式。

(5) 订货规则——订货规则是否容易理解。

由于购买情境不同，消费者的购买过程可能会有所差异。很多因素都有可能对顾客购买决策产生影响。具体而言，消费者所面临的购买情境包括三类，即复杂购买决策、简单购买决策和日常购买决策。

在复杂购买决策中，顾客要依次经过传统决策过程中需求识别、信息搜集、替代品的评价、购买、购后评价这五个阶段；而在日常购买决策中，只需后两个阶段就够了。如果我们考虑服务的特性，加之顾客与服务提供者之间的互动，我们就可以将整个购买过程缩减为三个阶段，分别是：购买前阶段，包括五个阶段模型中的前三个阶段；消费阶段，与五个阶段模型的第四个阶段相对应，包括消费者参与的服务生产过程；购买后的评价阶段，从一定程度上决定了消费者对整个服务传递满意/不满意(对应第五个阶段)。

1. 购买前阶段

购买前阶段是指消费者购买服务之前的一系列活动。当消费者意识到有某种服务需求时，这一阶段就开始了。这种需求的不断增强，促使消费者着手准备购买。这时，消费者开始从各种渠道搜集有关信息。他们首先会回忆以往所了解或者体验到的有关知识，试图从中找到解决办法，同时向亲戚、朋友和邻居征求意见和建议，或者翻阅报纸杂志、向专家咨询等，最后将确定出最佳的选择方案。

以一个顾客选择餐馆吃午饭为例。他面临的第一个问题是“在什么场合下吃饭”。无疑，不同的餐馆适合不同的顾客。他单独一人吃与同朋友一起吃可能有不同的要求。如果是一人吃饭，像麦当劳、真功夫、德克士等快餐店也许就可以了；而如果是和朋友一起，则会选择较正式些的餐馆。吃饭的场合确定下来之后，紧跟的问题是“有哪些餐馆可供选择”。从理论上讲，顾客可选择的餐馆有很多，而事实上，他通常根据其以往的经验和知识只选择有限的几家。不过，究竟他会选择哪一家还要考虑一系列因素，这一过程通常是很难描述出来的。

2. 消费阶段

与实体商品的消费不同，服务产品的消费和生产是同时进行的。顾客在进行服务消费时，与服务供应商和其他顾客之间是一个互动的过程，并且顾客会根据互动过程中得到的经历或体验来对服务质量进行评价。由于服务是一种体验，所以在服务的消费阶段，消费者和服务员工的感情和心情对服务的感知影响很大。例如，消费者本身处于一种轻松愉悦的状态，同时又看到服务设施和服务环境整洁，员工服务态度亲和，那么消费者在进入服务机构时首先就会对该服务场所产生良好的感情，他会处于一种轻松、愉快的氛围中，就会对该次服务体验产生积极的态度。而如果消费者的心情沮丧，该服务机构的服务设施和服务环境很差，同时服务供应商阴沉着脸，即使该服务场所提供的技术效果较好，顾客也会对该次服务体验产生偏见。所以，服务营销人员要注意到顾客和服务员工的心情与感情，并且应该尽力使这些人的心情与感情向积极的方向发展。

另外，由于服务是无形的和非标准化的，消费者在对服务产品进行消费时会产生较大的风险感知。这就要求服务供应商尽量通过标准化的服务环境、服务设施、服务人员行为等方法或控制服务前的服务承诺的方法来减少顾客的风险感知，提高顾客的满意度。服务承诺是服务供应商许诺提供给消费者的服务标准。服务承诺的形式有两种：明示的服务承诺和暗示的服务承诺。明示的服务承诺是服务供应商通过广告等媒介发表的有关服务的正式声明。暗示的服务承诺是服务供应商通过一些因素如商店和饭店的外观传达的服务质量的信号。一般而言，如果顾客实际感受的服务质量低于服务供应商传达的服务承诺，则顾客会不满意；如果顾客实际感受的服务质量高于服务承诺，则顾客往往会非常满意。因此，很多学者建议服务供应商不要做出无法兑现的承诺，以防止顾客产生较高的服务期望。

此外，一些研究还表明，由于服务传递过程的延长，顾客对产品的评价不仅发生在购买之后的阶段，而在消费过程中就已经发生。事实上，顾客在同服务人员及其有关设备打交道的过程中，已经开始对企业的服务产品进行评价。从企业的角度来看，服务产品消费过程的这种特点为企业直接影响顾客对产品的判断提供了便利，而这对有形产品的生产者来说是不太可能的。

知识链接

一项英国金融行业的研究表明，对于不同的账户、保险产品投资产品，顾客的购买风格都有可能不同。

英国人开立银行账户或者购买信用卡，一般亲自到银行办理相关服务，或通过电话购买。英国消费者购买理财产品的渠道是多元化的，包括到银行、通过电话或邮局，或者接受银行的上门服务。

在做出理财产品购买决策时，消费者的信息来源也是多元化的，如专家的建议、朋友或家庭的影响，广告的影响，金融时报和因特网等。开立银行账户最常用的信息是家庭、朋友推荐，还有广告信息。而在购买保险和信用卡服务时，专家的建议、朋友和家庭成员的推荐及广告则成为主要的信息来源。

消费者购买理财产品的渠道和信息来源都是多元化的。对于其他金融机构而言，他们的顾客决策风格可能与英国消费者不同，相对会简单一些。

3. 购买后的评价阶段

让顾客满意是企业营销过程的最终目的，而顾客的满意度则来自他们对服务质量的评价。

从购买过程的层面看，服务产品的消费过程有别于有形产品的消费过程，因为后者一般包括购买、使用和处理三个环节，而且这三个环节的发生遵循一定的顺序并有明确的界限。例如，顾客从超级市场购买一瓶洗涤剂，在洗衣服时使用，当所有的洗涤剂用完之后就把空瓶子扔掉。而服务产品的消费过程则有些不同。一方面，在服务产品交易过程中并不涉及产品所有权的转移，因此，服务的消费过程也就没有明显的环节区分，这些所谓的环节都融合为顾客与服务人员互动的过程；另一方面，服务产品不可感知性(无形性)的特点，使得废物处理的过程同整个消费过程没有关系。所以，服务产品的购后评价是一个比较复杂的过程。它在顾客做出购买决策的一刹那就开始了，并延续至整个消费过程，从而顾客的评价就不仅受到前述因素的影响，而且还会受到一些来自社会和环境方面的因素的影响。从某种意义上说，顾客的评价如何将取决于企业是否善于管理顾客与顾客、顾客与雇员、顾客与企业内部环境及雇员与内部环境之间的关系。

3.3.3 消费者的服务购买决策模型

由于购买服务产品所承担的风险更大，且服务的消费是一个互动的流程，消费者的决策流程相对于实体商品而言更为复杂。实际上，消费者行为学研究为市场营销人员提供了许多种消费者决策模型，这里主要介绍两种：一是风险承担模型，侧重于消费者购买前的选择流程；二是控制模型，侧重于了解消费者的满意度。

1. 风险承担模型

基于风险承担的观点，就是用风险认知的概念来解释消费者的购买行为。所谓风险承担，是指消费者在购买服务的流程中较之购买商品具有更大的风险性。因此，消费者的任何行动都可能造成自己所不希望或不愉快的后果，而这种后果则由消费者自己承担。消费者作为风险承担者，要面临四个方面的风险：①履行风险，是指消费者购买的服务项目将不能按照服务供应商承诺的标准得到履行的风险；②财务风险，是假定消费者所购买的服务如果出现问题时，可能存在的财务费用；③身体风险，是指如果出现了服务事故而给顾客带来的肉体和精神上的伤害；④社会风险，是指购买一项特殊的服务，或许对个人的社会名誉是一种损害。一般而言，购买服务的风险往往要大于购买商品的风险，这主要是由服务的不可感知性、不可分离性和服务质量标准的难以统一等特性造成的。消费者在购买服务时，会主动规避风险或减少风险，忠诚于满意的服务品牌或商号，考察服务企业的美誉度和信誉度等。基于风险承担的观点，一方面客观地正视了消费者购买服务的风险性的事实；另一方面也明确地为消费者规避、减少、降低风险提供了依据。

2. 控制模型

服务流程是一系列的互动流程，包括人与人之间的互动及人与环境之间的互动。通过这些互动流程，消费者获得了需求的满足，并表现出满意或不满意的感知。迈克尔和贝特森认为，顾客对于感知的控制决定了服务互动流程的质量。控制模型就是基于这种假设，认为现代社会中人们不再满足于基本的生理需求，而是以追求对周围环境的控制作为自身行为的驱动力的一种心理状态。控制模型的基本前提是，在服务体验流程中，消费者感觉到的控制地位越高，他们对服务的满意度也就越高。然而在实际中，任何人都不可能完全控制服务流程，包括顾客、服务人员和服务企业。在服务接触流程中，这三个方面都会在某一方面有所冲突，而所有的服务接触都可以被看做是这三个方面当事人企图克服冲突所做的妥协。

在顾客、服务人员和服务企业当中，任何一方有太多的权利都可能出现消极的结果。服务企业有太多的权利，意味着它可以制订过多的规则和程序，这些规则和程序从效率的角度看也许是企业运作所需要的，但是对于服务人员，这些规则和程序会限制他们为顾客服务的权限，甚至会导致他们的反感和厌恶；对于顾客而言，企业的规则和程序使他们感到烦琐；如果顾客拥有太多的权利，他们会表现出非常满意的态度，但相应地会使企业的工作效率下降，成本上升，服务人员的控制力减弱，他们必须依据顾客的不同要求工作；如果服务人员的权利过多，就会使他们过多地考虑到自己工作的顺利和高效，忽略了顾客的要求，导致顾客满意度下降。同时，还会带来一些其他的问题，如公司形象的分散和公司向消费者提供服务种类的混乱，为公司事务管理部门带来许多新问题。因此，理想的服务接触应该是最高限度地使三方当事人的目标协调一致，应该使顾客和服务人员的控制需求与运营效率的需求达到平衡。根据这一理论，企业在服务交易中应该为消费者提供足够多的信息，尽可能让消费者对服务具有较高的认知，使消费者在购买流程中感觉到自己拥有较大的主动权和控制力，以增强消费信心和提高满意度。

本章小结

对消费者和消费者行为的研究是企业进行市场营销活动的基础。消费者行为是复杂多样的，受到各种因素的影响，研究消费者行为的影响因素，可以更好地理解消费者行为。无形性、异质性和生产与消费的不可分性等，使服务具有高度的经验特性和信任特性，这些使得服务比有形商品更难评价。因此，服务供应商需要改变他们的营销组合策略来满足不同的消费行为和评价流程。

一般而言，消费者服务购买的流程要经历三个阶段：购买前的选择、消费流程中的用户反应和购买后的评价。消费者在购买之前，往往会借助一定的工具来确定自己的决策是否恰当，这就是消费者的购买决策模型即风险承担模型和控制模型。

名人名言

永远不要忘记你和你的公司是干什么的，这是一个满足顾客需求、向顾客提供服务的行业。

——斯坦·拉普(Stan Rapp)和汤姆森·科林斯(Thomson Collins)

消费者的知识、经验、诚实和动机，影响着服务业的生产力。

——维克托·R·福克斯(Victor R. Fuchs)

每个人都是在某个文化背景的窗后看世界，并且每个人都倾向于认为自己的看法是对的，而其他国家的人都好像有一些特别，自己的文化背景是正常的。但是在文化领域，并没有正常的或不正常的文化定位之说。

——G·霍夫斯泰德(G. Hofstede)

服务本身是一种行为或一项工作，它不能被包起来然后带回家去。因此相对而言，在购买前确定服务产品的性质和把它同其他竞争性产品进行对比评价更加困难。

——V·A·泽斯梅尔

课后练习

一、复习题

1. 选择题

(1) 在服务消费的过程中，消费者主要通过(　　)获取服务信息。

A．产品　　B．广告　　C．人际交流　　D．人员推销

(2) 对于服务营销而言，增强服务性产品品牌挑选性的途径就是建立(　　)。

A．产品特色　　B．客户关系　　C．公共关系　　D．服务特色

(3) (　　)将影响到顾客消费的方向与标准。

A．产品　　B．企业形象　　C．文化　　D．人员推销

(4) 直接或间接影响人的看法和行为的群体被称为(　　)。

A．社会阶层　　B．消费群体　　C．相关群体　　D．社会成员

(5) 那些在购买前不能了解或评估，而在购买后通过享用该产品才可以体会到的特征被称为(　　)。

A．可信任特征　　B．经验特征

C．信息特征　　D．理想特征

2．问答题

(1) 服务消费者的购买动机有哪些？

(2) 服务消费者购买行为的影响因素主要包括哪些？

(3) 消费者评价服务与评价有形产品的区别表现在哪些方面？

(4) 消费者评价服务与评价有形产品的过程有何不同？

(5) 说明购买“三阶段”过程和“五阶段”过程的内容。

(6) 简述服务购买决策模型的主要内容。

3．讨论题

(1) 结合你所熟悉的服务行业或企业，分析其消费者购买行为的特点。

(2) 结合消费者服务购买决策模型的内容，尝试对某个服务企业的相关营销策略进行分析，指出其优势及不足。

二、案例应用分析

联邦快递的成长之路

总部位于美国田纳西州孟菲斯市的联邦快递公司成立于1973年，在此之前，还没有一家公司对包裹、货物和重要文件提供门对门翌日送达服务。经过30多年的发展，联邦快递的业务现在遍及世界211个国家，这些国家的国内生产总值占全球国内生产总值的90%。

联邦快递的创始者弗莱德·史密斯有一句名言，“想称霸市场，首先要让客户的心跟着你走，然后让客户的腰包跟着你走”。由于竞争者很容易采用降价策略参与竞争，联邦快递认为提高服务水平才是长久维持客户关系的关键。长期以来，联邦快递以其可靠的服务，在客户中赢得了良好的声誉。世界因为它的存在，变得更小、更舒适。

联邦快递可向客户提供24～48小时内完成清关的门对门服务。快速、准时、可靠是这家著名的速递公司的特色。该公司在世界设有50 000多个收件中心，聘用员工约26万人。每个工作日，它都在全球的236个国家运送近300万份快件。为了保证名副其实的“快递”，该公司拥有一个庞大的机队，总共600多架货机；有44 000辆专用货车。该企业在2007年度《财富》全球最大五百家公司排名中名列第203位。

联邦快递非常注重利用科技进行开发与创新。早在1978年，当联邦快递每日的货件处理量尚不足40 000件时，他们就购买了两部IBM大型主机电脑，其资料处理容量是当时业务需求量的几倍。1980年，联邦快递又引进了数码支援分发系统，为车队的每部汽车配备了小型终端机，这样，可以用数码技术将资料传到每辆车的终端机上，使速递员迅速到下一个目的地取邮件。从1986年开始，联邦快递采用条码技术，以电子信号追踪处理中的货物状况，每个速递员都配有条码扫描器，这样，他们可同时肩负起分发处

理员和资料收集员的任务，提高了工作效率。而且，一旦有邮件被运送到错误的地方，联邦快递能在几分钟内查出货件位置，改正运送途径。此外，联邦快递首创了轮辐式包裹传输系统，并利用它将货物汇集运送到位于美国、欧洲和亚洲的分拣中心。在那里，货物被快速搬卸和分拣，再被转运到飞机上，以便在第二个工作日的早8:00之前送到。

互联网的发展推动了货运技术的变革。联邦快递及时运用这一资讯科技的最新成果，与自己已建立的全球速递服务网络结合，推出了一系列方便客户的软件和服务，为客户打开了通往电子商务世界的大门。联邦快递于1998年推出电子商务业务。通过网络，联邦快递与世界各地建立了更加广泛的联系，从而令其业务更新更快。在现今这个技术高速发展的时代，一家公司要想更加富有创造力、具有更好的灵活应变能力，就必须严格控制订货，对所订产品进行跟踪，加快其运输速度。联邦快递的电子商务就是要帮助客户缩短产品投入市场的循环时间，不仅为客户运送货物，还向他们传送信息，帮助客户进行原材料的购买、产品的分销并尽量减少库存，从而降低成本。例如，一家半导体公司分别在不同的地方进行制造、测试、组装及分销，过去产品从制造到运抵分销中心需要经过60～120天，而到达分销中心以后还要等待顾客的订货，如果有订单则还需要45天才能到达客户的手中。现在通过联邦快递则大大缩短了从一个地点到另一个地点的运送时间，即从制造、测试、组装到运抵分销中心只需不到30天的时间。由于顾客可以通过联邦快递公司网页看到产品的情况，因此产品到达后无须等待订货，这就有效减少了库存。而且，公司还可以通过这一系统跟踪查询货物状况和运输情况并处理包裹，要求信使上门取件和提醒收件人接收货物，从而保证货物能按时到达客户手中。目前，有近100万人在使用这一系统。

1999年10月，联邦快递在国内推出了业内首个简体中文网页。2002年，他们在上海研发了全新通关处理系统，大大缩减了货物处理时间。客户可上网随时查询自己的货物情况。目前，由联邦快递运送的货物，使用电子清关系统的已占90%以上，每个工作日都有成千上万批货件抵达孟菲斯、安克雷奇和巴黎，其中绝大多数的清关都是在同一天完成的。

联邦快递每年投资16亿美元用于信息技术基础建设，并使之成为主要竞争优势之一。2003年，联邦快递在亚洲推出汇聚崭新功能的“数码笔”(AnotoPen)，当中采用了瑞典高科技公司Anoto的精湛技术，成为首家为亚洲客户提供该项崭新技术的航空速递运输公司。联邦快递全球服务中心的速递人员在收取和运送包裹时，均会使用数码笔，从而为客户提供更方便快捷的服务。

联邦快递亚太区首席信息总监Linda Brigance指出：“虽然在亚洲以至全球各地，已有很多客户采用联邦快递的电子工具安排速递服务，但仍有不少客户选择或需要手写空运提单或其他文件。全新的数码笔是一项重要的发明，让联邦快递的速递人员将手写资料实时转化成数码数据，过程非常简单，协助客户延续沿用已久的书写习惯。收集到的数据可实时传送到联邦快递的转运中心，无须以人手再行复制，因此能够精简信息流程、大幅减少废纸，并为员工和客户提高服务效率。”

除了数码笔外，联邦快递同时在亚洲推出FedEx Power Pad。FedEx Power Pad是一部采用微软系统的袋装型计算机，能在包裹经过扫描后，实时将资料上传至联邦快递的网络。通过FedEx Power Pad的触控屏幕上的签署扫描功能，可以将客户收到快件后签署的签名也上传到网络内，让联邦快递人员确认货件已被签收。FedEx Power Pad可担当个人网络门户的角色，能在数分钟内，直接在联邦快递的内部网络上存取资料。速递人员无须回到货车上，或查阅服务手册，就能将包裹的资料上传，充分提升速递人员的工作效率及包裹运输的透明度。

2004年6月，联邦快递宣布即将推出全新网上全球货运时测系统，协助客户查询货件的运送时间，以选择最合适的货运方式。客户只需登录联邦快递网站即可运用网上全球货运时测系统，计算出货件来往联邦快递网络内两个或两个以上地点所需的运送时间。

新的网上全球货运时测系统联通互联网，使用方便，能协助客户确定货件的类别，并就运送时间做出估计。

网上全球货运时测系统会根据所输入的资料，考虑所有可能导致货件延误的因素，计算出货件的运送时间。

2004年7月，联邦快递又全面启动全球性服务提升计划，推出“掌上宝”——无线掌上快件信息处理系统，用于追踪包裹递送状态，以缩短取件时间。中国是联邦快递公司内部首个运用此项先进技术的国家。

联邦快递“掌上宝”集成了安全控制、将信息上传下载至联邦快递信息库的多项功能，该信息中心实时监控每一个快件的处理过程。通过无线传输，“掌上宝”可保证实时扫描并上传信息，可取代车载电台、寻呼和手机短信。“掌上宝”还能够加强联邦快递快件取送及查询的服务。通过升级，联邦快递将1.5个小时的取件时间缩短为1个小时，将业界标准提升到一个新的高度。“掌上宝”的使用令联邦快递成为业内首家可以满足客户实时运送信息需求的公司。

除了重视科研的投入外，联邦快递还非常重视客户关系的管理，它被称为ECRM。作为一个服务性的企业，客户服务管理体现在客户和联邦快递接触的每时每刻。

当客户打电话给联邦快递的时候，只要报出发件人的姓名和公司的名称，该客户的一些基本资料和以往的交易记录就会显示出来。当客户提出寄送某种类型的物品时，联邦快递会根据物品性质向客户提醒寄达地海关的一些规定和要求，并提醒客户准备必要的文件。在售前阶段联邦快递就已经为客户提供了一些必要的支持，以减少服务过程中的障碍。

联邦快递的速递员上门收货时，采用手提追踪器(super tracker)扫描货件上的条形码，这些条形码是由FedEx Power Ship自动付运系统或FedEx Ship软件编制，以说明服务类别、送货时间及地点。所有包裹在物流管理的周期内，至少在货件分类点扫描六次，而每次扫描后的资料将传送到孟菲斯总部的中央主机系统。客户或客户服务人员可利用FedEx Power Ship自动付运系统及FedEx Ship软件发出电子邮件或查看互联网上联邦快递的网页，即时得到有关货件的行踪资料。这项技术不仅方便公司的内部管理，而且大大提升了客户满意度和忠诚度。

联邦快递还拥有良好的客户服务信息系统：首先是一系列的自动运送软件。为了协助顾客上网，联邦快递向顾客提供了自动运送软件，利用这套系统，客户可以方便地安排取货日程、追踪和确认运送路线、列印条码、建立并维护寄送清单、追踪寄送记录。而联邦快递则通过这套系统了解顾客打算寄送的货物，预先得到的信息有助于运送流程的整合、货舱机位、航班的调派等。其次是客户服务线上作业系统(customer operations service master on-line system，COSMOS)。这个系统可追溯到20世纪60年代，当时航空业所用的电脑定位系统备受瞩目，联邦快递受到启发，从IBM、Avis租车公司和美国航空等处组织了专家，成立了自动化研发小组，建起了COSMOS，在1980年，系统增加了主动跟踪、状态信息显示等重要功能。1997年又推出了网络业务系统Virtual Order。

在美国企业的发展史上，联邦快递公司是几个发展极快的公司之一，是企业开拓进取、敢于创新的代表。1979年12月的《幸福》杂志称联邦快递公司是“70年代最成功的十大企业”之一。《邓氏商业月刊》称联邦快递公司是“1981年管理最佳的五家公司”之一。联邦快递公司还被誉为“美国100家工作条件最佳的公司”之一。1990年，联邦快递公司因服务完善获得了极负盛名的“马尔科姆·鲍得里奇奖”，联邦快递公司是美国历史上第一个获得这项大奖的服务性企业。

2007年5月，联邦快递(中国)有限公司宣布在中国正式推出国内限时服务业务。

(资料来源：http://www.docin.com/p-17536626.html.)

问题：

(1) 你认为联邦快递成功的要素有哪些？

(2) 比较国际著名快递公司的服务理念和策略。

(3) 从消费者购买行为分析的角度来评价联邦快递成长的原因。

阅读材料

马狮服务顾客的完美体现

马狮百货集团(Marks & Spencer，以下简称“马狮”)是英国最大且赢利能力最强的跨国零售集团，以每平方英尺销售额计算，伦敦的马狮公司商店每年都比世界上任何零售商赚取更多的利润。马狮在世界各地有200多家连锁店，“圣米高”牌子货品在30多个国家出售，出口货品数量在英国零售商中居首位。《今日管理》(*Management Today*)的总编罗伯特·海勒曾评论说：“从没有企业能像马狮那样，令顾客、供应商及竞争对手都心悦诚服。在英国和美国都难找到一种商品牌子像‘圣米高’如此家喻户晓，备受推崇。”这句话正是对马狮在关系营销上取得成功的一个生动写照。

1. 围绕“满足顾客真正需要”建立企业与顾客的稳固关系

有人把关系营销的基本原理简单理解为“与顾客建立良好的关系，有利的交易自会随之而来”。实际上为建立关系而建立关系，并不是真正意义上的关系营销。关系营销倡导建立企业与顾客之间长期的、稳固的相互信任关系，实际上是企业长期不断地满足顾客需要，以达到顾客满意的结果。马狮很早就充分认识到这一点。早在20世纪30年代，马狮的顾客以劳动阶层为主，马狮认为顾客真正需要的并不是“零售服务”，而是一些他们有能力购买且品质优越的货品，于是马狮把其宗旨定为“为目标顾客提供他们有能力购买的高品质商品”。

准确地把握顾客的真正需要是建立与顾客良好关系的第一步，而能否长期有效满足顾客的需要则是这种关系建立和存在的基础。马狮认为顾客真正需要的是质量高而价格不贵的日用生活品，而当时这样的货品在市场上并不存在。于是马狮建立起自己的设计队伍，与供应商密切配合，一起设计或重新设计各种产品。为了保证提供给顾客的是高品质货品，马狮实行依规格采购方法，即先把要求的标准详细订下来，然后让制造商一一依循制造。由于马狮能够严格坚持这种依规格采购之法，其货品具备了优良的品质并能一直保持下去。

马狮要给顾客提供的不仅是高品质的货品，而且是人人皆有力购买的货品，要让顾客因购买了“物有所值”甚至是“物超所值”的货品而感到满意。因而马狮实行的是以顾客能接受的价格来确定生产成本的方法，而不是相反。为此，马狮把大量的资金投入货品的技术设计和开发，而不是广告宣传，通过实现某种形式的规模经济来降低生产成本，同时不断推行行政改革，提高行政效率以降低整个企业的经营成本。

此外，马狮采用“不问因由”的退款政策，只要顾客对货品感到不满意，不管什么原因都可以退换或退款。这样做的目的是要让顾客觉得从马狮购买的货品都是可以信赖的，而且对其物有所值不抱有丝毫的怀疑。

由于马狮把握住了顾客的真正需要，并定下满足顾客需要的严格标准，且又能切实达到这些标准，自然受到顾客青睐，不知不觉中就形成了与顾客的长期信任关系，因此能够保持长久的隐性优势。

2. 从“同谋共事”出发建立企业与供应商的合作关系

企业，尤其是零售企业，要想有效实现对顾客需求的满足，自然离不开供应商的协调配合。一般而言，零售商与制造商的关系多建立在短期的相互利益上，马狮则以本身的利益、供应商的利益及消费者的利益为出发点，建立起长期紧密合作的关系。马狮把其与供应商的关系视为“同谋共事”的伙伴关系。

尽管马狮非常清楚“顾客到底需要什么”，但他们也明白，如果供应商不能生产出所需质优价廉的产品，便无法满足顾客需要，所以马狮非常重视同供应商的关系。前面提到，马狮为了提供“顾客真正需要”的货品而给供应商制定了严格详细的制造和采购标准，为了有效达到这些标准，马狮也尽可能地为供应商提供帮助。如果马狮从某个供应商处采购的货品比批发商处更便宜，其节约的资金部分，马狮将转让给供应商，作为改善货品品质的投入。这样一来，在货品价格不变的情况下，使得零售商提高产品标准的要求与供应商实际提高产品品质取得了一致，最终形成顾客获得“物超所值”购货品，增加了顾客满意度和企业货品对顾客的吸引力。同时，货品品质提高增加销售，马狮与其供应商共同获益，进一步密切了合作关系。从马狮与其供应商的合作时间上便可知这是一种何等重要和稳定的关系。与马狮最早建立合作关系的供应商时间超过100年，供应马狮货品超过50年的供应商有60家以上，超过30年的则不少于100家。

3. 以“真心关怀”为内容建立企业与员工的良好关系

企业与顾客建立长期信任关系时是作为一个整体出现的，企业具体而言是由若干个员工和管理者组成的，企业内部的关系怎样，直接关系到企业功能的发挥和宗旨的实现。企业内部管理者与员工之间相互信赖和支持的关系是企业作为一个整体与外部顾客建立长期信任关系的基础，离开了前者，后者的建立是不具有操作性的。

马狮向来把员工作为最重要的资产，同时也深信，这些资产是成功压倒竞争对手的关键因素。因此，马狮把建立与员工的相互信赖关系、激发员工的工作热情和潜力作为管理的重要任务。在人事管理上，马狮不仅为不同阶层的员工提供周详和组织严谨的训练，而且为每个员工提供平等优厚的福利待遇，并且做到真心关怀每一位员工。

马狮的一位高级负责人曾说：“我们关心我们的员工，不只是提供福利而已。”这句话概括了马狮为员工提供福利所持的信念的精髓：关心员工是目标，福利和其他措施都只是其中一些手段，最终目的是与员工建立良好的人际关系，而不是以物质打动他们。这种关心通过各级经理、人事经理和高级管理人员真心实意的关怀而得到体现。例如，一位员工的父亲突然在美国去世，第二天公司已代他安排好赴美的机票，并送给他足够的费用；一个未婚的营业员生下了一个孩子，她同时要照顾母亲，为此，她两年未能上班，公司却一直发薪给她。

马狮把这种细致关心员工化成是公司的哲学思想，而不因管理层的更替有所变化，由全体管理层人员专心致志地持久奉行。这种对员工真实细致的关心必然会使员工对工作充满热情，使马狮得以实现全面而彻底的品质保证制度，而这正是马狮与顾客建立长期稳固信任关系的基石。

4. 马狮给我们的启示

(1) 实施关系营销是一项系统工程，必须全面、正确地理解关系营销所包含的内容，要实现企业与顾客建立长期稳固关系的最终目标，离不开建立与关联企业及员工良好关系的支持。

(2) 企业与顾客的关系是关系营销的核心，建立这种关系的基础是满足顾客的真正需要，使顾客满意，离开了这一点，关系营销就成了无源之水、无本之木。

(3) 要与关联企业建立长期合作关系，必须从互惠互利出发，并与关联企业在所追求的目标认识上取得一致。

(4) 高福利并不一定实现企业与员工的良好关系，真心关怀每个员工才能有效激发他们的工作热情和责任心，从而为实现企业的外部目标提供保证。

(资料来源：http://wenku.baidu.com/view/5705cfd476a20029bd642d8f.html.)

第 4 章 服务目标市场营销战略

教学目标

通过对本章的学习，要求学生掌握服务市场细分的特点、步骤和方法，服务企业目标市场的选择，以及服务企业如何做好服务市场定位。

教学要求

知识要点	能力要求	相关知识
服务市场细分	(1) 了解服务市场细分的特点 (2) 掌握服务市场细分的步骤和方法	(1) 服务市场细分概述 (2) 服务市场细分的特点 (3) 服务市场细分的步骤和方法
服务目标市场选择	(1) 学习服务目标市场的评估方式 (2) 掌握服务目标市场的营销和进入策略	(1) 服务目标市场的评估 (2) 服务目标市场营销策略 (3) 服务目标市场进入策略
服务市场定位	(1) 认识服务市场定位的重要性 (2) 掌握服务市场定位的基本方法	(1) 服务市场定位的概念 (2) 服务市场定位的重要性 (3) 服务市场定位的方法

永远不要忘记你和你的公司是干什么的，因为它属于一个满足顾客需求、向顾客提供服务的行业。

——斯坦•拉普和汤姆森•科林斯

基本概念

地理细分　人口细分　心理细分　行为细分　无差异营销策略　差异性营销策略　集中性营销
服务市场细分　服务目标市场选择　服务市场定位　避强定位　迎头定位　重新定位差异化

导入案例

20世纪90年代中期，有两个鞋厂的推销员先后到达南太平洋的一个岛屿上，目的都是推销皮鞋。这两位推销员发现了一个共同的事实，即这个岛屿上人人光脚，都不穿鞋子。在同样的事实面前，其中一人垂头丧气，给公司总部发回的电报是“本岛无人穿鞋，我决定明天返回”。而另一人则大喜过望，给公司总部发回的电报是“好极了，该岛无人穿鞋，是个很好的市场。我将驻在此地，开展促销活动”。这是怎么回事呢？原来，这就是不同的思维，有着不同的分析判断。前者认为，不穿鞋的人永远不穿鞋，推销等于“瞎子点灯白费蜡”；后者则认为，今天不穿鞋不等于永远不穿鞋，随着生活水平的提高，外来文化的影响，他们的生活习惯会逐渐改变。因此，后者便印制了一种没有文字的广告画，画上是岛上一位壮汉，脚穿皮鞋，肩扛虎豹麋鹿等猎物。画中的壮汉威武雄壮。岛上的人果然欣然接受了穿鞋这一文明的生活方式。该公司的皮鞋畅销于该岛，赚到一大笔钱，并牢牢地抓住了这一市场先机。

点评：善于捕捉市场机会是每一个企业成功的前提。

富于战略性的市场分析是服务营销战略实施的重要一环。它有助于企业科学地细分市场，发现新的市场机会，使营销更有针对性，形成新的富有吸引力的营销策略。因此，科学合理的市场分析，对服务企业的成功营销具有重大意义。本章主要阐述服务市场细分、服务目标市场选择及服务市场定位。

4.1　服务市场细分

市场表现为消费需求的总和，它包含着不同的需求形态。任何一个企业，无论其规模如何，它所能满足的也只是市场总体中十分有限的部分。因此，与传统营销战略特点类似的是，服务企业在进入市场之前，也必须先进行充分的市场分析和顾客群分析，结合自身实力和特点准确选择和把握目标市场，并确定自己在市场中的竞争地位。

4.1.1　服务市场细分概述

所谓服务市场细分，是指企业根据消费者需求的差异，按照“细分变量”把某一产品的整体市场化分为若干个消费者群的过程。每一个消费者群就是一个细分市场，每一个细分市场都是由具有类似需求倾向或购买行为的消费者构成的群体。不同的细分市场之间，消费者的需求倾向或购买行为存在明显的差异。

服务市场细分的理论依据表现在两个方面：其一，客户需求的差异性。无论是个人客户市场还是企业客户市场，客户对产品和服务的需求总呈现出一定的差异性。不同的细分市场表现出不同需求的客户群。其二，客户需求的相似性。通过对客户的居住环境、文化背景、年龄及其消费倾向的比较，又可发现客户对产品和服务需求的相同性、类似性。

服务市场细分是开拓服务目标市场的前提，它为企业准确地选择服务目标市场、建立竞争优势创造了条件，是服务营销战略的核心组成部分。例如，改革开放前，我国四大国有银行(中国工商银行、中国农业银行、中国银行和中国建设银行)都有自己为之服务的细分市场：中国工商银行主要为工商企业和城镇居民提供服务；中国农业银行的主要业务集中于广大农村；中国银行主要经营国际金融业务；中国建设银行则主要负责国家基建项目的融资。

服务市场细分对于服务企业具有极为重要的意义。随着服务市场上新竞争对手的不断加入和服务项目的增多，企业之间的竞争日益激烈。服务市场细分将有助于企业投资于能够带来经济效益的领域，确定符合自身资源状况的服务目标市场，从而避免因盲目投资而造成的资源浪费。同时，服务市场细分将有助于企业通过产品的差异化建立起竞争优势，选择与竞争对手不同的服务目标市场或策略，避开竞争对手的强势市场，打入竞争对手的弱势市场或未顾及的市场。即使在较为成熟的行业里，市场机会仍然存在。企业通过市场调查和市场细分充分认识潜在需求和未被满足的需求，将会发现潜在的或未被满足的顾客群体，从而发现市场机会，并进行新产品开发、经营领域的扩展、新市场的开拓。通过服务市场细分，企业能够向服务目标市场提供独具特色的服务及其相关的服务营销组合，从而使顾客需求得到更为有效的满足，有利于促进顾客的满意与忠诚。一旦顾客对某个服务企业表示忠诚，一般就不会轻易改变。

营销案例

花旗银行“术业有专攻”

美国的花旗银行在经历了20世纪90年代初期的衰退之后，近年来充分依托其世界最大的电子银行网和电子通信网积极推进自己的三大核心业务——机构银行业务、消费者银行业务和投资银行业务，1994年获得了34亿美元的利润。特别是该行在进行市场细分的基础上，加大了消费者银行业务的开发力度，并取得了巨大成功。1994年此项业务获利14亿美元，该银行被《欧洲货币》杂志评为1995年最优秀的银行。花旗银行的经验是在最擅长的领域中成为最优秀的，而不是样样都涉及，样样都追求第一，从而优化了资源配置，避免了盲目性经营。

4.1.2 服务市场细分的特点

1. 服务细分市场需求多样化

合理的服务细分市场的特点是服务细分市场内部的需求差异要明显小于服务细分市场间的需求差异。因此，服务细分市场内部的需求一般可以保持较高的相似度，否则合理的服务细分市场就不可能长久地存在。例如，一家旅馆的所有顾客都对服务具有相同的要求，就没有必要对他们再进行商人和旅游者的细分。

2. 服务市场细分要可确定和可衡量

服务市场细分的标准主要有以下几个方面：地理环境因素、人口因素、消费心理和消费行为因素。这些因素有些是相对稳定的，但多数处于动态变化中。其中，顾客具有的某些特征信息易于获取和衡量，如顾客的偏好，对服务、价格、广告宣传等的反应，人口、地理、文化因素等。

3. 细分的服务市场具有适当的规模和潜力

细分的服务市场应能够为服务企业带来足够的好处，值得企业为之投入营销组合的资源。服务细分市场的规模要足够大，这样才能支撑企业的投资行为及其所带来的规模经济效益。一般而言，内部需求分化程度高的服务细分市场往往难以产生足够规模的同类需求，为企业细分营销战略的执行带来不确定性，此时需要采取其他战略，如针对某些重要顾客所采用的顾客定制(customization)。

4. 服务应该是可进入性、可接近性的

服务企业能进入细分市场，需要具备空间上的可进入性、观念上的可接近性的特点。细分市场应该是通过成本合理的营销组合能够达到的，能够进行沟通的，并且不受过多的限制。

4.1.3 服务市场细分的步骤和方法

1. 服务市场细分的步骤

服务市场细分是一个将异质市场划分成若干个同质市场的过程。这个过程通常包括以下四个步骤：界定相关服务市场、评价服务细分市场、选择细分标准、选择目标服务市场。界定相关服务市场的就是确定企业推广其服务所要寻找的顾客群体。服务营销者需要与消费者进行非正式的接触，并通过问卷调查向消费者收集相关的市场资料，如服务的知名度、服务的使用方式、对该服务所属类别的态度等。在此基础上，企业必须对自身的资源状况进行分析，明确自己的优势和劣势，然后在以下几个方面做出选择：服务线的宽度、顾客类型、地理范围、企业所要涉入的价值链的环节。评价服务细分市场是指按照一些细分标准对各服务细分市场的潜力和赢利能力等进行评价。选择细分标准需要找出消费者之间客观存在的服务需求的差异性，但因为形成差异性的因素很多，所以，没有一个绝对的细分标准。企业营销人员必须考虑各种服务细分市场服务需求差异性的因素，找出考察服务市场结构最好的方法，从而选择最合适的细分标准。选择目标服务市场是最终确定企业要进入的目标服务市场，并对目标服务市场的特征进行详细描述。

2. 服务市场细分的方法

细分市场主要依据地理、人口、心理特征、消费行为等因素展开。

1) 按地理因素细分

按地理因素细分是根据消费者工作和居住的地理位置进行市场细分的方法，即将市场分为不同的地理单位，如国家、省(州)、地区、县、市等，具体变量包括地理位置、人口密度、气候带、地形地貌等。由于受地理环境、自然气候、文化传统、风俗习惯和经济发展水平等因素的影响，同一地区人们的消费需求具有一定的相似性，而不同地区的人们又形成不同的消费习惯。因此，地理因素成为市场细分的依据。由于这种方法简单明了，所以应用于多数服务企业。例如，提供饮食服务的企业需要考虑当地人们的饮食习惯。服务策划者可以决定在一个或几个地区开展经营活动，但要注意各地区的差异性。

2) 按人口因素细分

按人口因素细分是根据消费者的年龄、性别、家庭规模、家庭生命周期、收入、职业、宗教、种族等因素将服务市场细分为若干群体。人口细分是区分顾客群体的常用方法之一，原因主要有两个：①消费者的需求、偏好及对服务产品的使用状况常常与人口因素密切相关；②人口因素比其他因素更易衡量。

3) 按心理特征因素细分

按心理特征细分是根据顾客不同的社会阶层，不同的生活方式、生活态度及不同个性特征，将他们分为不同的群体。按地理因素或人口因素细分后，属于同一服务细分市场的人可能会显示出不同的心理特征，产生不同的购买行为。因此按地理因素或人口因素细分时应结合顾客的心理特征因素，如生活方式等，将会变得更有效果。许多服务企业已越来越倾向于采用心理因素进行服务市场细分。

(1) 社会阶层是指有相对的同质性和持久性，按一定等级排列的群体集合。同一阶层成员具有类似的价值观、兴趣爱好和行为方式，不同阶层成员则表现出不同的特征。

(2) 生活方式是指一个人或集团对消费、工作和娱乐等生活方面的特定习惯和倾向性的方式。消费者的生活方式不同，对商品的喜好和追求也就不同。例如，对于不同类型的消费者市场，商业银行应制定不同的营销组合策略。对追赶时髦型客户，银行应注意金融产品或服务的创新，并给新产品赋予一定的象征和意义。而经济型客户，他们往往不注重金融产品或服务的形式，而是关心金融产品或服务的购买成本和未来收益。

(3) 个性是指消费者个人特有的心理特征。消费者个性特征表现是多方面的，我们常用自信、支配、被动、顺从、保守、风险型和适应型等性格特征来描绘。例如，保守型的消费者总是选择相对安全、可靠、风险小的金融产品或服务，他们首先关心的是投资安全性，其次才是收益的大小。而风险型的消费者则刚好相反，他们更注重投资收益或财产的增值，愿意冒一些风险来换取可观的回报。

4) 按消费行为因素细分

按消费行为因素细分是根据消费者的消费时机及对服务产品的使用状况、忠诚度、使用率、态度，将消费者分为不同的群体。

(1) 消费时机。可以根据消费者提出需求、购买服务和使用服务的时机将其分类。消费时机细分有助于提高服务使用率。

(2) 对服务产品使用状况。许多服务市场细分为某种服务产品的经常使用者、一般使用者、偶尔使用者、不使用者、实际使用者和潜在使用者等。服务企业往往关注那些经常使用者。例如，许多快餐店愿意为那些经常光顾的消费者提供快速服务，价格也较低廉。银行和房屋协会则对各种使用者均表示关注，一方面，他们希望深入了解那些经常使用者的特点、行为和身份等，以不断吸引其购买服务；另一方面，他们又会采取一些措施刺激那些偶尔使用者，促使其向经常使用者转变。服务市场占有率高的服务企业特别重视将潜在使用者转变为实际使用者。而一些小型服务企业则努力将使用竞争者服务的顾客转向使用本企业的服务。综上所述对不同情况的使用者应采用不同的营销方法。

(3) 对服务产品的忠诚度。服务市场也可根据消费者对服务产品的忠诚度进行细分。假设有五种服务产品A、B、C、D、E，根据消费者对服务产品忠诚度的高低，可以将其分为四种类型(假设有六次购买行为)。

① 绝对忠诚者。是指任何时候只购买一种服务产品的消费者。其购买方式是A、A、A、A、A、A，这表示消费者对服务A绝对忠诚。

② 动摇忠诚者。是指那些对两三个服务产品忠诚的消费者。购买方式为A、B、B、A、A、B，这说明消费者主要热衷于服务A和服务B。

③ 转移型忠诚者。是指从偏爱一种服务转移到偏爱另一种服务，即对一种服务的忠诚转移成对另一种服务的忠诚。其购买方式为A、A、A、B、B、B。

④ 游离者。是指那些不忠于任何服务产品的消费者。其购买方式是A、E、D、B、C、B，就是说他们不会始终只购买某一种服务产品，而会经常变换其消费行为。

(4) 使用率。可根据服务产品的轻度、中度和重度使用者来细分服务市场。服务产品重度使用者一般在服务市场上所占比例不大，但他们的消费量在全部消费量中所占比例很高。

(5) 态度。可根据消费者对服务产品的态度来细分市场。人们的态度可分为五类：热心、肯定、漠不关心、否定和敌视。

5) 按消费者受益因素细分

消费者之所以购买某种服务是因为他们能够从中获得某种利益。因此，可以根据消费者在购买过程中对不同利益的追寻进行市场细分。这种方法与前面几种方法不同，它侧重于消费者的反应，而不是服务产品本身。例如，不同的消费者希望从不同的银行那里得到不同的利益：一部分消费者希望能从声誉较好的银行那里获得全面、整体性的服务；一部分消费者则希望获得低利息的贷款；还有一部分消费者希望在私人银行进行高利率储蓄。一家银行可以根据自身的资源状况，选择其中的一个或两个细分市场进入，提供独具特色的服务。在服务市场上，消费者追寻不同利益的特点使得按消费者受益因素细分的方法几乎适用于所有的服务企业。

6) 按服务要素细分

这是根据消费者对企业服务产品的反应进行细分。虽然从某种意义上说它可以归入利益细分，但是仍有单独论述的必要，因为通过了解消费者对企业服务中不同要素的看法及反应，将有助于服务企业设计更合理的服务组合。

利用服务要素进行服务市场细分时，通常要考虑以下三个问题：①是否存在拥有同种服务要求的顾客群体；②服务企业能否使自己的服务产品差异化；③是否所有的消费者都需要同一水平的服务。

以上介绍的是服务企业细分服务市场时所采用的几种方法。类似的方法还很多，我们无法一一罗列出来。事实上，服务企业在选择细分服务市场的依据时不应完全照搬这些方法，而应有所创新，以建立起差异化竞争优势。因此，企业必须寻找最佳的服务市场细分依据。

4.2 服务目标市场选择

4.2.1 服务目标市场的评估

服务目标市场是服务企业决定进入的、具有共同需求或特征的顾客集合。服务企业在细分出来的若干个子服务市场中，对各个服务细分市场进行评估，选择出对自己最有利的、决定要进入的服务目标市场。

对服务目标市场的评估必须考虑以下四个因素。

1. 细分市场的规模和潜力

潜在的细分市场要具有适度规模和预期的增长率，只有规模和预期增长率适当的细分市场才能成为服务企业进入的驱动力。适当的规模和预期增长率是一个相对量，对实力雄厚的大企业来讲，是指规模较大、增长速度快的细分市场；对中小企业来讲，则是指不被大企业看好、规模较小、增长速度比较温和的市场。但无论是实力雄厚的大企业还是实力较弱的中小企业，都必须考虑目前的销售量及增长率，选择与自身条件相适合的市场作为服务目标市场。

衡量一个企业在某一市场上的发展潜力可以采用购买力指标法。购买力指标以三个指标为基础：细分市场消费者人数与总市场人数之比；细分市场消费者实际工资与总市场消费者的实际工资之比；细分市场的销售额与总市场的销售额之比。细分市场的购买力指标为

$$\text{购买力指标}=0.2\times\frac{\text{细分市场消费者人数}}{\text{总人数}}+0.5\times\frac{\text{细分市场消费者实际工资}}{\text{总市场消费者实际工资}}+0.3\times\frac{\text{细分市场的销售额}}{\text{总市场的销售额}}$$

2. 细分市场的赢利能力

细分市场不但要具备理想的规模和预期增长率，还要有理想的赢利能力。当然，不同服务企业的目标利润率是不同的，即使同一个服务企业，在同一个时期的利润率也会有所不同。但从长期来看，任何服务企业都必须保证一定的获利水平，否则企业将无法生存与发展，企业也就失去了进入细分市场的意义。

3. 细分市场的结构吸引力

理想的赢利能力会使细分市场更具吸引力，但具有相同赢利能力的细分市场，由于结构的差异，对企业的吸引力是不同的。根据波特的竞争力模型，一个细分市场的竞争结构是由五个方面的力量决定的：现有细分市场内的竞争状况、新进入的服务企业的威胁状况、替代服务的威胁、服务购买者的议价能力和服务供应商的议价能力。通过对这五个方面作用力大小的分析，确定哪个细分市场更具有结构吸引力，从而为选择服务目标市场提供依据。

4. 企业的目标和资源

服务目标市场的选择还需要根据企业本身的战略目标和资源来决定。例如，某一细分市场虽然具有较大的吸引力，但不符合企业的长远发展目标。这时，企业不能只顾眼前利益而损害长远利益，这样的细分市场只能放弃。另外，即使某一细分市场符合企业的目标，企业也必须考虑其是否具备进入该市场，并在竞争中取得优势的资源和技术条件。如果企业没有超过竞争者的资源和技术，甚至缺乏赢得市场竞争的必备力量，那么就不应该进入该细分市场。

4.2.2 服务目标市场营销策略

服务企业在确定服务目标市场后，便是确定使用何种营销策略开展营销活动。通常，服务目标市场营销策略有以下三种。

1. 无差异营销策略

无差异营销策略是指企业决定不进行服务市场细分，而是以产品的整体市场作为企业的目标市场，向整体市场提供服务产品。这种策略只强调消费者在需求方面的共同点，而不考虑他们之间的需求差异；同时，只推出一种产品，设计一套市场营销组合方案，吸引尽可能多的消费者；并且通过产品的大量销售和广泛宣传，争取在消费者心目中树立最佳的产品形象。采取这种服务目标市场营销策略可能是由于市场太小，因此在细分之后企业无法在细分市场上获利，也可能是因为该企业在服务市场上已经占据了主导地位，如果再选择其中的某些细分市场会造成企业整体利益的降低。

无差异营销策略有利于降低营销成本，节省促销费用；有利于减少市场调研、分割、制定营销组合方案所要耗费的人力、财力、物力。

在服务市场竞争不激烈的情况下，这种策略一般被某些在服务市场上已经占据了主导地位的企业所采用。但是，它对于大多数企业来讲并不适用，特别是在当前新的服务市场条件下，对于企业来讲，一般也不适合长期使用。因为消费者的服务需求在客观上是不断变化的。如果许多企业同时在一个服务市场上采取这种策略，竞争必然激化，获利的机会反而会减少。同时，以一种产品和一套营销组合方案去满足不同层次、不同类型的消费者的需求，也是很难做到的，总会有一部分消费者的需求不能被满足，这对企业和消费者都是不利的。因此，世界上一些曾经长期采用这种策略的大企业最终也不得不改变策略，转而实行差异性营销策略。

2. 差异性营销策略

差异性营销策略是一种以服务市场细分为基础的目标市场策略。采用这种策略的企业按照对消费者需求差异的调查分析，将整体服务市场细分为若干个分市场，从中选择两个以上细分市场作为企业的目标市场，并针对不同的细分市场制订不同的市场营销组合方案，分别开展有针对性的营销活动，以满足不同细分市场的差异性的需求。

差异性营销策略由于能够适应与挖掘消费者的需求，较多较快地推出新的服务产品，以满足目标消费者群的不同需求，因此有利于增加消费者对企业的信赖感，提高消费者的购买频率，树立良好的企业形象，提高竞争力和市场份额。世界上越来越多的服务企业采用这种营销策略并取得了成功。差异性营销通常要比无差异营销获得的销售额更高，但企业的经营成本也会随之上升。因而要权衡一下究竟差异到何种程度最适当，实际运用中应以销售扩大所带来的赢利超过营销总成本的增加额为标准。

3. 集中性营销策略

集中性营销策略是指企业在服务市场细分的基础上，决定进入其中一个细分市场，制订一套营销组合方案，实行专业化经营，并集中力量争取在一个较小的细分市场上占有较大份额，而不是在整个市场上占有较小份额。

集中性营销策略，由于能够在较小服务的市场上切实满足一部分消费者的特殊需求，有利于在市场上追求局部优势，因此能够在较小的市场上获得较大的成功。特别是对于某些财力较弱的企业来讲，恰当地采用这种策略，既可以在较小的市场上形成企业的经营特色，提高产品信誉，获得消费者的信任，提高投资收益率；又可在条件成熟时迅速扩大经营，提高市场占有率。但是，必须认识到这种营销策略的风险性。由于服务目标市场狭窄，因此一旦市场需求发生急剧变化或出现更强大的竞争者，而本企业又不能随机应变，就可能造成巨大损失。所以，采用这种策略，必须对可能发生的风险有充分的应变准备。

4.2.3 服务目标市场进入策略

通过对不同细分市场的评估，服务企业会发现一个或几个值得进入的细分市场，下一步就是要决定进入哪一个或几个细分市场。通常情况下，服务企业可以选择以下方式进入选定的细分市场。

1. 服务/市场专一化

企业只提供一种服务，拥有某一特定的顾客群，以取得在这一特定市场上的竞争优势。它适用于小型服务企业。

2. 服务专业化

企业向各类顾客同时供应某种服务，只在档次、价格、质量等方面塑造差异。企业通过这一策略可以在服务的某个方面获得较高的声誉，并且有利于企业降低成本。

3. 服务市场专业化

企业向某一特定顾客群提供系列化的服务组合。这一策略可以使企业在特定的顾客群体中获得较高的声誉。

4. 选择性专业化

企业有选择地进入几个不同的细分市场，为不同的顾客群提供不同的系列化服务组合，此种策略有利于企业分散经营风险。

5. 全方位覆盖

企业全方位进入市场，用各种服务满足各种顾客群体的需要。通常只有那些实力雄厚的大型服务企业才有条件采取此种策略。

4.3 服务市场定位

4.3.1 服务市场定位的概念

企业在选定的服务目标市场上，往往会遇到竞争对手。也就是说，竞争者已提前进入服务目标市场，甚至已占据了有利地位。因此，企业就需要对服务目标市场上的竞争状况做出进一步的分析，从而确定本企业的服务产品或市场营销组合进入目标市场的位置，这就是服务市场定位的问题。所谓服务市场定位，是指服务企业根据市场竞争状况和自身资源条件，建立和发展差异化竞争优势，以使自己的服务在顾客心目中形成区别并优越于竞争者服务的独特形象。

定位是一种战略性营销工具。然而，直到20世纪80年代，定位的战略意义才逐渐被服务企业所认识。服务定位是服务差异化的先决条件，是服务品牌形象确立的基础。服务企业的定位宗旨就是使顾客识别本企业的服务。每一种服务都会因提供者和提供标准的不同而形成一系列区别于其他产品的特征，服务的市场定位就是使这些特征在顾客心目中不断得到强化和固化的过程。

4.3.2 服务市场定位的重要性

服务市场定位对于建立服务企业差异化竞争优势具有重要意义。服务市场定位创造了服务差异化，它为服务企业及其产品在顾客心目中占据重要位置打下坚实的基础，从而创造了有别于其他竞争者的差异化优势。实际上，这种差异化的竞争优势是通过为顾客提供顾客让渡价值来实现的。根据科特勒的观点，顾客让渡价值是顾客总价值与顾客总成本之差。其中顾客总价值包括服务价值、产品价值、人员价值和形象价值等，顾客总成本则包括货币成本、时间成本、体力成本和精神成本等。顾客让渡价值越高，顾客购买的可能性就越大。

依据波特的价值链模型，可以为服务企业寻找增加价值实现产品差异化的途径。波特认为，价值链上的活动可以分成两种类型：一种是基本活动，如内部和外部物资管理、经营、营销和服务等；另一种是支持性活动，如基础设施、人力资源管理、科技开发等。支持性活动渗透于基本活动的过程之中。考虑到服务行业的具体特点，可以设计出符合服务行业实际情况的价值链。例如，一家咨询公司的价值链包括服务理念决策、营销和销售、资料搜集、数据分析、解释和建议、报告整理、沟通服务和评价等；而一家房屋管理协会的价值链活动则包括融资、产品设计和开发、资金管理、顾客管理、营销、推广和服务等。通过价值链分析，企业发现从价值链上的各种活动着手建立竞争优势的方法。一方面可以通过有效地从事各项活动而获得低成本的优势；另一方面也可以通过利用独特的方式从事这些活动而获得差异化优势。价值链上的各项活动之间相互影响、相互作用，如营销、经营和人力资源管理等活动之间互相影响，共同发挥作用。因此，服务企业需要对这些活动进行协调和整合，提高顾客让渡价值，从而达到实现差异化竞争优势的目的。

营销案例

沃尔玛的“天天低价”

沃尔玛取得骄人业绩的原因之一，就是其成功的“天天低价”。沃尔玛的创始人沃尔顿于1962年在阿肯色州拉杰斯市成立的第一家平价商店靠的就是“薄利多销，天天低价”。当年，沃尔顿对其商店的定位就是服务于中下阶层，主要经营服装、饮食及各种日杂用品，最重要的是以低出别家商店的价格出售，因而吸引了众多顾客。其连锁店越开越多，但“天天低价”的法则始终没有变。沃尔顿曾经说过：“不管我付出的代价多大，如果我们赚了很多钱，就应当转送给顾客。”如今，沃尔玛旗下在美国拥有连锁店3 500家，在其他国家拥有1 100家，全球雇员1 200多万，是一个实实在在的“企业帝国”。不管你走进哪里的沃尔玛，“天天低价”仍然是最为醒目的标志。为了实现低价，沃尔玛想尽了招数，如大力节约开支、绕开中间商、直接从工厂进货等。统一订购的商品配送中心成立后，配送中心根据每个分店的需求对商品就地筛选，重新打包。这种类似网络零售的“零库存”的做法，使沃尔玛每年可节省数百万美元的仓储费用。

4.3.3 服务市场定位的方法

1. 服务市场定位的层次

一个系统的服务市场定位一般包括以下几个层次。

1) 服务行业定位

服务行业定位就是确定服务行业在整个服务产业中的位置，它是服务企业定位的前提。服务行业定位有利于服务企业认清行业的发展前景和发展方向，为进一步的企业定位打下基础。

2) 服务企业定位

服务企业定位是确定本企业在整个行业中的位置，也是确定企业在顾客心目中形象的过程。服务企业定位离不开企业的产品定位，服务企业必须先定位它们的产品，然后才能在公众中树立起自己良好的企业形象。而企业定位则对产品定位起着强化作用。行业中的企业可以根据它们在整个行业中的竞争态势，划分为四种类型：市场领导者、市场挑战者、市场追随者和市场补缺者。市场领导者是市场竞争的主导者，它在行业中处于领导地位，是其他企业挑战、效仿或回避的对象，如零售业中的沃尔玛、快餐业中的麦当劳、饮料行业中的可口可乐等。市场挑战者在行业中处于第二梯度的位置，其竞争地位仅次于领导者，是最有实力向领导者发起挑战的企业，在企业竞争的演化中，挑战者与领导者经常互换位置，如蒙牛和伊利。市场追随者是指企业实力比较弱，无力发动大型竞争性营销活动的一些企业，根据其追随领导者的程度可以分为紧密跟随者、距离跟随者和选择性跟随者三种。市场补缺者是指某些部分实行专业化经营，以避免与重要企业发生冲突，仅为某细分市场提供有效专业化服务的企业定位。

3) 服务产品定位

服务产品定位是指将企业的某个具体产品定位在目标市场的顾客心中，从而树立独特的产品形象的过程。产品定位是要建立产品与顾客之间的关联，使顾客从某种需求中自然而然联想到企业的服务产品，从而达到先入为主的效果。服务产品定位是服务企业定位的基础。由于服务的无形性，服务产品要想在顾客心目中留下独特印象，必须使产品的各个要素与这一定位形象相吻合。

服务市场定位的三个层次由大到小，企业应遵循一定的顺序来实施。然而，对于一些中小企业，只需在企业层次或服务产品层次上定位就行，定位决策相当简单。但对于一些规模大、开展多项业务的服务企业，这三个层次的定位都是必要的，在系统定位时需要明确这三个层次之间的内在逻辑关系。

2. 服务市场定位的步骤

1) 确立定位层次

根据行业情况、企业规模及企业在不同时期的发展，服务企业首先必须确定定位的层次。不同层次的定位有不同的目标，企业应该根据自己的战略及资源情况来确定。

2) 确定关键特性

关键特性是定位的基础，服务企业应当通过调查，确认决定服务选择的显著特性，这将构成定位的基础。服务企业应当确认目标细分市场要求的显著特性和专门利益。重要的是了解顾客希望这些相关的显著特性能带来什么利益，并设法让顾客感受到这种利益的存在。

3) 将特性置于定位图上

定位图是指根据一些重要特性，经过综合简化建立二维坐标，然后确定企业在坐标中位置的一种方法。它有利于确定服务企业在定位图中的相对位置。定位图表示竞争企业依据选择出的特性所处的市场位置，其中空白之处还暗示着企业潜在的市场机会。如果企业有多个细分市场，则可以根据顾客在不同市场上对服务和利益的不同评价做多个定位图。

4) 评价定位选项

定位选项包括六个方面的内容：哪些定位最能体现企业的差异化优势，哪些定位为主要竞争对手所占据，哪些定位对每一目标细分市场最有价值，哪些定位充斥着众多的竞争者，哪些定位目前竞争尚不激烈，哪些定位最适合企业的产品和产品线定位战略。由于企业对自身的感知与竞争者和顾客对企业的看法经常不一致，因此，服务企业必须认清自己差异化的位置，不断地与顾客对话，以提高企业的可见度和可信度，并提升其市场位置。

5) 执行定位

企业和服务的定位需要通过与顾客隐性和显性的接触传达出去，这就意味着公司的职员、政策和形象都应当传递期望中的服务市场定位。成功的服务市场定位取决于协调的、整体的内部和外部营销策略。同时，企业必须经常考查其定位战略，使之不至于过时或者脱离目标顾客的需求。

市场营销组合是执行定位战略的关键所在，执行定位的市场营销组合必须基于与目标细分市场的特性相吻合。确立这些特性应该以分析竞争者的位置并发现其弱点为依据。市场营销组合代表着服务市场定位的无限机会，企业可以从产品、价格、位置、沟通、人员、过程和有形展示七个方面去寻找和利用这种机会，使定位战略的实施更为有效。

4.3.4 服务市场定位的策略

企业在确立自己的市场位置之后，应当努力维持或提升其相对于竞争者的市场位置。成功定位应具备以下特征。

(1) 定位是有意义的。企业不应该只将定位看做一种华丽的口号，还应当具有实际意义。例如，苹果公司一直把自己树立成一个年轻的、具有自由和创新精神的、立志于改变世界的硅谷公司，这种形象在家庭和教育市场上颇受欢迎。

(2) 定位是可信的。虚假夸大的定位往往会适得其反，给企业带来不利影响。许多公司声称能为所有的人提供所有服务，这显然是难以令人信服的，因为即使是那些行业中的领先者也不可能做到这样，而是集中于某一特定领域做一个可信任的企业。

(3) 定位是独一无二的。企业应当在既定的目标市场上发掘能持续使自己保持领先地位的市场机会。市场上存在许多差异化途径能够使企业成为领先者。

服务市场定位基本策略有迎强定位、避强定位和重新定位。

1. 迎强定位

迎强定位是一种面对市场领导者或主要竞争对手“针锋相对”的定位策略。显然，迎强定位是一种危险的市场争夺策略，然而其中蕴涵的时刻敦促服务商奋进的激励因素，以及一旦成功即可获得巨大的市场份额和竞争优势的可能性，仍使不少服务商采取此种策略，如肯德基和麦当劳的快餐之争等。实行迎强定位必须知己知彼，尤其要充分认识自己的实力和潜力，而且要懂得适可而止，防止“渔翁得利”，新来者能获得不相上下的竞争格局已经算是初步胜利了。

2. 避强定位

避强定位是一种避开市场既存强大竞争对手的市场定位策略。假设A、B、C为目标市场中的三个主要服务商，如果A是领导者，B是挑战者，则B可以采用避强定位策略。该策略能帮助服务商B迅速在市场中站稳脚跟，并在消费者心中迅速树立独特的形象。例如，最近中国邮政储蓄提供的小额贷款服务，不但避免与多家大银行的直接竞争，而且在顾客的心中树立了在贷款服务方面的独特形象；蒙牛在早期曾打出“争做中国第二乳业品牌”的定位，明显避开伊利品牌的强大竞争。

3. 重新定位

对已有过市场定位的服务重组并二次定位称为重新定位。重新定位反映了市场定位的灵活性和动态性，同时也往往是决策失误后亡羊补牢的一种方法。当然，战略性的重新定位是市场拓展的利器，是强势服务商对外扩张的战略手段。具体而言，重新定位存在两个维度：①重新定位服务感受；②重新定位沟通宣传方式。对前者而言，要变更的是顾客预期的中心利益，或构成服务的一个或几个核心因素。例如，美国西部航空公司在20世纪90年代中期美国航运业竞争白热化的阶段主动放弃了已成残羹冷炙的东西航线，而通过各种运营管理策略，降低成本，低价承担起南北线中长距离飞行服务，由此取得了巨大成功。对后者而言，是通过对顾客可以从服务中获得的利益的重新定位和全新宣传，以实现新的定位。对服务而言，预期和满意度更多地受心理因素影响，这便给宣传沟通策略留下了很大的发挥空间。例如，A、B两家服务商提供同种服务。A的定价更高，但这并不一定使A处于市场劣势。如果A能成功说服潜在购买者相信其提供的服务价有所值，那么高价不仅会带来更大的利润空间，还可能转化为一种竞争优势。重新定位往往基于以下三种情形。

(1) 原有定位不能达到营销目标。此种情形可能是因为传播的困难，也可能是因为虽有效地向目标顾客传递了企业的定位观念，但市场占有率、利润率等经营指标不理想。例如，纽约附近的长岛有一家小银行叫长岛信托公司，面临着来自纽约的花旗银行等大银行日益激烈的竞争。市场调查表明，长岛信托公司在六家银行中按分支行数目、服务范围、服务质量、资本金等指标衡量均排名最后。因此，长岛信托把自己重新定位为“长岛人的长岛行”，所有指标的相对排名不久就有了大幅度提高。

(2) 发展新市场的需要。新的市场有不同的市场环境和不同文化、社会背景的顾客，原有定位可能变得不再合适，需要重新定位。

(3) 竞争的需要。企业在竞争中可能会丧失原来在某些方面的明显优势，而建立在原有优势基础上的定位无法再使企业具有竞争力，需要重新定位。

一般而言，重新定位具有一定的风险。首先，企业内部要在定位方面达成共识是比较困难的；其次，要重新获得顾客的认同也并非易事；最后，企业还可能面临资金投入的困难。

本章小结

本章主要介绍了服务市场细分、服务目标市场选择及服务市场定位的相关理论和基本方法。市场细分，是指企业根据消费者需求的差异，按照细分变量把某一产品的整体市场划分为若干个消费者群的过程。服务市场细分的方法有地理因素、人口因素、心理特征因素、消费行为因素、顾客受益因素和服务要素六种方法。服务目标市场是服务企业决定进入的、具有共同需求或特征的顾客集合。目标市场策略有无差异营销策略、差异性营销策略和集中性营销策略。通常情况下，服务企业可以选择服务/市场专一化、服务专业化、市场专业化、选择性专业化和全方位覆盖五种方式进入选定的细分市场。服务市场定位是指服务企业根据市场竞争状况和自身资源条件，建立和发展差异化竞争优势，以使自己的服务在顾客心目中形成区别并优越于竞争者服务的独特形象。服务市场定位的层次分为服务行业定位、服务企业定位和服务产品定位三个层次，服务市场定位基本策略包括迎强定位、避强定位和重新定位。

名人名言

大多数企业迷恋于扩张，其实，它们的未来在于专注一个营销目标。

——阿尔·里斯(Al Ries)

未挖掘出来的最大潜在利益在于客户群体的更好选择和目标定位。

——海尔姆德·舒特

那些不能改变自己的定位策略以适应环境变化、以便使自己区别于竞争者的公司从长期来看其经营是很不稳定的。

——菲利普·科特勒

课后练习

一、复习题

1. 填空题

(1) 所谓市场细分，是指企业根据消费者需求的差异，按照______把某一产品的整体市场化分为若干个消费者群的过程。

(2) 所谓服务市场定位是指服务企业根据市场竞争状况和自身资源条件______，以使______在顾客心目中形成______。

(3) 服务市场细分特点；服务市场需求多样化；服务市场细分要可确定和可衡量；________________________；________________________。

2. 问答题

(1) 服务市场细分的理论依据有哪些?
(2) 评估细分市场应考虑哪些因素?
(3) 确定了目标市场后,服务营销者可选择哪些进入模式?
(4) 服务市场定位的策略有哪些?
(5) 服务市场定位的步骤有哪些?

3. 论述题

服务市场定位的基本策略该如何使用?

二、案例应用分析

美国西部航空公司

美国西部航空公司建于菲尼克斯,是一个“职员所有”的企业,拥有一组波音737飞机,最初服务于美国西南部的10个城市。现在,该公司已将航线扩展到60个城市,范围从西部的夏威夷到东部的波士顿。这家新公司表现出了惊人的胆略,因为它进入的领域已经被美洲航空公司和三角洲航空公司等基本控制,并且西南航空公司也在迅速发展。更大胆的是其策略选择(在一些人看来可能是莽撞之举):放松管制预示着吞并小航空公司的步伐将加快。

美国西部航空公司拥有经验丰富且具创造力的管理队伍、训练有素的辅助人员和有效的内部系统。虽然初出茅庐的企业没有能力像美洲航空公司和三角洲航空公司那样服务全美市场,但是,服务区城狭小使它能做一些大公司做不了的事。该公司以菲尼克斯为枢纽,每天以比两个大公司更低的价格,提供更多的航班。在许多情况下,美国西部航空公司提供直达线路,相对地缩短了航行时间。为了覆盖从塔拉哈西到西雅图的所有地区,美洲航空公司和三角洲航空公司在美国西部航空公司经营的航线上安排了航班,但是转机时间长、价格高。例如,从得克萨斯的奥斯汀到洛杉矶的航线,美国西部航空公司每天有4个航班,大约飞行4.5小时,中途在菲尼克斯停留30分钟,最低票价为238美元。美洲航空公司每天提供8个航班,至少需要飞行5小时,乘客还需在达拉斯中途停留60分钟,最低票价为298美元。

美国西部航空公司的航班中途停留通常是在菲尼克斯(中途停留者通常在拉斯维加斯过夜,这对许多乘客很有吸引力)。菲尼克斯机场的环境如乘客所期望的一样舒适,每天接待大量客人。候机区很宽敞,舒适的等候区留有足够空间,这一点与其他机场不同。其中好几处放置了电视机,再加上全国知名的快餐特许店,使客人觉得像在家一样。

西南航空公司的竞争战略与美洲航空公司和三角洲航空公司有些不同。西南航空与美国西部航空公司的主要服务地区相同,也是提供频繁的低价航班,不同之处只是前者的飞机是旧波音737。因此,这两家航空公司竞争很激烈,可能注定有一家被淘汰。

西南航空公司的中心设在达拉斯的Love Field机场,离市区近,为乘客往返提供了便利。但是,在Love Field着陆对于那些需要在达拉斯Fort Worth国际机场转机的乘客不方便。西南航空公司最初是作为“有趣航线”推出的,乘务员穿着沙滩短裤,电视广告很有朝气。后来该公司通过提供频繁的低价航线和平易近人的服务获得了竞争优势。该公司的机票价格分为两档——高峰价和非高峰价。乘客没有必要在凌晨1点打电话询问过去10小时价格的变动,可以直接打电话预订机票,但必须通过旅行社或机场服务台付款,乘客按登机顺序选择座位。机上通常提供免费饮料、花生,在长途航线上提供夹奶酪或花生酱的饼干,含酒精的饮料要另行付费。除了经常往返的短途航班之外,其他航班中途停留时间较长,取行李也并不总是快捷便利。

迄今为止，美国西部航空公司通过多方面的努力迎接西南航空的挑战。乘坐美国西部航空公司的飞机，乘客可以打电话预订机票并以信用卡支付，这为许多人带来了便利。同样，也可通过电话预先确定座位。与西南航空的订票政策不同，旅行社可以通过SABRE预订系统为乘客订票。飞机上提供报刊、免费饮料和花生，长途航班上还提供三明治、沙拉、奶酪、水果和甜食等小吃。并且在所有航班上，都可以托运行李。

虽然最近遇到些财务问题，但是，美国西部航空公司已经成功地在航空市场中立足。

(资料来源：詹姆斯·A·菲茨西蒙斯，莫娜·J·菲茨西蒙斯.服务管理：运作、战略与信息技术.张金成，范秀成，等译. 北京：机械工业出版社，2008.)

问题：

(1) 美国西部航空公司进入航空客运市场时，采用了哪种服务目标市场竞争战略？

(2) 这种战略都有哪些危险性？

三、阅读材料

顾客选择服务种类的意图

当面临要决定使用哪一种服务种类时，顾客可以自己选择，也可以委托给服务机构，交给一家具体的服务提供商来完成。通过后者做出的决策叫做高层级决策。但是，服务营销者经常忽略这种高层级决策(涉及服务种类)，而只注意后来的决策过程(涉及服务品牌和服务商的选择)。除了要理解顾客选择具体服务商的决定外，服务营销者还要了解顾客最初做出委托服务商的决策的原因。理解了顾客关于服务的种类决策能够为管理层制定合适的管理策略提供指导性意见。

顾客使用服务种类的预期利益越大，顾客越有可能依靠这种服务种类。这对那些带着解决复杂问题的想法而来的顾客特别重要，顾客关于服务种类的决策通常代表了一种解决复杂问题的情景，尤其是顾客对服务种类和服务品牌都不熟悉时。在这种情况下，顾客还没有形成他的经历与服务种类的感知系。为了影响这种情况下顾客的决定，服务营销者面临的任务是引导顾客把工作委托给一个服务种类，尤其是一家服务组织的利益所在。这样需要两种促销活动。第一种促销活动是强调这种服务种类的好处。这很适合那些急需顾客了解他们的服务种类的服务提供商。例如，一个服务种类的所有服务商可以联合起来做广告，告知消费者把工作委托给这类服务种类的好处。第二种促销活动需要单个服务供应商强调他们服务的独特好处。这样做有利于为自己赢得一个不同于相同服务种类的竞争者的战略优势。

顾客对一种服务种类的经历越多，他做决定时越呈现出自动化的倾向。这时候，复杂问题的解决就转化为问题的简单解决，这样就只涉及服务供应商的选择。这时候，也许顾客还没有形成品牌偏好，营销者的任务是为经历服务的顾客提供积极的服务经历。但仅仅如此还不够，顾客可能并不了解优质服务是由什么组成的。营销者必须使顾客了解优质服务的评估标准。这样才能让顾客在服务品牌与个人目标之间建立积极的联系。

(资料来源：Michael J.Dorsch，Sephen J.Grove；William R.Darden. The Joural of Services Marketing:Sarta Barbara.)

第 5 章 服务产品策略

教学目标

通过对本章的学习，了解服务营销过程中服务产品的概念、服务包理论和服务产品生命周期理论，掌握服务品牌概念、品牌效应以及品牌管理的策略。同时，掌握服务创新的概念和意义、导向和方向要求策略。

教学要求

知识要点	能力要求	相关知识
服务产品概述	(1) 理解服务产品的概念 (2) 理解并运用服务包理论	(1) 服务产品概念 (2) 服务产品层次及组合 (3) 服务产品特点 (4) 服务包理论
服务产品生命周期	(1) 理解服务产品生命周期 (2) 掌握服务产品生命周期策略	(1) 服务产品生命周期的概念 (2) 服务产品生命周期策略
服务品牌	(1) 理解服务品牌的内涵 (2) 理解服务的品牌效应 (3) 掌握服务品牌管理策略	(1) 服务品牌的概念及特点 (2) 服务品牌效应 (3) 服务品牌管理策略
服务创新	(1) 理解服务创新的概念 (2) 理解服务创新的导向和方向 (3) 掌握服务创新策略	(1) 服务创新概念及意义 (2) 服务创新难度 (3) 服务创新导向和方向 (4) 服务创新要求和策略

服务业或制造业中的服务部门并不拥有事先准备好的产品，他们所拥有的只是能够向顾客提供服务的过程。当然，这些过程将产生顾客所需要的结果。

——格罗鲁斯

基本概念

服务产品　服务包　服务品牌　服务产品生命周期　品牌效应　品牌定位　服务管理　服务创新　创新动力　创新策略　标准服务期　创新动因

导入案例

2011 年 8 月初的一天，我出差到深圳参加一个学术论坛，入住的是深圳最繁华地段的一家豪华商务酒店。店内装饰温馨典雅，来往这里的客人都是些商界名流、政府显要，参加此次论坛的人员也都是来自世界各地的高层人物，大家都非常注意自己的仪表言行。

入住的当天下午，办完手续刚进房间，就有会议负责人约我去见一些业界同行，我急急忙忙洗了把脸，用面巾纸擦了几下就走出了房间，到楼下跟会议负责人碰头。走廊里，一位客房服务员看见我，热情地向我点头微笑问好，问好后的余意好像要说些什么。但我已经顾不上服务员要说什么了，就走进了电梯。出了电梯，会议负责人就迎上来，看了一眼我的脸，热情地跟我握手，然后要去给我引见新朋友。

这时，迎面朝我走来一位穿制服的酒店管理人员，同样热情地向我点头微笑问好，边问好边用左手有些不合时宜地擦了一把左脸，并顺势抚了一下本来就很平滑光亮的头发，同时两只眼睛带着微笑地看着我。我的心里咯噔一下，顿时明白了什么，趁着朋友招呼其他客人，我也顺势擦了一把左脸，并抚平了湿湿的有些上翘的头发，收回手时发现手里有两团面巾纸片，突然我就被一种默无声息的关怀感动了，油然而生一种非常亲近的温暖，大概这就是别人常说的“家外之家”的感觉吧。

从客房服务员在楼层走廊里看到我，到我从电梯里走出来，迎面就有酒店管理人员那么及时和自然的暗示，真让我叹服酒店服务信息传递和协作服务的技巧，服务的最高境界大概也就是这样吧，让一份感动悄无声息地滋润我们的心田。

点评：管理即服务。

这则看起来轻松自然、水到渠成的协作服务案例中，有以下几个方面值得思考和学习。首先，员工发现了服务信息，第一时间要传递给谁，由谁来跟进服务。其次，友谊、协作、服务是一种思维方式，更是一种服务方式。未来的酒店服务是一种整合各种服务资源的系统服务、网络服务，也可以叫做一条龙服务、一站式服务，那么有谁能够站在整个酒店的高度来整合各项服务资源。最后，服务不仅是服务，它更是一种美好心理体验的境界创造活动。这种境界是一种服务到客人心理上去的情感服务，需要员工有良好的职业素养。本章主要介绍服务产品的概念、内涵、生命周期理论、服务品牌及服务创新等。

5.1　服务产品概述

5.1.1　服务产品的概念

党的二十大报告指出，紧紧抓住人民最关心最直接最现实的利益问题，采取更多惠民生、暖民心举措，着力解决好人民群众急难愁盼问题，健全基本公共服务体系，提高公共服务水平。服务产品是相对于有形产品而言的，从营销的角度来看，产品是一个广义的概念，它包括服务(产品)和有形产品两种不同的类型。科特勒认为，“在实践中，大部分服务和有形产品两者之间往往是相互交叉在一起的，即有形产品之中包含服务，服务也依附于有形产品”。伊弗特·古默桑(Evert Gummesson)认为，“服务就是可以购买和销售、但不具有实物形态的事务”。格罗鲁斯认为，“服务是由一系列或多或少具有无形特性的活动所构成的一种过程，这种过程是在顾客与员工、有形资源的互动关系中进行的，这些有形的资源是作为顾客问题的解决方案而提供给顾客的”。由此可见，服务产品就是一系列或多或少具有无形特性的活动所构成的一种过程，这些过程或活动从本质上是无形的。

在经济学中，服务通常有两种含义。一是指第三产业中的服务劳动，它与非物质生产劳动大致相同，但有交叉。二是指服务产品，即以非实物形态存在的劳动成果，主要包括第三产业部门中一切不表现为实物形态的劳动成果。如果在劳动意义上使用服务概念，就称之为“服务劳动”，若在产品意义上使用它，就称为“服务产品”。

5.1.2 服务产品层次及组合

1. 服务产品层次

服务产品包括五个层次：核心利益、基本产品、期望产品、延伸产品及潜在产品。核心利益指所提供的服务产品或服务劳动带给消费者的生理或心理满足；基本产品体现在服务生产或提供过程中的劳动或活动；期望产品指消费者购买和消费服务劳动或产品时得到的效应；延伸产品指消费者购买形式产品和期望产品时，附带获得的各种利益的总和，包括产品说明书、保证和技术培训等；潜在产品指现有产品包括所有附加品在内的、可能发展成为未来最终产品的潜在状态产品，是指现有产品的可能演变趋势和前景。

2. 服务产品组合

服务产品组合(又称产品品种配备)，根据科特勒的定义，它是一个特定销售者销售给购买者的一组产品，包括所有产品线和产品品目服务产品组合产品系列总数。服务产品组合由各种各样的服务产品线构成。它具有宽度、长度、深度、相容度。宽度指产品系列的个数；长度指所有产品系列中产品规格的总数；深度指每种产品的规格数；产品组合的相容度(也称一致性)是指各条产品线在最终用途、生产条件、分销渠道和其他方面的相互关联的程度。

5.1.3 服务产品的特点

1. 服务产品的无形性

服务是一种行为或活动，是非实体的、无形的、抽象的，具有不可储存性、非专利性、难以展示和定价困难性等特征。但对不同行业来说，服务的无形程度又有差异。餐饮行业的服务向顾客提供的是烹饪菜品、点心制作和助餐服务，在向顾客销售的产品中含有较多的无形成分。对制造业的有形产品来说，其有形产品的实体部分是消费者想要获得的基本利益，只有得到其实体，才能解决消费者购买该产品想要解决的问题。例如，购买空调是为了获得适宜的温度，消费者必须得到空调并将其安装在室内。同时，要想使消费者购买空调，商家必须提供送货、安装、调试、维修等售后服务，这些服务对顾客而言只是产品的附加部分，它本身并不能对消费者的基本利益产生影响，但由于它给消费者提供了附加利益，所以可以吸引消费者购买。因此，附加的服务是为卖出产品所必需提供的“助销服务”。对制造业的有形产品来说，产品中的有形部分所占的比例大于无形部分的比例。

2. 同一服务产品品质差异的多变性

服务业是以人为中心的行业，不同的服务人员为不同的顾客提供同一种服务，人类个性差异的存在使服务产品的品质很难一致。事实上，即使服务产品是由同一服务人员提供的，也可能因个性上的一些不可避免的因素，如心理状态等，而难有完全一致的服务水准。而且，由于服务产品的生产者和消费者是不可分割的，消费者直接参与服务产品的生产过程和销售过程，因此，消费者本身的素质，如知识、兴趣、态度等也会直接影响服务产品的质量和效果。

人们对服务产品质量的判断和检验很困难。对于服务产品来说，人们很难制定出一个统一的质量指标来评价，服务产品在生产中的质量也不易控制。 在现实生活中，人们可以制定一个统一的质量指标来评价一百个电扇厂家生产的电扇；但对一百个理发店，却无法规定一个统一的标准，把理发水平控制在同一质量范围内。

3. 服务产品的相互替代性

各类服务产品之间往往可以相互替代。人们为了达到同一消费目的，可以选择不同的服务方式。例如，各种运输服务方式可以相互替代，去某一目的地，可以乘火车，也可以乘飞机或乘汽车去。

4. 服务产品生产中应用科技的不平衡性

同工业生产部门相比，服务业应用科学技术的程度很不平衡。在一些传统的生活服务部门，先进科学技术的应用程度较低，普及速度较慢，用技术手段代替人工劳动的规模很有限。而在一些新兴的生产服务部门，如信息、咨询、租赁等行业，新技术的普及应用比较广泛，行业的物质技术装备水平较高。这些行业应用先进的科学技术不仅替代了大量的人工劳动，而且还大大提高了服务质量。服务行业应用科学技术的不平衡状况在我国现阶段表现得尤为明显，传统服务业和新兴服务业在这方面存在着巨大的差距。

5. 服务产品生产的同时性

服务产品生产的同时性指服务提供过程中顾客参与并影响交易，许多服务业，如运输、邮电、饮食、园林等，其服务产品还具有边生产、边消费的特点，生产过程不能独立于消费之外，而要与消费过程结合进行。而且，顾客与雇员的密切配合影响着服务的结果，服务的这一特性要求管理者给服务提供者充分授权，以调动其工作热情。但是，服务的这一特性使大批量提供或生产服务存在较大的困难。

6. 服务产品的易逝性

在商品经济条件下，服务产品当做商品同其他商品相交换，也遵循商品交换中的一般规律，接受市场的调节。但许多服务产品是边生产、边消费，无法形成产品储备，其易逝性导致供求难以匹配，服务不可以退回或难以转售。

营销案例

和尚卖梳子

有一个单位招聘业务员，因为公司待遇很好，所以很多人面试。经理为了考验大家就出了一个题目“用三天的时间去向和尚推销梳子”。很多人都认为这是不可能的，因为和尚是没有头发的，他们怎么可能会买。于是很多人就放弃了这个机会，但是有三个人愿意尝试。

第三天，他们回来了。第一个人说：“经理呀，我推销了一把梳子。”经理说：“告诉我，你是怎么向和尚推销的？”第一个人说：“我到处和和尚讲，我们的梳子是多么多么好，对头发是多么多么好，结果那些和尚都骂我神经病，说我笑他们没有头发，赶我走甚至要打我。我很绝望，这时候我看到一个小和尚，他头上生了很多癞子，很痒，在那里用手抓。我就告诉他，用梳子抓的效果更好，就这样卖出了一把。”

第二个人说：“经理呀，我卖出了 10 把梳子。”经理说：“你怎么向和尚推销的？”第二个人说：“我想了很多办法，后来我到了一个最高的山上的寺庙。我问和尚，这里是不是有很多人拜佛？和尚说是的，我又问他，如果他们的头发被山风吹乱了，拜佛尊不尊敬？和尚说当然不尊敬。我说你知道了又不提醒他们，是不是一种罪过？他说当然是一种罪过。于是，我建议他在每个佛像前摆一把梳子，游客来了梳完头再拜佛。于是我卖出去 10 把。”

第三个人说：“经理呀，我卖出了 3 000 把梳子！”经理说：“你告诉我你怎么卖的？”第三个人说：“我到了最大的寺庙里，直接跟方丈讲，你想不想增加收入？方丈说想。我就告诉他，在寺庙最繁华的地方贴上标语，捐钱有礼物拿。什么礼物呢，一把功德梳。这个梳子有个特点，一定要在人多的地方梳头，这样就能梳去晦气，梳来运气。于是很多人捐钱后就梳头，这种现象又使很多人去捐钱。一下子就卖出了 3 000 把。”

这个故事告诉我们，服务产品具有多变等特点，竞争非常激烈，因此，在营销服务产品时要像向和尚卖梳子一样，应尽力找到对方的需求点。

特别提示

服务产品不仅指非实物形态的服务产品和服务劳动，而且包括为实物形态产品提供支撑的一切服务性活动。

5.1.4 服务包理论

1995 年，凯洛格(Kellogg)对服务包概念给出的解释是，有形和无形两个方面的要素组成了服务包，服务包的优劣用有形和无形因素中满足顾客的程度来描述。1998 年，美国的詹姆斯・A・费茨西蒙斯 James A.Fitzsimons 等认为服务包是服务的集合，它是由支持性设施在内的辅助物品实现的显性和隐性利益构成的“包”。他们认为，服务包通常由四部分共同构成：①支持性设施，提供服务前必须到位的物质资源；②辅助物品，顾客购买和消费的物质产品；③显性服务，可以用感官觉察到的和构成服务基本或本质特性的利益；④隐性服务，顾客能模糊感到服务带来的精神上的收获，或服务的非本质特征。格罗鲁斯认为，基本的服务包括三个层次，即核心服务、便利性服务和支持性服务。核心服务体现企业提供服务的最基本功能，也是企业进入市场并得以存在的原因，如旅店提供住宿服务。便利性服务是方便核心服务使用的活动，如果没有这种服务，顾客将不会方便地使用核心服务，如航空公司的订票服务。支持性服务是增加服务的价值或者使企业同其他服务竞争者的服务区分开来的一系列活动，如银行的查账业务。格罗鲁斯认为，便利性服务同支持性服务之间的区别有时并不十分明显，一些服务在某些场合是便利服务，而有些服务则为支持性服务。便利性服务是不可或缺的，是必要条件，而支持性服务的缺少只会导致服务缺乏竞争力，可见，便利性服务缺少的时候对服务的影响更大。以酒店为例，其服务包的构成见表 5-1。

表 5-1　酒店产品的服务包

基本服务包	
核心服务	提供舒适而安静的客房等
便利性服务	物质基础有酒店；辅助物品有座椅、床单、被褥、椅罩、茶几、果皮盘、垃圾桶、洗漱用具、厕所设施、热水器、电脑终端端口；有形产品有食品、药品、网上信息浏览；相关的辅助服务有酒店的接待、客房的安排及卫生服务、餐饮服务
支持性服务	酒店客房中赠送的鲜花或果盘、和蔼可亲的前台服务员及快速结账、客房送餐上门、服务员帮忙搬运行李、酒店提供的 morning call 等
扩展服务包	
第二层次	酒店的服务可接近性。酒店前台普通话标准，笑容可人，给人亲切的感觉，可以有效拉近酒店和入住顾客的距离。酒店提供刷卡付费，也充分体现了酒店的服务可接近性。 顾客参与性，酒店大堂走廊墙壁上随处可见的“请保持清洁”的提示牌及服务员的真诚服务，都唤起了顾客的道德感和责任感，自觉珍惜和爱护酒店环境，即使只是短暂的停留也当做家来爱护。 顾客与酒店之间的相互作用体现在，酒店千方百计地满足顾客的各种需求。例如，针对外地顾客，酒店同本地旅行团合作设立旅游部，针对外国顾客，设有外汇兑换部，负责外汇兑换。这都体现了酒店与客户相互作用的人性化服务
第三层次	酒店必须密切与顾客进行营销沟通，要主动了解顾客的期望和所关心的事情，对他们所接受的服务进行说明，或者向顾客的合作表示感激等。此外，要宣传酒店的品牌形象，积极开展服务广告、人员销售、销售促进、公关宣传等活动，大大地推动酒店品牌产品与社会的营销沟通。酒店高质量的住房环境、人性化的服务、顾客的认可、良好的口碑，都有助于顾客了解认同酒店的优良特性。此形成顾客对酒店品牌产品的期望质量。 酒店的服务概念包括酒店的服务理念、经营宗旨、企业精神等。它指导着酒店服务的各项工作，贯穿于酒店品牌产品扩展的服务包的各个层次及其各种要素之中。它是一种普照的光，使得酒店服务过程多个层次、多种要素在一个共同的目标下，通过建立一种协调的文化实现优化组合。这样，酒店品牌产品才能形成差异化优势。

对于服务包而言，核心服务差异较大，但附加服务大同小异，归纳起来可以分为八种具体的情况，即以核心服务为中心，其他八种附加服务辅助，形成了洛夫洛克所命名的“服务之花”，如图 5.1 所示。

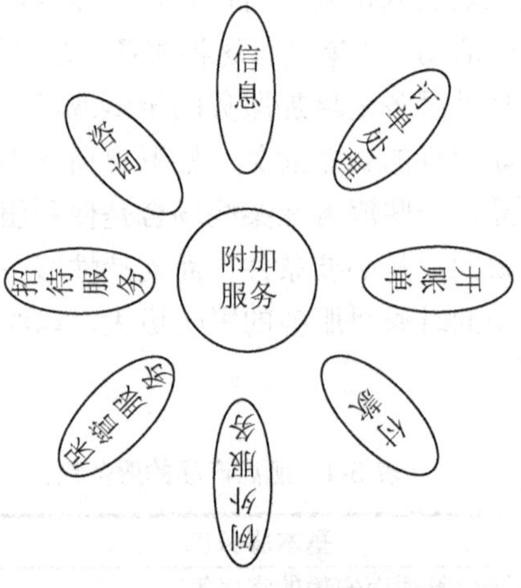

图 5.1 “服务之花”

洛夫洛克将花瓣分为便利性的附加服务和提高服务水平的附加服务(对顾客而言获得的额外价值)。便利性的附加服务包括信息、订单处理、开账单、付款；提高服务水平的附加服务包括咨询、招待服务、保管服务、例外服务。洛夫洛克对“服务之花”的理解是，若花瓣和花蕊都非常新鲜，形状构造得好，且能互相辉映，这个服务组织一定运行良好，管理出色，设计超群；但若一个组织管理不善，运行不佳，则其提供的服务就好比没有花瓣、褪色的花朵，即使核心产品很完美，这朵花给人的整体印象却不佳，缺乏吸引力。

营销案例

王永庆的经营手法——以服务取胜

在顾客中的所需即将匮乏之前，适时送达，即可确保客户不会转而他求。

企业家王永庆，十六岁时就已很有生意头脑。

当时的电话并不普遍，买米一定要到街上的米店去买。对客户而言，不但很不方便，而且稍不留意就会在要煮饭时才发现没米；就米店而言，要等客户上门才有生意做，完全是被动的。

在了解了米的买卖情况后，王永庆想出了一套“服务到家”的经营手法。每当有客户来买米时，他主动向客户说：“您所买的米，我送到您家好吗？”客户当然说好，米那么重，有人愿意送米到家，那是求之不得的事。

等到王永庆把米送到客户家里之后，自然要把米倒入客户的米缸中。这时，他就记下这户人家的米缸容量。然后，他向客户说：“下一次，您不用到我们店里买米了。”客户大吃一惊，他接着说：“我会主动把米送到您家里来。”客户当然一口答应了。

王永庆又问客户：“您能不能告诉我一些简单的资料，像贵府有几个大人、几个小孩，每一顿饭大人吃几碗、小孩吃几碗，一天米的用量大概是多少。”对客户来说，这并不是难事，立刻就告诉了他。

于是，王永庆根据这些资料，计算出这家客户米的用量，以及这次送来的米大约食用的天数。在客户吃完米前的两三天，他就主动把米送到客户家里去了。

这么一来，不但客户可确保无断米之虑，而且他也可以确保客户不会因断了米而转向别人买米。

王永庆“服务到家”的经营手法，使得他的米店大获成功。

王永庆说：“客户就是市场，不掌握客户，就没有市场。”

知识链接

动易基本服务包是动易公司为商业用户提供的基础的软件服务，它包括动易客服中心支持、SMS 短信通知服务、动易邮件服务等内容。动易基本软件服务适用于所有购买动易软件商业授权的用户。动易公司的基本服务包的构成见表 5-2。

表 5-2 动易公司的基本服务包

服 务 项 目	动易基本服务
服务时间：指动易为您服务的客服人员和技术人员的上班时间	5×8
响应时间：指动易服务人员接到您的问题到回复您的时间	4 小时
动易客服中心支持：指您在动易客服中心提出问题，动易服务人员为您解答，必要时再通过以上方式为您解答。您在此提问需要消费动易币，每个问题至少需要 100 动易币。您购买动易任何商业授权或服务，动易会赠送等值的动易币给您，以方便您在动易客服中心提问。当您的动易币用完后，您还可充值	√
SMS 短信通知服务：指当动易发现产品中存在安全漏洞/发布安全更新/新产品发布/新版本发布时发送手机短信通知您，让您随时了解动易及程序最新动态	√
动易邮件服务：指当动易发现产品中存在安全漏洞/发布安全更新/新产品发布/新版本发布时发送邮件通知您，让您随时了解动易及程序最新动态	√
服务期限：指从您购买服务的时间开始计算，可以享受动易为您提供的相关服务的时间段	1 年
软件安装服务：指动易为您安装好动易软件(不包含相关的软件运行环境配置)	1 次

5.2 服务产品生命周期

5.2.1 服务产品生命周期的概念

所谓服务产品的生命周期(product life-cycle management，PLM)，就是指从人们对产品的需求开始，到产品被市场淘汰的全部生命历程。该过程一般经历产品的介绍期、成长期、成熟期和衰退期四个阶段。营业额和利润是产品生命周期现象中的两个关键要素，在产品生命周期的不同阶段，产品的市场占有率、销售额、利润额是不一样的。在介绍期，销售量和利润额增长比较慢，利润多为负数。但销售量迅速增长，利润由负变正并快速上升，则进入成长期。一旦销售增长放慢，利润增长处于停滞，则进入成熟期。当维持一段时间或销售量缓慢减少一段时间后，销售快速递减，利润快速下降，则产品到达了市场衰退期。PLM 是一种先进的企业信息化思想，它让企业管理者思考在激烈的市场竞争中，如何根据企业产品所处的不同阶段，用最有效的方式和策略来为企业降低成本和增加收入。

在大多数情况下，产品生命周期曲线呈现“S”形。但是，并不是所有的产品都符合典型“S”形的生命周期图，有些产品可以直接进入成长期，投入市场就获利；有些产品可能直接从导入期进入成熟期；还有一些处于成熟期的产品后来并不进入衰退期，而是进入第二次迅速成熟期。

产品生命周期理论是在有形产品营销中产生的，是服务产品设计和开发的理论基础。大量实践证明，它同样适合于服务营销领域。服务产品同有形产品一样也具有生命周期，电信、医疗保健、租赁和户外娱乐等服务行业正处在成长的过程，而电影、手表维修和家庭服务等行业则已经发展过了其顶峰阶段。该理论在一些行业性服务市场营销中的适用性也已经被学者所证实。它在金融服务行业、非营利组织的市场营销、艺术领域中具有适用性。此外，它在旅游和航空运输中也有一定的适用性。根据产品生命周期理论，服务产品生命周期指从人们对服务产品的需求开始，到这种服务产品最终被市场所淘汰的全部生命历程。服务产品生命周期也包括四个阶段：服务导入期、服务发展期、服务成熟期和服务衰退期。

5.2.2 服务产品生命周期的阶段

1. 服务导入期

生命周期始于服务产品开始推出上市之时。与其他阶段相比，该阶段具有两个特点：第一，销售量较小。这是因为从服务企业来看，企业还不具备完全满足市场需求的能力或是新服务中还存在着某些缺陷，影响了消费者对服务的选择；从市场方面来看，消费者对新的服务性质还不了解，不愿意改变他们过去的消费行为和生活习惯。第二，利润低甚至没有利润。由于服务企业需要大量经费对经销商和顾客进行宣传和促销活动，因此营销费用占销售额的比例很高。再加上服务产品还不够完善，新推出的服务成本高。这些因素都决定了服务企业在服务的导入期很难赢利。

为了引进新服务，很少有企业求助于“撇脂”政策，即以高价和一般的促销宣传来推出服务。如果服务是新的，顾客就会感到风险很高，不肯付出高价来购买一种自己还不了解的产品。如果引进的是顾客已经了解的服务，只是对其做了部分变动，如铁路上推出国际大站快车时，就可以采用“撇脂”政策。推出新服务最经常采用的是中等价格和大力促销的政策。这种策略特别适用于潜在市场广阔的情况下,这时消费者对价格很敏感,企业之间竞争很激烈,生产成本会随着销售规模的扩大而迅速下降。

2. 服务发展期

如果最初的购买者能保持忠诚，新购买者就会受口碑的影响而进行购买，于是服务就进入了发展期。在这个阶段，由于市场前景光明，竞争者也纷纷进入市场参与竞争。这时，服务企业应该把注意力更多地放在尽可能地扩大服务市场，即增加生产、销售地点的网点数量上。企业采用提高服务质量和在成本下降基础上的降价策略，都有助于扩大整个服务产品市场。

在这一时期，企业利润的增加靠销量的扩大得到了保证，因此企业可以为服务增加新的附加成分来促进销售。主要方法和策略有：①改进服务质量和增加服务特色、形式；

②设法进入新的细分市场；③扩大服务渠道的覆盖面，增设新的服务网点；④开展促销活动，扩大服务产品知名度并建立服务产品品牌；⑤降价以吸引对价格敏感的消费者。

3. 服务成熟期

服务产品销售到了一定时候，企业业绩开始下滑。其服务方式被很多企业模仿，很多生产者都在销售这种服务，因此竞相削价，大打促销之战。此时，消费者了解了服务，会选择报价最合适的，价格的压力造成企业利润的减少，而企业中的弱者就必然要退出市场。在这一阶段，只有那些努力成为成本最低、质量最好、服务人员最好的企业才能够生存下来。

今天的大部分服务企业处于这种状态。它们主要采取三种战略来维持自己在市场上的位置：第一，寻找新的顾客。企业可以努力说服从来没有消费过这种服务的用户使用这种服务。例如，美容院在服务竞争加剧后，有不少大型美容院开设了男士服务项目，吸引大量男性消费者前来消费。第二，寻找新的细分市场。例如，保险公司以前侧重于对生命和意外伤害的保险，但随着疾病的增多，动手术的人也相应增多，保险公司为此专门开发了针对疾病手术的保险业务，以吸引更多消费者购买保险。第三，改进服务产品。企业也可以通过改进服务产品刺激销售。企业通过提高服务质量、增强服务可靠性，使消费者在付出同样价格的条件下获得更多更好的服务，如各种售后服务、体验服务等。第四，改进营销组合。在服务成熟期，企业之间的同质化竞争日益加重，使得企业不得不在其他方面寻找机会，这时候需要企业改进的不止某一个方面，而是需要在营销要素的组合方面进行全面改进，如地点与促销价格等共同改进，以增加组合要素之间的协同力。

4. 服务衰退期

在服务衰退期，市场需求的不断下降，造成服务销售量锐减。当然，下降的原因是多方面的，主要有三个方面的原因。第一，产品原因。主要是指市场上出现了新技术，或者替代产品的出现，造成市场对原有产品的需求下降；第二，市场原因。例如，消费者口味发生了变化，造成需求转移，从而导致原有销售额下降；第三，竞争原因。例如，竞争对手越来越多，企业销售和利润被压缩得越来越小，导致一些小型服务企业由于没有成本优势而退出市场。

尽管销量下降，服务还是继续在市场上生存着。其原因主要有两个：第一个原因是服务主要是家庭企业提供的。例如小零售商店，它们可以通过压缩成本或者放弃利润继续在市场上生存。第二个原因是需求下跌的服务的成本与其他成功的或者刚推出的服务成本的综合平衡。银行、保险、咨询公司可以继续提供走下坡路的“老服务”，原因就在于此。例如，银行取款在自动柜员机流行后，到银行取款的顾客数量下降了，但是这种服务还是照样提供着。

知识链接

也有学者将服务产品生命周期分为以下四个阶段：标准服务期、扩展服务期、延长服务期和停止服务期。不同阶段的服务支持策略见表5-3。

表 5-3 服务产品生命周期阶段

服务周期	年份	服务支持策略	
		研发支持	服务范围
标准服务期	第1～5年	提供服务产品和功能改进更新，同时提供相应升级支持；(服务功能增强包、服务产品改善包)	(1) 提供一定时间的热线技术咨询； (2) 在线知识库查询、在线问答和需求反馈处理； (3) 服务产品改善与支持； (4) 相同服务产品免费升级 (仅限服务有效期内的客户)
扩展服务期	第6年	仅提供关键服务产品更新，同时提供对应迁移解决方案	(1) 提供一定时间的热线技术咨询； (2) 在线知识库查询，停止在线问答和需求反馈； (3) 停止提供任何产品修复类、增强类服务
延长服务期	第7～8年	不提供任何服务产品更新、升级支持	(1) 提供一定时间的最基础热线咨询； (2) 在线知识库查询，停止在线问答和需求反馈； (3) 提高现场服务价格，引导客户迁移到可替代的服务产品
停止服务期	8年以后	不提供任何产品更新、升级支持	(1) 明示客户停止服务； (2) 客户服务中心不再提供任何服务； (3) 如客户仍不愿迁移，按照特殊服务合同提供服务

营销案例

盛田昭夫开发新产品发感

“随身听”的故事告诉我们绝不模仿或改良旧产品，而是致力于开发出许多独特的新产品。

日本索尼公司是战后崛起的大企业，其开发新产品的能力特强，它标榜强调绝不模仿或改良旧产品，并开发出许多独特的产品，如随身听、Betamax 录影机、激光唱片等，都是索尼突破传统的创新产品，走在时代的尖端。索尼公司董事长盛田昭夫开发“随身听”，有一段脍炙人口的故事。

有一天，盛田昭夫看到索尼创办人井深大提了一架笨重的录音机，并戴了一副耳机，迎面走来。盛田问他：“您这是干嘛呢？”井深大回答：“我喜欢听音乐，但我不愿吵到别人，所以只好戴耳机。可是我又不愿整天待在房间里听，所以只好提着录音机到处跑啦！”盛田灵机一动，新产品“随身听”就此萌芽了。根据盛田最初的构想，是要设计一种迷你型的录放音机，方便提着到处听。

研究人员首先设法把放音部分缩小，因为录音部分的零件较小，只要放音部分缩小的问题解决后，再配上录音装置，全世界最小的录放音机即可面世。当研究人员完成放音机的缩小设计后，戴上耳机要试音，意外发现声音出奇的美妙，于是决定把放音机推出市场。“随身听”其实就是小型录放音机的放音部分而已。“随身听”开发出来之后，销售部负责人与经销商都很担心地说：“必须使用录音带的机器，却没有录音的功能，有几个傻蛋会来买啊！”

盛田反驳说：“汽车音响也不能录音，可是几乎每部车都需要它。”

最后在盛田的坚持下，1979 年夏天，随身听针对年轻人，以流行产品的“身份”被推出。它一上市就大受欢迎，原来索尼企划部预估一年卖不到十万部，结果一年内卖出了四百万部，盛田昭夫因此也博得“随身听先生”的称号。

盛田昭夫说：“我们的理念是，不跟在别人后面，不跟别人做同样的事。”

知识链接

时装的生命周期

时装的生命周期就是三个月。当然这里我们是指一流的时装，不是服装，服装的生命周期会更长一些，尤其是内衣裤的样式几年不换都没关系。但是对于时装，每一年都会要求更新，如 2003 年春装、2004 年春装、2005 年春装等都会不一样。现在时装的一个周期就是三个月，因此，如果要做一流的时装，就要有应变能力。

5.3 服务品牌

5.3.1 服务品牌的概念及特点

1. 服务品牌的概念

科特勒认为，品牌是指一个名字、名词、符号或设计，或是上述的总和，其目的是要使自己的产品或服务有别于其他竞争者。品牌由品牌名称和品牌标志组成，这是品牌最基本的概念。品牌是吸引消费者重复购买服务产品的一个主要因素。品牌的基本职能是把企业的产品和服务同其他企业区分开来。品牌能使顾客通过其提供的有效信息来识别特定的企业及产品，在服务营销中，企业品牌是形成企业服务特色，取得企业竞争优势的重要手段。

服务品牌是服务提供者通过双向沟通能够有效地传递给服务对象的独特体验，它是消费者对所提供的服务产品的认知和口碑。服务品牌包括外在的和内在的两种表现形式：外在的表现是服务提供者所提供的服务体系的个性化名称、标志或口号；内在表现是服务对象对服务提供者所提供服务的具体感知和服务过程体验的总和。20 年以前，品牌主要还是消费商品的领地，而今天在服务领域也已经非常普遍，见表 5-4。

表 5-4　不同行业的服务品牌

行业	客运	快递	旅游	餐饮	金融	住宿
知名品牌	德国汉莎航空公司；新大西洋航空公司	联邦快递；敦豪快递	迪士尼；马里奥特；张家界；九寨沟	麦当劳；全聚德	花旗银行；东京三菱银行	希尔顿；香格里拉

知识链接

最近有一则报道，说从汽车本身的质量来讲，德国是最好的。因此，我们就觉得德国车的档次是最高的。但是经过调查，发现在汽车消费过程中，德国车的顾客满意度并不是最高的。换句话说，站在汽车的舒适性、售后服务的角度来看，德国车并不是使顾客最满意的。这告诉我们，世界上没有完美的产品。在竞争激烈的成熟行业里，要使顾客满意，只能靠服务。

2. 服务品牌的特点

与有形产品品牌相比，服务品牌具有如下特点。

(1) 服务品牌以品牌企业为主体。由于实物形态的有形产品易于包装、标记和展示，因而有形产品的品牌主要是指品牌产品或建立在品牌产品基础上的品牌企业。而服务行业的“产品”是指向市场提供的服务活动，而服务活动是无形的，不能像产品一样被包装、标记和展示，因而服务品牌多是指品牌服务企业。

(2) 服务品牌以服务过程为载体。有形产品的品牌载体是实物商品，是看得见、摸得着的。由于服务企业的服务质量是通过服务过程的质量体现的，因而服务品牌的载体是服务行为的过程。例如，北京王府井百货大楼的“一团火服务”是一个品牌，其内涵就是全心全意为顾客服务的过程；上海马桂宁创建的马氏销售法，其品牌也是通过强调销售过程的特点建立的。

(3) 服务品牌以优质服务为基础。有形产品的品牌关键在于产品质量优异。而服务质量水平是判断一家服务企业好坏的最主要的依据，它会影响服务需求的总量，还会影响服务企业的市场定位和市场竞争力。服务企业需要在服务质量各个方面都有超凡的表现，才能铸造成名副其实的服务品牌。

(4) 服务品牌以辅助服务为特色。服务由核心服务、便利服务和辅助服务组成。核心服务揭示出服务产品可以进入市场的原因，它体现了企业最基本的功能。便利服务是方便核心服务使用的服务。辅助服务可以增加服务的价值，使企业的服务同其他竞争者的服务相区别。前两种服务对同行企业来说是同质的，后者则使同行企业显现出差异，是增强服务企业吸引力和竞争力的着力点。因此，服务品牌必须通过提供优异的辅助服务来显示其个性和特色。

5.3.2 服务品牌效应

与产品营销相比，由于服务具有无形性特征，无法给服务品牌贴上商标或特色包装，因此在服务营销领域，企业品牌十分重要，它是服务品牌中的首要因素。服务品牌效应主要体现在以下四个方面。

1. 核心竞争力效应

服务品牌是一种无形资产，是服务企业的核心竞争力所在，具有不可模仿性、不可复制性。从本质上来看，服务企业能在激烈的市场竞争中脱颖而出，靠的就是其品牌的强大效应和吸引力。

2. 收益最大化效应

服务品牌是服务对象对服务提供者所提供服务的认可，能提升服务对象对所提供服务产品的满意度。通过所提供的服务，服务提供者能让服务对象的权益得到保障，能让他们的利益最大化。

3. 核心价值效应

服务品牌是服务提供者对服务对象的一种高效、优质及安全的承诺。这个承诺是服务品牌的核心价值所在，也是服务提供者一切工作的出发点和落脚点。

4. 广泛认可效应

服务品牌是一个长期积累的过程，任何一个品牌的市场认知度和美誉度都不可能一蹴而就。

5.3.3 服务品牌的管理

在如今从传统的产品经济向服务经济的转变过程中，服务品牌的管理从未如此紧密地和一个组织的生存与发展联系在一起，品牌的竞争已成为一个组织发展的核心竞争力和重要的构成要素。只有通过服务品牌的有效管理，才能强化全新的服务理念和服务形象，彰显出一个组织对外的服务特色。服务品牌的管理重心如下。

1. 清晰的品牌定位

在商品经济条件下，服务产品被当做商品同其他商品相交换，也遵循商品交换中的一般规律，接受市场的调节。但许多服务产品是边生产、边消费的，无法形成产品储备。为了保证服务产品的正常流通，也就是保证其正常生产，服务企业需要的是对所服务对象市场的规模及特征的准确把握，瞄准目标市场，制定相应的品牌策略。在这种发展、变革和竞争的环境中，服务定位是至关重要的。要对未来的竞争和变局有科学的分析和准确的把握，找到一个明确的、有别于竞争对手的、符合服务对象需要的品牌定位。

2. 高素质的服务团队

服务品牌的建立不是空洞的口号和标语，也不是繁杂制度和无聊会议的堆砌。服务品牌的建立需要服务企业的高层有一个明确的指导方针和统一的工作部署；组织的中层要有简洁、高效的管理协调机制；服务企业的下层在日常工作中要确保把中心的指导方针不打折扣地贯彻执行，建立一个全方位的服务体系并树立服务意识。让每个工作人员对中心确立的服务品牌内涵有深刻的理解，并使之落实在行动上，以发挥服务的整体合力。

3. 高水平的服务保障

服务品牌是一种优质、稳定服务质量的标志，改善服务质量、提高服务水平是打造服务品牌的中心内容。在这方面服务企业要结合国际标准的质量管理体系，制定富于特色的服务流程和服务规范，使服务企业的日常工作能有条不紊地高效运作。在提供高效规范服务的同时，企业的服务要有特色、要出精品，并为顾客提供个性化的超值服务，增加服务品牌的附加值，从而提高服务品牌的认知度和忠诚度。

服务本身不是有形实体，因此服务品牌更需要认知和口碑。利用服务对象体验后形成的口碑效应，能起到良好的传播效果。人员和公共关系通过双向沟通能够有效地传递服务对象的独特体验。在这个过程中，服务企业要把活动传播、事件传播、新闻传播、人际传播等促销工作做好，特别要利用重大节日、重要事件提供有特色的服务，通过这些特色服务凸现品牌价值，增加服务对象的认同，形成品牌美誉度。

营销案例

提升品牌效应的方法

美国橡胶公司是一家以研制新产品著称的企业。它每年可以向市场推出360种新产品，几乎是一天一个新产品。美国橡胶公司总裁观察市场竞争的态势后认为：公司真正强大的竞争对手不是什么大企业，而是那些机制灵活的小公司。因此，要与竞争对手周旋，必须在公司里也建立同样敏捷灵活的小型组织机构。美国橡胶公司有一万余名员工，公司组织了许多小的团队——新产品小组。公司领导层给予小组灵活决策的权力，使每一个小组成员都全身心地投入工作。公司把新产品小组派到世界各地，研究分析消费趋势，有针对性地提出新产品开发方案，然后利用公司的全部资源，支持最新产品的研制营销。这样，公司就能将大小组织的优势集于一身。进入20世纪90年代，人们的环境保护意识日益增强，绿色营销也成为企业追求的目标。对于一个制造橡胶和塑料产品的公司而言，这无疑是一个严峻的挑战。美国橡胶公司新产品小组在细微处寻觅机会。为减少白色污染，公司经开发研究，于1991年推出“伙伴”洁净餐盒。这种具有环保意识的新产品在市场上获得了巨大的成功，年销售额达数百万美元，在全美餐盒市场的占有率达到12%。成功的“伙伴”餐盒进一步利用优秀的品质和周到的服务，提升品牌效应，以抵制小公司的仿制品。市场上一般的儿童餐盒的零售价为5～7美元，“伙伴”儿童餐盒零售价却要8～10美元，照样畅销不衰。

这则营销故事告诉我们，优秀的管理者会抓住身边发生的任何一件小事，这就是细微之中的机会。当我们在管理一个大的公司的时候，不一定非要赚大钱。其实，大钱也是由小钱一点点积累起来的。因此，大公司应该充分利用自己的资金和技术的优势，不断在市场上推出新产品。

知识链接

2005年，国家颁布的新的汽车产业政策规定经销商要有品牌才被准许经销，所以新的汽车销售政策就令80%还没有得到厂家授权的中小经销商面临出局的风险。其实，汽车业是一个规模效益的行业，规模太小了本来就不具备竞争力，现在有了这个政策规定，只是进一步强迫经销商要具备很强的竞争实力。

另外，除了经销商之外，厂商也同样面临这一压力。因此，国内现有的100多家整车生产企业中，可能大部分会另谋出路，生产厂商与经销商一样面临市场“洗牌”的挑战。

其实这个“洗牌”局面，在有的行业里很早就有了，家电行业就是一例。只不过在汽车行业，因为汽车的价格比较高，所以发展相对会比较慢一些，直到现在才发展到“洗牌”的局面。

5.4 服务创新

5.4.1 服务创新的概念及意义

党的二十大报告中指出，发展是党执政兴国的第一要务，创新是引领发展的第一动力。要深入实施创新驱动发展战略，开辟发展新领域新赛道，不断塑造发展新动能新优势。服务创新是指服务新产品的研究与开发，是实现营销差别化策略的根本途径。新产品规划和开发对服务业公司而言是一个重要问题，它们不仅需要建立一个具有防卫性的竞争地位，而且要向顾客提供搭配均衡的服务类别。即使服务公司在服务开发与规划方面的发展都不如制造业，它也没有理由不去采取有系统的方式从事研究开发工作。目前，服务创新的问题还没有引起大多数企业的足够重视。然而，随着服务业的不断发展，市场竞争的日益激烈，服务企业要想取得成功，绝不能仅仅依靠现有服务产品，而必须进行服务创新。

服务创新是服务提供者区别于其竞争者的有效工具。差异化、独特的服务手段能形成一个组织无法复制的核心竞争力，在当今激烈的市场竞争中，核心竞争力是组织或企业生存与发展必须具备的能力。因此，服务创新是组织或企业的生存与发展的重要途径之一。通过服务创新，组织能满足客户多元化和多样化的产品需求，不断优化客户体验，推进服务产品品牌建设；同时，从客户对服务产品需求出发，关注服务细节，可以塑造客户导向的品牌文化，体现组织对客户的关怀和尊重；持续的服务创新能不断满足客户的差异化需求，形成组织或企业特有的竞争优势，增强组织或企业在市场上的可持续发展能力，保持其服务产品在市场上旺盛的生命力。

知识链接

德鲁克的五个关键问题如下。

(1) 我们的事业是什么？

(2) 谁是我们的客户？

(3) 客户需要什么？

(4) 我们要追求什么样的结果？

(5) 我们的计划是什么？

5.4.2 服务创新的难度

相对于产品创新而言，服务创新的难度更大，这是由以下几个方面的原因造成的。

首先，以服务为导向的公司的研究和开发不同于以产品为导向的公司。后者可以以某种方式设计和试验新产品，而因为服务新产品无形性很强，所以研发任务要复杂得多。例如，以人为基础的服务企业里，一项新的服务项目的每一次交付使用，都会出现差异。

其次，构想服务产品的全过程涉及观念而非有形实体。服务研发完成后，还必须吸引顾客来体验这种服务。尽管服务产品可能以设备为基础，也可能以人为基础，但是，预测哪种服务概念可以为顾客所接受和吸引顾客是很难的，这就意味着采用一项成功的服务产品成本可能很高。

再次，新服务项目的开发高度抽象。同时，伴随着随之而来的测试、开发和规范化工作，尤其是所谓的“以人为基础”的服务企业，往往缺乏真正的创新，而以模仿居多，如航空公司和银行业的服务。

最后，以服务为导向在某种意义上等同于以客户为导向，那么，顾客最基本的需求才是服务产品创新的依据。一方面，顾客利益概念要求企业的服务应该基于顾客的需求及其所追逐的利益。然而，顾客可能由于缺乏足够的知识、经验和能力，不能清楚地表达其需求，从而使企业无法准确甄别出顾客利益之所在；另一方面，顾客在享用服务的过程中，可能获得或好或坏的体验，这些体验将会导致顾客追求新的利益，从而使企业难以把握顾客的利益之所在。

5.4.3 服务创新的导向和方向

1. 服务创新的导向

服务企业不能墨守成规、守株待兔，随着服务业市场的发展和成熟、竞争的日趋激烈，如逆水行舟，不进则退。服务企业必须要在现有产品的基础上不断创新，开发新产品，才能保持企业的竞争力。服务创新有两个导向：一是把商品变成服务；二是把服务转化为商品。在把商品变成服务的创新导向方面，包括两种途径。第一，利用技术，尤其是与计算机和电信相关的技术来创造新服务，如各种各样的互联网服务——域名服务、实名服务、搜索引擎、不计其数的网站等；与电信相关的新服务也层出不穷，如国内目前竞争激烈的各种宽带业务、移动通信业务等。第二，利用耐用商品创造新服务。在耐用商品的不同寿命阶段，可以创造不同的服务，如一些衍生服务：金融、安装、操作员培训、保险、维护、修理和搬运处理等。这些服务可以从企业的售后服务部门中独立出来，专门为一类型产品提供一种或几种服务，而与原始产品制造企业建立合作伙伴关系或同盟关系不失为一条良策。

另一种服务创新的导向是把服务转化为商品，理查德·诺曼(Richard Normann)把它称为“凝固服务”。这种由服务转化而来的商品有很多，如书籍、唱片、录影带及各种服务性的软件，如财务软件、决策支持系统软件等。这样的转化使服务的边际成本递减，同时也可以产生规模效益。技术在帮助服务转化为新商品的过程中起促进作用。例如，印刷技术、音像制作技术、软件开发技术的提高都能促进这种转化的新商品的产生和普及。

2. 服务创新的方向

服务创新的方向取决于对“新”的定义。“新产品”在服务领域的概念越宽越好，它可以包括：原有服务的第二代产品及其后续产品、市场上已有但对某服务企业来说是首次提供的服务产品、打入到新市场的现有服务产品和全新的服务产品。洛夫洛克在海尼(Heany)提出的六种产品创新方向的基础上，结合服务产品的特点，提出了服务创新的六个方向。

(1) 完全创新产品，即采用全新的方法来满足顾客的潜在需求，给他们更多的选择，如最早的卫星通信电视转播、CNN等。采用这种方向风险较大，但回报也会很高。它要求一场较大的教育运动来进行产品推广。

(2) 进入新市场的产品，即一些已有的服务进入新的市场时也被视为新产品。Netscape在短时间内赢得了80%的因特网浏览器软件市场，其客户包括Compuserve和美国在线，其服务成功的关键就在于它的网络导航器不仅使UNIX的用户可以浏览网页，而且扩展到使从Windows NT到Macintosh的用户，都能在统一的模式和信息标准下自由使用信息和软件。

(3) 新服务产品。提供某一市场上已由其他企业提供给顾客的新服务。该方向除了有创新的风险，还有同竞争对手争夺市场份额的危险。例如，花旗银行向其数据库中有10万美元以上存款的客户进行新的购房贷款直复营销；网站为网民提供短信服务；汽车俱乐部为成员提供车险、旅游保险等服务。

(4) 产品线扩展。可以给现有产品线增加新产品，也可以更新现有产品线上所有产品的传递方式。前一种可以使顾客有更多选择，后一种可以改进服务质量，给顾客焕然一新的感觉，如旅行社开辟新的旅游线路、新的组团方式和游玩方式等；酒店增设经济性房间；银行增设ATM服务；沃尔玛开展网上零售服务等。

(5) 产品改善。用新技术对现有服务产品的特征予以改进和提高，实质上是对产品核心层以外各层次进行改善，以调整产品的期望价值、增加顾客的附加利益等。例如，列车普遍提速，改良硬座车厢设施，提高软座和卧铺车厢比例；银行引进计算机设备并简化填单程序、提高服务速度等。

(6) 风格变化，即通过改善有形展示来改变现有产品，如快递改变包装带，又如酒店改变室内陈设、桌布和窗帘及工作人员制服颜色等。从严格意义上讲，这已经不能算作创新的范畴了。

5.4.4 服务创新的要求与策略

1. 服务创新的要求

服务创新对一个组织或企业来说是一项长期而持久的工作，客户需求的易变性使得服务创新也灵活多变，而且实施过程中具有一定的难度。为加强服务创新的可操作性，实施服务创新过程中，组织或企业应该做好以下方面的工作。

1) 专业化

要想把事情做得精，就必须把有限的资源投入到最能产生效益的事情上去。“其多挖井而不及泉，不如深挖一井”，这句话准确到位地描述了把有限资源集中投入的思想，就是要走专业化的发展道路。组织或企业必须对自身资源进行整合和重组，突出主业，提升各实体的专业化程度，使各实体做专做精，不同专业的业务要独立建制，业务相同的要合并，以提高效率。

2) 流程化

服务创新是一项系统工程，需要有清晰的流程作为指引，流程化管理是精细管理的基本方法之一。有了工作流程，先做什么，后做什么，一目了然，而且大家都清楚各自的责任，可以进行监督和追究，也有利于按时完成创新任务，缩短时间、提高效率。同时，还要按照“确保质量、节约成本”的原则系统设计创新业务流程，经常分析、研究、改进和优化流程，从而持续地提高流程的效率。要按系统化、规范化、标准化的要求，实施流程再造，优化每一个管理环节，规范每一个管理细节，减少损耗和浪费，这是重中之重。

3) 标准化

当前，我国大部分组织或企业的服务产品规范化、专业化、集约化程度还不太高，服务行为随意性大，服务标准模糊。关键是要细化服务标准、规范服务行为，使每一个员工明确服务工作的具体要求，也为服务行为监控提供明确的依据。在细化服务标准的过程中，要着重在制定优质服务标准上下工夫，始终把服务对象的需求放在首位，根据不同的服务对象，制定相适应的服务标准，让细化服务标准成为优质服务的制度保障。要教育员工在各自的工作岗位上自觉提升服务标准。

营销案例

王安的经营理念

找出需要，满足它！

顾客要的不是技术，而是实际解决问题的方法。名列全美十大富豪之一的华裔电脑巨人王安，他的经营理念只有七个字——找出需要，满足它!

众所周知，王安在哈佛大学取得博士学位，是一位卓越的技术研究人才。他靠发明“记忆磁芯”开始创业，接着开发出“林纳赛克”的照相排版设备、“洛奇”对数计算器、300型计算机等产品，奠定了他日后事业成功的基础。

“洛奇”于1965年问世，它是为科学家与工程师等专业人员所开发出的第一部桌上型计算器。当时，王安公司财务部的年轻职员米勒，喜欢利用中午休息时间操作“洛奇”。有一天他脱口说：“如果‘洛奇’能更简单地操作，将成为商业上的一大利器。”

米勒无意间的一句话，重重震撼了王安。他心想：“多年来，我一直只考虑到科学家与工程师等专业人员的需要，因此忽略了其他大多数的人需要。”

王安针对“洛奇”进行深入研究，并不断改良。10个月后，一部任何人都能操作的商用计算机——300计算机终于上市。由于它满足了大多数人的需要，所以很快就成为市场上的宠儿。

王安说：“经营企业，必须努力从顾客的立场去考虑，顾客要的不是技术，而是实际解决问题的方法。汽车商不必让顾客去研究内燃机，电脑公司也不该要顾客都懂电脑。一部机器能使作业简化、效率提高的话，人们自然会对它发生兴趣；这时它是否叫做电脑，根本就不重要了。”

上面这个小故事与王安的一段话，有如下启示：在经营任何产品时，千万不可因为醉心于纯技术的改良，而忘记了关键所在——满足大众的需要。

赚钱的八字箴言：察其所需，供其所求。

2. 服务创新的策略

1) 服务交互界面的创新

服务交互界面与“服务接触”(service encounter)更接近，包括人际交互和人与服务提供商设备的交互界面，是顾客与企业之间发生的信息、物资、资金等要素交流、联系方面的交互接触。这其中所涉及的技术环节对服务价值的传递、服务质量的提升有直接的影响作用。萧斯塔克则使用了“服务交互”(service interaction)概念，用来指更广泛的“顾客与服务企业的直接交互”，既包括顾客与服务人员的交互，也包括顾客与设备和其他有形物的交互。其中，人际交互界面的技术创新主要体现在顾客与服务人员接触上的创新，不同的服务类别里，这种服务接触的标准和规范也有差异，如航空公司对服务人员的表情制定标准、餐饮业服务人员的服务用语标准等。

服务交互界面的创新使得服务更加吸引顾客、更加有形化，友好的、有趣的、便利消费者的服务界面为消费者带来了更多的服务乐趣，同时也节约了时间和成本，有利于服务竞争力的提升。服务自助的激增，预示着低工资、无技术含量、无附加价值的服务岗位必然会随着社会的进步逐渐消失，同时也意味着越来越多服务岗位将需要高技能、富于创造性的服务人员。

2) 服务的信息化创新

随着信息技术的发展，很多IT技术也应用到服务流程设计中，极大地增强了服务创新的可能。信息化使服务业功能更加丰富，内容更为广泛，分工更为细致、专业，形成更多新兴行业和就业机会。如网上购物，使物流配送行业得到很大的发展，并已可以脱离传统商店式经营而独立存在。

借助于先进的通信工具、电子计算机网络，服务的供应者和消费者之间建立起密切的网络联系。网络化不仅能够更有效、更方便地提供服务，而且也使规模较小、边远地区的服务商克服了地域的局限，极大地扩展了自身的服务市场。可见，现代信息技术的进步为服务业可贸易边界的扩展和经营手段的变革提供了广阔的空间，为服务创新创造了更多的条件和机会。

3) 服务的精益化创新

精益生产(lean manufacturing)由丰田公司于20世纪80年代创立。如今精益思想已超越制造业延伸至所有领域，并且和6σ等理论与方法相结合，在服务业质量控制等方面发挥着重要作用。精益方法关注于通过应用一套完整的绩效改进工具，来消除过程中的非价值性活动，同时强调以运营改进来提供卓越的顾客服务。

精益思想对服务企业而言，意味着在顾客视角下全面审视与顾客接触的每一个价值点和服务环节，通过产品的精益供给、流程的精益传递、界面的精益体验让顾客节省诸多“服务利失”因素，提升感知“服务利得”，最终带来感知服务价值的升级。对服务企业而言，重要的是站在顾客的立场上，思考服务产品的提供是否便利，服务系统的开发是否完善，服务界面的设计是否合理，服务流程的优化是否人性化，而不是单纯强调企业自身系统的建构完善与符合标准。

4) 基于服务库存的创新

服务库存(service inventory)的概念是由美国西北大学的苏尼尔·乔普拉(Sunil Chopra)和马丁·A·利维拉(MartinA.Lariviere)两位教授于2005年提出来的。所谓服务库存，是对顾客需求的储存，亦即在顾客提出需要之前，公司就已经洞悉这种需求，建立起相应的数据库，准备好相应的解决方案。等到顾客上门之后，公司就无须在搜集和解决顾客需求上做出即时的复杂反应，而是以简单的程序直接为顾客提供解决方案。简单来说，就是以减少即时的、面对面服务的成本，为顾客创造贴心的价值，而储存服务流程，提高服务传递的效率。

基于服务库存的创新，能起到良好的事前管理作用，从而提升服务的质量与水平，同时也对顾客需求有更多的主动掌握，发挥出服务库存的效果。例如，当航空公司知道班机在其他地方延误起飞时，就可以将航班与乘客资料作比对，为乘客寻找其他准时的航班，或者安排因为航班误点无法赶到下一站转机的乘客，在下一站改乘其他航班。等到机场向旅客公布误点信息，旅客开始担心行程时，航空公司就可以提供预先完成的服务菜单，供顾客自行选择替代方案。

本章小结

本章主要介绍了服务产品、服务产品生命周期理论、服务品牌及服务创新等内容。服务产品就是一系列或多或少具有无形特性的活动所构成的一种过程，这些过程或活动从本质上是无形的。服务产品包括五个层次：核心利益、基本产品、期望产品、延伸产品及潜在产品。服务包是服务的集合，它是由支持性设施在内的辅助物品实现的显性和隐性利益构成的“包”，基本的服务包包括三个层次，即核心服务、便利性服务和支持性服务。服务产品生命周期指从人们对服务产品的需求开始，到这种服务产品最终被市场所淘汰的全部生命历程，它包括四个阶段：服务导入期、服务发展期、服务成熟期和服务衰退期。不同的阶段有不同的营销策略。服务品牌是服务提供者通过双向沟通能够有效地传递给服务对象的独特体验，它是消费者对所提供的服务产品的认知和口碑。服务品牌具有强大的品牌效应，需要加强服务品牌管理。服务创新是指服务新产品的研究与开发，是实现营销差别化策略的根本途径。与有形产品创新相比，服务创新难度更大，服务创新有两个导向和六个方向，服务创新策略包括服务交互界面的创新、服务的信息化创新、服务的精益化创新和基于服务库存的创新等。

名人名言

创新是企业家的具体工具，也就是他们借以利用变化作为开创一种新的实业和一项新的服务的机会的手段。……企业家们需要有意识地去寻找创新的源泉，去寻找表明存在进行成功创新机会的情况变化或其征兆。他们还需要懂得进行成功的创新的原则并加以运用。

——德鲁克

顾客后还有顾客，服务的开始才是销售的开始。

——MRMY.NET 收集

只有家族服务于企业，企业与家族才能同时生存发展；假如企业的运营是以服务于家族为原则，则企业与家族必两败俱伤。

——佚名

尊重个人，优质服务，追求卓越。

——IBM 公司

课后练习

一、复习题

1. 选择题

(1) 服务产品主要包括(　　)等。

A. 核心利益　　B. 基本产品　　C. 期望产品　　D. 延伸产品

(2) 以下不是服务产品组合系列的是(　　)。

A. 产品宽度　　B. 产品长度　　C. 产品深度　　D. 潜在产品

(3) 服务包主要由(　　)组成。

A. 支持性设施　　B. 辅助物品　　C. 显性服务　　D. 隐性服务

(4) 酒店的基本服务包由(　　)构成。

A. 核心服务　　B. 便利性服务　　C. 支持性服务　　D. 扩展性服务

(5) 服务产品生命周期分为(　　)。

A. 停止服务期　　B. 标准服务期

C. 扩展服务期　　D. 延长服务期

(6) 服务创新策略主要包括(　　)。

A. 标准化　　B. 专业化　　C. 流程化　　D. 差异化

2. 填空题

(1) 延伸产品指消费者购买______和______时，附带获得的各种利益的总和，包括产品说明书、保证和技术培训等。

(2) 服务产品生产的同时性指服务提供过程中______并影响交易，许多服务业，如运输、邮电、饮食、园林等，其服务产品还具有边生产、边消费的特点。

(3) 服务创新的关键是组织或企业______，组织或企业必须高度关注员工______。

3. 判断题

(1) 服务是一种行为或活动，是非实体的、无形的、抽象的。　　(　　)

(2) 许多服务产品是边生产、边消费，无法形成产品储备，其易逝性导致供求难以匹配，服务不可以退回或难以转售。　　(　　)

(3) 服务产品生命周期指从人们对服务产品的需求开始，到停止提供服务产品的全部生命历程。　　(　　)

(4) 服务品牌是一种无形资产，是服务提供者核心竞争力所在。　　(　　)

(5) 服务创新的立足点是组织或企业要服务的对象或客户。　　(　　)

(6) 服务包的优劣用有形和无形因素中满足顾客的程度来描述。　　(　　)

(7) 服务品牌是一种优质、稳定服务质量的标志。　　(　　)

(8) 服务本身不是有形实体，因此服务品牌更需要认知和口碑。　　(　　)

4. 问答题

(1) 服务产品的特点是什么？

(2) 服务包由哪些要素构成？

(3) 服务品牌效应主要体现在哪些方面？

(4) 什么是服务创新？影响服务创新的因素有哪些？

(5) 组织或企业为什么要进行服务创新？

(6) 服务产品生命周期包括哪些阶段？

(7) 服务创新策略有哪些？

5. 讨论题

(1) 以酒店为例，讨论服务包的构成及特点。

(2) 以汽车营销为例，分析汽车产品服务生命周期各个阶段的特点。

二、案例应用分析

物业服务创新

物业企业除了提供公共秩序维护服务、公共环境清洁服务、公共绿化养护服务、公共设施设备维修保养服务等已被界定清晰的基础业务服务外，都开始陆续尝试提供一些能让客户获得价值感提升的创新增值服务，以开拓经营渠道并同步期望获得未来更强的市场竞争力。那么，究竟哪些服务的提供能更令现下的客户感到满意呢？

某小区的物业服务人员，通过日常的管理服务，在不断收集客户信息资源的同时，关注到了小区里养宠物的居民越来越多的这一现象，不仅如此，有些业主的宠物还越来越多。

面对这一现象，管理人员们意识到，现今的业主越来越喜欢养宠物，那么我们是不是该为宠物们做点什么，从而让业主对我们的服务更满意、更支持呢？

于是，通过管理人员的交流和探讨，推出了一项创新服务——“宠物乐园”，就是开创性地在小区内开辟出了一块区域，修建了专用的宠物乐园，并在宠物乐园内配备了宠物滑梯等设施，可任由宠物在宠物乐园内自由活动嬉戏。

但在宠物乐园推出后的试行中，物业服务人员发现，这个宠物乐园并不怎么受宠物们的青睐，常常只看到业主带着宠物在小区内溜达一会儿便回去了；相反，倒有不少孩子会在宠物乐园里玩耍，似乎这就是一个儿童乐园，而偏离了最初将它设计为宠物乐园的意义。

对于本次创新服务推行的失败，物业服务人员便上门拜访了一些养宠物的业主以寻找失败的原因，通过与业主们的交谈和沟通，物业服务人员才意识到：中国人养宠物不同于外国人，外国人向来视宠物为家人，喜欢为宠物营造自由的生活空间，而中国人通常会把宠物关在家里，或是宠物屋里，这在外国人眼里可是“虐待动物”，但本小区的主要客户群是思想较传统的中国人，对于“宠物乐园”这一创新服务并无需求，所以不适宜在本小区里推行。

以上这个失败的创新服务案例引发了以下几点思考。

第一，从客户视角考虑，这个小区所推出的创新服务“宠物乐园”是否满足了客户最想要的服务体验？换言之，对于小区里越来越多拥有宠物的业主来说，他们是否需要这样一个“宠物乐园”呢？

第二，从物业自身考虑，我们在为业主提供服务的时候，是否准确、充分地挖掘了客户的潜在需求？

第三，从服务行业视角考虑，为业主推出的创新服务，如何抓住超出客户期望值的关键切入点？

先来看看传统的物业服务视角对以上三点思考是如何诠释的。

首先，传统的物业服务始终遵守大的环境背景，即提供已被界定清晰的五大项基础业务服务——综合管理服务、公共秩序维护服务、公共环境清洁服务、公共绿化养护服务和公共设施设备维修保养服务，而对于让客户获得价值感提升的创新增值服务，传统的物业服务视角仅从物业自身出发，考虑可以为业主提供的服务，经过服务定位，流程设计，推出服务让客户体验。换言之，整个创新服务的设计和推出过程，主角都是物业自身，而非客户，实际上，我们只是向客户提供我们可以提供的服务让客户体验，而没有提供客户真正需要的服务。

再回到之前的“宠物乐园”案例中来，不难发现，其创新服务推行的失败，关键在于服务定位之前未从客户视角进行客户需求调研，所以推出的创新服务无法满足客户的真正需求。

那么，服务性行业推行创新服务的正确思维逻辑是怎样的呢？

企业应该基于客户的视角，从客户角度出发提出围绕客户需求、客户感受的服务。

推出一项新的创新服务需要经过三个环节，首先是基于客户视角进行客户需求调研，了解客户真正想要的服务体验；其次明确满足此需求的服务定位，以让客户获得价值感提升为目标，进行周密的流程设计，注重细节；最后试推行，让客户体验，收集客户的感受和意见，对服务流程进行评估和改进。

整个过程其实是一个从资源整合到服务体验，最后获得客户认可、成就品牌口碑的过程。

(来源：中国物业教育网，发布者：物业管理论坛，2010年4月13日)

问题：

(1) 物业公司应该向客户提供哪些服务才能提高客户满意度？

(2) 简述案例中物业公司的服务创新过程。

(3) 案例中物业公司服务创新失败的教训有哪些？

阅读材料

"细胞建设"见实效

创意单位：哈双高速公路管理处。

活动范围：所属各收费站。

产生背景：为营造文明、健康、和谐向上的良好氛围，树立黑龙江交通人良好的形象，提高收费人员文明服务水平，规范文明服务行为，提升服务质量，调动党员工作的积极性和主动性，充分发挥他们在工作中的模范带动作用，使雷锋精神得到发扬。哈双高速公路管理处以精神文明创建为载体，注重加强"细胞建设"，使职工在丰富多彩的活动中接受文明新风的洗礼，共建共享精神文明建设成果。其主要做法如下。

(1) 打造"文明示范岗"。在瓦盆窑站制定了文明示范岗活动方案及评比检查办法，并以"粉色笑脸、绿色哭脸"等生动形式对评比结果进行公示，在职工中形成争先创优的良好工作氛围。同时，在办公楼内的显著位置安放了"文明示范岗活动园地"展板，以图片形式向职工进行宣传，营造了浓厚的活动氛围。2010年7月下旬，该站为配合示范岗活动，开展了旨在加强半军事化内务管理，培养职工严谨的工作纪律，向社会展示交通人良好精神面貌为宗旨的四天军训活动。瓦盆窑站制订的"用户调查表"，从社会回馈的信息来看，活动开展后，社会反响良好，取得了预期的效果。

(2) 党员挂牌亮"身份"。在全处开展党员亮"身份"工作，即每位党员佩戴党徽上岗，让群众及社会各界进行有效监督和比较，看党员是否带头学习提高，是否带头争创佳绩，是否带头服务群众，是否带头遵纪守法，是否带头弘扬正气。通过对比、监督，看哪个党员在工作中先锋模范作用发挥得好，从中体现出一个党员的政治素质和思想道德素质的高低。

(3) 设立便民服务点。不断创新文明服务的形式和内容，切实做到为民、便民、利民服务。在各站收费亭设立便民服务点，推行便民服务承诺，为过往司机无偿提供热水、应急药品、手电筒、导向服务、天气预报板、发放安全提示卡和口头提示、耐心回答驾乘人员的咨询等。同时，向过往司机发放"文明行车提示卡"，提醒司乘人员注意行车安全，最大限度地减少行车事故；每天及时公布天气情况，出现雨、雪、雾天气，提醒司机"慢行，注意行车安全"，方便车主全面了解和掌握公路通行状况，提供准确及时的出行服务；设立了"便民修车工具箱"，坚持开展热情助人活动，使文明服务更加细致入微。

活动效果：通过开展一系列的"细胞建设"，往来司乘人员对公路收费人员的满意度明显提高。有的司机表示，运用手势服务使往来司乘人员看到了更为亲切的交通人形象。党员亮身份活动加强了在群众中的凝聚力和影响力，达到激发党员坚定党的信念、牢记党的宗旨、争做时代先锋、永葆党员先进性的目的，实现"提高党员素质，加强基层组织建设，服务人民群众，促进各项工作"的总体目标。设立便民服务点，全处职工学雷锋做好事，服务人民、奉献社会的意识得到明显提高，营造了"我为人人"的良好工作氛围，在为过往车辆和司乘人员提供的各项便民、助民服务活动中，受到了群众的热烈欢迎和好评。

(资料来源：http://www.dbw.cn/system/2011/12/29/000442309.shtml.)

第 6 章　服务定价策略

教学目标

通过对本章学习，了解服务定价的作用、服务定价的特殊性、服务定价的目标和影响服务定价的主要因素，掌握服务定价的方法和服务定价的策略。

教学要求

知识要点	能力要求	相关知识
服务定价的作用与特点	服务定价的作用与特点的概括和理解能力	(1) 定价策略的一般含义 (2) 服务营销组合中的定价 (3) 服务营销的特点与服务定价
服务定价的目标与依据	(1) 理解服务定价的目标 (2) 熟悉服务定价的依据	(1) 定价目标的定义与分类 (2) 成本、需求和竞争的基本理论
服务定价的方法	(1) 理解并应用成本导向定价法、需求导向定价法和竞争导向定价法 (2) 理解服务价格的表示方法	(1) 成本导向定价法 (2) 需求导向定价法 (3) 竞争导向定价法
服务定价的策略	理解并灵活运用九种常见定价策略	(1)差别定价；(2)心理定价；(3)折扣与让价；(4)取脂定价；(5)渗透定价；(6)系列价格定价；(7)保证定价；(8)高价维持定价；(9)关系定价

市场上总是有两个傻瓜，一个收费太高，另一个卖得太便宜。

——俄罗斯民谚

基本概念

服务定价　成本　需求　竞争　成本导向定价法　需求导向定价法　竞争导向定价法　差别定价　心理定价　折扣与让价　取脂定价　渗透定价　系列价格定价　保证定价　高价维持定价　关系定价

导入案例

迪士尼——灵动价格

迪士尼公司(Walt Disney Company)的产品根据产品的特征而采取不同的定价策略——分类定价策略，迪士尼力求在定价方面令消费者满意，同时，也利用定价策略增加自己的营业收入。

迪士尼的定价具有很大的灵活性，它根据不同产品的经营策略采用不同的定价策略。迪士尼还非常善于利用组合定价的定价策略。组合定价是指将各式各样的产品价格组合在一起，从而使企业价格水平保持科学规定的状态，取得整体上的效益。迪士尼的价格组合策略常常运用到迪士尼乐园的定价中。与很多娱乐场所不同的是，迪士尼乐园采取递加全票制。迪士尼乐园的这种做法可以使游客入园后尽情游戏，体现了迪士尼人性化的服务理念。同时，还提高了顾客的满意程度，延长了在园内的逗留时间，增加了其他消费的可能，使宾馆饭店、食品饮料、纪念品等获得了更多的销售机会，实现了整体效益。

对一条产品线上的产品定价，是非常棘手的事。个别定价给顾客选择的空间大，于是有的产品畅销，有的产品滞销。相对来说单品价格高，利润丰厚，但综合效益不一定好。组合定价，即将相关产品在一起定价，使顾客没有选择余地，不突出单品，其优势在于能获得较高的综合利润。

1955 年，阿纳海姆迪士尼乐园门票定价为：普通门票 15 美元。据 1957 年年底公司对入园游客的分析，平均每人花 17 美元在除了门票的游乐设施上。后来，由于竞争加剧，为吸引游客，公司决定用组合定价，低票价销售。1986 年，迪士尼公司单日成人票价 23 美元，1992 年开放的巴黎迪士尼乐园全价约合 42.45 美元。

由于乐园的门票价格偏低，1984 年迪士尼公司把乐园票价提高了 82%，1985—1986 年又提高了 45%，1986 年仅提高价就占公司增收的 4.55 亿美元中的 59%，在 1.58 亿美元的赢利总额中占 94%。由于涨价，公司利润大增。但公司不可能长期用此法来增加利润：其一，竞争的压力加大；其二，损害企业形象；其三，游客会望而却步，造成销售额降低。

企业的产品价格如果频繁变动，就会对企业形象、产品声誉产生负面影响，给人以企业变化多端、靠不住的感觉，势必影响到营销成果。因而，为了保持现有的经营地位、市场占有率和企业的赢利水平，必须要稳定产品价格，以维护企业形象。因此，迪士尼公司制定了一个长期的价格调整政策——票价的增幅高于通货膨胀率，这样就形成了迪士尼公司价格的合理性和灵活性。

点评：定价策略对企业而言也十分重要。

定价策略，是指企业依据确定的定价目标，所采取的定价方针和价格竞争方式，是指导营销者正确定价的行为准则。企业必须重视定价策略的制定、选择和使用。本章主要介绍服务定价的作用、特点、目标、方法及策略等。

6.1 服务定价的作用与特点

6.1.1 服务定价的作用

在服务营销组合中，服务定价是唯一能产生收入的因素。服务定价也是服务营销组合中最灵活的因素。它既是企业的利润来源，也是树立企业形象的杠杆，还是质量的体现，同时也对其他服务营销组合要素发生影响。对顾客而言，服务价格传达给顾客所获得的服务价值，顾客希望自己的购买力换取价值相等的服务效用，合理的定价能有效刺激顾客购买，不合理的定价会抑制顾客对服务的需求。

6.1.2 服务定价的特点

服务定价的特点是相对于有形产品定价而言的，是由服务的独特性所决定的。服务定价的特点具体表现在以下几个方面。

1. 顾客对服务参考价格的把握不如对有形产品准确

参考价格即存在于顾客记忆中的有关服务的价位，包括上一次所付的价格、经常付出的价格及顾客对类似服务所付出的价格。首先，服务的无形性和异质性使得服务形态灵活多样，因此定价结构也纷繁复杂；其次，服务供应商不能或不愿意提前对价格进行评估。上述原因使得许多顾客在接受了某种服务之后才知道价格。顾客对于服务价格的判断取决于价值感受，即对服务的效用和相关成本的评价。确定无形服务的价值十分困难，因为价值是顾客的感知，是顾客对服务的效用及其相关成本的评价。而且，顾客对服务有不同的评价和保留价，不同细分市场的客户群愿意为同样的服务支付不同的价格。因此，可以根据价格歧视制定不同的价格，即依据各个客户群的价格敏感度的不同来定价。

2. 价格是服务质量的关键信号

顾客把价格作为质量指标取决于几个因素，其一是他们可以得到的其他信息。当服务质量的线索容易得到，当品牌名称表明了某家公司的声誉，或广告水平传达了公司的品牌信念，顾客会愿意用这些线索而不是价格。然而，当质量很难查明或当一组服务的质量或价格变化很大时，顾客会相信价格是质量最好的指标。由于服务具有无形性特征，其质量很难像有形产品那样用统一的质量标准来衡量。因此，顾客无法对服务的质量在购买之前进行事先评价，顾客经常在缺乏信息的条件下决定购买，因此他们经常把价格作为服务质量的代言人。

另一个促使顾客依赖价格作为质量指标的原因是与购买服务相关的风险。在风险大的情况下，许多服务中包含信誉服务，如医学治疗或管理咨询，顾客会将价格看做质量的替代物。

因为顾客将价格作为质量的线索，并因为价格对质量有了预期，所以服务价格必须小心制定。除了要能支付成本或与竞争者抗衡外，价格的制定必须要去传达适当的质量信号。定价过低，会导致对服务质量不准确的推断；定价过高，会形成在服务过程中难以达到的期望。

3. 服务价格中的非货币成本十分重要

服务的特殊性决定了顾客购买服务支付的非货币成本很高，包括时间成本、体力成本和精神成本，因此在服务定价决策时，仔细权衡这些非货币因素十分必要。

1) 时间成本

顾客为购买服务付出的时间成本一般包括以下三个方面。

(1) 信息搜寻的时间。由于服务是无形的，购买前不可触摸也很难比较，因而，顾客购买服务的感知风险很大，顾客往往会花费大量时间来搜寻服务提供者的相关信息，以减少不确定性，降低购买风险。

特别提示

服务搜寻成本比实物商品成本要高。

(2) 消费服务的时间。服务生产和消费同步，顾客作为服务过程的一个组成部分，必然要求顾客必须花费时间来参与服务过程和接受服务。

(3) 排队等候的时间。服务不可储存性导致顾客排队等候购买服务是常有的事，由于无法完全控制给每位顾客提供服务需要持续的时间，所以等候的时间会比等候购物的时间更难以预料。

知识链接

等候服务的时间

由于服务商无法完全控制顾客的数量或为每位顾客提供服务所花的时间，顾客很可能要花时间等待接受服务。据美国医疗协会称，内科的平均候诊时间为20.6分钟，家庭保健医生平均候诊时间为22分钟，而小儿科、整形外科和妇产科则为23分钟。等候服务的时间几乎总比等候购物的时间长，而且更不好预料。

2) 体力成本

顾客为获得服务付出的体力成本取决于服务的可获得性和自我服务程度两个因素。

基本服务组合的开发遵循提高服务可获得性的原则，包括服务地点、服务时间、服务手段及服务能力的可获得性。如果顾客要花费很大的努力或经过一段很长的距离才可以抵达服务提供场所，或者服务时间和顾客的时间不够吻合，那么顾客为获得服务的体力成本就上升了。

为了接受某些服务，顾客还必须提前做很多准备工作。这些准备工作在一定程度上消耗了他们的体力。同时，自我服务的发展，需要顾客付出更多的体力来完成服务。通常情况下，当服务中顾客的参与程度很高时，顾客为接受服务付出了额外代价，他们购买的体力成本就增加了。

3) 精神成本

与有形产品相比，服务的特殊性决定了顾客购买服务时付出的精神代价很大。服务的购前、购中、购后环节都容易引发顾客的精神成本。导致顾客购买服务的精神成本上升的因素一般有以下三个方面。

(1) 在购买前难以比较，而一旦服务发生便会随即消逝，不能退货也很难复原，因而顾客担心服务失败带来的损失。所以，女性在决定是否进行整容服务时的心理斗争过程特别复杂，会本能地担心由整容失败导致的恐怖结果。

(2) 服务的专业性和复杂性要求很高，当顾客不具备理解和接受这些服务的知识和能力时，顾客的心理成本就会上升。

(3) 当服务的信息(服务价格、服务质量、服务时间) 不对称时，顾客也容易产生心理上的焦虑或不安，担心收费过高、质量不好等。

6.2 服务定价的目标与依据

6.2.1 服务定价的目标

定价目标是指企业运用有效的定价方法和定价策略，制定一定水平的价格，所要达到的预期目的。定价目标是制定服务价格的基本依据，它要与企业的战略目标保持一致。基于不同的定价目标，企业所制定的服务价格也不同，这会影响企业利润、销售收入和市场占有率水平。一般而言，可供企业选择的定价目标主要有最大利润目标、保持和扩大市场占有率目标、避免和应付竞争目标、保持和稳定价格目标等。

1. 最大利润目标

以最大利润作为定价目标的企业，试图将价格确定在实现利润最大化的水平上，追求这种目标的企业遵循总收入和总成本之间差额最大化的定价原则。

最大利润有长期和短期之分，还有单一产品最大利润和企业全部产品综合最大利润之别。一般而言，企业追求的应该是长期的、全部产品的综合最大利润。这样，企业就可以取得较大的市场竞争优势，占领和扩大市场份额，拥有更好的发展前景。当然，对于一些中小型企业、产品生命周期较短的企业、产品在市场上供不应求的企业等，也可以谋求短期最大利润。

2. 保持和扩大市场占有率目标

市场占有率又称市场份额，是指企业的销售额占整个行业销售额的百分比，或者是指某企业的某产品在某市场上的销量占同类产品在该市场销售总量的比重。市场占有率是企业经营状况和企业产品竞争力的直接反映。作为定价目标，市场占有率与利润的相关性很强，从长期来看，较高的市场占有率必然带来高利润。

市场占有率目标在运用时存在着保持和扩大两个互相递进的层次。保持市场占有率的定价目标的特征是根据竞争对手的价格水平不断调整价格，以保证足够的竞争优势，防止竞争对手占有自己的市场份额。扩大市场占有率的定价目标就是从竞争对手那里夺取市场份额，以达到扩大企业销售市场乃至控制整个市场的目的。

在实践中，市场占有率目标被国内外许多企业所采用，其方法是以较长时间的低价策略来保持和扩大市场占有率，增强企业竞争力，最终获得最优利润。但是，这一目标的顺利实现至少应具备三个条件。

(1) 企业有雄厚的经济实力，可以承受一段时间的亏损，或者企业本身的生产成本本来就低于竞争对手。

(2) 企业对其竞争对手情况有充分的了解，有从其手中夺取市场份额的绝对把握。否则，企业不仅不能达到目的，反而很有可能会受到损失。

(3) 在企业的宏观营销环境中，政府未对市场占有率做出政策和法律的限制。例如，美国制定有“反垄断法”，对单个企业的市场占有率进行限制，以防止少数企业垄断市场。在这种情况下，盲目追求高市场占有率，往往会受到政府的干预。

3. 避免和应付竞争目标

这种定价目标是在激烈竞争的市场上，企业为了适应竞争的需要而制定的。在市场竞争中，价格竞争是一种重要的竞争手段。尤其是在产品标准化程度高、产品差异性小、规模经济要求明显的行业，价格竞争更为激烈。

为避免和应付竞争，企业可采用制定低于、高于竞争者价格或与竞争者相同价格的定价策略。若某企业是市场的领导者，为避免竞争，一般以适当的低价主动防御现实和潜在的竞争者。而那些经营实力有限、服务产品知名度低的企业，为了扩大市场占有率，通常也将价格定得低于主要竞争者的价格。只有处于绝对优势地位的企业，才可以把价格定得高于其他竞争者。一般情况下，只要竞争者维持原价，企业也可以维持原价；竞争者改变价格时，企业也应适当调价。

一个企业在遇到其他挑战者的价格竞争时，常常采用更低的价格进行反击。但这种价格战容易使竞争双方两败俱伤，风险很大。因此，为避免价格竞争，企业应在服务质量、促销、分销渠道等方面与竞争者展开竞争。

4. 保持和稳定价格目标

稳定的价格通常是大多数企业获得一定目标收益的必要条件，市场价格越稳定，经营风险也就越小。稳定价格目标的实质即是通过本企业的服务定价来左右整个市场价格，避免不必要的价格波动。按这种目标定价，可以使市场价格在一个较长的时期内相对稳定，减少企业之间因价格竞争而发生的损失。

为达到稳定价格的目的，通常情况下是由那些拥有较高的市场占有率、经营实力较强或较具有竞争力和影响力的领导者先制定一个价格，其他企业的价格则与之保持一定的距离或比例关系。对大企业来说，这是一种稳妥的价格保护政策；对中小企业来说，由于大企业不愿意随便改变价格，竞争性减弱，其利润也可以得到保障。

将定价目标分为最大利润目标、保持和扩大市场占有率目标、避免和应付竞争目标、保持和稳定价格目标，只是一种实践经验的总结，它既没有穷尽所有可能的定价目标，又没有限制每个企业只能选用其中的一种。由于资源的约束、企业规模和管理方法的差异，企业可能从不同的角度选择自己的定价目标。不同行业的企业有不同的定价目标，同一行业的不同企业可能有不同的定价目标，同一企业在不同的时期、不同的市场条件下也可能有不同的定价目标。即使采用同一种定价目标，其价格策略、定价方法和技巧也可能不同。企业应根据自身的性质和特点，具体情况具体分析，权衡各种定价目标的利弊，灵活确定自己的定价目标。

6.2.2 服务定价的依据

影响服务产品定价的因素主要有三，即成本、需求和竞争。它们构成了服务定价的三个基本依据。成本是服务产品价值的基础部分，它决定着产品价格的最低界限。如果价格低于成本，企业便无利可图；市场需求影响顾客对产品价值的认识，决定着产品价格的上限；市场竞争状况调节着价格在上限和下限之间不断波动的幅度，并最终确定产品的市场价格。值得强调的是，在研究服务产品成本、市场供求和竞争状况时，必须同服务的基本特征联系起来进行研究。

1. 成本

服务营销人员必须理解服务产品的成本随时间和需求的变化而变化。服务产品的成本可以分为三种，即固定成本、变动成本和准变动成本。

(1) 固定成本，即使不提供服务也须支付的成本，如建筑物折旧、租金、公用事业费、保险费、管理人员工资、利息、维修成本等。

(2) 变动成本，随服务产出增加而新增的单位成本。

服务企业的固定成本和变动成本举例见表 6-1。

表 6-1 服务企业的固定成本和变动成本举例

企 业	固 定 成 本	变 动 成 本
酒店	建筑与设施的折旧(自有) 建筑与设施的租金(租用) 固定人员的酬金	食品消耗 易耗品维修 水电的消耗
保险公司	管理成本	赔偿费
特快专递	自有交通工具和其他设施的折旧 一般费用(后勤管理)	航空公司的费用 燃料、集装箱等成本

(3) 准变动成本(共享成本)，指与企业服务的顾客数量或生产的服务产品数量相关的成本。因为在服务业中，一项服务经常与其他使用同类资源的大量服务共同负担间接成本，如服务场所的清洁费用、加班工资等。它与变动成本的区别：虽然两者都随服务产量变化而变化，但后者随单位服务产出增加能明确计算出增加到的成本投入。

2. 需求

服务价格除受成本影响外，还受市场需求的影响，即受商品供给与需求的相互关系的影响。当商品的市场需求大于供给时，价格应高一些；当商品的市场需求小于供给时，价格应低一些。反过来，价格变动影响市场需求总量，从而影响销售量，进而影响企业目标的实现。因此，企业制定价格就必须了解价格变动对市场需求的影响程度。反映这种影响程度的一个指标就是价格需求弹性系数。价格需求弹性系数是指由于价格的相对变动，而引起的需求相对变动的程度，通常可表示为

需求弹性系数＝需求量变动百分比/价格变动百分比

影响价格敏感度(或需求弹性)的九个因素分述如下。

(1) 独特价值效应：产品越是独特，顾客对价格越不敏感。

(2) 替代品知名效应：顾客对替代品知之越少，他们对价格的敏感性越低。

(3) 难以比较效应：如果顾客难以对替代品的质量进行比较，他们对价格越不敏感。

(4) 总开支效应：开支在顾客收入中所占比重越小，他们对价格的敏感性越低。

(5) 最终利益效应：开支在最终产品的全部成本的费用中所占比例越低，顾客的价格敏感性越低。

(6) 分摊成本效应：如果一部分成本由另一方分摊，顾客的价格敏感性越低。

(7) 积累投资效应：如果产品与以前购买的资产合在一起使用，顾客对价格不敏感。

(8) 价格质量效应：假设顾客认为某种产品质量更优、声望更高或是更高档的产品，顾客对价格的敏感性就越低。

(9) 存货效应：顾客如无法储存商品，他们对价格的敏感性就越低。

企业可以根据价格敏感度(或需求弹性)，采取适当定价策略，以刺激需求，促进销售，增加销售收入。

价格弹性对企业收益有着重要影响。通常，企业销售量的增加会产生边际收益，而边际收益的高低又取决于价格弹性的大小。在现实生活中，不同服务产品的需求是不尽相同的，如果对服务的需求是有弹性的，那么其定价水平就特别重要。例如，在某些市场上，需求受到价格变动的影响很大(如市区公共交通服务、旅游娱乐等)，而有些市场则影响较小(医疗、中小学教育等)。

现代市场营销学的寻找理论(search theory)有助于进一步解释需求的价格弹性。该理论认为，顾客对价格的敏感度取决于购买时选择余地的大小。可选择余地越小则需求越缺乏弹性；反之，如果顾客可选择余地越大则需求弹性也越大。选择余地的大小来自于顾客对服务产品有关信息和知识的获得程度及他们对产品特征的认知，这些特征包括可寻找特征、经验特征和可信任特征。如果顾客能够根据可寻找特征评价产品，顾客选择的余地就比较大，产品需求就有较高的弹性。当然，对于大多数服务产品而言，它们更多地是拥有经验特征和信任特征，不过，价格本身就是一种可寻找特征。所以，在缺乏服务产品信息的情况下，顾客往往把价格高低作为衡量产品质量的一个指标，从而，他们对价格的敏感性也就比较高。

营销案例

沃尔玛超市的会费

沃尔玛(Wal-Mart)山姆会员店的会员可分为个人会员与商业会员两种。个人会员可申请主卡或副卡，主卡持有人每人每年收取会费 150 元人民币，同时，主卡持有人有权认购两张副卡，每张副卡每年 50 元人民币。商业会员卡可分为主卡与副卡，主卡持有人申请时必须出示营业执照。主卡持有人每人每年的会费亦是 150 元人民币，而在主卡持有人的名下有权认购八张副卡，每张副卡每年的会费也是 50 元人民币。个人会员主卡下设副卡是考虑到主卡持有人的配偶与子女也能享受会员的待遇。商业会员主卡下设副卡则是为了方便各类企事业单位的员工，为单位采购各类相关的办公耗材之用。

3. 竞争

价格策略不仅依赖于消费者的反应，而且依赖于竞争者的反应。市场竞争状况直接影响着企业定价策略的制定。在产品差异性较小、市场竞争激烈的情况下，企业制定价格也相应缩小。市场竞争所包含的内容很广。例如，在交通运输行业，企业之间的竞争不仅有不同品种之间的竞争，而且在不同运输工具之间、对顾客时间和金钱的利用方式之间都存在着竞争。总而言之，凡是服务产品之间区别很小而且竞争较强的市场，都可以制定相当一致的价格。此外，在某些市场背景之下，传统和惯例可能影响到定价(如广告代理的佣金制度)。

对于服务企业来说，在市场上除了从竞争对手那里获得价格信息外，还要了解它们的成本状况，这将有助于企业分析评价竞争对手在价格方面的竞争能力。无疑，向竞争对手全面学习，对于任何企业都十分重要。服务企业要借鉴竞争者确定其成本、价格和利润率的经验，这将非常有助于企业自己制定适宜的价格策略。

6.3 服务定价的方法与策略

6.3.1 服务定价的方法

1. 服务定价的一般方法

服务定价方法，是企业在特定的定价目标指导下，依据对成本、需求及竞争等因素的研究，运用价格决策理论，对服务价格进行计算或确定的具体方法。根据服务定价的三个基本依据，服务定价的一般方法主要包括成本导向定价法、需求导向定价法和竞争导向定价法三种类型。

1) 成本导向定价法

成本导向定价法是一种以成本为中心的定价方法，也是传统的、运用得较普遍的定价方式。这种定价方法强调服务定价必须以服务成本为最低界限，在保本的基础上综合考虑不同的情况制定价格。成本导向定价法的具体做法是按照服务成本加一定的利润(税前)定价。成本加成法包含不同的具体种类，主要有成本加成定价法、盈亏平衡点定价法、目标利润定价法和变动成本定价法。

(1) 成本加成定价法，是根据服务成本和企业合理的利润水平来确定服务价格，其计算公式为

价格＝固定成本＋变动成本＋毛利

【例 6-1】某经济型酒店拥有 200 个房间，每年的固定折旧费为 400 万元，所有固定员工的年工资为 100 万元，销售固定费用和其他固定成本费用 100 万元；每间客房出租一天的变动成本为 20 元，出租率为 70%。如果该酒店要获得 35%的毛利(按销售价格计算)，该定怎样的价格？

解：根据成本加成定价法定价：

总固定成本＝400＋100＋100＝600(万元)

总变动成本＝20×200×365×70%＝102.2(万元)

单位全部成本＝单位变动成本＋总固定成本/销售间天数

＝20＋6 000 000/(200×365×70%)

＝20＋117.42＝137.42(元/间天)

按照 35%的毛利率计算：

加成价格＝单位全部成本/(1－毛利率)

＝137.42/(1－0.35)

＝211.42(元/间天)

(2) 盈亏平衡点定价法，是以企业总成本与总收入保持平衡为依据来确定价格的一种方法。其基本原理是在销售量达到一定水平时，企业应如何定价才不会发生亏损；反过来，当已知价格在某一水平上时，该产品应销售多少，才能保本。采用该种定价方法有两个前提：一是企业的总成本能明确划分为固定成本和变动成本两个部分；二是假定企业不存在销售困难，销量等于产量。其计算步骤及公式如下。

第一步：确定盈亏平衡点时的产量。

盈亏平衡点时的产量＝固定成本/(价格－变动成本)

第二步：确定盈亏平衡点时的价格。

盈亏平衡点时的价格＝总固定成本/盈亏平衡点时的产量＋单位可变成本

【例 6-2】沿用例 6-1 资料，试计算该酒店的保本价格。

解：

该酒店的保本价格＝单位变动成本＋单位固定成本

＝20＋6 000 000/200×365×70%

＝20＋117.42

＝137.42(元/间天)

以盈亏平衡点确定价格只能使企业的成本耗费得以补偿，而不能得到收益。因此，在实际中均将盈亏平衡点价格作为价格的最低限度，通常在加上目标利润后才作为最终市场价格。有时，为了开展价格竞争或应付供过于求的市场格局，企业采用这种定价方式以取得市场竞争的主动权。

(3) 目标利润定价法，是根据变动成本、总固定成本和目标利润等因素来确定价格。

【例 6-3】沿用例 6-1 资料，假设该酒店目标利润为 300 万元，试计算该酒店的目标利润价格。

解：

目标利润价格＝单位变动成本＋(总固定成本＋目标利润)/销售间天数

＝20＋(6 000 000＋3 000 000)/200×365×70%

＝20＋176.13

＝196.13(元/间天)

(4) 变动成本定价法又称增量分析定价法。其基本原理是，只要服务价格高于单位变动成本，服务的边际收入就大于零，销量增加就能使总收入增加，该价格就可以接受。在应用该方法定价时，因只考虑变动成本，没有考虑固定成本，在某些情况下，可能会造成企业的亏损，但可以通过补偿全部变动成本和部分固定成本，减少亏损。其计算公式为

价格≥单位变动成本

【例 6-4】某餐厅为增加客源，采取饮料减价一半的优惠办法。这家餐厅原来每餐客人数为 150 位，食品人均消费额为 25 元，饮料人均消费额为 6 元。食品成本率为 40%，饮料成本率为 35%，营业税率为 5%。这项推销活动使餐厅的客人数增加了 20%，平均每位客人订饮料的数量增加了 50%。由于客人增加需增加人工费及其他费用共 50 元。从定价策略角度考虑，该餐厅在此采取的是何种定价策略(见本章“招徕定价”策略)？从经济上分析，该策略是否奏效？

解：

促销前的定价如下。

销售额＝150×25＋150×6＝3 750＋900＝4 650(元)

食品成本＝(150×25)×40%＝3 750×40%＝1 500(元)

饮料成本＝900×35%＝315(元)

营业税＝4 650×5%＝232.5(元)

促销后的定价如下。

销售额＝150×(1＋20%)×25＋150×(1＋20%)×(1＋50%)×6

＝4 500＋1 620＝6 120(元)

食品成本＝4 500×40%＝1 800(元)

饮料成本＝1 620×35%＝567(元)

人工及其他费用＝50(元)

营业税＝6 120×5%＝306(元)

促销带来的效益分析如下。

收入增量＝6 120－4 650＝1 470(元)

成本增量＝(1 800＋567＋50＋306)－(1 500＋315＋232.5)＝675.5(元)

纯利润增量＝1 470－675.5＝794.5(元)

显然，由于采取这项策略促销的增量收入大于税后的增量成本，有增量利润 794.5 元，故从经济上分析，该项策略是有效的。

变动成本定价方法为价格制定规定了最低界限。企业一般在以下几种情况下可采用变动成本定价法：在服务能力富余的情况下，为了接受新的任务；企业亏损时，为了减少亏损；企业提供相互替代或互补的几种服务时。

变动成本定价法改变了售价低于总成本便拒绝交易的传统做法，在竞争激烈的市场条件下具有极大的定价灵活性，对于有效地对付竞争者、开拓新市场、调节需求的季节差异、形成最优服务组合可以发挥巨大的作用。但是，过低的成本有可能被指控为不正当竞争，并招致竞争者的报复。

在采取服务成本导向法时可能会遇到如下特殊问题。

首先，很多服务单位不易确定，而且是非标准化的，所以定价不得不采用服务投入而不是服务产出来定价，尤其是提供多种服务时更为复杂。例如，银行很难精确计算办理一笔结算，存款/贷款等业务的成本，以便为每种服务定价。

其次，服务的主要成本因素是人力成本，而不是原材料成本，但原材料成本的估算是比较容易的，而劳动力成本的估算十分困难。

从本质上说，成本导向定价法是一种卖方定价导向。它忽视了市场需求、竞争和价格水平的变化，在有些时候与定价目标相脱节，不能与之很好地配合。此外，运用这一方法制定的价格均是建立在对销量主观预测的基础上，从而降低了价格制定的科学性。因此，在采用成本导向定价法时，还需要充分考虑需求和竞争状况，来确定最终的市场价格水平。

2) 需求导向定价法

在服务营销中，需求定价法，即定价与顾客的价值感受相一致：价格以顾客会为提供的服务支付多少为导向。从这个意义上说，在服务营销中，需求定价法就是感受价值定价法，也称认知价值定价法、理解价值定价法。这种定价方法认为，企业提供的各种服务在顾客心目中都有一定的认识和评价。顾客往往根据他们对服务的认识、感受或理解的价值水平，综合购买和消费经验、对市场行情和同类服务的了解而对价格做出评判。当服务价格水平与顾客对服务价值的理解水平大体一致时，顾客就会接受这种价格；反之，顾客就不会接受此价格，服务就卖不出去。感受价值定价法的优点十分明显，但实际操作时不易掌握，主观性较大。企业对顾客感知价值的评定和判断越准确，成功的可能性越大，否则，失败率越高。在服务需求导向定价时，要注意四个方面的问题。

(1) 认识和把握感受价值的四种含义。

① 价值就是低廉的价格。一些顾客将价值等同于低廉的价格，表明其价值感受中所要付出的货币是最为重要的，以下这些顾客的评论具有代表性：对于干洗业而言，价值就是最低的价格；而对于航空旅游业，价值就是打折了的机票等。

② 价值就是顾客在产品或服务中所需要的东西。与关注付出的金钱不同，一些顾客将从服务或产品中所得到的利益看做最重要的价值因素。在这个价值定义中，价格的重要性远远低于能满足顾客需要的质量或特色。例如，对于 MBA 学位，价值就是能得到的最好的教育；对于医疗服务，价值就是高质量；对于社交俱乐部，价值就是能在朋友和家人面前看起来很棒等。

③ 价值就是根据付出所能获得的质量。其他顾客将价值看做其付出的金钱和所获得的服务间的交易。对于度假的旅馆，价值就是价格第一，质量第二；对于商务旅行的旅馆，价值就是获得高品质品牌的最低价格；对于计算机服务合同，价值等同于付得起的质量。

④ 价值就是顾客的全部付出所能得到的全部东西。一些顾客描述价值时考虑的既有其所有付出的因素(金钱、时间、努力)，还有其得到的所有利益。对于家政服务，价值就是以这一价格清理多少房间；对于发型师，价值是为了得到的外表所付出的成本及时间；对于经理人员教育，价值就是在尽可能短的时间内获得良好的教育。

顾客对价值的这四种表达可以在一个概括了全部经济学内容的定义中找到：感受价值是顾客基于其得到和付出的而对服务效用总体做出的评价。

但所获得的因顾客而异(如一些可能需要数量，一些需要质量，而还有的需要便利)，所付出的也是如此(如一些顾客只关心所付出的金钱，一些则关心所付出的时间和努力)，价值代表得到和付出因素的交易。顾客会根据感受价值做出购买决定，并不是单单只想降低价格。

(2) 理解服务定价中感受价值的体现。

正是顾客对总价值的感受促使其愿意为某项服务做出支付。将顾客对价值的感受转换成对某项特定服务的恰当的价格，市场营销人员必须回答几个问题：这项服务提供什么利益，每项利益对其他利益的重要性是什么，在服务中获得某种利益对顾客有何价值，服务在什么价位会被潜在的买主从经济上接受，顾客在什么情况下会购买服务。

公司必须做的最重要的一件事情，而且通常是非常困难的事情，是评价公司服务对顾客的价值。由于个人品位不同，对服务所具有的知识不同，购买力及支付能力不同，顾客对价值的感受可能会不同。这种定价法中，顾客所看中的，是其感受的价值，而不是其支付的多少，这构成了定价的基础。因此，其效力仅在于精确确定市场对服务价值多少的感受，其步骤如下。

① 让顾客以自己的方式对价值下定义，考虑到所有因素。

② 通过确认其价值定义、寻求关键的利益及与其相关的质量方面的内容，以帮助顾客明晰其对价值的定义。

③ 捕捉具体层次上要求的信息，将其与其表示的关键利益相联系。这样，定义就会有理有据。

④ 确定顾客的货币与非货币价值的含义。

⑤ 基于服务对顾客的价值订立价格。

(3) 清楚确定感知价值的基本步骤。

第一步：根据产品的质量、功能、用途、服务水平和经营组合因素等条件确定顾客的理解价值，以决定商品的初始价格。

第二步：估计在此价格水平时，可望达到的销售量和预期的目标利润。

第三步：预测目标成本。

$$目标成本总额=销售收入总额-目标利润总额-税金总额$$

或

$$单位产品目标成本=单位产品价格-单位产品目标利润-单位产品税金$$

第四步：决策。

如果实际成本≤目标成本，说明目标利润可以保证，可把初始价格确定为产品的实际价格；如果实际成本＞目标成本，说明在初始条件下，目标利润得不到保证，可以降低目标利润水平或者降低实际成本，以使原始方案得以实行，否则只能放弃。

(4) 理解服务业中需求导向定价法的特殊问题。

服务与商品在需求导向定价法上的一个主要区别是在计算顾客的感受价值时必须考虑非货币成本和利益。当服务需要花费时间，带来不便，以及增加心理及搜寻成本时，货币价格必须做相应的调整以给予补偿。当服务节省时间，提供方便，节省心理及搜寻成本时，顾客会愿意支付较高的货币价格。关键是确定所涉及的每一个非货币因素对顾客的价值。

服务与商品需求导向定价法上的另一区别是顾客对服务成本的信息知之甚少，这使货币价格的作用在初次选择服务时不像在购买商品时那么明显突出。

总之，企业并不只能被动地接受顾客对其服务的评价和判断，可以充分应用各种营销组合策略，影响和提高消费者对服务的感知价值。

3) 竞争导向定价法

企业在制定价格时，往往不仅要考虑成本和需求，还要结合目标市场的竞争结构和水平，依据企业在目标市场的竞争地位，选用适当的定价方法。竞争导向定价法，就是以竞争为中心、以竞争对手的定价为依据，并根据竞争态势的变化来调整价格的定价方法。竞争导向定价法的特点是价格与服务成本和需求不发生直接关系。其最大优点在于考虑到了服务价格在市场上的竞争力。其主要缺点有过分关注在价格上的竞争，容易忽略其他营销组合可能造成服务差异化的竞争优势；容易引起竞争者报复，导致恶性的降价竞争，使公司毫无利润可言；实际上竞争者的价格变化并不能被精确地估算。

常用的竞争导向定价法有随行就市定价法、进攻性定价法和密封投标定价法。

(1) 随行就市定价法。

在垄断竞争和完全竞争的市场结构条件下，任何一家企业都无法凭借自己的实力在市场上取得绝对优势。为了避免竞争特别是价格竞争带来的损失，大多数企业都采用随行就市定价法，即将本企业某项服务价格保持在市场平均价格水平上，利用这样的价格来获得平均报酬。此外，采用随行就市定价法，企业就不必去全面了解消费者对不同价差的反应，从而为营销、定价人员节约了很多时间。

随行就市定价法对企业而言具有以下优点：流行价格水平代表了整个行业或部门中所有企业的经营水平，在成本相近、服务差异小、交易条件基本相同的条件下，采用这种定价方法，可以保证各企业获得平均利润；各企业价格保持一致，可以避免恶性价格战的发生，也有利于整个行业的健康、稳定发展；定价相对简单，不必考虑成本和需求，可以为企业节省许多调研时间和费用，同时也可避免价格变动带来的风险，是一种较为稳妥的定价方法。但其缺点是企业的利润得不到保证，成本高于行业平均成本的企业可能还会发生亏损。

采用随行就市定价法，最重要的就是确定目前的“行市”。在实践中，“行市”的形成有两种途径：第一种是在完全竞争的环境里，各个企业都无权决定价格，通过对市场的无数次试探，相互之间取得一种默契而将价格保持在一定的水准上；第二种是在垄断竞争的市场条件下，某一部门或行业的少数几个大企业首先定价，其他企业参考定价或追随定价。

另外，运用随行就市定价法必须注意：企业必须把握具有代表性的市场价格或平均价格，以便采用相应的价格对策；实行随行就市定价法，市场上价格竞争减弱，非价格竞争成为主要的竞争手段，如企业通过服务质量、品牌、广告宣传、销售渠道等开展竞争，常常比价格竞争更具有隐蔽性，更具有竞争力。因此，企业此时应围绕非价格竞争打造企业的核心竞争能力，以保持企业的竞争优势。

知识链接

价格信号(price signaling)出现在卖主高度集中的市场。这类市场里某个公司订出的任何价格都会被其他竞争者比较、效仿，而不使任何一个低成本卖主显示出显著的优势。航空业是服务业中价格信号的例证。一旦哪个竞争者降低航线的价格，其他竞争者几乎立即效仿降价。

浮动定价(going-rate pricing)就是采用市场上最为普遍的价格，汽车租赁业定价就是一例。当一家租赁公司采用一项新的计划时，如“免收里程费，直到永远”，其他公司都会仿效这个策略。因此，只能依靠其他因素决定价格，这些因素包括基本租金、汽车大小及型号、以日或周计的租金及降低的费用。

(2) 进攻性定价法。

从根本上来说，随行就市定价法是一种防御性的定价方法，它在避免价格竞争的同时，也抛弃了价格这一竞争的“利器”。进攻性定价法则反其道而行之，它是指企业通过不同的营销努力，使同种同质的服务在消费者心目中树立起不同的服务形象，进而根据自身特点，选取低于或高于竞争者的价格作为本企业服务价格。因此，服务差别定价法是一种进攻性的定价方法。

进攻性定价法的运用，首先要求企业必须具备一定的实力，在某一行业或某一区域市场占有较大的市场份额，消费者能够将企业服务与企业本身联系起来。其次，在质量大体相同的条件下实行差别定价是有限的，尤其对于定位为“质优价高”形象的企业来说，必须支付较多的广告、包装等方面的费用。因此，从长远来看，企业只有通过提高服务质量，才能真正赢得消费者的信任，才能在竞争中立于不败之地。

(3) 密封投标定价法。

密封投标定价法，是指由投标竞争的方式确定服务价格的方法。一般由招标方(买主)公开招标，投标方(卖主)竞争投标，密封递价，买方择优选定价格。投标竞争定价的基本特点是，招标方只有一个，处于相对垄断地位，而投标方有多个，处于相互竞争地位。

一般情况下，企业能够中标，在很大程度上取决于该企业与竞争者在服务质量、品牌、价格等方面的综合较量。卖者(投标人)供应的服务质量是一样的，买者(招标人)就选择其中价格最低的卖者。如果卖者供应的服务质量不一样，买者就要在质量和价格之间进行权衡。在仅考虑报价水平时，报价高，利润大，但被竞争者抢标的可能性也大；反之，报价低，利润小，中标机会大。因此，企业在投标时，就有一个最优价格的确定问题。一般情况下，企业通常采用最大期望利润来确定最优报价，具体步骤如下。

首先，企业根据自身的成本，确定几个备选的投标价格方案，并依据成本利润率计算出企业可能赢利的各个价格水平。

其次，分析竞争对手的实力和可能报价，确定本企业各个备选方案的中标机会。竞争对手的实力包括市场占有率、信誉、声望、质量、服务水平等项目，其可能报价则在分析历史资料的基础上得出。

再次，根据每个方案可能的赢利水平和中标机会，计算每个方案的期望利润，其公式为

每个方案的期望利润＝每个方案可能的赢利水平×中标概率

最后，根据企业的投标目的来选择投标方案。

密封投标定价法的主要优点是，通过公平竞争的方式实现交易过程，避免了价格决策的主观性和交易中的“寻租”行为。但由于组织招标过程复杂，组织费用较高，一般适用于大宗商品、原材料、零部件和工程项目的买卖和承包。

营销案例

世界上独特的定价法

1. 小费

康奈尔大学(Cornell University)的一项研究最近揭示了有关付小费的一个有趣的事实：付小费的习俗在

人们重视地位身份的国家比不重视地位身份的国家要普遍。康奈尔大学的消费者行为及市场学副教授迈克尔·里恩(Michael Lynn)，发现在市民不太注重认可和尊重的国家，只有很少的提供服务的专业人员接到过小费。“付小费其实是一种铺张的消费。在这个国家我们付给许多人小费因为我们看重地位。美国人看重认可和尊重，而我们在付给提供服务的专业人员们小费时则得到了这些。”

衡量付小费的一个方法是不同国家收到小费的服务业数量。美国以35个行业排在首位。其他重视认可和尊重的国家得到小费行业也很多，包括西班牙(29个)、加拿大(25个)、印度(25个)和意大利(24个)。相反，丹麦和瑞典得到小费的行业不到10个，反映出这些国家对认可和尊重的重视程度不高。

2. 服务费

与付小费不同，欧洲、亚洲和拉丁美洲的餐馆则在顾客的账单中附加上固定的服务费。在美国，也许由于前面提到过的原因，除非在大型的晚会，这种做法是很不平常的。然而，一些美国的营业场所，如俄勒冈州阿什兰地区的Chateaulin和Monet餐厅，把消费制转换为收服务费，尽管顾客更喜欢付小费。原因是美国国内税务局一直依赖餐厅让其服务员报告收小费的情况。如果报告的小费收入低于总收入的8%，其就规定餐厅老板有责任对其未报告的收入补交税款，除非他们参加一项调查其雇员收小费的活动。服务员不喜欢这个改变，部分原因是他们收入少了(餐厅将服务费分给厨房的人员)，部分是由于他们得不到小费带给他们的那种即刻的喜悦。顾客也大都不喜欢。“我们调查了顾客，他们似乎认为自己具有法定的权力去奖励或惩罚服务员。”

3. 无定价

伦敦的一家叫做“Just Around the Corner”的餐厅执行着一种特别的需求导向定价法：它让顾客自己觉得这顿饭值多少就付多少。这个办法自从1986年开始实施以来一直非常成功，大多数顾客付费都高出餐厅按定价收费的费用。3道菜的正餐顾客平均付费25英镑(41美元)，但是一些顾客会倍加小心付足费用。“一个晚上，四个美国政府官员用过一顿价值不到200美元的晚餐后，递过来1000美元。他们问这个是否够了。”餐厅老板迈克尔·瓦萨斯(Michael Vasos)说：“我的这家餐厅要比其他四家店赚得多。”他认为他的餐厅和其定价策略的成功要归功于其顾客的慷慨大方，虽然有人表明是英国人为避免尴尬而付费很多。

2. 服务价格的表示方法

选择合适的价格表示方法将有效提高服务定价的竞争力。常见的服务价格的表示方法有时间成本基准法、固定法、比率法、目标报酬法、顾问费法、预付费法、股份受让法、混合法等。

1) 时间成本基准法

时间成本基准法是用服务履行的小时数乘以单位小时的费率，加上实际支出的成本总额，最后得出应收费额。时间成本基准法的优点：对服务提供者而言，收费能够弥补成本，如果公司在一个服务上花费的时间比预计的多，多花的时间可以要求顾客付账，因而不会降低公司的利润率；对顾客来说，由于这种方式按服务时间收费，透明度高，公开化，因此也经常被认为是比较公平的。时间成本基准法的缺点：由于不能准确估计服务时间，顾客最终支付多少服务费往往不确定，通常顾客在做出购买决策之前，希望知道服务最终需要花多少钱，当被告知的只是一个估计的数额，服务结束时，可能最终需要支付的金额远远超过预计的数额，会导致顾客不满。当然，在累计足够的服务经验后，公司一般能够比较准确地估计服务提供的时间，从而避免这种情况的发生。

2) 固定法

固定法是在提供服务之前费用就被确定为一个固定不变的数额，而不必考虑提供服务所需花费的时间和成本是多少。固定法的优点：能在顾客购买服务之前给出明确的收费，消除了收费的不确定性。固定法的缺点：把大部分不确定性和风险都转嫁给服务提供者，一旦发生不可预料的事件或顾客不合作，服务提供者损失惨重。同时，固定法可能会令服务提供者迫于成本压力而降低服务质量，而不像在按服务时间收费的情况下严格实施质量标准。因此，公司在采用固定法收费时必须考虑到这些因素。

3) 比率法

比率法是按照一个固定价值的一定的百分比来标价。比率法广泛运用在中介服务行业。如保险代理人以签订的保险合同的保费金额为基数，收取一定百分比的佣金；旅行社以安排的旅行价值为基数，收取一定比率的佣金；还有职业介绍所、广告代理商等都是按比率法收取服务费。比率法的优点：直截了当，容易理解。比率法的缺点：当一个传统比率不再足以弥补上升的成本及适当的回报率时，鉴于顾客已经习惯和接受了以往的比率，试图提高比率以弥补成本容易引起顾客不满，所以比率调整起来会比较困难，因此，留有一定的回旋余地是采用比率法标价需要考虑的因素。

4) 目标报酬法

目标报酬法是按实现的服务目标计算报酬的收费方法。服务双方设定一个服务目标，收费将视服务目标完成情况来确定，把服务提供者的收费和向顾客提供的服务结果联系在一起。例如，律师在案件受理结果出来时才收取费用，而且只有当顾客得到满意的结果，律师才有报酬。目标报酬法的优点：在于双方都有努力实现预期服务结果的动力，双方都会积极配合完成服务。目标报酬法的缺点：顾客会担心服务提供者为了追求短期效益而制定的目标或建议是以自身获得更高的服务费为基础的，是为服务提供者自身的利益而非顾客的利益着想。所以，采用目标报酬法的服务提供者鼓励顾客参与服务是消除这种疑虑的好方法。

5) 顾问费法

顾问费法是以顾客愿意为服务支付的货币金额作为服务收费的一种方法。找出“顾客愿意出的价”，即顾客对产品或服务的估价。国外有的餐馆采用“看着给”的付款方式，让顾客定价，尽管没有明示价格，但据说顾客所支付的金额常超出经营者的预料。这种方法给顾客一种受尊重、被信赖的感觉，会增强顾客的消费信心和自豪感，产生对服务提供者的回报意识。

6) 预付费法

预付费法指顾客向服务提供者交纳固定的费用后，在一段期限内顾客可以享受预定水平的服务而无须支付任何费用，在营销实践中常被称为服务合同制。不少服务组织是按年度与顾客签订服务合同，客户按合同金额付费，不管在一年中系统或设备出现多少次故障，都包含在合同签订的服务中，服务组织必须保证客户系统的稳定运行。在律师、健康组织等具有连续性和长期性的服务行业，多采用预付费法。预付费法的优点：在于给双方一定的确定性，并可以据此预测彼此的关系给自己带来的经济后果。预付费法的缺点：采用预付费法的公司必须能准确预测在一定期限内顾客使用服务的频率，如果公司在确定收费时低估了顾客使用服务的次数，就可能遭受损失，所以必须做好成本控制和估算工作。

7) 股份受让法

股份受让法是以所有者权益的形式收取服务费，收取顾客的股票和期权而非现金。在新成立的公司没有足够的现金来支付服务费时，常常使用这种方法。股份受让法的优点：不必担心利益冲突，能有效地将服务提供者和顾客的利益捆绑在一起，有利于长期关系的建立。例如，咨询顾问为了将来能够获得巨额回报，他在为顾客提供咨询工作时为顾客的长远利益考虑。股份受让法的缺点：可能会面临股票和期权贬值的风险。

8) 混合法

混合法是指服务提供者视其业务组合不同而采用相应的组合收费方式，不采用单一的收费方法，而是多种收费方法的混合使用。在营销实践中，服务组合的灵活性和多样性决定了混合法在各类服务行业的广泛使用。

6.3.2 服务定价的策略

定价是一个极为复杂的过程。顾客接受某一服务的价格，受到心理、社会和文化的影响。企业按照不同的定价目标，采用不同的定价方法，只是得到服务的基本价格。企业还要根据各种不同的市场环境、服务条件和企业目标，运用灵活多变的定价技巧，修正和调整服务的基本价格，制定出为顾客所接受的价格。这就涉及定价过程中的选择问题。定价策略有很多，在此介绍九种在服务营销中常见的定价策略。

1. 差别定价

所谓差别定价，是指服务价格的确定以需求为依据，首先强调适应消费者需求的不同特性，而将成本补偿放在次要地位。这种定价策略，会使同一服务在同一市场上制定两个或两个以上的价格，或使不同服务价格之间的差额大于其成本之间的差额。其好处是可以使企业定价最大限度地符合市场需求，促进服务销售，有利于企业获取最佳的经济效益。

服务组织进行收益管理时，通常运用顾客对价格的敏感度，即差别定价(也称价格歧视)来管理对服务的需求。例如，航空公司、酒店、旅游、电话服务等服务企业，其服务设施经常面临着季节性的、周期性的甚至是每天的需求变化的挑战，有时需求超过现存能力，有时能力闲置。对于上述服务企业，定价可以在稳定需求及使需求和供给同步发展上起作用，时间、地点、数量、顾客等差别诱因，被作为价格歧视的依据有效运用。具体来说，根据需求特性的不同，差别定价通常有以下几种形式。

1) 以用户为基础的差别定价

以用户为基础的差别定价指对同一服务针对不同的用户或顾客，制定不同的价格。例如，对老客户和新客户、长期客户和短期客户、女性和男性、儿童和成人、残疾人和健康人、组织用户和个人用户等，分别采用不同的价格。一般而言，收入水平、年龄、职业、性别等不同的消费者对价格的接受程度有较大的差异。对于低收入者、弱势群体定价水平要低，对于高收入者定价水平要高。

2) 以地点为基础的差别定价

以地点为基础的差别定价指随着地点的不同而收取不同的费用，比较典型的例子是剧院、体育场、飞机等，其座位不同，票价也不一样。例如，体育场的前排可能收费较高，旅馆客房因楼层、朝向、方位的不同而收取不同的费用。这样做的目的是调节客户对不同地点的需求和偏好，平衡市场供求。再如，演唱会的前排、观看比赛时位于场馆中央的位置、旅游胜地的酒店中临海的房间等，都代表着对顾客有意义的地点差异，因此可以制定较高的价格。

3) 以时间为基础的差别定价

以时间为基础的差别定价是指同一种服务，成本相同，而价格随季节、日期，甚至钟点的不同而变化。例如，供电局在用电高峰期和闲暇期分别制定不同的电费标准；电影院在白天和晚上的票价有别。对于某些时令服务产品，在销售旺季，人们愿意以稍高的价格购买；而一到淡季，则购买意愿明显减弱，所以这类服务在定价之初就应考虑到淡、旺季的价格差别。例如，旅游景点的门票收费等就有淡旺季差价。

4) 以交易条件为基础的差别定价

交易条件主要指交易量大小、交易方式、购买频率和支付手段等。交易条件不同，企业可能对服务制定不同的价格。例如，交易批量大的价格低，零星购买价格高；现金交易价格可适当降低，支票交易、分期付款、以物易物的价格适当提高；预付定金、连续购买的价格一般低于偶尔购买的价格。再如，购买美容优惠套券、电视广告时段的客户，都是通过预购未来服务享受相应价格优惠。

5) 以产品为基础的差别定价

不同品种和用途的服务产品，也许成本有所不同，但它们在价格上的差异并不完全反映成本之间的差异，而主要区别在于需求的不同。例如，不同机种电话租用收费就可以不同。

由于差别定价针对不同需求而采用不同的价格，实现顾客的不同满足感，能够为企业谋取更多的利润，因此，其在实践中得到了广泛的运用。但是，也应该看到，实行差别定价必须具备一定的条件，否则，不仅达不到差别定价的目的，甚至会产生副作用。这些条件如下。

(1) 从购买者方面来说，购买者对服务的需求有明显的差异，需求弹性不同，市场能够细分，不会因差别价格而导致顾客的反感。

(2) 从企业方面来说，实行不同价格的总收入要高于同一价格的收入。因为差别定价不是目的，而是一种获取更高利润的手段，所以企业必须进行供求、成本和赢利分析。

(3) 从服务方面来说，各个市场之间是分割的，低价市场的服务无法向高价市场转移。这种现象可能是由交通运输状况造成的，也可能是由服务本身的特点造成的。服务项目一般难以通过市场转卖而获取差额利润，就比较适宜采用差别定价。

(4) 从竞争状况来说，无法在高价市场上进行价格竞争。这可能是本企业已垄断市场，竞争者极难进入；也可能是服务需求弹性小，低价不会对消费者需求产生较大的影响；还可能是消费者对本企业服务已产生偏好。

营销案例

定价也能送你到“千里之外”

根据客户金字塔结构，企业的客户一般可以分为 VIP 客户(约 1%)、主要客户(约 4%)、普通客户(约

15%)和小客户(约 80%)四类。由于企业资源有限，当企业发现某一部分客户对企业无价值或者贡献负价值时，这部分客户就成了“鸡肋”。迫于企业形象和社会影响，企业当然不能将他们拒之门外，于是，定价策略便在此时发挥了作用。价格可以作为挡箭牌，送这部分客户到千里之外，也可以让他们主动接受企业的“服务协议”，增加交易，成为有价值的客户。

例如，当肉类食品的价格飞速上涨的时候，沈阳一些烧烤店和火锅店不约而同地设置了最低消费来限制一些既占座位而服务成本又高的顾客；国外很多会员制超市只对会员服务，客户要想享受会员服务，只有缴纳会费或者消费到一定金额而成为会员。中国的很多商场均采用这样的方式，将顾客细分，然后提供不同的服务。在这种情况下，价格就是企业选择客户的工具，也是客户转变角色的助推器。

[分析提示]

企业可以利用价格具有的选择客户和转变客户角色的作用，采用灵活的定价策略来实现自己的定价目标。

2. 心理定价

心理定价是一种运用消费心理学原理，了解顾客的心理，根据各种类型的顾客购买服务产品时的心理动机制定服务产品的价格，引导和刺激购买的价格策略。在实际应用中，心理定价策略主要有尾数定价、整数定价、声望定价、招徕定价和习惯性定价等形式。

1) 尾数定价

尾数定价又称为“零数定价”、“非整数定价”，是指企业利用顾客数字认知的某种心理，以零头数结尾的一种定价策略。通常是以一些奇数或吉利数结尾，如把价格定在 0.99 元、2.98 元、9.99 元等。这种定价策略使价格水平处于较低的一级档次，给人以便宜、定价精确的感觉，从而满足消费者的求廉求实的心理，激起消费者的购买欲望。此策略主要适用于单位价值较低而使用频率较高的产品。

心理学家的研究表明，价格尾数的微小差别，能够明显影响消费者的购买行为。一般认为，5 元以下的商品，末位数为 9 最受欢迎；5 元以上的商品末位数为 95 效果最佳；百元以上的商品，末位数为 98、99 最为畅销。尾数定价法会给消费者一种经过精确计算的、最低价格的心理感觉；有时也可以给消费者一种是原价打了折扣、商品便宜的感觉；同时，顾客在等候找零期间，也可能会发现和选购其他商品。尾数定价法在欧美及我国常以奇数为尾数，如 0.99、9.95 等，这主要是因为消费者对奇数有好感，容易产生一种价格低廉、价格向下的概念。但由于“8”与“发”谐音，在定价中“8”的采用率也较高。当然，某些为顾客所忌讳的数字，如西方国家的“13”、日本的“4”，企业在定价时则应有意识地避开，以免引起顾客的厌恶和反感。例如，美国、加拿大等国的顾客普遍认为单数比双数少，奇数比偶数显得便宜，所以，在北美地区，零售价为 49 美分的商品，其销量远远大于价格为 50 美分的商品，甚至比 48 美分的商品也要多一些。但是，日本企业却多以偶数，特别是“零”作结尾，这是因为偶数在日本体现着对称、和谐、吉祥、平衡和圆满。

2) 整数定价

整数定价是服务价格以整数结尾的定价策略，常常以偶数，特别是以零为结尾。例如，以 500 元、800 元、1 200 元等来表示服务产品的价格。这样定价抬高了服务产品的身价，有利于在消费者心目中树立高价优质的形象，满足消费者求名求新的心理，适用于高档耐用消费品、贵重物品、时髦产品和消费者不是很了解的产品。例如，精品旅游风景区的门票可定为 100 元，而不必定为 98 元。

3) 声望定价

声望定价又称“威望定价”，是一种根据服务产品在消费者心目中的声望和服务的市场地位来确定价格的定价策略。它是指对那些有较高声誉的高档服务产品制定较高的价格，以满足消费者求名和炫耀的心理。这种定价策略适用于提供高质量或高档服务的企业，主要用于吸引高端顾客，对他们而言，高价意味着高质量，意味着从服务中获得了特殊利益。

营销案例

旅游服务营销中常见的声望定价形式

(1) 一些高星级宾馆常有一套或几套价格很贵的客房，如总统套房，其目的主要是以此来提高整个宾馆的档次与声望。

(2) 名胜古迹，历史上名人居住过的地方，其定价也常用声望定价，如庐山上一些伟人、名人住过的别墅，虽然客房设施较差，但房费很高。

(3) 一些旅游产品的最低价不低于旅游者所愿意支付的最低价，否则，旅游者会怀疑旅游产品的质量。例如，一瓶高级香水定价为数千元可能有人购买，而定价在几十元可能反而无人问津。

声望定价的适用条件主要有，把高价作为高质量的顾客；高价不会带来竞争者增加的场合；难以通过提高管理水平来降低服务成本的场合；服务组织不足的情况；高价不致引起暴利的怀疑及第三方支付人的强烈不满。

4) 招徕定价

招徕定价是企业利用消费者的求廉心理和投机心理，有意将某种或某些服务的价格定低，甚至只按变动成本定价，以吸引顾客进店，在购买了这些低价服务之后，再购买其他正常价格的商品，从而扩大销售，增加利润的一种心理定价策略。例如，餐厅为了增加惠顾而提供价廉物美的实惠简餐(如商业午餐/套餐或10元吃饱等)，但大多数的客人一旦进入餐厅，最后还是会点其他比较高价的菜色。汽车修理厂对一般性服务可能收费偏低，借以招徕更多的高价修理工作。采用招徕定价策略时，必须注意以下几点。

(1) 降价的服务应是消费者常需要的，具有吸引力。

(2) 实行招徕定价的服务产品，经营的品种要多，以便使顾客有较多的选购机会。

(3) 降价服务产品的降低幅度要大，一般应接近成本或者低于成本。只有这样，才能引起消费者的注意和兴趣，才能激起消费者的购买动机。

(4) 降价服务的数量要适当，太多会使企业亏损太大，太少则容易引起消费者的反感。

5) 习惯性定价

某些服务产品的价格在消费者心理上已经“定格”，成为一种习惯性的价格。消费者已经习惯于消费这种服务产品时，只愿付出这么大的代价。对这类服务产品的定价，一般应依照习惯确定，不要随便改变价格，以免引起顾客的反感。

3. 折扣与让价

折扣与让价，是企业为了更有效地吸引顾客，鼓励顾客购买自己的服务，而给予顾客一定比例的价格减让。这一策略的实质是一种优惠价格，是企业重要的价格竞争手段之一。价格折扣包括数量折扣、现金折扣、功能折扣等多种形式。

1) 数量折扣

数量折扣是指按购买数量的多少，分别给予不同的折扣，购买数量越多，折扣越大。其目的是鼓励大量购买或集中向本企业购买。

数量折扣可以分为累计数量折扣和非累计数量折扣两种形式。累计数量折扣是顾客在规定的时间内，当购买总量累计达到折扣标准时，给予一定的折扣。累计数量折扣定价法可以鼓励购买者经常购买本企业的服务，成为企业可信赖的长期客户。企业可据此掌握服务的销售规律，预测市场需求，合理安排供应。非累计数量折扣是一种只按每次购买服务的数量给予折扣的定价方法。其目的是鼓励客户大量购买。累计数量折扣和非累计数量折扣两种方式，可单独使用，也可结合使用。

数量折扣的促销作用非常明显：企业因单位服务利润减少而产生的损失完全可以从销量的增加中得到补偿。此外，销售速度的加快，使企业资金周转次数增加，流通费用下降，产品成本降低，从而使企业总赢利水平上升。

运用数量折扣策略的难点：如何确定合适的折扣标准和折扣比例。如果享受折扣的数量标准定得太高，比例太低，则只有很少的顾客才能获得优待，绝大多数顾客将感到失望；购买数量标准过低，比例不合理，又起不到鼓励顾客购买和促进企业销售的作用。因此，企业应结合服务特点、销售目标、成本水平、资金利润率、需求规模、购买频率、竞争者手段及传统的商业惯例等因素来制定科学的折扣标准和比例。

2) 现金折扣

现金折扣是对在规定的时间内提前付款或用现金付款者所给予的一种价格折扣，其目的是鼓励顾客尽早付款，加速资金周转，降低销售费用，减少财务风险。采用现金折扣一般要考虑三个因素：①折扣比例；②给予折扣的时间限制；③付清全部款项的期限。由于现金折扣的前提是服务的销售方式为赊销或分期付款，因此，有些企业采用附加风险费用、管理费用的方式，以避免可能发生的经营风险。同时，为了扩大销售，分期付款条件下买者支付的款项总额不宜高于现款交易价太多，否则就起不到“折扣”促销的效果。

因为提供现金折扣等于降低价格，所以，企业在运用这种手段时要考虑服务是否有足够的需求弹性，保证通过需求量的增加使企业获得足够的利润。

3) 功能折扣

中间商在服务分销过程中所处的环节不同，其所承担的功能、责任和风险也不同，企业据此给予不同的折扣称为功能折扣。功能折扣的比例，主要考虑中间商在分销中的地位、对企业服务销售的重要性、购买批量、完成的促销功能、承担的风险、服务水平、履行的商业责任，以及服务在分销中所经历的层次和在市场上的最终售价等。鼓励中间商积极经营本企业服务，扩大销售，争取顾客，并与本企业建立长期、稳定、良好的合作关系是实行功能折扣的一个主要目标。功能折扣的另一个目标是对中间商经营的成本和费用进行必要的补偿，并让中间商有合理的利润。

营销案例

网络营销中的折扣价格策略

网上市场中经常采用折扣价格策略。

Amazon 这样的网上书店就是采用比一般书店更大的折扣作为促销手段来吸引顾客的。在网上书店中，销售的大部分图书都有5%～40%的折扣。由于不需要自己的店面，基本没有库存商品。较低的运营成本使网上书店有能力将节省的费用，通过折扣的形式转移到顾客身上，让顾客充分领略到网上购物的优越性，而成为常客。

折扣卡也是网络营销中常用的折扣方式，是一种可以以低于商品或服务价格进行消费的凭证。由于不能直接面对顾客，网上商店大多采用电子折扣卡的办法。顾客可凭此卡获得 5%～60%不等的折扣率。折扣卡的适用范围可由网上商店规定，有效期可以是几个月、一年或更长时间。

我国很多中国酒店预定网和旅行网也采用了折扣卡的促销方法。顾客可以通过网络加入这一酒店预定系统或通过旅行网系统登记注册后，在该系统内的所有酒店住宿均可享受不同折扣的优惠。

还有很多网上商店将折扣卡赋予了积分功能，可以按顾客在网上消费金额的多少打分，再按分数的多少赠送礼品。这样做不仅可以培养顾客的忠诚度，而且还可以加深商店与顾客之间的情感。

4. 取脂定价

取脂定价策略又称撇脂定价策略，是指企业在服务产品寿命周期的投入期或成长期，利用消费者的求新、求奇心理，抓住激烈竞争尚未出现的有利时机，有目的的将价格定得很高，以便在短期内获取尽可能多的利润，尽快地收回投资的一种定价策略。其名称来自从鲜奶中撇取乳脂，含有提取精华之意。利用高价产生的厚利，使企业能够在新服务产品上市之初，即能迅速收回投资，降低投资风险，这是使用取脂策略的根本好处。此外，取脂定价还有以下几个优点。

(1) 在新服务产品上市之初，顾客对其尚无理性的认识，此时的购买动机多属于求新求奇。利用这一心理，企业通过制定较高的价格，以提高服务产品身份，创造高价、优质、名牌的形象。

(2) 先制定较高的价格，在其新服务产品进入成熟期后可以拥有较大的调价余地，不仅可以通过逐步降价保持企业的竞争力，而且可以从现有的目标市场上吸引潜在需求者，甚至可以争取到低收入阶层和对价格比较敏感的顾客。

(3) 在新服务产品开发之初，由于资金、技术、资源和人力等条件的限制，企业很难以现有的规模满足所有的需求，利用高价可以限制需求的过快增长，缓解产品供不应求的状况，并且可以利用高价获取的高额利润进行投资，逐步扩大供应规模，使之与需求状况相适应。

当然，取脂定价策略也存在着以下缺点。

(1) 高价服务产品的需求规模毕竟有限，过高的价格不利于市场开拓、增加销量，也不利于占领和稳定市场，容易导致新产品开发失败。

(2) 高价高利会导致竞争者的大量涌入，仿制品、替代品迅速出现，从而迫使价格急剧下降。此时若无其他有效策略相配合，则企业苦心营造的高价优质形象可能会受到损害，失去一部分消费者。

(3) 价格远远高于价值，在某种程度上损害了消费者的利益，容易招致公众的反对和消费者的抵制，甚至会被当做暴利取缔，诱发公共关系问题。

实行取脂定价策略必须具有以下条件：首先，新服务产品比市场上现有服务产品有显著的优点，能使消费者“一见倾心”；其次，在服务产品初上市场阶段，服务产品的需求价格弹性较小或者早期购买者对价格反应不敏感；最后，短时期内由于仿制等方面的困难，类似仿制产品出现的可能性小，竞争对手少。此策略的优点是达到短期最大利润目标，有利于企业的竞争地位的确定。但缺点也明显，即由于定价过高，有时得不到消费者认可；同时，高价厚利会吸引众多的经营者转向此服务产品的经营，加速市场竞争的白热化。

从根本上看，取脂定价是一种追求短期利润最大化的定价策略，若处置不当，则会影响企业的长期发展。因此，在实践当中，特别是在消费者日益成熟、购买行为日趋理性的今天，采用这一定价策略必须谨慎。

5. 渗透定价

渗透定价策略也称渐取定价、首次偏向定价、牺牲定价，是指企业在新服务产品投放市场的初期，将服务产品价格定得相对较低，以吸引大量购买者，获得较高的销售量和市场占有率；或第一次订货或第一个合同的要价很低，希望借此能获得更大的销量，而后来产品的价格却比较高。这种策略正好同取脂定价策略相反，是以较低的价格进入市场，具有鲜明的渗透性和排他性。

渗透定价策略的优点是可以占有比较大的市场份额，通过提高销售量来获得企业利润，也较容易得到销售渠道成员的支持，同时，低价低利对竞争对手的介入有很大的屏障作用。其不利之处在于定价过低，一旦市场占有率扩展缓慢，收回成本速度也慢。有时低价还容易使消费者怀疑服务产品的质量保证。

采用渗透定价策略的条件是，服务产品的市场规模较大，存在着强大的竞争潜力；服务产品的需求价格弹性较大；顾客不满意目前的供应者；买主相对不精通所提供的服务。此种定价方法通常在“营销顾问业”和“管理教育训练服务业”采用。

采用渗透定价策略的风险：起初的低价位可能成为上限价位，一旦此上限价位成立，顾客便会拒绝再加价。

6. 系列价格定价

价格本身维持不变，但服务质量、服务数量和服务水平则充分反映成本的变动。这种定价方式往往被视为一种并不适于处理成本变动的定价方式。只有在固定一套收费方式的一系列的标准服务的情况下才适于使用。租赁公司往往使用此定价方式。

这种定价方式在应用时的主要问题是，服务产品的质量、数量和水平的差异必须能很容易被顾客了解(如航空长途旅行)。这种定价方式不适于修理服务业，有一项调查显示：顾客不喜欢高成本产品的低质量服务，但更不喜欢低成本产品的低质量服务。因为，一项修理服务的“价值”不一定要跟被修理的产品的价值有关。

7. 保证定价

“保证必有某种结果产生后再付款”就是典型的保证定价法。例如，职业介绍所的服务，必须等到当事人获得了适当的工作职位后，才能收取费用。

保证定价法在以下三种情况下是很适合：保证中的各种特定允诺可以肯定和确保者；当高质量服务无法在削价的竞争环境中获取应有的竞争力时；顾客所寻求的是明确的保证结果，如防锈服务、有保障的投资报酬率等服务。

对一项服务进行直接保证，对于消费者来说可能是一种非常有利的保险，当服务保证执行成功时，它会代表公司对顾客满意的承诺及对自己服务质量的自信。由于顾客在购买服务之前不能对其进行评价，故而在购买服务时存在较高的感知风险，而提供服务保证可以帮助降低顾客的疑虑，是降低顾客感知风险的一条途径。服务保证是一种承诺，承诺当服务提供无法达到既有标准时对顾客给予补偿，这是企业给顾客的“强力定心丸”。服务企业可采用服务保证来最小化顾客的担心疑虑，美国第一银行就是个成功的例子。该行曾处于一个非比寻常的处境中，被迫设立两个信托部。1989 年，它购买了得克萨斯州一家破产银行，这家银行早已卖掉了其信托部。第一银行开创信托部的经理们坚信，只有定位于卓越服务才能使自己的业务具有竞争力。由于创业之初全无声誉，吸引不了潜在客户，高级经理决心无条件实行服务保证：顾客只要对服务不满，银行分文不收。结果，1989—1995 年，4 500 名顾客中只有 7 位不满意者获银行全额退款。如今，美国第一银行得克萨斯州信托行是全美发展极快的信托银行之一。

8. 高价维持定价

高价维持定价是当消费者把价格视为质量的体现时使用的一种定价技巧。在某些情况下，某些服务业公司往往有意地造成高质量、高价位姿态。凡是已经培养出一种特殊的细分市场，或已建立起特殊专属高知名度的服务业公司，可以使用此种以价格作为质量指标的定价方法。

9. 关系定价

关系定价是基于提供给顾客长期超值服务，与顾客形成持久合作关系的考虑，而采用的使顾客与服务企业双方都获得长期利益的一种定价策略。这种定价策略能刺激顾客多购买本企业服务，间接抵制竞争对手提供的服务。一般而言，关系定价策略可以采用“会员”价格和组合服务定价两种方式。

1) “会员”价格

服务企业发展顾客成为“会员”， 可以从根本上转变服务企业同顾客之间的关系，能将一系列的服务交易转变为一种稳定的、可持续的交易。消费者可以凭借其会员身份先行消费服务产品，然后在约定的时间支付费用(如电话费)；或者凭会员证件享受一定的价格折扣。这样，既使顾客随着与企业的关系的逐渐稳固和深入而受益，又能够培养消费者的消费习惯，使企业由于同顾客建立了良好的长期交易关系而获得稳定收入，大大降低了经营风险。

2) 捆绑定价

捆绑定价，也称组合定价，是将数种服务(两种以上服务产品的捆绑)组合在一起以低于分别销售时支付总额的价格销售。捆绑价格是对连接在一起的几种服务或服务特征制定有吸引力的价格，这种价格激励方式使顾客相信，一起购买这些服务比分别购买便宜。当顾客发现一组相互依赖和互补的服务中的价值时，捆绑价格是恰当的策略。它有助于服务产品的交叉互补销售，为顾客提供一组定制化的服务，而价格却大大低于各部分的单价之和。捆绑定价不仅能降低成本，而且还能增强服务企业和顾客的联系，更多地掌握顾客的信息，发掘顾客的需求。捆绑价格策略被广泛地应用于一些服务行业，如商业银行、电信、旅行社、保健中心、汽车清洗等。

这种定价在旅游行业也可称为“统包价”，它主要是指当顾客消费两个或两个以上相关服务项目时可以享受价格优惠，让消费者确实感到多购比单独购买便宜。这种组合服务定价能降低成本，吸引顾客从一个服务提供者处购买相关的多种服务，顾客也可节省时间和开支。同时，这种方式还可以有效增加一个企业同顾客的接触机会和接触频率。与顾客的联系越多，服务企业获取顾客信息的途径也越多；对顾客的了解越多，企业的定价决策就越容易被顾客接受。

在服务营销中，关系定价策略还有阶段定价和附带品定价两种定价形式。阶段定价即基本报价很低，但各种额外事项(extras)则要价较高。例如，某管理咨询顾问的报价只是其执行服务花费的时间费而已，未包括执行服务时有关的差旅费。附带品定价，即基本报价很低，但各种额外事项则要价较高。例如，移动通信业务总会收取固定的月租费，然后再按每分钟计价收费；游乐园通常在门票中包括部分的可玩项目，若想玩其他项目再单独支付费用。

本章小结

服务定价是服务营销组合中最灵活的因素。相对于有形产品定价而言，服务定价具有顾客对服务参考价格的把握不如对有形产品准确；价格是服务质量的关键信号；服务价格中的非货币成本十分重要等特点。服务定价目标主要有，最大利润目标、保持和扩大市场占有率目标、避免和应付竞争目标、保持和稳定价格目标等。成本、需求和竞争构成服务定价的三个基本依据。成本是服务产品价值的基础部分，它决定着产品价格的最低界限；市场需求影响顾客对产品价值的认识，决定着产品价格的上限；市场竞争状况调节着价格在上限和下限之间不断波动的幅度，并最终确定产品的市场价格。服务定价的一般方法主要有成本导向定价法、需求导向定价法和竞争导向定价法三种类型。常见的服务价格的表示方法有时间成本基准法、固定法、比率法、目标报酬法、顾问费法、预付费法、股份受让法、混合法等。在服务营销中常见的定价策略主要有差别定价、心理定价、折扣与让价、取脂定价、渗透定价、系列价格定价、保证定价、高价维持定价和关系定价等。

名人名言

买方很可能将价格作为衡量服务成本及其质量的双重指标——价格会成为一个吸引人的变量或令人

退却的因素。

——服务营销学者门罗(Monroe)

营销人员必须知道需求相对于价格的变动会如何反应。

——菲利普·科特勒

如果顾客感受到价格更多地意味着成本或代价，此时价格具有负面的决策推动作用，不少顾客会“望价兴叹”。如果顾客感受到价格更多地意味着一种好处或利益，那么此时价格便成为一种正面的购买吸引力，是需求的激发因素。

——洛夫洛克

构成价值的东西似乎是高度个人化和难以协调的。

——泽斯梅尔

课后练习

一、复习题

1. 选择题

(1) (　　)是一种根据服务产品在消费者心目中的声望和服务的市场地位来确定价格的定价策略。

A. 尾数定价　　B. 招徕定价　　C. 声望定价　　D. 反向定价

(2) 公园在淡季下调门票价格，这属于(　　)。

A. 认知价值定价　　B. 差别定价　　C. 保证定价　　D. 关系定价

(3) 营销顾问业为了打开市场，常采用(　　)。

A. 保证定价　　B. 组合定价　　C. 牺牲定价　　D. 随行就市定价

(4) 杜邦公司比照同行，在支持性服务、质量保证、易接近性等方面都有提高，在定价上也比同行要高，这种定价属于(　　)。

A. 认知价值定价　　B. 随行就市定价　　C. 差别定价　　D. 保证定价

(5) 在服务成本构成中，清洁服务地点的费用、职员加班费等属于(　　)。

A. 固定成本　　B. 变动成本　　C. 准固定成本　　D. 准变动成本

(6) 在服务定价中，基于提供给顾客长期超值服务、与顾客形成持久合作关系的考虑，而采用的使顾客与服务企业双方都获得长期利益的定价策略，被称为(　　)。

A. 系列价格定价　　B. 保证定价　　C. 高价维持定价　　D. 关系定价

2. 填空题

(1) 企业对于同一种服务，成本相同，而价格随季节、日期，甚至钟点的不同而变化，这是以______为基础的差别定价。

(2) 对同一种服务针对不同的顾客，制定不同的价格，属于以______为基础的差别定价。

(3) 影响服务产品定价的因素主要有三个，即成本、需求和______。

(4) 如果现在一家服务公司为占据市场份额而定价，那么这家公司的定价目标是______。

3. 判断题

(1) 竞争导向定价法包括随行就市定价法和需求差异定价法。 ( )

(2) 当采取认知定价法时，如果企业过高地估计认知价值，便会定出偏低的价格。( )

(3) 顾客对产品的降价既可能理解为这种服务有某些缺点，也可能认为这种服务很有价值。 ( )

(4) 捆绑定价，也称组合定价，是将数种服务组合在一起以低于分别销售时支付总额的价格销售。 ( )

(5) 面对激烈的竞争，企业为了生存和发展，在任何时候都应始终坚持只降价不提价的原则。 ( )

(6) 在企业难以估算成本而且打算和同行和平共处的情况下，企业往往采取随行就市定价法。 ( )

4. 问答题

(1) 服务定价目标主要有哪些？

(2) 服务定价主要有哪些方法？

(3) 常见的服务价格的表示方法有哪些？

(4) 服务营销中常见的定价策略有哪些？

(5) “中国青年旅行社”的海南双飞六日游旅游项目在暑假定价为 1 050 元/人，春节期间定价为 1 850 元/人。这是哪种定价方法的应用？

(6) 中国服装设计师李艳萍设计的女士服装以典雅、高贵而享誉中外。在国际市场上，一件“李艳萍”牌中式旗袍售价高达 1 000 余美元。这是什么定价策略的运用？

(7) 某饭店不单独出租客房，而是将客房、膳食和娱乐一并收费，这是什么定价策略的应用？

5. 讨论题

(1) 阐述服务定价的特殊性。

(2) 为什么说成本、需求和竞争构成了服务定价的三个基本依据？

二、案例应用分析

案例 1　航空公司暑期价格战开始

北京至大连最低 2 折，与往年暑期旅游带动机票价格大幅上扬特点不同的是，2008 年暑期各旅游航线机票价格偏低，热门海滨旅游城市的机票折扣大多在 6 折以下。这是记者昨天(26 日)从携程旅行网了解到的。携程旅行网机票业务相关负责人介绍，在未来两周内，北京一三亚航线机票的折扣是 3～4 折；北京一大连航线的机票折扣是 2～6 折；北京一厦门航线的机票折扣是 2.5～5 折；北京一西安航线的机票折扣是 2～4 折；北京一昆明航线的机票折扣是 3～4 折。

据了解，地震在一定程度上影响了人们的出行，造成机票价格回落；航空公司为保证客座率，不敢贸然提高票价。

问题：

企业在什么情况下会采取“价格战”的策略？谈谈你对价格战的看法。

案例 2　三家饭店的定价

三家同星级的饭店 A、B、C，现从客房舒适性、餐饮水平、服务周到程度及其他功能设施的齐全性四个指标，请有关人士(如旅行社经营者、饭店宾客等)进行的评价。其中，每一属性指标共计 100 分，根据评判者的认知，分配给 A、B、C 三家饭店，同时四个属性指标的重要性权数不等，总权数为 100 分，评价结果如下表所示。

重要性权数	属性指标	饭店 A	饭店 B	饭店 C
40	客房舒适性	40	40	20
30	餐饮水平	33	33	33
20	服务周到程度	40	30	30
10	其他功能设施	40	25	35

问题：

(1) 计算三家饭店的认知价值。

(2) 按认知价值定价法，如果三家饭店按各自的认知价值成比例地定价，三者都能享受一定的市场占有率，因为它们提供的价值对价格之比是一样的。假如 B 饭店房价为 60 元，C、A 饭店应该怎样定价？如定价低于公众的认知价值，那么饭店的市场份额将怎样变化？假设 A 饭店价格也为 60 元，饭店 B 应该如何应对挑战？

案例 3　“动感地带”的价格策略

中国移动深知，“动感地带”的目标客户消费主要集中在短信业务上。于是，“动感地带”在定价上采取了套餐化、定制式定价策略，即短信计费没有按通信业内通行的资费标准 0.10 元/条来定价，而是以短信套餐为计价单位，并且在客户细分的基础上，提供资费选择的方案，如学生套餐、娱乐套餐、时尚套餐、情侣套餐，不同套餐有不同的优惠。实际上，采取这种定价方案，每种方案的短信息资费额度都要低于 0.10 元。从这个角度来讲，“动感地带”如同“短信批发”，实行“多买优惠”。更为关键的是，“动感地带”通过提供差异化方案，充分考虑了目标客户的不同消费需求，这样客户可以根据其支付能力而选择不同的套餐方案。“动感地带”通过向客户提供差异化的服务产品，以及差异化的服务价格，得到了客户的回报。“动感地带”如此定价，其优势在于不但能把服务产品的价格信息准确地传达给目标客户，降低了目标客户的消费成本，还能对目标客户产生有效激励，并让客户得到超值优惠。整合营销的 4C 理念强调，企业要站在客户的角度去考虑客户对价格产品的承受能力，而“动感地带”做到了这一点。

另外，“动感地带”还经常推出优惠与促销计划，如 IP 电话折扣、分时段定价、赠送话费、免初月使用费等优惠措施，这都是“动感地带”价格策略的重要组成部分。这样做不但有利于吸引新客户加入，还有利于进行老客户保留，同时也是与竞争对手打服务营销战的价格策略体现。

(资料来源：贾昌荣．服务营销战．北京：中国经济出版社，2006.)

问题：

“动感地带”在短信业务上实行的是什么定价策略？试简要说明。

阅读材料

定价潜藏战略野心

定价，是简单的原料、加工、包装、物流成本，顺加一定比例的利润空间吗？不是。

企业所有的战略企图，都潜藏于定价与调价之中。一旦掌控不力，如跨区域、跨渠道的窜货、产品迟迟难以动销、产销矛盾恶化等问题将接踵而至。

1. 需考虑产品在抢夺目标客群的差异化优势

定价被大多数营销总监所忽视，它仅仅被看做销管部的职能，并未被营销总监当做产品该选择何种营销模式的高度来对待。为了弥补市场的空白而研发推出的产品，是设计营销4P组合的源头，究竟该选择高于竞争产品的价格进入市场，还是平价或低价切入，并不仅仅是毛利率多与少的问题，它关乎企业的产品战略。

决策的关键在于，为了同竞争产品抢夺同一群目标顾客，营销总监需考虑清楚，自己推出的新品在竞争中是否有差异化优势；如果没有，并且也确实不想炮制出一些产品概念来忽悠市场，企业该如何来抓住那部分顾客。或者，更现实一点的是，若竞争产品根本就没有留下任何分流目标顾客的市场机会，自己是否该转战另一客户群，而不是以牺牲利润为代价与竞争产品低价竞争，杀得头破血流。

精准定价，源自于对目标顾客的清晰锁定和敌我力量对比的仔细揣度上。有很多懂得以产品组合来系统作战的企业，常常会给新品在形象产品、利润产品、走量产品和狙击产品上进行定位，然后根据其所在产品区间给其设定毛利率，并设计一套适应该产品定位的营销推广模式。

但一个新品出来，究竟该定位为形象产品、利润产品、走量产品，还是狙击产品，并非想象中那般简单。营销人通常会将“差异化程度”作为产品结构定位的标准，可恰恰很多时候，刻意寻求产品差异化会将营销人引入歧途。

2. 决定产品是形象、利润、走量还是狙击产品

营销人往往会忽视差异化来源于目标顾客心智空间的差异化，为顾客所认可的差异化，而总是自己人为在产品或包装上动些手脚，做些一厢情愿的差异点。例如，研发人员意识到在餐饮渠道上推一种产品大有可为，但新品研发出来后，只是口感上更软嫩了一些。他们认为这个是足以高出对手两倍价格的差异化卖点，而顾客却认为，口感可以通过烹饪环节的火候进行调节，他们更需要的是市场少见的超大规格产品，以及更好的菜式品相。

顾客是新品进入餐饮渠道的关键，他们不认可新品的差异化，也就意味着在与竞争产品的对抗中，新品已然落败。当然，营销人可以高调宣称自己是野生食材，但是要让顾客为着“野生”支付2～3倍的高价，他需要有一系列集中野生概念认知塑造的市场拉动措施，否则，光靠业务员和点菜员苦口婆心地说，效果将微乎其微。

经济学上，价格与供求永远是在一起的，这是一切产品定价的根源。如果为目标顾客所接受的产品卖点与竞争产品有足够的差异，在这个差异化空间里，自己的产品处于严重供不应求甚至稀缺的状况，那就该是形象产品，以高零售价、高利润空间、大市场动作的高调姿态进入市场。例如，差异化卖点与竞争产品区隔较小，过高利润会导致对手群起模仿而摊薄利润，就定位为利润产品，只是获取比竞争产品较高的利润，但又不足以吸引竞争企业企图模仿的注意力。

至于接下来的走量产品和狙击产品，推理是显而易见的，无差异化的产品想要从竞争产品口中切出一块市场份额，就必须采用平价或低价策略。平价策略，意味着竞争产品仍有大量的市场与渠道空白未站稳

脚跟，给自己留有机会，不必牺牲利润换市场；而低价策略，则是典型的虎口拔牙，在市场已被竞争产品把控得牢不可破时，唯一快速撕开市场的裂缝。

3. 确定渠道经销商和自己的利润空间

当然，市场上总有不循规蹈矩的竞争者。如果对竞争产品的“江山”企图已久，且没有让竞争产品过点好日子的耐心，不给人留点余地的做法，就是将有差异化优势的产品一开始就以走量产品甚至狙击产品的身份出现，给对方以致命的打击。

定价与推广手段是否合理，是后续产品动销胜与败、快与慢的关键。根据产品所处的形象产品、利润产品、走量产品或狙击产品的结构定位，营销总监让销管部经理定价时，首先需要确定的就是区分产品的差异化程度与市场野心，从而确定终端指导零售价。其次，要确定的就是渠道利润空间，也就是经销商供货价与终端指导零售价之间的差价。渠道利润空间与市场支持力度，是经销商订货、铺货、理货、补货、促销与售后服务等快速有效行动的核心。与竞争产品分散在各级渠道的利润空间、市场支持力度对比是非常必要的，营销总监千万不要孤立地比较利润空间多少，而需将利润空间与市场支持力度结合起来估算。

就像可口可乐和娃哈哈，它们给渠道经销商的利润似乎非常少，但实际上与其他饮料同行相比，做可口可乐和娃哈哈的经销商，最后赚取的利润比其他饮料商要高，并且还赚得很省心。因为可口可乐和娃哈哈对市场的支持力度非常大，如配货、铺货、理货、补货、促销与售后服务的全程都进行支持，并且年底达到目标销量后还有可观的返点，需要经销商自己投入的非常少。

渠道利润空间的多少，同样与产品所处的结构定位有关。差异化产品，对渠道和终端有着强势的话语权，因为鲜有竞争，需求旺盛，动销效果显著，市场启动成本不大，即使渠道综合利润空间与行业持平、或略微少一些，渠道经销商也会愿意做，因为经销商算的是产品从进货到最终出货的净利润，而不是厂家人为给经销商制定的渠道差价。

在终端零售价和经销商供货价确定之后，第三步就该是厂家自己估算出厂价到经销商供货价之间的价差了。这个价差空间的大小，直接决定着企业在留存了一定额度的净利润之后，可以拿出多少个点作为市场费用投向市场。很显然，在终端零售价和产品生产成本不变的情况下，厂家与经销商的利润空间存在着此消彼长的关系。

4. 基于指导价格体系建立分渠道的应用价格体系

如果渠道经销商操作市场的能力较弱，而产品又需要大量的市场投入才能动销，那将厂家的利润空间留多点，经销商利润空间削减，可以保证有足够的市场投入支持经销商。反之，如果经销商足够强势，或者产品在终端的差异化优势足够明显，不需要做过多市场投入支持，只需给经销商高额的利润空间让他们拼命开拓网点铺货，那就将厂家利润空间减小，合理扩大经销商利润空间。

市场是一个灵活的变量，征战市场的各种手段和工具一直都在变，不变的只是操作市场的思维。随着渠道变化、终端变化、市场区域等要素变化，定价也随时需要进行调整。营销总监应该认识到，光有一套指导性的出厂价—经销商供货价—终端指导零售价的价格体系是不够的。如果不想出现窜货，或让一些渠道和终端始终难以动销，他应该马上让销管部经理或渠道部经理在指导性价格体系基础上，针对各级别/各类型渠道、终端、市场，并且根据批量与散单购买的不同，制定出一份价差合理的应用定价体系。

渠道类型已经五花八门，在团购直销、专卖店、商超、餐饮渠道等常规主渠道之外，如社区、烟酒、礼品专卖、KTV、校园超市等特通渠道正发挥着越来越重大的作用。让所有渠道的终端售价强行一致，显然不合理得近乎粗暴，渠道经理们应该根据各渠道的铺货成本进行区别定价，如高端商超扣 30 个点，那价格肯定要比门槛低的餐饮终端价格要高。

渠道与终端选择不同，同一人群在购买力和购买便捷性上有差异，所愿意承受的价格自然会有区别。渠道经理们进行应用定价时所要注意的，就是避免同一市场不同渠道之间的价格差异过大，如商超比餐饮价要高。但当商超价格比餐饮供货商加上商超扣点还要高出许多时，两大渠道之间的窜货将不可避免。

5. 价格行为，极有可能是一切市场问题的源起

窜货的根源是价差利润空间不合理，通过不同渠道、终端、区域倒货都可以攫取可观利润，经销商自然不会循规蹈矩守着自己的一亩三分地辛苦卖货。有些情况下，对大单团购产品和散单产品、包装产品和散装产品之间的定价不合理，也会引起隐性的生意损失，即客单量降低。散单和散装的产品，理所应当比团购、包装产品要贵，但市场上不乏价格倒挂的现象。其结果只会是一种，就是本来可以买更高价包装产品的人，纷纷买散装货，然后要营业员免费赠送给包装，表面上顾客并未流失，生意尚在，实际上是人为流失了生意额。

价格行为的每一点变化，不管是定价还是调价，都潜藏着足够的战略野心，如果运用成功，将会直接扩大市场份额。当初为了应对行业的原料成本上涨，宝洁首先上涨了潘婷和玉兰油的价格，飘柔、海飞丝却迟迟未动，原因在于，潘婷和玉兰油所面对的是一群价格敏感性不强的高端顾客，对少许的涨价他们不在乎，有足够的品牌忠诚，不会因涨价而买其他品牌；但海飞丝和飘柔的顾客群不同，这些顾客足够敏感且不忠诚，有些微风吹草动，就有可能投向觊觎一旁的竞争产品的怀抱。

对价格杠杆的使用，应放大到整个营销系统运营的角度来考虑。当淡季生产用工不足、旺季开足马力生产也会断货时，就该对旺季可能断货的产品提前在淡季进行调价或推行促销价，激励渠道提前备货；当预见到未来三个月，市场会出现供不应求时，就应提前囤货以消耗渠道库存，然后提前一个月进行涨价，以在现有市场上攫取更高利润。营销总监需时刻警醒，价格极有可能是市场混乱与产品滞销的根源，甚至有可能是断货、利润率下降等表象上毫不相关的销售乱象的导火线，无论是自己的产品还是对竞争产品的价格判断，都应有足够的重视。

(资料来源：http://yt.smesd.gov.cn/xiangqingxw.jsp?biaohao=20101027080047.)

第 7 章 服务分销策略

教学目标

通过对本章的学习，了解服务分销渠道的主要类型和服务中间商的主要存在形式。同时，掌握服务分销渠道设计的步骤、原则和布局策略，以及服务分销渠道的冲突管理和绩效评估。

教学要求

知识要点	能力要求	相关知识
服务分销概述	(1) 理解直接渠道与间接渠道的对比分析 (2) 了解服务分销与产品分销的特点	(1) 直接渠道 (2) 间接渠道 (3) 中间商职能
服务中间商	(1) 掌握特许经营的优劣分析和适用情况 (2) 理解代理人和经纪人的概念 (3) 了解电子渠道的利益和调整	(1) 特许经营 (2) 代理人和经纪人 (3) 电子渠道
服务分销渠道设计与管理	(1) 理解服务分销渠道设计的内容 (2) 灵活运用服务过程分销渠道管理策略	(1) 服务分销渠道设计的步骤和原则 (2) 影响服务分销渠道设计的因素 (3) 服务分销渠道布局策略 (4) 服务分销渠道模式创新 (5) 服务分销渠道冲突管理 (6) 服务分销渠道设计绩效评估

> 与实体产品不同，一项服务只要没有服务传送体系，就不可能存在。因此，服务递送体系的设计和运作非常重要。
>
> ——约翰·E. G. 贝特森

基本概念

服务分销渠道　直销渠道　间接分销渠道　特许经营　代理人　经纪人　电子渠道　独家分销　密集分销　选择性分销　饱和营销策略　抢先占位策略　网点协同策略　整合渠道营销模式　无缝分销渠道模式

导入案例

传统分销渠道存局限　航企或推出新系统

您想在订机票时得到过道座位、特别餐食、贵宾休息室及音乐会门票吗?

航空公司想通过出售这样的服务来提高创收，引进全新的环球订票系统，和三大分销垄断巨头展开角逐。

航空公司抱怨当前的订票系统还是停留在20世纪70年代，不仅支出庞大，而且还没有互联网时代的便利。他们希望剔除 Sabre、Travelport 和 Amadeus 这三大全球分销巨头，这些中间商会增加成本。而这几家分销公司回应表示，他们已经在投资升级服务系统，努力满足航空公司需求。

由于燃油成本高、全球经济不景气，航空业正在苦苦挣扎，附加服务收费对航空业至关重要。新西兰航空(Air New Zealand)首席执行官罗布·法伊夫(Rob Fyfe)在北京举行的IATA年会上表示，如果传统分销商不做出改变，航空公司可能会被迫放弃他们。

法伊夫指出，新西兰航空推出的“经济空中沙发”可以允许乘客购买三个相邻的座位，然后把它们变成一个可睡觉的沙发，这种服务只有在新西兰航空公司自己的网站上才能出售，而旅游代理机构的传统系统却很难办得到。全新的全球订票系统将会很好地解决这类问题。

航空公司也开始追随眼下最流行的电子商务世界：采收客户历史购买记录的数据，建立客户自定义产品推荐表。根据客户过往的购买方式推出特别优惠产品，亚马逊(Amazon)就用这种方式建立了客户自定义列表推荐书。

IATA资深副总裁阿莱克斯·波波维奇(Aleks Popovich)说：“世界零售业已经施行了这种销售模式，为什么航空公司不可以呢? ”波波维奇表示，研发小组正在开发一个系统，该系统将允许航空公司提供更多的产品服务，并帮助客户与航空公司、旅行社或其他服务机构进行直接交流。

点评：分销渠道的革新。

在航空业竞争激烈的今天，航空公司希望通过出售辅助服务来提高创收，而这需要依靠分销渠道的革新，帮助航空公司提供更多的产品服务，并帮助客户与航空公司、旅行社或其他服务机构进行直接交流。分销渠道的设计和管理将直接决定服务企业的利润、效率及客户满意度。本章主要介绍服务分销概述，服务中间商、服务分销渠道设计与管理等内容。

7.1 服务分销概述

服务产品和实物产品一样，必须完成从生产到消费的交换过程才能继续新一轮的再生产。而交换的完成有赖于一条连接服务提供和顾客消费的通道，营销学中称之为分销渠道。服务分销渠道的选择是服务营销者面临的非常重要的决策。因为只有在合适的时间和地点提供服务，服务企业的服务质量和服务标准才能被消费者感知。因此，科学有效的分销渠道设计是企业成功的必备要素。

7.1.1 服务分销的渠道

1. 服务分销渠道的含义

服务分销渠道是服务企业为目标消费者提供服务时所使用的位置和途径，它能促使服务产品顺利地到达顾客手中。其具体内容包括如何把服务交付给顾客和应该在什么地方，什么时间进行。在服务营销中，企业为了获得竞争优势，应该寻找并制定适宜的交付服务方法和地点的分销策略，方便顾客对服务产品的购买、享用和受益。

2. 服务分销渠道的类型

按照服务分销渠道到顾客手中是否经过中间商，可分为直销服务渠道和间接分销渠道。

1) 直销渠道

直销渠道是指不经过中间商，而直接向最终顾客提供服务的过程。由于服务产品具有不可分离性、无形性、差异性和不可储存性等特性，因而服务产品最适合采取直接销售的方式进入市场。

直销渠道具有以下优势。

(1) 有利于较好地控制服务的数量和质量。

(2) 能提供真正意义上的个性化服务，在标准化市场的基础上开发新的差异化市场。

(3) 与顾客直接接触，从市场上获得需求、环境和竞争等方面的第一手信息。

(4) 能保证经营原则得到始终的贯彻，尤其在推出新服务时，只有服务商自己才愿意不顾收益大量投入。

(5) 能保证最大的服务利益在组织内部得到分配，而无需与人共享。

然而，由于服务具有不可分离性和不可储存性，采用直销渠道的服务营销和市场扩展会受到种种限制。

(1) 对某些特定专业的个人服务提供，直销会严重影响其市场的扩展，如著名的辩护律师、资深的咨询专家等。

(2) 容易导致服务的地域局限性。当供求双方之间没有有效的联系(如设备联系——网络终端，机构联系——分支服务提供点)时，服务提供者的不可复制性便转化为服务市场的地域局限性。

(3) 直销需要大量的销售网络投资，要耗费大量的管理精力和企业资源，大大增加了投资风险。

管理案例

国航：呼叫中心变身直销渠道

中国国际航空公司(以下简称“国航”)的新呼叫中心已经建成，现在每天电话量的最高峰已经达到了1.3 万个。呼叫中心的定位非常大胆，将销售功能排在第一位，也就是说它将成为国航最重要的直销渠道，是一个由国航直接管理的订票中心。这个定位使得新呼叫中心从国航原来的营业部中剥离出来，统一划归到销售部管理。这样的组织架构变革不仅在国内是第一家，在国际上也鲜有先例。国航高层表示：“这是我们基于外部环境和自身发展的需要做出的决定。随着航空业整体环境的改变，特别是电子机票的迅速普及，呼叫中心将成为国航未来战略部署和销售的重要支撑。”

如今，不少欧美航空公司通过直销取得的收入已超过 50%，而国内航空公司通过直销渠道卖出的票不足 10%。对航空公司而言，加大直销力度的最大好处是可以大大降低销售成本。以国航近 500 亿元人民币的销售额，按照目前 3%～9%的代理费计算，直销能够节省数目可观的支付给代理渠道的费用。

另外，直销的另一个好处尽管短期内无法体现，但从长期来看，通过电话和网上销售，航空公司可以直接掌握大量优质客户的资料。这些资料对航空公司来说，是一笔难以估量的财富。目前，各家航空公司都在准备建设客户关系管理系统，呼叫中心其实就是客户关系管理的基础和起点。通过呼叫中心这个平台，国航不仅可以整合常规旅客的数据库、提高常规旅客数据库的质量，还能增加大量新增客户的信息。

2) 间接分销渠道

间接分销渠道即有中间商参与的服务分销渠道。这种分销渠道不同于实物产品的间接渠道，它所分销的只是何时、何地、以何种方式提供服务产品的承诺，而不是服务产品本身。例如，邮政服务的间接分销是通过邮票来实现的。

(1) 服务市场中介机构的类型常见的有下列五种。

① 代理。一般是在观光、旅游、旅馆、运输、保险、信用、雇佣和工商业服务业市场出现。

② 代销。专门执行或提供一项服务，然后以特许权的方式销售该服务。

③ 经纪。在某些市场，服务因传统惯例的要求必须经由中介机构提供才行，如股票市场和广告服务。

④ 批发商。批发市场的中间商有“投资银行”等。

⑤ 零售商。包括照相馆和提供干洗服务的商店等。

中介机构可能的形式还有很多，在进行某些服务交易时，可能会涉及几家服务业公司。例如，某个人长期租用一栋房屋，可能牵涉到的服务业包括房地产代理、公证人、银行、建筑商等。另外，在许多服务业市场，中介机构可能同时代表买主和卖主(如拍卖)。

(2) 中介机构在分销渠道中的作用。

除了交易职能外，中间商在分销渠道中还具有以下八种职能。

① 引入职能，指服务产品在更方便的时间和地点出现，从而将更多的顾客引入服务的销售系统中。中间商地域分布的广泛性将使更多的服务在更多的地方、更长时间内进行销售，如各级音像店中销售的音乐会、歌舞剧门票等。

② 信息职能。要使潜在购买者了解服务的特点等详细信息，仅仅依靠报纸、电视、广播、杂志中的广告是不够的，还需要销售人员与顾客进行直接有效的沟通。中间商的介入能缓解服务商人手的不足并向购买者提供全面的信息。

③ 陈列职能。服务直销渠道中的单调展示会增大顾客的感受风险，也不易引发购买冲动。而服务中间商通过对其服务产品进行展示和陈列，能够增强顾客对服务的直观感受，引发顾客的购买冲动，进而促进服务的销售。中间商可以代理多种服务，包括竞争性、互补性的服务，甚至可以将主要服务、附加服务打包出售，从而形成很强的消费吸引力。

④ 承诺职能。服务产品直销时是由服务提供商提供质量承诺的。中间商的介入担保了服务的可靠性，有时中间商的商誉甚至会成为顾客购买的直接动机。世界最大的零售商沃尔玛的许多顾客就是其承诺的产品的忠诚购买者。

⑤ 支持职能。对服务生产者而言，流通环节的外移节约了固定成本的投入和管理精力，买断式的服务分销甚至有融资的效用。另外，通过中间商进行销售在一定程度上降低了服务提供者的市场风险。

⑥ 后勤职能。在正式服务之前，往往有一些准备性的后勤工作需要完成，如旅行团的集合、分组、统一等。中间商往往可以承担这类服务。

⑦ 库存职能。对于那些实物性强或以实物形式体现的服务，如教育软件光盘、音像制品等，中间商可以对某些辅助设施、服务耗材的存货进行管理。

⑧ 跟踪职能。这表现为服务后衔接的服务接触中的一些善后工作。一般服务提供商很难分散出必要的精力去跟踪顾客、解答疑问、搜取反馈信息，但中间商的加入可大幅度改善这一职能的欠缺。在保险中，这方面体现得更为明显。投保人都希望遇险后立刻获得损失检验和赔偿支付，而这往往是保险公司所不及的。

通过上述分析可见，只要服务商和中间商信誉可靠，那么有中间商代理服务商的服务承诺足以完成分销的交易职能。至于其他八项分销职能，通过服务创新，大多可以转由中间商代理完成，并且中间商的加入能使不少职能更圆满地完成。随着服务竞争的深化，通过中间商进行市场扩张已成为服务业今后发展的一大趋势。

7.1.2 服务分销与传统分销的区别

由于服务企业与制造业存在差异性，因而服务分销与传统分销也存在一些区别。

1. 服务分销的选址取决于与顾客相互作用的类型和程度

对于服务分销和传统分销而言，选址都具有非常重要的意义。但是，对服务业而言，位置的重要性取决于与顾客相互作用的类型和程度。当顾客不得不寻找服务提供者时，服务业的位置就变得十分重要。例如，餐馆的位置就是顾客光顾的主要理由之一，因此选择适宜的地点就成为一个关键问题。同样，对于传统分销而言，制造业分销商的选址都需要考虑顾客的便利性。

当服务提供者能够有充足的客源，并且顾客能在足够近的地方得到高质量的服务，服务企业的位置就变得不那么重要了；当服务提供者和顾客在随处可及的范围内交易时，位置是最无关紧要的。在这种情况下，这些地方装备了有效的邮递和电子通信设施，顾客便不关心服务提供者的实际位置在哪里了，如电话、保险等。

2. 服务分销的选址与营销的服务性质不同有关

一般而言，服务业可依其所在位置分为以下三类。

1) 与位置无关的服务业

与位置无关的服务主要是专业服务，包括医生、律师、会计师、装修师等提供的服务。它们的网点位置选择是无关紧要的，因为这些服务的提供或者在顾客的处所完成，或者对处所没有什么要求，甚至服务提供者与服务接受者根本不用在同一空间场所见面。例如，股票委托人在接受其经纪人服务时，只需通过电话、网络或者其他通信工具，让经纪人按照其指示行事就可以了。对于这类服务，服务网点的位置并不是不重要，好的网点有利于其吸引新顾客，节省顾客的交易成本。但其相对而言，更重要的是顾客对服务能够便利地取得，重要的是建立便利的沟通和服务传输系统，从而对顾客的需求做出迅速的反应。

2) 集中的服务业

有些服务经常是集中在一起的，主要包括餐饮业、零售业和旅馆业。集中的主要原因是供应条件和传统因素。此外，促成集中现象的原因还有由于某些服务点的地位关联、需求密集度低、顾客移动的意愿、邻近核心服务的补充、服务的历史发展及需求导向等。

3) 分散的服务业

分散的服务业主要包括一些公共服务，如地区中心医院、电力供应部门等提供的服务。它们的网点位置因市场潜力、服务本身的特征及对服务需求的特征的不同而要求其必须分散于市场中。例如，地区中心医院一般在一个地区必须至少有一个，但又不必太多，以免造成不必要的冲突，其可以在社区中设置社区医院作为补充。

分散的服务业所在的位置取决于市场潜力。有些服务业由于需求特性及其服务本身的特征，必须分散于市场中，如顾问走访特定客户等。

7.2 服务中间商

在服务分销渠道中，服务中间商的加入有利于服务企业分销职能更圆满地完成。同时，随着服务竞争的深化，服务中间商在服务分销中的作用日益增强，通过中间商进行市场扩张已成为服务业的发展趋势。下面将重点讨论服务中间商的三种重要类型：特许经营、代理人和经纪人、电子渠道。

7.2.1 特许经营

1. 特许经营的概念及特点

特许经营是指特许者将自己所拥有的商标(包括服务商标)、商号、产品、专利和专有技术、经营模式等以合同的形式授予受许者使用，受许者按合同规定，在特许者统一的业务模式下从事经营活动，并向特许者支付相应的费用。特许经营是一种最普遍的分销方式，其应用广泛并发展迅速。特许经营适合于那些可以标准化或者实际上可以被复制的服务，典型的是通过供给过程、服务政策、授权、促销和品牌来实现。如果服务的专业化越大，越复杂，如管理咨询、职业培训等，越不可能准确地按照服务提供者授权的方式复制。

特许经营是以特许经营权的转让为核心的一种经营方式，其本质特征包括以下三个方面。

(1) 特许经营是利用自己的专有技术与他人的资本相结合来扩张经营规模的一种商业发展。

(2) 特许经营是以经营管理权控制所有权的一种组织方式，受许者投资特许加盟店并对店铺拥有所有权，但该店铺的最终管理权仍由特许者掌握。

(3) 成功的特许经营应该是双赢模式，只有让受许者获得比单体经营更多的利益，特许经营关系才能有效维持。

2. 特许经营的优缺点

对于服务特许者(授权人)，特许经营可以令其获得以下几个方面的利益：确保扩张和营业收入、保持服务的一致性、获得当地市场知识、分担财务风险，免除资金负担等。同时，也会给服务特许者带来许多问题和挑战：保留和激励受许者的困难、关于获得权利的争执、服务不一致带来的损害、远离顾客造成的威胁等。

对受许者而言，存在着以下利益点：获得作为经营基础的成熟企业模式、接受全国或地区的品牌市场、最小化经营风险等，对于小企业所有者来说，特许经营提供了一种筹集加速发展资金的选择方式。对受许者而言，挑战也同样存在：对收入和利润的失望、蚕食带来的特许经营饱和、来自失败率的困惑、缺乏理解和控制、昂贵的特许费用及不现实的预期。

3. 特许经营的适用条件

美国的特许经营比其他的国家更为发达，至少有 65 类商业部门，这些部门包括随处可见的快餐业、汽车出租、印刷和复印业、饭店和汽车旅馆连锁经营、旅游代理商等。同时，特许经营已经渗透到了一些专业服务领域和金融服务业如眼镜业、会计和保险经纪人。但不是所有的企业都适合引进这种经营方式，为了识别进行特许经营的基本条件是否存在，有一些需要考虑的特殊标准，包括以下几个方面。

(1) 提供的服务应当是实际上已经被顾客认可的。这是为了确保受许者相信他们正在进行一项有利可图的事业。

(2) 服务具有特色，并且其品牌或商标在特许者的经营领域已经著名。这使得受许者获得了有价值的商业资产，这是他们在其他情况下很难获取的。

(3) 特许者授予受许者的过程和系统必须是简单而易学的，而且还能够在特定时间内投入运营。这是为了确保在所有的网点上进行成功的拷贝和始终如一的形象设计。

(4) 边际毛利必须满足特许者和受许者可接受的投资回收标准。

(5) 必须建立一个提供特许网络的机制。随着受许者的经营进程，特许者能够提供其所需要的支持与援助，帮助企业发展。

营销案例

麦当劳：特许经营赢得全球

餐饮企业究竟能够发展到多大规模？其市场究竟能够拓展到多大范围？中国的餐饮业企业应该向何处去？众多企业在学习全球餐饮业的巨无霸——麦当劳的时候，有时忽略了其成功的重要的要素之一——

特许经营。麦当劳是最好、最早和最充分运用特许经营的公司，它的成功使特许经营模式走向了全球。

麦当劳的前身是由莫里士和理查麦当劳兄弟于1930开办的一家汽车餐厅。如今，麦当劳已在100多个国家开设了70 000多家分店，年销售额已达175亿美元，两倍于它的最大对手汉堡王，3倍于第三位的温迪汉堡。麦当劳的股票已从1994年12月份的29美元，上升到1998年的46美元。

麦当劳的巨大成功引得众多企业竞相模仿，尽管其成功的因素有多种解释，但它在1955年首创的全球连锁经营模式为世界餐饮业指明了方向。

麦当劳全球连锁经营模式，即所谓的特许经营体系使得它的供应商、特许经营店主、雇员及其他人员共同向顾客提供了他们所期望的高价值。该公司通过授权加盟麦当劳向符合条件的特许经营者收取首期使用费，并按特许经营者每月销售额收取服务费和许可费。为了保证“复制”的麦当劳餐厅质量，麦当劳把标准化的作业变成容易复制的程序，并对新加盟者进行严格的培训，它要求新的特许经营者到“汉堡包大学”上课3周，学习如何管理这项业务。被许可方在购买材料、生产和销售产品时，必须严格遵守程序要求。与相继出现的竞争者不同的是，麦当劳视加盟者为事业伙伴，而非单纯买下加盟权的商家，只顾榨取利益，并不关心加盟店的生存能力。麦当劳的创办人克罗克说：“我认为我必须尽力帮助加盟者，加盟者的成功将保障我也成功。但我没有办法既帮助他，却又同时视他为顾客。”

7.2.2 代理人和经纪人

1. 代理人的含义及特点

代理人是指为委托人(通常是供应者)服务的批发机构。他们不拥有服务产品的所有权，只代表卖方与买方进行磋商，主要功能是促进买卖。服务产品售出后，按销售量由委托单位付给一定的佣金。代理人的特点包括其不拥有服务产品的所有权(代理服务提供商的服务)、经营活动受服务提供商的指导和限制、代理人赚取佣金(提成)、代理人供货权力较大、代理人可以分担服务提供商的风险等。

代理人主要分为总代理、区域与分品牌代理、总代理自己建立的省级分公司等。在代理人的层次上，除设立总代外，代理人还可以根据服务提供商的渠道模式，下设一级代理或区域代理，并同时与终端销售商合作。这样，代理人从简单的分销转换成具有管理职能的渠道维护者，除业务管理外，代理人同时具备品牌管理、促销管理、服务对接、财务管理等各项职能。

代理人最大的优势是熟悉行情，有专业知识，推销努力，且收费较低。因而许多服务企业愿意采用代理人销售服务产品，特别是在打入新市场时，代理人更具有特殊作用。

特别提示

不同的渠道发挥不同的作用，每个渠道都基于特定的消费者群体。

2. 经纪人的含义、类型及作用

经纪人，是指为买卖双方介绍交易以获取佣金的中间商人。我国工商行政管理局颁布的《经纪人管理办法》指出：“本办法所称经纪人，是指依照本办法的规定，在经济活动中，以收取佣金为目的，为促成他人交易而从事居间、行纪或者代理等经纪业务的公民、法人和其他经济组织。”经纪人与代理人有些类似，他们也不拥有服务产品所有权，不控制服

务产品、价格及销售条件。经纪人的主要作用是为买卖双方牵线搭桥，协助谈判，促成交易。交易完成后，由委托方付给佣金。它们与买卖双方没有固定关系。最常见的有不动产经纪人、保险经纪人和证券经纪人等。

经纪人可划分为一般经纪人和特殊行业经纪人。一般经纪人，是指从事国家允许公开交易，又不属于特殊行业的商品交易的中间商。一般经纪人在国外经纪业发达地区，也称商业经纪人，就其意而言，就是为用户的商品交易提供中介服务，包括房地产买卖、运输等方面的中介服务。特殊行业经纪人是指从事金融、保险、证券、期货、科技、房地产等行业的专业经纪人，必须通过专业培训，经考核合格获得专业经纪人员资格证书后才能上岗。经纪人的具体类型有期货经纪人、技术经纪人、劳动力经纪人、房地产经纪人和文体经纪人等。

经纪人有别于其他商家的生存方式，它在解决服务商品供求矛盾中具有独特的作用。

(1) 社会关系多，市场信息灵敏，办事效率高，帮助企业解决供求矛盾，打开市场销路。

(2) 市场体系包括科技、人才、劳务、资金、房地产等市场，都需要经纪人员提供信息，介绍客户。

(3) 帮助企业引进国外先进技术、资金和管理经验，扩大出口贸易。

(4) 促进文化体育事业的繁荣，培育文化市场，丰富人民的生活。

知识链接

经纪人的职业道德

经纪人必须诚实、信用，具有良好的品德；

经纪人必须忠实保护客户的利益；

经纪人必须遵章守纪，其经营活动必须符合法律、法规及行业管理的规定和要求；

经纪人必须业务精、能力强，具有强烈的事业心和责任感。

7.2.3 电子渠道

1. 电子渠道概述

电子渠道是唯一不需要直接人际互动服务的分销渠道。目前，电话、电视和网络、电子媒体都可以作为分销渠道的形式被网络或者传统服务供应商所利用。这些电子媒体可以为消费者和企业提供包括互动信息、影音娱乐、网上游戏、银行和金融服务、远程交流(如学习、会议、医疗、通信等)在内丰富多彩的服务。

利用电子分销渠道，可以有效地克服与服务的不可分割性有关的一些问题，并形成一种对大多数服务来说不可能的标准化形式。利用电子渠道分销的好处：标准化和一致性、低成本、全天候服务、广泛分销、个性化定制及快速的顾客反馈等。尽管电子渠道有着种种一般人际分销所无法比拟的优势，但是挑战依旧存在，具体表现在，适应顾客的主动性、环境缺乏控制、价格竞争的压力、标准化和个性定制不协调的矛盾、顾客参与的阻碍及对安全的忧患。

电子渠道在客户服务中的比例快速增大，客户在电子渠道上处理的业务种类逐渐增多。调查结果显示：客户对互动式语音应答、网站和短信三种电子渠道的接受程度较高。从现实情况看，发展电子渠道的条件已经具备。首先，互联网是接受程度较高的渠道。2012 年国内上网用户数超过了 5.13 亿。网上银行已经成为银行业提供客户服务的重要渠道，网上银行用户数超过 9 000 万。其次，短信业务是用户使用较多的交流渠道。国内很多服务企业(如银行和航空公司)都开始将短信作为主要客户服务手段之一。第三，手机上网可能成为新兴的电子渠道。手机上网起步虽晚，但发展十分迅速。另外，3G 时代的到来也给手机上网渠道的发展带来了新的契机。

2. 电子渠道的应用

1) 金融业

金融业的网上银行和证券业的网上基金的发展，实现了交易的电子化和账单寄送的电子化，并对新基金的发行、宣传以电子渠道为主进行主动营销和精确营销。

2) 航空业

航空业最初的机票分销有点类似火车票，客户要么到售票大厅购买，要么到机票各分销网点(如旅行社)购买。这种运作方式一方面增加了机票的销售成本；另一方面也增加了客户购买成本、如旅行社收取的手续费，耽误旅客时间、甚至影响旅客行程。电子机票的兴起有效地解决了上述问题，通过较短时间的发展，如今在线机票预订已经渐渐取代了传统的旅行社机票预订。

电子机票最大的特点是将原本是实物的机票电子化，使得客户购买不再依赖于物流和实物，可以随时购买，不用担心因机票无法送到而耽误行程，大大降低了客户的时间成本和机会成本。通过实施电子机票，航空公司增加了销售渠道，大大降低了分销成本；同时，极大地方便了客户。

营销案例

当当电子书：只做渠道不做出版

当当正谋求转型，从“网上商家对顾客(business to customer，B2C)”向“数字 B2C”转型，前者通过网络卖纸质图书，后者则是通过网络销售数字内容。

12 月 21 日，“read · dangdang.com”更换为“e · dangdang.com”，名为“当当数字期刊(测试)”。与“read · dangdang.com”免费阅读不同，“e · dangdang.com”是一个在线销售平台，销售品类不限于电子书，还包括动漫、期刊、影视等。之前 read ·dangdang.com 只能通过 PC 阅读。而通过“e ·dangdang.com”购买电子书之后，用户可以在手机、平板电脑等其他智能终端上阅读，用同一个当当账号可以同时在五个终端上阅读。

除了推出“e · dangdang.com”之外，当当将推出自己的电子书终端。消息人士透露，当当电子书的价格将低于目前市场上所有电子书终端。这对于当当有划时代的意义：数字内容没有物流，不需要搬箱子了。“网络搬箱工”曾是贴在当当身上的标签。当当未来还将向更多品类拓展，直至所有数字内容。

3. 我国电子渠道发展面临的问题

(1) 电子网络基础设施建设不足。我国高速多媒体宽带网正在建设之中，各地也都在进行高速宽带网的建设和规划，全国性的网络还未形成规模，目前电子商务终端设备以PC为主，而我国PC、电话普及率都还不高。

(2) 信用问题。网上零售比传统零售更需要信用体系支撑。在我国，即使在传统零售中，服务企业和顾客直接面对面交易，也不能避免假冒伪劣商品，从而导致信用危机。有形市场的现状直接影响服务企业或客户对利用无形的“虚拟”市场的交易的兴趣。

(3) 法律问题。互联网本身的特性使得难以对网上服务制定合理的法律，并且法律制定往往滞后，至今世界上仍然没有一致有关互联网的完整的法律即是明证。这大大制约了网上零售的发展。

7.3 服务分销渠道的设计与管理

分销渠道设计是指建立以前从未存在过的分销渠道或对已经存在的渠道进行变更的营销活动。服务分销渠道的设计与管理是服务分销策略的重要步骤，合理的渠道设计及管理有助于企业迅速打开市场。然而，在现实的分销过程中，许多服务企业却面临着艰难的选择，其困惑主要在于如何设计出符合企业特点的差异化的分销渠道，以及如何对渠道成员进行有效控制和管理。

7.3.1 服务分销渠道的设计

1. 服务分销渠道设计的步骤

服务分销渠道设计通常包括确定渠道目标、界定渠道层次结构、分配渠道成员的职责、寻找经销商、经销商评估、确定合作关系这六个步骤。

1) 确定服务分销渠道目标

服务分销渠道目标往往寄托着服务企业对渠道功能的预期，并体现着企业的战略意图。渠道设计目标主要包括确保服务分销渠道运营顺畅、放大服务产品销量、方便顾客、开拓市场、扩大知名度、经济性、市场覆盖率和渠道控制等。

2) 界定服务分销渠道层次结构

根据纵向渠道的中间商数量来划分，服务分销渠道可分为长渠道和短渠道。长渠道具有市场覆盖面广、可以将渠道优势转化为自身优势、可以减轻企业的费用压力等优点；缺点是服务企业对渠道的控制程度较低，增大了渠道服务水平的差异性和不确定性，加大了对中间商进行协调的工作量。短渠道的优点是服务企业对渠道的控制程度较高，缺点是市场覆盖面较窄，服务企业要承担大部分或全部渠道功能，必须具备足够的资源。

根据分销渠道同一层级的中间商数量、竞争程度及市场覆盖密度来划分，服务分销渠道可分为宽渠道和窄渠道。宽渠道中同一层级中的中间商数量较多，彼此之间的竞争较为激烈，市场覆盖面较大；窄渠道中同一层级的中间商数量较少，彼此之间的竞争不太激烈，市场覆盖面较小(甚至很小)。

根据分销渠道宽度，可以将服务分销策略分为三种：独家分销、密集分销和选择性分销。

(1) 独家分销，是指在既定市场区域内每一渠道层次只有一家中间商运作的分销策略。其优点包括市场竞争程度低、服务企业与中间商的关系较为密切，适用于专用产品的分销；缺点是因缺乏竞争，顾客的满意度可能会受到影响，而且中间商对厂家的反控制能力较强。

(2) 密集分销，是指凡符合服务企业要求的中间商均可参与分销的分销策略。其优点是市场覆盖率高；缺点是中间商之间的竞争容易使市场陷入混乱，甚至会破坏服务企业的营销意图，而且渠道管理成本相对较高。

营销案例

“古怪的壁上行”密集型分销的胜利

肯·伯田(Ken Hakuta)是使用密集性分销方式的高手。20 世纪 80 年代，他在运用巧妙的、创造性的营销计划的同时，运用密集性分销方式为推出“古怪的壁上行”提供了支持。因为他采取了“闪电战”方式幸运地建立了全国范围的公共关系网，创造了令人吃惊的需求量，美国的每个商店都想销售“古怪的壁上行”。

“古怪的壁上行”物如其名，是一些用塑料制成的小章鱼，如果将它们扔到墙壁上，它们就会一条腿压着另一条腿顺着墙慢慢走下来。从 CBS 晚间新闻中获知这是“最新时尚”之后，每个零售商都想销售这一产品。

肯知道时间是最重要的，他应该利用这一超常的消费需求，在最快的时间内让尽可能多的产品走进尽可能多的商店。他知道，尽管他有日本制造商的“独家许可”，但是便宜的降价品的竞争很快就会到来。为尽快完成大规模分销，肯授权玩具和小商品分销商将产品推销给零售商，而不是使用自有销售力量和分销小组。分销商发动整个分销体系，迅速将产品送达渴望成为“壁上行”行动一部分的所有零售商。肯给这些分销商一个额外的加成，作为他们构成分销链一部分的报酬。这样做，他在每件壁上行上获得的利润比使用自有销售力量和分销系统的情况下有所减少。然而，他正确地估计到，使用这种间接分销系统销售的产品总量要高得多。他在不到一年时间里销售了两亿多个壁上行，获利总额比竭力组建并使用自有销售力量和分销系统所能得到的利润要高得多。不仅如此，他还得以在降价品成为重大影响因素之前充分利用了巨大的消费需求。

(3) 选择性分销，是指服务企业从入围者中选择一部分作为中间商的分销策略。其优、缺点通常介于独家分销和密集分销两者之间。

3) 分配服务分销渠道成员的职责

服务分销渠道成员的职责包括销售、广告、财务、渠道支持、客户沟通、渠道规则和奖惩等。

4) 寻找中间商

中间商的选择是服务分销渠道设计的关键环节，中间商的选择是否得当，将直接关系到服务企业整体营销目标的实现，这就要求服务企业尽可能多地掌握中间商的信息，可以通过亲朋好友、业内人士推荐、大众传媒、商业展览会、顾客口碑、市场调研等途径来获取中间商信息。

5) 中间商评估

中间商的素质往往良莠不齐，经过初步筛选后，服务企业可以剔除不符合自身意图的中间商，营销负责人通常需要仔细研究各中间商的背景资料，调查中间商的资料是否属实，通过实地调研来观察中间商的分销能力，对中间商进行排序并剔除不合格的中间商。其具体评估标准包括中间商的市场范围、中间商的产品政策、中间商的地理区位优势、中间商的产品知识、预期合作程度、中间商的财务状况及管理水平、中间商的促销政策和技术、中间商的综合服务能力等。

6) 确定合作关系

与中间商签署代理合同后，渠道关系就基本确立了。代理合同是明确代理双方权利义务关系的契约，是渠道正常运作的有力保障。因此，合同的签订必须稳妥，合作条件必须经过反复斟酌后方能作为合同条款载入合同之中。

2. 顾客分销渠道设计的原则

为了确保服务企业能借助于渠道资源在各区域市场上获利，在渠道设计与开发阶段，需遵循以下八条原则。

(1) 接近终端。这有助于为顾客提供满意的服务。例如，麦当劳选址的原则是“顾客在哪里工作、生活、购物、娱乐，我们就到哪里去开餐馆”。

(2) 市场覆盖。服务产品只有放在想看就能看到、想买就能买到的地方才能被方便地购买，因此当中间商拥有密集的分销网络时，他就能比较容易地实现服务企业“广泛布点”的市场覆盖目标。

(3) 精耕细作。为了在各区域市场上避免粗放式的经营，服务企业有必要对分销渠道的各个环节进行精耕细作，准确划分目标市场区域，对渠道中所有销售网点定人、定域、定点、定线、定时、定任务，实行细致化、个性化的服务，全面监控市场。

(4) 利益共享。企业选择中间商，看中的是中间商所拥有的优势，中间商看重的是服务企业拥有的品牌优势或其他优势。双方应本着“利益共享、风险共担”的做事原则进行合作。

(5) 协商机制。服务企业可能会埋怨中间商销售不力、随意打折、虚报业绩，中间商也可能会埋怨服务产品缺乏卖点、没有广告支持、缺乏促销、利润低甚至会坐等收钱(做“坐商”)，从而为双方的合作奏出不和谐的音符。所以，服务企业与中间商应本着相互信任、相互支持、有事好商量的原则来合作共事。

(6) 经济实用。这一原则要求服务企业应充分估计投资于渠道所带来的经济效益：是自建网络好，还是“借船出海”好；是采用代理人，还是采用经纪人等，厂家应根据实际情况，妥善选择。

(7) 争取做渠道领袖。掌握渠道主动权，成为渠道的主宰者，对厂家和商家来说都是梦寐以求的事情。至于谁能成为渠道的主导者，还是要靠实力说话(如品牌、规模、商誉、资金、经验等)。

(8) 变则通，通则久。《孙子·虚实》篇中说：“兵无常势，水无常形，能因敌变化而取胜者，谓之神。”市场环境往往瞬息万变，成功只钟情于会变、善变的企业。过去的渠道设计再怎么完美，也可能会因为环境的变化而变得过时。现有的渠道设计不再适应竞争的需要时，服务企业应立即对渠道策略进行调整。

特别提示

服务分销渠道设计“八戒”如下。

(1) 戒“盲目自建网络”。

(2) 戒“分销商过多”。

(3) 戒“渠道过长”。

(4) 戒“覆盖面过宽”。

(5) 戒“一味求大”。

(6) 戒“过度依赖”。

(7) 戒“目光短浅”。

(8) 戒“政策过丰”。

3. 影响服务分销渠道设计的主要因素

1) 顾客特性

渠道设计深受顾客人数、地理分布、购买频率、平均购买数量及对不同促销方式的敏感性等因素的影响。当顾客人数多时，服务企业倾向于利用每一层次都有许多中间商的长渠道。但购买者人数的重要性又受到地理分布的影响。例如，服务企业直接销售给集中于同一地区的500个顾客所花的费用，远比销售给分散在500个地区的500个顾客少。而购买者的购买方式又会影响购买者人数及其地理分布的因素。如果顾客经常小批量购买，则需采用较长的分销渠道为其供货。此外，购买者对不同促销方式的敏感性也会影响渠道选择。

2) 竞争特性

服务企业的渠道设计，还受到竞争者所使用的渠道的影响，因为某些行业的生产者希望在与竞争者相同或相近的经销处与竞争者的产品抗衡。例如，肯德基和麦当劳的选址经常位于一条街道上。有时，竞争者所使用的分销渠道反倒成为服务企业所避免使用的渠道。

3) 服务企业特性

服务企业特性在渠道选择中扮演着十分重要的角色，主要体现在总体规模、财务能力、产品组合、渠道经验、营销政策等方面。

4. 服务分销渠道布局策略

随着连锁、特许经营、联盟等企业扩展形式的不断发展，服务业也得到了巨大的发展。服务业的竞争也不再仅局限于一个网点。那么，在多网点的时候，就要考虑整体布局的问题。

1) 饱和营销策略

饱和营销策略是指服务企业集中资源于某一特定的地区内。该策略的主导思想是在城市和其他交通流动大的地区集中定位许多相同的公司和网点。Au Bon Pam 是一家以其独特的三明治、法国面包出名的咖啡店，它采纳了曾在欧洲广为流行的饱和营销策略。该公司单在波士顿的闹市区就开立了 16 家快餐店，其中许多店铺面积不足 100 平方英尺，仅在 Filene 公寓商厦的不同楼层就开设了 5 家店铺。这种策略的优点表现在，一是公司可以将有限的广告等其他宣传活动投入到该区域内，节省广告费用，提高知名度；二是网点集中在一个区域内，总部便于管理，可以节省人力、物力、财力，工作跨度合理，方便人员的指导和各网点之间的调剂；三是网点集中在一个区域内，可以保持本企业在该地区内的绝对竞争优势，使其他的竞争对手难以进入。

2) 抢先占位策略

抢先占位策略是指公司将网点开设在竞争对手数量和质量较差的区域，以满足当地顾客的需求，同时，可以避免过度竞争。世界零售业霸主沃尔玛就是有效的运用这一“农村包围城市”的策略而起家的。沃尔玛公司的创始人山姆·沃顿，1945 年在美国阿肯色州班顿威尔镇，开办了店名“5～10 美分”的廉价商店，它在当时只是当地一家名不见经传的小企业。在此之后，山姆·沃顿就坚持采用避强抢先策略，在许多人口少的小城镇开设网点，不与西尔维斯、凯马特等大型零售商正面竞争。当在“农村”地区集聚了足够的实力后，开始进军中心城市，所以，这一策略在实践中的效果比较好，抢先进入那些竞争阻力小的地方，公司很容易抢先建立优势，并且，进行顾客偏好锁定，可增大后来者的进入成本。

3) 网点协同策略

网点协同是指服务企业的各种网点之间互相支持、协助和加强交流，从而使整体网点所发挥的效应大于各个渠道成员单独所产生的效应。一般而言，可以从以下几个方面加强网点之间的协同效应：①网点分布所产生的协同效应；②建立网点之间的沟通系统；③加强网点成员之间的资源共享。

5. 服务分销渠道的模式创新

1) 整合渠道营销模式

分销渠道不仅是服务产品分销的渠道，事实上也是市场营销活动的载体和市场营销功能产生与传递的渠道。例如，品牌形象需要分销渠道来体现，顾客服务依赖分销渠道来提供，人员推销、广告与商品促销都要在分销渠道内进行，价格政策关系到渠道成员之间的公平分配和友好合作。市场营销的各项活动绝大多数是在分销渠道内展开的，主要目的是增进渠道成员之间的合作。

根据这一认识，实现市场营销功能在分销渠道内的整合，就成为服务分销渠道模式创新的一种必然趋势。可以有两种方法实现服务分销渠道内的功能整合。

(1) 通过 CISM 组合实行整合渠道营销。所谓 CISM 是指服务企业识别系统(corporate identification，CI)和顾客满意(customers satisfaction，CS)统一到服务分销渠道管理体系之中，以便强化服务企业识别系统的功能，提升顾客满意水准，更加有效地适应 21 世纪的竞争环境。实际上，实现 CISM 组合就是将传播、分销与服务等诸多营销功能进行整合运用，以系统的方式周密思考分销策略。

(2) 通过营销资源配置的重新调整，实行整合渠道营销。所谓整合渠道营销是指以分销渠道为平台，把市场营销的各项活动集中在这个平台上来开展和进行。这样的分销渠道是一种系统化的营销运作方式。整合渠道营销体系具有多方面的功能，包括分销功能、营销传播功能、信息采集功能、服务功能和形象展现功能等。

2) 关系型分销渠道模式

关系型分销渠道，是指为了提高分销渠道的质量和效率，在保证服务企业和中间商双赢的情况下，服务企业从团队的角度来理解和运作自身与中间商的关系，以协作、双赢、沟通为基点来加强对销售渠道的控制力，为消费者创造更具价值的服务，并最终达成本公司的战略意图。该模式具有降低成本、共享信息及分享对方企业的能力等优势。

关系型分销渠道的核心是建设性的协作关系。这种建设性的协作关系是以双方的互补性为基础的，由于双方各有优势，平衡的合作伙伴关系得以确定，在一定程度上杜绝了机会主义行为的发生。该模式的合作范围一般只涉及渠道成员之间部分职能部门的跨组织合作，而非两个企业整体层面上的共同合作。但由于现代企业市场营销已经越来越演变成为企业的整体营销，牵一发而动全身，因而这种合作的成功往往需要合作双方在整个组织层面上进行互动式的调整。 在合作方式上，该模式倾向于信息方面的共享，即合作是非实体意义上的，是不可见的，往往只涉及达到渠道成员之间的信息交流和共享。

7.3.2 服务分销渠道的管理

在进行渠道设计之后，服务企业还必须对分销渠道进行冲突管理和绩效评估。

1. 服务分销渠道的冲突管理

1) 服务分销渠道的冲突管理概述

渠道冲突是指某渠道的成员意识到另一个渠道成员正在从事会损害、威胁其利益，或者牺牲其利益为代价获取稀缺资源的活动，从而引发他们之间的敌对和报复等行为。渠道冲突按其作用的方向可分为垂直渠道冲突、水平渠道冲突和多渠道冲突。垂直渠道冲突指同一渠道中不同层次之间所产生的利害关系冲突。例如，日本大荣连锁商业集团就曾经与化妆品公司资生堂发生过激烈的冲突。在现实中这类冲突最为常见。水平渠道冲突是指存在于同一层次的成员公司之间的冲突。例如，麦当劳与肯德基就常发生这样的冲突，如果麦当劳在某一地区采取大规模的促销活动，则会与该地区的肯德基发生正面冲突。多渠道的冲突产生于同一个企业下面的多个不同的渠道中。例如，当李维·史特劳斯公司同意把牛仔裤在其正常的特约商店渠道之外再分销给西尔斯百货公司和彭尼公司时，遭到了特约商店的强烈不满。

按照冲突的性质，可以把渠道冲突划分为功能性冲突和病态性冲突。功能性冲突是指渠道成员把对抗作为消除渠道成员之间潜在的、有害的紧张气氛和病态动机的一种方法的冲突状态。病态性冲突是指渠道成员之间敌对情绪和对抗行为超过了一定限度，因此对渠道关系和渠道绩效产生破坏性影响时的冲突状态。按其产生的原因，可把冲突划分为竞争性冲突和非竞争性冲突。竞争性冲突是指两个或多个渠道成员在同类或相似的市场上竞争时发生的冲突。例如，同一区域的超级市场与百货商店之间的竞争。非竞争性冲突是指渠道成员在目标、角色、政策和利润分配等方面存在不一致而引发的冲突。例如，加盟企业对服务企业的总部在定价、采购等方面的不同意见引发的冲突。

2) 服务渠道的冲突管理策略

渠道中存在冲突是正常的，服务商必须正确面对它；如果对冲突置若罔闻，那么对于渠道成员之间的关系和渠道的健康发展都是有害的。因此，服务商应该着手解决渠道冲突。丹特(Dante)和斯库尔(Skoll)提出了一个冲突解决程序的形式，根据对信息处理的不同可分为“信息密集型”渠道冲突的解决策略和“信息保护型”渠道冲突的解决策略。

(1) 信息密集型的策略。该策略要涉及在解决冲突过程中公开的信息交换，交换信息就意味着某种控制力的丧失。因此，信息和合作就可能成为信息密集的冲突解决过程得以实施的条件。公开共享信息的方法不仅有利于分享信息的双方，而且有利于信息的接受者，许多服务公司都认识到了这一点的重要性，已经和其关系密切的渠道成员建立了共同的、彼此公开的计算机网络系统，做到了信息的真正意义上的共享和整合。另外，有的渠道把人员交换作为管理冲突的一种策略。他们彼此互相派驻人员，进行沟通，帮助对方解决问题。例如，沃尔玛公司和其供应商宝洁公司之间就进行人员的封闭式联络。

(2) 信息保护型的策略。在这里，双方都不期望在解决冲突的过程中形成共同的目标。分歧的范围和特征被看做是不变的，而且存在一种“零和博弈”，即双方的利益和为零，你赢了，我就输了。它的特征是采取威胁或承诺也不能够改变行为，只有通过第三方的调解或仲裁才能够解决。调解人一般人会对情况有一个全新的看法，并且能发现“剧中人”所不能发现的问题。有效的调解可以澄清事实，保持双方的接触，还能够加强渠道成员在目标之间的交流。仲裁是采取强制措施或自愿和解。强制性仲裁要求双方必须按法律规定服从第三方，由它做出最终的综合性决定。

一般而言，应该尽可能地使用信息密集型的冲突解决策略，因为这样可以使渠道关系更长久，渠道成员的关系更加密切，更易于合作，提高效率。

2. *服务分销渠道的绩效评估*

服务企业必须对各种可能的渠道选择方案进行评估。评估标准有三个，即经济性、控制性和适应性。

1) 经济性标准

经济性标准是最重要的标准，这是服务企业营销的基本出发点。在服务分销渠道评估中，首先应该将服务分销渠道决策所可能引起的销售收入增加，同实施这一渠道方案所需要花费的成本作比较，以评价服务分销渠道决策的合理性。比较的方法有静态效益比较、动态效益比较和综合因素分析比较等方法。

2) 控制性标准

服务企业对于自销系统是最容易控制的，但是由于成本较高，市场覆盖面较窄，不可能完全利用这一系统来进行分销。而利用中间商分销，就应该充分考虑所选择的中间商的可控程度。一般而言，特许经营、独家代理方式比较容易控制，但服务企业也必须相应做出授予商标、技术、管理模式及在同一地区不再与其他中间商进行合作的承诺。在这样的情况下，中间商的销售能力对服务企业影响很大，选择时必须十分慎重。如果利用多家中间商在同一地区进行销售，服务企业利益风险比较小，但对中间商的控制能力就会相应削弱。总之，对分销渠道的控制应讲究适度，应将控制的必要性与控制成本进行比较，以求达到最佳的控制效果。

3) 适应性标准

在评估各渠道方案时，还有一项需要考虑的标准，那就是服务分销渠道是否具有地区、时间、中间商等适应性。地区适应性关键是要充分考虑该地区的消费水平、购买习惯和市场环境；时间适应性是指要根据服务产品在市场上不同时期的适销状况，服务企业可采取不同的分销渠道与之相适应；中间商适应性是指服务企业应根据各个市场上中间商的不同状态采取不同的分销渠道。

本章小结

本章主要介绍了服务分销渠道的类型、服务中间商和服务分销渠道设计与管理三个方面的内容。直销和经由中介机构销售，是服务企业可选择的两种主要的渠道模式。其中，服务业市场的中介机构的形态常见的有代理、代销、经纪人、批发商、零售商五种。为了方便顾客购买和使用服务，企业必须不断拓展服务渠道，利用服务中间商进行服务分销方式的创新，如特许经营、代理人和经纪人、电子渠道。进行服务分销渠道设计时要遵循其步骤、原则和影响因素。服务渠道的布局策略包括饱和营销策略、抢先占位策略和网点协同策略。整合渠道营销模式和无缝分销渠道模式是服务分销渠道模式的创新。服务分销渠道的冲突多样化，应视具体情况采取不同的方法进行管理。对服务渠道的绩效进行评估可依据经济性、控制性和适应性三种标准。

名人名言

我认为，任何一种分销策略都不可能涵盖整个市场。今天，全球PC销售市场中，直接销售约占20%的份额。而最让我感兴趣的是，发展趋势对我们越来越有利。所有的调查都表明，未来的客户越来越偏爱直接购买，而且直接购买能为客户提供更高的满意度。

——迈克尔·戴尔

企业应当全力以赴发现分销渠道，分销渠道越多，企业离市场越近。

——菲利普·科特勒

在产品到达消费者手中之前，先让中间商赚到钱！

——可口可乐公司的30个营销准则之一

好经销商是培养出来的，而不是找出来的。

——唯美陶瓷公司营销总监 王尚平

课后练习

一、复习题

1. 选择题

(1) 服务业的中介机构包括(　　)。

A. 代理　　B. 零售商　　C. 代销　　D. 经纪

(2) 直销渠道的缺点包括(　　)。

A. 服务企业对渠道的控制程度较低

B. 存在支付安全的隐患

C. 不能及时了解顾客需求

D. 直销需要大量的销售网络投资

(3) 电力供应部门属于(　　)。

A．分散的服务业　　B．集中的服务业

C．与位置无关的服务业　　D．服务中间商

(4) 进行服务渠道设计时，对中间商的评估标准不包括(　　)。

A．预期合作程度　　B．售后服务水平

C．地理位置　　D．综合服务能力

(5) 服务企业集中资源于某一特定的地区内，属于服务渠道布局策略中的(　　)。

A．网点协同策略　　B．抢先占位策略

C．饱和营销策略　　D．整合渠道策略

(6) 独家分销渠道的缺点包括(　　)。

A．顾客的满意度会受到影响　　B．服务企业与中间商的关系较为密切

C．渠道管理成本相对较高　　D．中间商之间的竞争容易使市场陷入混乱

2．填空题

(1) 经纪人指为促成他人商品交易，在委托方和合同方订立合同时充当______，为委托方提供订立合同的信息、机会、条件，或者在隐名交易中代表委托方与合同方签定合同的经纪行为而获取______的依法设立的______。

(2) 服务分销渠道是服务企业为目标消费者提供服务时所使用的______和______，它能促使服务产品顺利地到达顾客手中。

(3) 服务分销渠道设计通常包括确定渠道目标、______、______、寻找经销商、______、确定合作关系。

3．判断题

(1) 零售业和餐饮业的选址可以设在顾客不方便前往的地点。　　(　　)

(2) 如果特许者传递给受许者的过程和系统是简单而易学的，而且还能够在特定时间内投入运营，受许人可以考虑采用特许经营的方式。　　(　　)

(3) 电子渠道是唯一不需要直接人际互动服务的分销渠道。　　(　　)

(4) 服务分销与传统分销不存在任何差异。　　(　　)

(5) 可以通过 CISM 组合实现无缝分销渠道策略。　　(　　)

(6) 渠道冲突按其作用的方向可分为垂直渠道冲突、水平渠道冲突和多渠道冲突。(　　)

(7) 信息保护型的冲突管理策略要求在解决冲突过程中进行公开的信息交换。　　(　　)

(8) 对服务渠道进行绩效评估时，可以采用中间商适应性这种经济标准。　　(　　)

4．问答题

(1) 服务分销渠道的主要类型有哪些？

(2) 作为服务渠道的一种类型，直销的优势有哪些？

(3) 经由中介机构销售这种服务分销渠道的职能是什么？

(4) 特许经营的优缺点有哪些？

(5) 电子渠道的利益和挑战是什么？

(6) 服务分销渠道设计有哪些步骤？

(7) 服务分销渠道的冲突包括哪些类型？

(8) 如何对服务分销渠道的绩效进行评估？

5. 讨论题

(1) 试分析你所了解的服务企业的分销渠道模式和策略，指出其优缺点和可以改进的方面。

(2) 电子渠道是否适合所有的服务企业，如何才能将电子渠道和实体分销渠道完美结合？

二、案例应用分析

肯德基成功选址的奥秘

1998 年，拥有肯德基、必胜客、塔可钟三个著名品牌的餐饮系统从百事公司分离并在纽约证券交易所独立上市时，世界上最大的餐饮连锁集团——百胜(全球)餐饮集团便正式成立了。如今，百胜(全球)餐饮集团在全球拥有 3 万多家连锁分店，50 多万名雇员，营业额达到 200 多亿美元，跻身世界企业五百强之列。而作为百胜子品牌之一的肯德基，自 1987 年在北京开设第一家餐厅以来，已在中国开有 1 500 多家连锁分店。20 多年来，肯德基深受中国消费者的喜爱，已成为中国最受欢迎的快餐品牌。

是什么原因使得肯德基餐厅能在中国开一家火一家呢？肯德基能在中国大地上扎根、开花、结果，靠的不仅仅是它带来的"洋文化"，也不仅是它的标准化，而是它的一套独具特色的经营理念和管理经验。其中，作为肯德基的核心竞争力之一的，是它选址的成功率——几乎是百分之百！毫无疑问，肯德基对餐厅的选址是非常重视的，而且是非常专业的。"地点，地点，还是地点"这是连锁店经营成功的首要因素，肯德基深信不疑。

众所周知，开设一家连锁店首先遭遇到的课题，就是选点，即选择合适的开店位置。目前，在中国的大多数城市中，房地产的价位一直在直线攀升，而具有开店潜力的商业门面却日趋稀少。因此，房产价值、租金、涨幅比例、租期年限等，都影响着经营者在扩张和投资策略中的开发定位，更与店铺的营业额的预估和软硬件投资的成本风险密切相关。所以，开店中选址策略的正确与否，将左右连锁店 60%以上的经营命运。

成功的选址，对于一家连锁店经营的成功具有相当大的影响力，尤其是对连锁店的持续营运。因此，选择开店地点是开店成功的首要工作。那么，选择成功开店地点的关键因素有哪些呢?

首先，公司应有专门的市场开发部门并拥有优秀的选址决策小组和专业的选址人员。选址人员要能凭其专业知识，根据自身品牌的市场定位选择商圈，评估每个地点的经济效益，而这些评估的过程都应有章则可循。

其次，要详细进行市场调查和相关资料、信息的收集，包括人口、经济水平、消费能力、城市发展规模和潜力、消费者收入水平、商圈的研究和划分及未来发展机会及成长空间。

再次，用科学的方法对不同的商圈进行评估。建立一套选址评估逻辑将有助于选址人员以合理而系统的方式，累积和分析市场重要资讯，它是选址思考模式中极重要的一环。

最后，选择集客点并评估地点，包括进行竞争对手分析、人流量测试、营业额预估及对等店分析、店址的可见度和方便性的考虑等；并要在对该地点的房产租赁市场价格、面积划分、适合餐厅营运的工程和物业配套条件及产权属性等基础上，进行财务分析，考虑中长期的稳定收入，建立投资回报模型，这样才能较好地控制风险，达到投资收益的目的。在得到最佳的位置分析和合理的选择后，确定该位置是否有能力开设餐厅。

肯德基具体是如何运作的呢？我们来看一下肯德基的选址步骤。

第一步，拟定商圈策略计划：肯德基进入的新市场，一定是被列入公司市场发展规划中的目标市场。因此，开发人员要对该市场作三年期的开发计划，并对预定开设的市场区域及发展地点做详细的评估，同时还要完成下列工作。

(1) 确定该市场属地区性开发还是单店开发，以便完成该市场或城市的总体发展规划和开店布局。

如果肯德基公司已确定将开发南京市场，以南京市的城市人口规模600万计算，假设20万人口可以开一家分店，则南京市在未来将可规划30家分店，并要做出大致的布局规划。

(2) 对目标市场的开店规模和投资做出规划和预估。

如果肯德基公司计划在第一年开3家分店，则发展部人员要根据市场的分析预估出这3家店的规模和投资总额，以便于公司提前做好资金的规划和调度。

第二步，划分商圈：对肯德基品牌而言，目标消费者和餐厅所在的商圈特性已相当清晰。选址人员也具丰富的商圈划分经验。因此，一旦进入新市场，选址人员将通过获得的各种文字、地图、经济和消费数据等资料进行分析并划分商圈，确定肯德基分店的设点商圈。一般而言，从连锁店扩张管理上的方便来看，商圈可划分为一级商圈、二级商圈和三级商圈。

一级商圈，在最容易吸引消费者的顾客活动区域，原则上是在顾客步行五分种以内的范围。此商圈的消费力占该店营业额的60%～70%。肯德基餐厅的选址大多是在一级商圈内。

二级商圈，与一级商圈相比，属于较不容易吸引消费者的活动范围，此商圈的消费力占该店营业额的20%～30%。

三级商圈，最难吸引消费者的区域，此商圈的消费力占该店营业额的5%～8%。

第三步，商圈的选择及评估：在商圈划定后，发展部人员开始规划将在哪些商圈内开店，主要选址目标是哪些。在选择商圈的标准上，既考虑到肯德基自身的市场(包括目标消费者/价格等)定位，更要考虑该商圈的稳定度和成熟度。餐饮品牌的市场定位不同，锁定的顾客群也不一样，商圈的选择也就不同。例如，必胜客和肯德基的市场定位不同，目标顾客群却是两个“相交”的圆，即顾客喜欢肯德基也可能喜欢必胜客，有的顾客可能从来不去必胜客却是肯德基的常客，或相反。但必胜客的商圈却与肯德基相同，如在南京新街口，肯德基与必胜客的店址相邻并分占了上下楼层。

1993年，南京肯德基的第二家分店店址在南京的山西路商业圈的少儿活动中心确定，该位置紧挨着那时属国内最有名的山西路步行街，这是一个仅次于南京新街口商业中心的、较成熟的一级商圈。选址人员按照标准的商圈和地点评估流程对该地点做了科学而专业的评估后，确定该地点的选择是令人满意的。餐厅一开业即门庭若市，生意兴隆，并迅速带动了这一商圈，使之更加兴旺，以至于在当时的南京商界曾经流传这样一种“傍大款”的说法：“选址跟着肯德基走，生意一定红火！”

由此可以看出，肯德基的选址理念是，努力争取在成熟的商圈和最集客的地方开店，即使其租金很贵！

第四步：店址选择和相关要素评估。

选择店址就是要确定该商圈内最主要的集客点。因此，集客点的选择也影响到商圈的选择。因为一个商圈的主要集客点是这个商圈成熟度的重要标志。在一个成熟的商圈或有发展潜力的商圈内的店址是否有很大的集客点，肯德基通过候选店址门前的人流量统计即可做出评估。

由上可知，选择的地点恰当与否不但关系到连锁店的成败，而且关系到品牌和连锁体系的成败。可以说，肯德基选址的成功在于其有独特的选址理念、科学性及专业执行力。因此，连锁企业在选址过程中，应着重做好以下工作。

第一步，根据自身品牌的市场定位和直营店确定适合开店的商圈和位置条件，并将其过程知识化。

第二步，在确定进入的市场后，选址人员应根据选址战略的三大因素(消费者条件、交通条件及集客条件)和选址的流程来选择和评估商圈。

第三步，对候选的地点和房屋的相关要素进行仔细评估。

最后，在候选的店址中，尽可能选出两个地点，在对其优点和弱点进行比较后，选择更符合自身开店标准的地点，就是该店地点的最佳选址。

问题：

(1) 肯德基是如何成功进行选址的？

(2) 肯德基的选址策略对其商业成功具有哪些作用？

(3) 成功选址的关键性因素有哪些？

(资料来源：http://info.china.alibaba.com/news/detail/v0-d1023291320.html.)

阅读材料

重视别人

国际药品股份有限公司(MSI)是目前美国最大的特许经营药品零售商。该公司的利润主要来自特许经营费用、金融活动、销售给特许权购买人产品所得利润及从新开业的 MSI 特许药店得到的创业费，而前两种是收入的主要来源。

MSI 已发展并正在开拓大量的专业医药实践工作从而进一步支持 MSI 的医务工作者，包括质量保证项目、满足药品需要方不同要求的经营管理项目以及建立专业的用来监测病人的健康状况和适合的治疗药物的药疗软件系统项目等。

现在，MSI 的计划系统可以使一个立志于医药卫生事业的特许证申请者拥有成为自己企业老板的机会，并能够把钱投资到自己的专业经验、知识及技术上来。作为一个 MSI 特许权所有人，可以从巨大的特许经营系统中获利，并可降低所销售产品的成本，还拥有一个全国认可的专业形象并被顾客所信任。为了进一步加强 MSI 的领导地位和竞争优势，并给加盟者带来便利，MSI 提供给加盟者与药物生产制造者共同合作和发展的机会，并提供最新的疾病治疗计划。这些计划包括关于特殊疾病的说明的信息："处在危险中"的病人、特别的药物疗法和用于治疗的相关的仪器设备、对病人针对性的治疗教育，以及不断改善的健康结果。

作为一个 MSI 特许药店的拥有者或经营者，必须做的不仅仅是个产品销售商，不像其他的药剂师是以产品为中心，以过程为导向进行实践活动；他们是以病人为中心，以最后结果为导向的。

现在 MSI 的国际化发展规模正在迅速扩大，他们的加盟店铺已经开到了马来西亚、加拿大和墨西哥。另外，在印度尼西亚、泰国、文莱、新加坡和其他一些国家的许可协议也正在进行之中。

MSI 的特许经营之所以在世界范围内得到如此飞速的发展并得到消费者的认可，除去语言障碍和文化差异之外，关键是他们自身价值的吸引力——质量、服务、专业性、物有所值及他们对单个市场、风俗习惯的适应性。

准备加入 MSI 特许系统的加盟者们应该非常清楚地知道 MSI 并不打算在美国以外设立办事处或经营机构，也不准备在国外建立合资企业或对外投资。MSI 所寻求的规则是向那些合格的加盟者提供属于美国国内自己系统内部的专有技术和技术辅助的转让。这种转让是通过在圣路易斯公司总部举行的广泛的高级培训会议(6～10 天)和紧接着在加盟者自己国家进行的第二阶段的培训而实现的。总部至少每年要举行三次高级部门研讨会，其中有两次在任何一个加盟者的国家，另一次在美国。

在各种各样形式的培训过程中，MSI 将教会加盟者去表现得既像个特许权所有人又像个特许权购买人，方法就是向他们解释自己在做些什么和为什么这样做。于是，这些加盟者们就可以看到 MSI 在美国所实现的一切在他们自己的国家和零售药品市场也办得到，但加盟者们可能在事先得到 MSI 总部的许可的前提下对其中的某些内容做些改变。

要得到 MSI 的许可成为其加盟者通常需要经过以下步骤。

(1) 仔细阅读 MSI 提供的材料。

(2) 对当前市场进行评估——是否有必要建立一个小规模的零售特许药品商店。

(3) 确定在时间与资源(金钱与人力)上的投资对建立一个全球规模的药业零售系统是有必要的。

(4) 与 MSI 总部取得联系，要求得到一份经营许可协议的样本，以便作为参考。

(5) 安排到美国圣路易斯 MSI 总部进行参观，以便首先了解 MSI 系统的全貌，同时向公司展示自己的业绩和商业信用及针对许可协议中的商业条款进行磋商。

(6) 签署商业许可协议。

(7) 如果有必要，取得当地政府对协议的批准。

(8) 安排 MSI 高级管理人员到自己国家考察，并一同开始制订第一家店铺的地点选择计划和高级管理人员的培训计划。

(9) 在美国圣路易斯进行高级人员培训。

(10) 安排 MSI 人员到场进行第一家店铺的开业计划和活动。

(11) 安排第二阶段的培训，并开始准备下一家店铺的工作与事宜。

(12) 使自己的工作系统不断与总部保持联系并加强团队协作的精神。

以上所有这些步骤都必须在一年之内完成。

(资料来源：http://www.mallchina.net/new_50605.shtml.)

第 8 章　服务促销策略

教学目标

通过对本章的学习，理解服务促销的内涵和目标，掌握服务促销组合策略中的各种工具。同时，了解新经济环境下的服务促销方式创新。

教学要求

知识要点	能力要求	相关知识
服务促销概述	概括和理解服务促销的概念	(1) 服务促销的内涵与作用 (2) 服务促销与有形产品促销的区别 (3) 服务促销的目标
服务促销组合策略	(1) 理解服务促销组合构成要素 (2) 实际运用服务促销组合构成要素	(1) 服务广告的原则 (2) 服务人员推销的特点和原则 (3) 服务销售促进的类型 (4) 服务公共关系的任务和工具
服务促销方法创新	(1) 理解服务促销新方法 (2) 灵活运用服务促销新方法	(1) 网络促销的内涵和分类 (2) 网络促销的作用和方法 (3) 口碑传播的含义和特点 (4) 口碑传播的内容层次和影响因素 (5) 网络口碑传播

> 促销对于服务营销人员特别重要，因为在营销策略中它主要是一种短期元素，用来吸引顾客的注意力和激励他们迅速采取行动。
>
> ——洛夫洛克

基本概念

服务促销　服务促销组合策略　服务广告　服务人员推销　核心服务　服务销售促进　服务公共关系　网络促销　碑传播　博客营销　网络广告促销　网络站点促销　许可电子邮件营销　网络数据库营销

导入案例

“世界上最好的工作”

澳大利亚昆士兰州旅游局在 18 个国家发广告招聘“小岛管理者”(“Island Caretaker Great Barrier Reef”)。该工作任务轻松，每周只需工作 3 小时，主要内容是巡视一下小岛周边的动物及潜水者，定期将拍摄的照片和视频上传博客。作为回报，入职者工作 6 个月即可获得 7 万英镑(约合 72 万元人民币)的高薪。这个职位无需学历背景，只需良好的英语沟通能力及游泳潜水技巧。

海选始于 2009 年 1 月 9 日，终于 2009 年 5 月 6 日，选出“守岛人”工作则从 2009 年 7 月 1 日开始到 2010 年 1 月 1 日结束，活动持续了整整一年。为了吸引更多人参与，为网上申请提供了便利，这场海选活动的官方网站上，共有英语、日语、韩语、中文(简体和繁体)和德语五个版本。

招聘广告在网站 www.islandreefjob.com 上传播开后，200 多个国家的 34 684 人为竞争这一份年薪为 15 万美元的工作上传了申请视频。澳大利亚营销分析人士、媒体和营销网站 Mumbrella 的编辑 Tim Burrowes 说：“这次活动的公关已经做得很好了，而且因为广告视频和推广材料在社交类媒体上传播开来，活动的影响力更大了。”

昆士兰旅游部部长 Desley Boyle 表示，全世界对此次耗资 170 万澳元的活动反响热烈，其所带来的公关价值已达 7 000 多万美元。她在一份声明中说：“这次活动很大程度上依靠的是公共关系和社交网络的活动。”到目前为止，已经有超过 170 个国家的人士看到过这则招聘信息，无数的报纸网络进行新闻转载，超过 3 万人进行报名。

此次活动由澳大利亚机构 CumminsNitro 设计，将成为社交媒体营销活动的成功案例。

点评：服务促销方式的创新。

服务活动具有独特性，对服务组织及其服务进行促销与对产品进行促销存在很多差异。因此，为了进行有效的促销管理，服务促销必须遵循特有的原则，进行周密的计划与安排，灵活应用各种促销工具，如广告、人员推销、销售促进、公关宣传等。另外，随着技术的发展和服务理念的演进，服务促销又迎来了新的策略与方法，使服务组织拥有更有效和经济的品牌传播和沟通途径。本章主要介绍服务促销的内涵、目标、策略及创新方法等。

8.1 服务促销概述

服务营销者不仅要开发和提供优质的服务，制定有吸引力的价格，使它易于获得或接受，还必须与企业现有的和潜在的利益相关者和公众进行沟通，担当起信息传播和促销的角色。市场竞争越激烈，就越需要采取有力的促销措施促使顾客理解和接受服务企业的服务。

8.1.1 服务促销的含义和作用

1. 服务促销的含义

服务促销是指企业为了提高销售量，加快新服务的导入，加速消费者接受新服务的沟通过程。在服务促销过程中，服务企业综合运用各种服务促销工具，向消费者宣传报导本企业及其服务的信息，引起消费者的关注，激发消费者的购买欲望，促进和影响消费者的购买行为，从而达到扩大销售的目的。服务促销的实质是卖方和购买者之间的信息沟通。服务促销的目的不仅限于促使顾客购买，也可以被用来激励员工和刺激中间商。

2. 服务促销的作用

1) 缩短服务入市的进程

服务促销，旨在对消费者或经销商提供短程激励。在一段时间内调动人们的购买热情，培养顾客的兴趣和使用爱好，使顾客尽快地了解服务内容和该服务能够提供的利益、好处和满足感，加快新服务的入市进程。

2) 激励消费者初次购买

由于使用新服务的初次消费成本会高于维持原有的老服务，消费者一般不愿冒风险对新服务进行尝试。服务促销可以让消费者降低这种风险意识，接受新服务。通过消费者或店铺的员工亲自参与，服务促销能够激励消费者实施购买行为。

3) 激励使用者再次购买，建立消费习惯

当消费者试用新服务以后，如果是基本满意的，可能会产生重复使用的意愿，但这种消费意愿在初期一定是不强烈和不可靠的，服务促销可以帮助消费者实现这种意愿。一个持续的服务促销计划，可以使消费群基本固定下来。

特别提示

服务企业必须采取有力措施来强化顾客对本企业服务的理解和认知，并积极购买和消费其服务。

4) 提高销售业绩

毫无疑问，服务促销是一种竞争手段，它可以改变一些消费者的使用习惯及品牌忠诚。因受利益驱动，经销商和消费者都可能大量购买。因此，在服务促销阶段，常常会增加消费，提高销售量。

5) 增加市场份额，阻击竞争对手

无论是企业发动市场侵略，还是市场的先入者发动反侵略，服务促销都是有效的应用手段。市场的侵略者可以运用服务促销强化市场渗透，加速市场占有。市场的反侵略者也可以运用服务促销针锋相对，来达到阻击竞争者的目的。

6) 带动相关产品市场

服务促销的第一目标是完成销售。但是，在进行服务促销过程中，往往可以带动相关服务的销售。例如，旅行社进行海外旅游的促销，可以推动航空公司、保险公司，甚至是银行外汇业务的增加。

8.1.2 服务促销与有形产品促销的区别

服务促销与有形促销存在着一些差异。这些差异既受服务业特征的影响，又受服务本身特征的影响。

1. 服务行业特征造成的差异

总体而言，部分从事服务行业的企业仍以产品导向为主，只把自己当作服务的生产者而不是满足顾客需要的服务者，没有充分理解和重视促销在整体市场营销中应该扮演的角色。同时，许多小规模的服务企业认为自己没有足够的财力用于开展市场营销或促销，所以不重视促销活动。另外，很多服务企业对于可利用的促销方式仅局限于广告和人员推销，未能利用其他类型的行之有效而且花费不多的促销方式，从而导致促销方式单一及促销效果不佳。

2. 服务本身特征造成的差异

消费者对于有形产品市场营销和服务市场营销的反应行为有许多相同之处，但依然存在很大的差异。

(1) 消费者的态度。这是影响购买决策的关键。人们往往凭着对服务与服务表现者或出售者的主观印象来购买服务，而这种对主观印象的依赖性在购买有形产品时则没有那么重要。

(2) 采购的需要和动机。在这一方面，制造业和服务业大致相同。不论是通过购买实体产品或非实体产品，同类型的需要都可以获得满足。不过，有一种需求对服务业尤为重要，那就是对个人关注的欲望。凡是能满足这种需要的服务企业，必能使其服务产品与竞争者产生差异。

(3) 购买过程。在这一方面，制造业和服务业的差异较为显著。有些服务的采购风险较大，部分原因是买主不易评估服务的质量和价值。另外，顾客也经常受到其他人的影响，尤其是会受到对采购和使用有经验的相关人群的影响。而这种现象对于服务市场营销有着十分重要的意义。也就是说，在服务的供应者和顾客之间，有必要形成一种专业关系，或在促销努力方面建立一种口头传播渠道。这两种做法都可以促使服务促销更富有成效。

(4) 库存差异。有形产品的促销需要准备大量的库存以应对可能高涨的市场需求，而服务是不能够存储起来的。服务促销可以在任何一个既定时间创造需求，从而充分利用生产能力。当服务的正常售价和变动成本之间存在很大差距时，服务促销活动的效果将非常明显。例如，企业可以通过提供大幅度折扣刺激顾客增加服务使用量。

服务促销实施的准备过程更容易。有形产品进行促销时需要备足库存，以满足预期的需求增长，而且常常需要改变包装或重新制作标签。而服务促销不需要进行这样的准备，通常只需要为中间商或零售点准备售点展示即可。

但是，服务促销耗费的时间更长，宣传成本也更高。例如，酒店或宾馆进行促销活动时，无法与大量非用户进行免费接触，因此需要更多的广告投入令消费者获得服务促销的信息。而大多数消费者至少每周去一次超市，因此超市可以频繁、大范围地与消费者接触，在短时间内将促销信息进行广泛的传播。这是服务促销很难实现的。

8.1.3 服务促销的目标

服务促销的目标与产品促销大致相同，直接与其所提供服务的产品生命周期紧密联系在一起(见表 8-1)。一般而言，在产品生命周期的导入期和成长期，服务促销的目标是与顾客沟通并描述所提供服务的各种利益，建立顾客对该服务产品及服务公司的认知和兴趣。在产品生命周期的成长和成熟期，服务促销的目标侧重于使服务内容和服务公司本身与竞争者产生差异，以及建立并维持服务公司的整体形象和信誉。在产品生命周期成熟和衰退期，服务促销的目标则是说服顾客继续购买或使用该项服务，与现有顾客保持持续性的接触，从而不断巩固服务提供者与顾客的关系。

表 8-1 服务促销的目标

产品生命周期	服务促销的内容	服务促销的目标
导入期和成长期	提供信息	传递服务内容；鼓励试用；创建品牌知名度；为后期的促销做准备
成长和成熟期	提供信息和说服	建立、提升并维护公司形象；创造区别于竞争者的差异性；诱导需要，促成销售
成熟和衰退期	劝说和提醒	鼓励重复购买，稳定销售；与顾客保持联系；巩固与顾客的关系

知识链接

促销目标中可以有销售目标，但销售目标并不是促销指标的全部。麦当劳的促销目标一直未变，沿用至今，其中对每次活动有如下规定：①把握客户，提高新客户及老客户到店率；②争取顾客的每次消费额有所增加；③把握商圈，增进社会关系。由此我们可以看出，企业促销的目标其实具有多样性，销售量只是其中之一。

因此，从本质上说，促销是一种面向顾客、公众或渠道的说服和沟通，是一种消费引导。所以，促销目标不应仅局限于销售目标，而是一个更大范围的沟通与传播目标，信息传递的到达率、新产品认知率、品牌的知名度和美誉度的提升、品牌形象与核心价值的强化、老顾客的回头率等指标一样可以成为促销目标。

8.2 服务促销组合策略

服务促销组合策略是营销人员用来传递服务信息的多种沟通方式的组合。服务促销组合主要包含四种要素，即广告、人员推销、服务销售促进和服务公共关系。

不同的沟通要素因为各自可传递的信息类型和可接触的细分市场类型的不同而有不同

的职能。在面对消费者的营销沟通中，广告一般是最具有主导性的要素。它通常会成为营销人员和潜在顾客之间的第一次沟通接触。在工业品或企业对企业的市场，每个顾客购买数量相当巨大，人员推销往往具有相对较高的重要性。服务销售促进可以被看做是带有刺激性的沟通，其经常采取的形式是降价。它的目的不是促使顾客购买，而是激励雇员和刺激中间商。服务公共关系则是通过与企业外部环境的沟通为企业营造一种有利的发展氛围，扩大企业在公众心目中的形象。

对服务企业来说，各种不同的沟通要素都是非常有用的工具。营销人员一项重要的工作就是选择最合适的沟通要素组合，并对每一个选中的要素确定最有效率和效益的传递通道，利用各个要素之间的互补性来共同创造营销效果的佳绩。

8.2.1 服务广告

依赖所使用的媒介和实质性的资料，广告可迅速抵达大量的受众，为他们提供有价值的信息、有说服力的论点和强有力的提醒。另外，广告还可提升服务的形象。和有形商品的营销一样，广告是组织向顾客传递信息的主要手段，且常常作为一个组织促销工作的基石。

然而，无形的服务产品的广告与有形物品的广告存在很大差异。基于服务的一般特征，即服务是行为而不是物体，服务广告的有效性一直受到人们的质疑。根据一份美国不同职业团体对广告所持态度的调查表明，仅靠广告一项，对消费者的购买决定并不会起重要作用。在消费者选择的过程中，人际互动极其必要。只有从接触中消费者才能获得正确的信息。

因此，广告不仅要鼓励消费者购买服务，还应把雇员当作第二受众，激励他们提供高质量的服务。为了达到这个目的，服务企业在做广告时要使用自己公司的雇员，而不是使用模特。同时，还应该提供一些有形的线索来冲销服务的无形特征——不只是展示员工，还包括物质设施，如提供服务的场所。

1. 广告的指导原则

服务业利用广告的趋势在逐渐扩大。基于服务业的特征，服务业在利用广告时，应当遵循以下指导原则。

1) 信息简单明确

服务业的广告要以简单的文字和图形，传达所提供服务的领域、深度、质量和水准。不同的服务具有不同的广告要求，因此，广告需要通过简明精练的言辞，用不同的方法和手段来传送广告信息，发挥良好的广告效果。

2) 强调服务利益

广告所强调的利益必须与顾客寻求的利益一致，强调服务的利益能引起消费者的注意，因此，广告中所使用的利益诉求，必须建立在充分了解顾客需要的基础上，确保广告的最大影响效果。

3) 承诺适当

企业的承诺应当务实，不应提出让顾客产生过度期望而公司又无力达到的允诺。这意味着，有必要使用一种可以确保表现的最低一致性标准向顾客承诺。对不可能完成或维持的服务标准所作的允诺，往往造成对员工的压力和顾客的不满。最好的做法是，只宣传最起码的服务标准，如果能做得比此标准更好，顾客通常会更高兴。

4) 对员工做广告

服务企业的员工也是广告的潜在对象。广告者所要关心的不仅是如何激励顾客购买，而且更要激励自己的员工去表现。在设计广告时把员工考虑在内，将使组织大受其益。以一种积极的态度来描绘员工的广告，能激励员工士气。对从事服务活动的员工进行描写，不失为一种强化员工培训的有效工具。前者对外发送一种微妙但强有力的信息，即组织是如何看待其员工的；而后者表明组织对员工的服务表现的期望。多年来 Delta 航空公司一直把其现实中的员工作为广告明星，并依赖它来确立组织以人为本的市场定位。

5) 提供有形线索

广告者应该尽可能将有形线索作为提示，可以克服服务的无形性和高感知风险，增强促销努力的效果。知名的人物和物体(如建筑、飞机)经常用来作为有形的展示，譬如，让职业高尔夫球手泰格·伍兹(Tiger Woods)作为美国运通公司的代言人，联合包裹服务公司在广告中对其服务设施和设备进行展示。

6) 发展广告的连续性

服务公司可以通过在广告中，持续连贯地使用象征、主题、造型或形象，以克服服务业的两大不利之处，即非实体性和服务产品的差异化。英国航空公司成功的“Fly the flag”标语广告，就是受益于连续性地使用某些品牌和象征，使之变得非常眼熟。

营销案例

国际快件公司的系列广告

DHL 国际快件公司在日本国内实施了一个以“DHL——全球商业邮件快递”为主题的系列广告宣传计划。该公司以电视、报纸及各种专用宣传品为媒介，广泛地开展广告宣传活动。

通过一系列的广告宣传，使 DHL 的“纯粹认知率”(首位提名)在一般商务人员中，由原来的 18%增加到 30%，在从事国际商务工作人员中的比例由原来的 34%提高到 59%。这次广告活动在两个阶层中都取得了显著的成效。同时，对中小企业中的顾客层也产生了很大的影响，最好的证明就是小件化货运部门的营业额正在持续增长。

2. 广告的作用

服务企业的广告与对有形产品做广告存在很大差异。因为，服务广告不只是鼓励消费者购买服务，还要把企业员工当作第二受众，激励他们提供高质量的服务。其主要作用包括以下几个方面。

(1) 塑造企业品牌形象。服务企业的广告包括说明企业经营状况、各种活动、提供服务的特殊之处、企业的价值观念等方面。这些内容可以帮助和塑造顾客对企业及其服务的了解和期望，传达品牌个性，帮助企业建立品牌形象，培养消费者对企业及其服务产品的信任度与忠诚度，从而间接推动销售，帮助企业巩固市场。

(2) 引导企业员工。服务企业所做的广告诉求对象包括顾客和企业员工，因此服务广告除了要建立顾客对企业的认同和了解外，还必须充分地表达和反映企业员工的观点，并让他们对企业服务加深了解。只有这样，广大员工才能更好地支持与配合企业的市场营销工作。

(3) 传递产品信息。广告能帮助消费者认识和了解服务产品的内容、特点、购买地点和购买方法、价格等内容，从而起到传递信息的作用。

(4) 巩固与中间商的关系。广告有助于直接与间接地建立并巩固与中间商的合作关系，使中间商对企业及其品牌产生信赖感与忠诚度，增强中间商的合作信心。

(5) 刺激需求，促进销售。设计良好的广告能诱导消费者的兴趣和感情，引起消费者购买该服务产品的欲望，直至促成消费者的购买行动。

3. 服务广告决策

服务的广告决策过程一般分为确立营销战略、确定广告标的、确定广告目的、确定广告预算、明确广告的信息及传播媒体、实施广告宣传和评估广告效果等几个步骤，如图 8.1 所示。

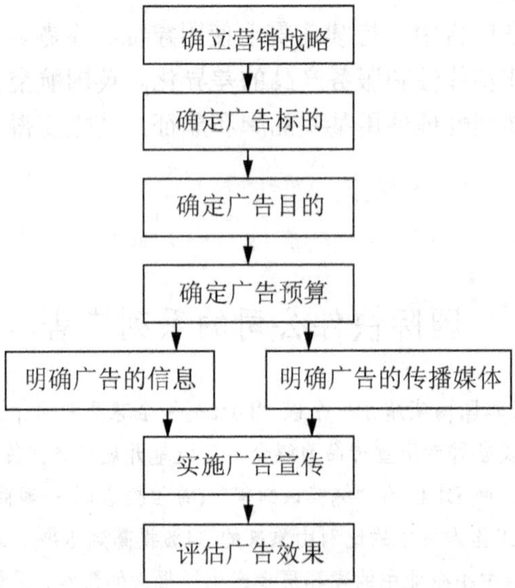

图 8.1 服务广告决策的步骤

1) 确立营销战略

广告是促销策略的组成部分，而促销策略则是营销组合的一个部分。因此，广告战略要与其他促进形式的营销组合要素相互协调，具体包括服务的感受、价格、销售、生产过程、与顾客接触的人员和具体环境等。

2) 确定广告标的

标的是指广告的接收人群。针对个人购买的服务，一般按照社会经济角度确定标的的接收者，如性别、年龄、生活习惯、购买频率等。而针对组织购买的服务，接收者一般是按照行业特点、专业层次、企业规模等来区别的。

3) 确定广告目的

广告的目的包括：宣传购买服务的好处；劝说尝试服务；对服务进行区别；保持顾客的忠诚；纠正错误的感觉；给服务定位；记忆；支持通过人员销售。根据不同的目的，确定不同的广告媒体和传播方式。

4) 确定广告预算

广告预算的安排方法主要有四种依据：销售比例、可支配资源、竞争对手、专门目的。这四种安排方法分别从不同的角度来考虑，各有不同的优点和缺点，服务企业可根据企业的实际情况及市场竞争情况，灵活安排广告预算。

5) 明确广告信息

信息是“平台”，能转换成吸引标的接收者的象征、语言、图像、声音，对其选择起到积极的作用。信息要善于解释，使信息的接收者清楚地理解信息内容。重要的一点是用简洁的语言说明，而且能体现自己的竞争优势。

6) 明确广告的传播媒体

为确保选择最佳的广告媒体，选择时应综合考虑以下因素：接收者的特点、接收者接受媒体的时间和渠道、广告对接收者的作用大小、沟通效果的持续时间、沟通宣传的成本等。不同媒体的优缺点见表 8-2。

表 8-2　不同媒体的优缺点比较

媒体种类	优　点	缺　点
电视	提供影像、声音和动感，引起注意，普及面广	成本高，展示时间短，观众选择性小
广播	普及面广，针对一个细分市场的观众，较便宜	听众的注意力较弱
报纸	灵活性，及时性，针对地方市场，来源可靠	寿命短，不易保存
杂志	针对细分市场，来源可靠，很好复制，寿命长	不灵活，等待时间长
户外形式(广告牌、电子显示屏、海报、运输车辆等)	灵活性、可重复展示、比较便宜	针对性不强，“大规模市场”展示时间比较短
直接(邮递、电话营销传真、电子邮件)	针对有选择性的单个顾客，有灵活性	盲目性较大，很难引起注意

7) 实施广告宣传

实施广告宣传的具体步骤是，对不同媒体分配必要的资源；筛选合适的媒体；确定插播或刊登的频率；协调广告与其他促进方式的配合；组织广告宣传的落实；选择广告代理；向代理付款。

8) 评估广告效果

广告促销效果，是指广告接受者的反应，可以通过相应的技术方法对广告效果进行评估，主要包括预先调研(主要技术是意见调查、生理现象测试、可读性测试和营销测试等)、同期调研(主要技术是市场跟踪等)和事后调研(主要技术是认识、记忆、态度转变和销售测试等)。

8.2.2　人员推销

对于复杂或价格昂贵的服务，人员推销不失为一种有效的信息传递与劝说手段。人员推销的面对面特征，允许销售人员对顾客的提问做出及时反应，并可对服务产品进行全面的讲解与解释。在促销专业服务(如法律咨询、建筑咨询等)和企业对企业服务(如广告公司、科研公司等)时，人员推销是促销组合中的关键性要素。

1. 人员推销与有形产品推销的差异

人员推销的原则、程序和方法，在服务业和制造业的运用上具有许多相似的地方，如销售工作必须予以界定；应该招募合格的推销员并对其进行训练；应该设计并执行有效的奖酬制度；销售人员必须进行监督和管理。但是在服务市场上，这些工作和活动的执行手段与制造业市场存在一定程度的差异。

(1) 消费者对服务采购的看法：①顾客认为服务业与制造业相比，服务业缺乏一致的质量；②采购服务比采购产品的风险高；③采购服务似乎总有比较不愉快的购买经验；④服务主要以某一特定卖主为考虑对象；⑤决定购买一项服务的时候，对该服务业公司的了解程度是一项重要因素。

(2) 顾客对服务的采购行为：①顾客对于服务不太作价格比较；②顾客对服务的某一特定卖主寄予最多关注；③顾客受广告的影响较小，受别人介绍的影响较大。

(3) 服务的人员销售：①在购买服务时顾客本身的参与程度很高；②推销人员往往需要花很多的时间来说服顾客购买。

2. 服务人员推销的指导原则

据调查，服务采购所获得的满足，往往低于对产品采购的满足。此外，购买某些服务往往有较大的风险性，因而服务业比制造业更应采取一些降低风险的策略。在服务营销的背景下，人员推销有着许多指导原则。

1) 发展与顾客的个人关系

服务业公司员工和顾客之间良好的个人接触，可以使双方相互满足。服务业公司以广告方式表达对个人利益的重视，必须靠市场上真实的个性化关心协助实现。同时，在发展与顾客的关系时，要注意下列问题。①实现的费用很高。②雇用员工的增多将增加服务表现不稳定的风险。③引发公司组织管理上的问题。若要提供高水平的个性化服务，则服务公司必须有对应的组织和资源才能做到，如支持设施，同时对顾客所需的服务水准要有充分详细的了解。④个性化关注通常必须付出标准化的代价，这就意味着服务业在提高效率方面可能遇到阻碍和问题。

2) 采取专业化导向

大多数的服务交易中，顾客总相信卖主有提供预期服务结果的能力，其推销过程若能以专业方法来处理，会更有效地实现销售和实现顾客满意。因此，服务提供者的外表、动作、举止行为和态度都必须符合顾客心目中一名专业人员应有的标准。

3) 利用间接销售

三种间接销售的形式在服务业中可以采用。

(1) 推广和销售有关产品和服务，并协助顾客更有效率地利用各项现有服务，以创造引导需求。例如，航空公司可以销售“假日旅游服务”，旅馆业销售“当地名胜游览”，电力公司销售“家电产品”以提高用电量。将相关的服务业和其他服务或产品互相联系起来，可以给保险、银行、干洗和旅游等服务业，提供更多的销售机会。

(2) 利用公断人(referees)、见证人(testimonials)与意见领袖(opinion leaders)，以影响顾客的选择过程。在许多服务业，顾客必须依赖他人给予协助和建议(如保险代理业、旅行社、投资顾问、管理顾问咨询、观光导游业)。因此，服务业的销售者应该多利用这类有关的参照群体、舆论意见主导者与其他有影响力的人，以增进间接销售。

(3) 自我推销。这种方式在某些专业服务领域使用得相当普遍，包括较为非正式的展露方式，如对公众演讲、参与社区事务、加入专业组织会员及参加各种会议讨论和课程等。

4) 建立并维持有利的形象

形象建立和形象维持在服务营销上是一个重要要素。因为，服务的高度非实体性意味着服务的名声和主观印象是营销所依赖的重点。其次，非营销者影响力来源(如口传)在服务业营销上也不能忽略。其他使用者或非使用者对于服务推销和形象形成都有其一定的贡献和影响。因此，人员推销对服务组织的整体形象具有很大的影响。顾客往往从公司推销员的素质，判断这个服务业公司的优劣。推销人员的礼仪、效率、关心度和销售技巧，都会影响或提高既有的公司形象，而形象建立的其他方式，如广告和公关，也都同样具有助推作用。

5) 销售多种服务而不是单项服务

在推销核心服务(core services)时，服务组织可从包围着核心服务的一系列辅助性服务中获得利益。同时，这也使顾客采购时较为简易、便利并省去许多麻烦。假期承包旅游服务就是一个明显的例子，即一系列的多种服务可以从顾客的立场出发，合并成为只需要一次购买的服务。事实上，目前保险公司、航空公司、银行和零售业公司都已经扩充了其所提供的服务项目范围(如财务处理)，所有这些补充性服务(supplementary services)都具有强化核心服务(如旅行、风险分散、信用)购买驱动力的作用。

6) 使采购简单化

顾客可能不易了解服务产品的概念，其原因可能是顾客不经常购买(如房子)，也可能是因为顾客利用服务是在某种重大情感压力(emotional strain)之下(如使用殡仪馆服务时)。在这类情形下，专业服务销售人员应使顾客的采购简易化，也就是说，以专业方式照顾并做好一切，并告诉顾客服务进行的过程即可，以尽量减少对顾客提出各种要求。

8.2.3 服务销售促进

服务销售促进(sales promotion)，又称营业推广，是指服务企业运用各种短期诱因鼓励消费者和中间商购买经销企业服务的促销活动。服务销售促进能制造轰动效应，并可在短时间内为一个服务组织衍生出新的业务。如竞赛、抽奖和样品赠送等服务销售促进措施，为服务组织从竞争者中脱颖而出准备了工具。例如，麦当劳推出的游戏促销，曾引发了一场轰动。而当一个服务组织存在过量产出能力时，销售促进特别适合被用来刺激需求。

1. 对消费者进行服务销售促进的类型

对消费者进行服务销售促进的对象是最终购买者。这是最直接的促销方式，使用频率很高，其中主要包括八种方式。

(1) 赠寄代价券(coupons)。即以邮寄或广告等形式附赠小面额的代价券，持券人可凭券在购买服务时得到优惠。

(2) 价格折扣(price-off)。即直接采用降价或折扣的方式招徕顾客。

(3) 商业贴花(trade stamps)。即消费者每购买一定服务就可以获得一张贴花，若筹集到一定数量的贴花就可以换取这种服务或奖品。

(4) 赠送样品(samples)。即以实物赠送给消费者，使服务的内容得到了解及接受。

(5) 奖品(premium)。一种是顾客将购买凭证(如发票)换取奖品；另一种是在消费者购买服务时将奖品赠与给顾客。

(6) 附加赠送(bonus packs)。即按消费者购买服务金额比例附加赠送同类服务。

(7) 竞赛抽奖活动(contests)。即通过竞赛或抽奖活动，将奖品发给优胜者，吸引消费者。

(8) 点促销(point of purchase)，又称 POP 广告，即放置于店面的广告物，如放在架子上的小卡片、小册子，或竖在门口的大型夸张物件，或悬挂在天花板上的标语等。

2. 对经销商进行服务销售促进的类型

把服务卖给消费者的是经销商，所以对经销商促销，提高他们的积极性，也是非常必要的，主要有以下六种方式。

(1) 广告技术合作(co-op advertising)。即通过合作和协助方式，赢得经销商的好感，促使他们更好地推销企业服务。例如，与经销商合做广告，提供详细的服务产品技术宣传资料，帮助经销商培训销售技术人员，以及帮助经销商建立有效的管理制度，协助店面装潢设计等。

(2) 业务会议和贸易展览(sales meetings＆exhibitions)。即邀请经销商参加定期举办的行业年会、技术交流会、服务产品展销会等，以此传递服务信息，加强双向沟通。

(3) 交易推广(deal promotion)。即通过折扣或赠品形式来促销和促进与经销商的合作。

(4) 经销商竞赛(sales contests)。与对消费者促销中的竞赛活动不同，它是指采用现金、实物或旅游等形式来刺激经销商以达到促销目的。

(5) 企业刊物的发行(business publication)。这是企业定期对经销商传达信息、保持联系的一种有效做法。

特别提示

销售促进对于服务人员特别重要，因为它是一种短期因素，能用来加快服务的推进、吸引顾客的注意力和激励他们迅速采取购买行动。

8.2.4 服务公共关系

1. 服务公共关系的含义

服务公共关系(public relation)是指服务组织为改善与社会公众的关系，促进公众对服务组织的认识、理解及支持，达到树立良好组织形象、促进商品销售目的的一系列公共活动。作为社会环境中的一个组成部分，服务组织需要与其他社会组织、集体或个人及周围的各种内部、外部公众建立良好的关系。其具体活动包括评估社会公众的态度，确认与公众利益相符合的个人或组织的政策与程序，拟定并执行各种行动方案，提高主体的知名度和美誉度，改善形象，争取相关公众的理解与接受。

由于企业不是生活在真空之中，而是处于激烈竞争、瞬息万变的环境之，企业不仅内部存在多种关系，并且与外部有着千丝万缕、纠缠难解的关系，即社会公众关系。公众对企业的各项营销活动起着关心、支持、监督、检查或阻挠、干预的作用，所以建立和发展良好的公众关系，对于一个企业，特别是对一个参与国际市场竞争的大企业，就显得至关重要。

服务公共关系是服务促销的一种非常有效的手段，其效果在促销全新的或高风险的服务产品时尤为明显。服务公共关系能够帮助组织树立一个良好的形象，并以一种令人信服的方式来向社会推荐创新型或风险型产品。例如，媒体评论与宣传是戏剧、舞蹈等产品取得成功的关键。在大量的其他服务行业中，宣传在新服务的早期接受过程中也扮演着类似的角色。服务公共关系能抵消飞机坠毁或食物中毒等服务事件的负面宣传。另外，把服务同受欢迎事件(如音乐会、体育赛事等)或社会责任(如环保或公益事业)联系起来，能生成服务产品的特有魅力。

2. 影响服务公共关系的显著性要素

服务和产品的公关工作基本上并无差异。两者在竞争性公关的内容及诉求方面都是相同的，而且均建立在三项具有显著性要素的基础之上。但是，服务公共关系在争取报纸杂志评论版面的方式、公关目标、公关工作对于服务业公司的重要性等方面略有不同。

(1) 可信度(credibility)。新闻特稿和专题文章往往比直接花钱买的报道具有更高的可信度。

(2) 解除防备。公关是以新闻方式表达，而不是以直接销售或广告方式，更容易被潜在顾客或使用者所接受。

(3) 戏剧化(dramatization)。公关工作可以使一家服务业公司的一种服务产品戏剧化。

3. 服务公共关系的任务

一般而言，服务公共关系的任务被认为是在各种印刷品和广播媒体上获得报道版面，以促销或“赞美”某个产品、地方或个人。目前，随着公关宣传的日渐普及，它还有助于完成下述任务。

(1) 协助新任务的启动。公关宣传能够帮助组织树立一个良好形象，进而容易使其以一种令人信服的方式向社会推荐创新型或风险型服务。例如，媒体评论与宣传是电影、戏剧等推出新项目的首选手段，大量的其他服务行业中，宣传在新服务早期接受过程中也会扮演类似角色。

(2) 建立维持形象。如果服务成为积极的新闻素材，能向顾客散射迷人光彩，有助于树立品牌形象。作为技术领先者或顾客服务冠军，可能使服务组织被提及，从而推动在顾客心目中形成高品质、高信誉的形象。

(3) 解决问题和麻烦。公共关系能抵消服务事件的负面宣传，帮助企业免受灾难性打击。

(4) 加强定位。步入成熟期的组织，通过媒体的经常报道或组织精心策划的公关宣传，有助于顾客保持认知和加深定位，沃尔玛的“天天低价”如此深入人心，公关宣传功不可没。

4. 服务公共关系的工具

(1) 宣传报道。这是介绍新服务的重要工具，它通过发表免费新闻消息或肯定的评价帮助广告商解释服务的新颖之处。宣传报道的信息要想被新闻单位采用，信息必须实事求是、真实可靠，而且应包含媒体和受众都会感兴趣的内容。如果宣传报道中的信息投媒体所好，它就一定会被媒体采用，这样就推动了新服务的认知。

(2) 事件赞助。公关经理可以通过赞助有足够新闻价值的事件或社区服务实现新闻覆盖率。同时，这些事件也有助于提高品牌知名度。曾经被宣传的沸沸扬扬的 IBM 的超级计算机“深蓝”与俄罗斯国际象棋大师卡斯帕罗夫之间的对抗赛，所取得的有利免费宣传报道，使宣传对抗赛的 IBM 国际互联网网站，在比赛高潮时吸引了 10 万访问者，成为万维网中访问频率最高的事件之一，这些网站大获其益。

(3) 公益赞助。宣传公众赞许事件的“绿色营销”已成为企业吸引注意力和忠诚度的一种重要方式。很多消费者，尤其是长者、女士、受过高等教育的人，公开声明他们偏好企业的环保产品，并愿意为这些产品付更多的钱。借助将品牌定位为生态产品，营销人员可表达他们对环境和社会的总体关注。例如，麦当劳已不再用泡沫塑料盒包装汉堡包，以努力减少垃圾。类似地，沃尔玛开设了一家环保商店来满足消费者拯救环境的愿望。该商店的空调系统使用不破坏臭氧层的制冷剂，浇灌园林用的水是从停车场和屋顶上收集来的雨水，天窗将自然光引入店内，车栏是用可降解的塑料制成的，停车场是以可回收的沥青铺成的。

(4) 国际互联网网站。公共关系工具的国际互联网网站是营销领域中的一种新现象。起初，很多营销人员只通过网站宣传产品或服务，现在公共关系人员发现这些网站是发布改进服务、发展战略联系及取得经济收入的良好工具。企业的新闻发布、技术文献及产品信息，有助于新闻界、消费者、潜在购买者、行业分析家、股东及其他人了解企业的服务。网站也是新服务产生构想和推进改进的公开论坛，并可以获得访问者的反馈信息。

营销案例

只有一位乘客的飞机

报载，英国航空公司所属波音 747 客机 008 号班机，在准备从伦敦飞往日本东京时，因故障推迟起飞 10 小时。为了不使在东京候此班机回伦敦的乘客耽误行程，英国航空公司及时帮助这些乘客换乘其他公司的飞机。190 名乘客欣然接受了这一安排，改乘别的班机飞往伦敦。但其中一位日本老太太却不肯换乘其他班机，坚决要乘 008 号班机。

按照一般理解，第一，这位日本老太太的要求实在过分，甚至可以说是无礼，完全不必理睬；第二，专为她一人飞，要造成很大损失，而不接受她的要求，不会有很大的不良影响。但令人吃惊的是，英国航空公司最后竟答应了她的要求，原本另有飞行安排的 008 号班机照旧飞往东京然后飞回伦敦。

于是，一个罕见的情景出现在人们面前：从东京到伦敦，长达 13 000 千米的航程，在英国航空公司的 008 号班机上只载着一名乘客，这就是这位日本老太太。她一人独享该机的 353 个飞机座席，以及 6 位机组人员、15 位服务人员的周到服务。有人估计，这次只有一名乘客的国际航班使英国航空公司至少损失约 10 万美元。从表面上看，这确实是个不小的损失。但是，该公司由此获得的声誉却是无法估价的。不必由他们自己宣传，新闻界就已经把这件事宣传得妇孺皆知了。英国航空公司“顾客第一，服务第一”的做法，在顾客心目中树立了一个用金钱难以买到的良好形象。

8.3 服务促销方法创新

在互联网得到广泛应用的新经济环境下，服务促销方法也更为多样化。网络促销凭借其即时互动的鲜明特点，成为增长极快的服务促销工具之一。同时，口碑传播方式对于服务行业而言也非常重要，口碑传播式的个人推荐是顾客重要的服务信息来源之一。互联网和口碑传播的结合使企业在进行服务促销时更快捷、更具针对性也更为有效。

8.3.1 网络促销

1. 网络促销的内涵

网络促销是指利用计算机及网络技术向虚拟市场传递有关服务的信息，以引发消费者需求，唤起购买欲望和促成购买行为的各种活动。它具有以下几个特点。

(1) 网络促销是在互联网这个虚拟市场环境下进行的。作为一个连接世界各国的大网络，它聚集了全球的消费者，融合了多种生活和消费理念，显现出了全新的无地域、时间限制的电子时空观。在这个环境中，消费者的观念和消费行为都发生了很大的变化。他们普遍实行大范围的选择和理性的消费，许多消费者还直接参与生产和流通的循环，因此，网络营销者必须突破传统实体市场和物理时空观的局限性，采用虚拟市场全新的思维方法，调整自己的促销策略和实施方案。

(2) 网络促销是通过网络传递服务的存在、性能、功效及特征等信息。多媒体技术提供了近似于现实交易过程中的商品表现形式，双向的、快捷的信息传播模式，将互不见面的交易双方的意愿表达得淋漓尽致，也留给对方充分思考的时间。在这种环境下，传统的促销方法显得软弱无力，这种建立在计算机与现代通信技术基础上的促销方式还将随着这些技术的不断发展而改进。因此，营销者不仅要熟悉传统的促销技巧，而且需要掌握相应的计算机和网络技术知识，以一系列新的促销方法和手段促成交易。

2. 网络促销的分类

网络促销活动有很多种，现在最常见的有网络广告促销、网络站点促销、许可电子邮件营销、网络数据库营销及其他新的促销方式。网络广告促销是指通过信息服务商进行广告宣传，开展促销活动；网络站点促销主要是指利用企业自己的网络站点树立企业形象，宣传产品，开展促销活动；许可电子邮件促销是利用电子邮件向用户传递各种服务信息；网络数据库营销(internet database marketing)是一种交互式营销处理方法，它通过独特的可记载营销媒体和营销渠道(主要是互联网)将公司的目标客户、潜在客户资料，以及进行的交流沟通和商业往来信息存储在计算机的数据库中，向客户提供更多、更及时的服务，发现客户新的潜在需求，加强与客户的联系。

不同的促销方法各有其特点和优势。网络广告促销的特点是宣传面广、影响力大，但其费用相对偏高。网络站点促销具有快捷、方便，费用较低的特点，供求双方可直接在网上洽谈，成交的概率较高，但由于互联网上的网站日益增多，检索起来比较困难。许可电子邮件促销只向顾客发送其兴趣范围内的信息，减小了对顾客生活的烦扰，并且提高了企业对目标顾客的定位准确度。然而，人们往往会将电子邮件营销与垃圾邮件联系在一起。网络数据库营销可以帮助公司改进营销方法和营销策略，使公司能系统了解市场和把握市场，更好地满足市场需求。但建立起准确的数据库所需成本较高，并且耗时也较长，同时还需要专业人员进行协助，定期对数据库进行更新和维护。因此，合理地应用不同的促销方法，是提高网络促销成功率的关键。

网络广告促销主要实施“推战略”，其主要功能是将企业的服务推向市场，获得广大消费者的认可。网络站点促销主要实施“拉战略”，其主要功能是将顾客牢牢地吸引过来，保持稳定的市场份额。图 8.2 显示了这两种不同战略的运作过程。

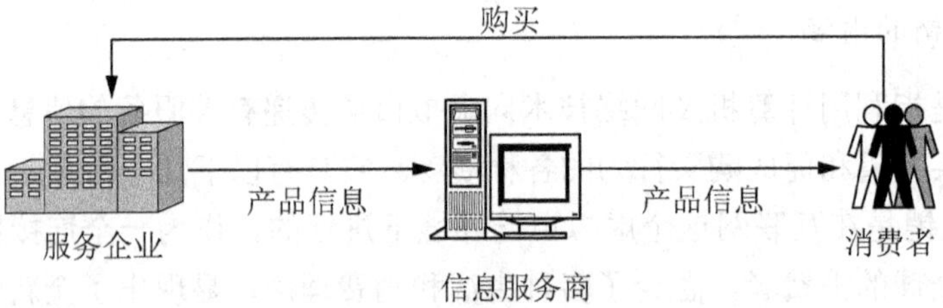

(a) 网络广告促销和“推战略”

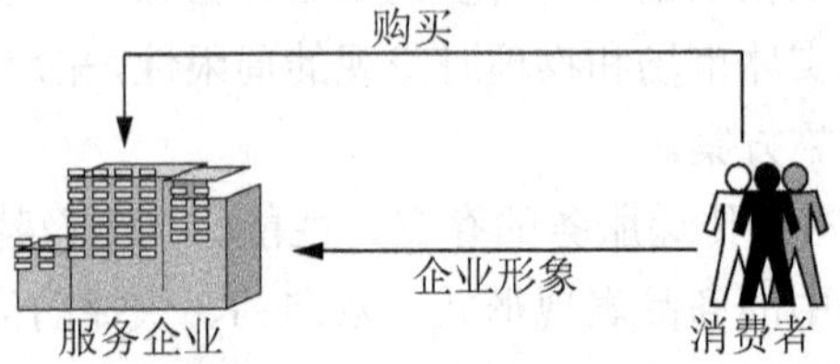

(b) 网络广告促销的“拉战略”

图 8.2　网络广告促销的两种战略

在服务产品的成长期，应侧重于网络广告促销，宣传服务的新性能、新特点。在服务产品的成熟期，则应加强自身站点的建设，树立企业形象，巩固已有市场。企业应当根据自身网络促销的能力确定两种网络促销方法配合使用的比例。

知识链接

在计算机世界中，“病毒”这个词令人恐惧。但网络营销中的病毒式促销并非是通过传播计算机病毒开展营销的。病毒式促销描述的是一种营销信息快速传递的方法。这种方法能抓住网民的心理特征，通过具有诱惑力的促销手段的应用，刺激网民利用互联网向他人传递营销信息，使营销信息被快速复制并传给数以万计乃至数以百万计的受众。由于这种促销方式传递营销信息的速度很快，与计算机病毒传播和扩散的方式类似，故而得名。

3. 网络促销的作用

1) 告知功能

将企业的服务、价格等信息通过网络传递给消费者，以引起他们的注意。

2) 诱导功能

网络促销的目的在于通过各种有效的方式，解除潜在消费者对服务的疑虑，建立其坚定购买的决心。例如，在许多同类商品中，顾客往往难以察觉各种服务产品间的微小差别。企业通过网络促销活动，宣传自己服务的特点，使消费者认识到该服务可能给他们带来的利益或特殊效用，进而选择本企业的服务。

3) 需求创造功能

运作良好的网络促销活动，不仅可以诱导需求，而且可以创造需求，发掘潜在的消费者，拓展新市场，扩大销售量。

4) 反馈功能

结合网络促销活动，企业可以通过在线填写表格或发电子邮件等方式及时地收集和汇总消费者的意见和需求，迅速反馈给企业的决策管理层。由此所获得的信息准确性和可靠性高，对企业经营决策具有较大的参考价值。

5) 稳定销售功能

在企业的销售量波动较大，市场地位不稳的情况下，通过适当的网络促销活动，树立良好的产品形象和企业形象，往往有可能改变消费者对企业及服务产品的认识，提高服务产品的知名度和用户对本企业产品的忠诚度，达到锁定用户、实现稳定销售的目的。

特别提示

互联网对于服务促销的作用，主要体现在网上广告和网上公关宣传对传统促销手段的革命性变革。

4. 网络促销的方法

1) 打折促销

打折促销是最常见的网络促销。所销售的服务必须有价格优势，这样才容易打折，或是有比较好的进货渠道。

2) 赠品促销

在客户购买服务时，可以给客户赠送一些附加服务或小赠品，带来主服务产品的促销，在赠品的选择上要选一些有特色的产品或是让客户感兴趣的产品。

3) 积分促销

许多网站都支持虚拟的积分，也可以采用积分卡，客户每消费一次，给会员累积积分，这些积分可以兑换小赠品或在以后消费中可以当成现金使用。

4) 抽奖促销

抽奖促销也是网络上促销常用的方法，抽奖时要注意公开、公正、公平，奖品要对大家有吸引力，这样才会有更多的用户对促销活动感兴趣。

5) 联合促销

如果你的网站与别家在服务产品方面具有互补性，可以进行联合促销，对扩大双方的网络销售均有好处。

6) 节日促销

节日促销时，应注意促销内容应与促销的节日关联，这样才可以更好地吸引用户的关注。

7) 优惠券促销

在顾客购买时，每消费一定数额或次数，便给顾客一定数量的优惠券，促使顾客下一次继续消费。

8.3.2 口碑传播

1. 口碑传播的概念

口碑传播是指一个具有感知信息的非商业传播者和接收者关于一个产品、品牌、组织和服务的非正式的人际传播。大多数研究文献认为，口碑传播是市场中强大的控制力之一。心理学家指出，家庭与朋友的影响、消费者直接的使用经验、大众媒介和企业的市场营销活动共同构成影响消费者态度的四大因素。由于口碑在影响消费者态度和行为中起到重要作用，因而其被誉为“零号媒介”。口碑被现代营销人士视为当今世界最廉价的信息传播工具和高可信度的宣传媒介。就营销研究领域而言，有人主张把口碑传播作为营销方法来研究，以丰富既有的营销理论。

知识链接

客户体验管理公司有一套被称为用户口碑宣传值(net promoter score，NPS)的系统，通过询问客户是否愿意将某产品或服务推荐给朋友、同事，以及愿意推荐的程度，获得一个得分(用户口碑宣传值)。这套系统根据用户口碑宣传值来评估服务的客户体验分数和收益增长情况。用户口碑宣传值可以作为评估顾客忠诚度的标准，行业领先的企业通常拥有较高的用户口碑宣传值。该公司认为，企业在市场中的位置不同，NPS 数值的高低对不同企业的意义不同。拥有高 NPS 值的成功企业可以轻松地将普通用户转化成企业的主动宣传者，NPS 太低的企业的首要目标是安抚平息那些发布对企业不利言论的批评者。从收益角度看，将 1%～2%的批评者转化成普通用户获得的收益比宣传者主动宣传企业获得的收益还大。

2. 口碑传播的特点

口碑传播属于非正式的人际传播，除具有双向性强、反馈及时、互动频度高、方法灵活等明显的人际传播特点外，还具有以下特点。

1) 针对性强

在信息超载的今天，营销人员的传播活动和人们的购买决定过程更加复杂。对消费者来说，有用的信息可以创造价值，极大地节省时间和精力，垃圾信息却会浪费时间和精力。大规模的广告宣传强迫消费者片面接受某一类信息，阻碍了消费者充分了解和比较其他信息。对营销者来说，日益复杂的传播活动不但增大了营销的难度、提高了成本，更减弱了传播活动的效果。

口碑营销传播借助公众间的人际传播方式进行，在这一过程中，每个人都是信息的发出者，也是信息的接收者，影响别人，也受他人的影响。传播者了解信息接受者的爱好和需求，可随时调整信息内容，满足对方需求，增强说服力，提高传播效果。消费者通过积极的交流回应也能及时地知道自己关心的消费品种类、品质、价格、市场供给状况及其变动趋势。对营销者来说，省去了高昂的媒体购买和广告制作费用，提高了传播到达率和投资回报效率，这是广告等大众传播手段无法企及的。

2) 可信度高

广告和销售人员宣传服务时一般都站在企业的角度，为服务提供者的利益服务，消费者有理由怀疑其真实性和准确性，不愿意接受那些明显带有商业目的、为企业的利益服务的宣传口号；口碑传播者是和自己一样的消费者，与服务的提供者没有密切的关系，独立于企业之外，也不会因推荐服务而获得物质收益。

此外，人际传播中的双方多同处家庭、朋友等群体中，其文化、观念、意见和价值判断相当接近，双方相互间容易理解和认同消费观念，容易相信和接受传播的信息。相对于企业的计划性信息，口碑传播信息更客观独立，更值得信任。

3) 传播成本低

“口碑传播”素有“零号媒介”之称，是最廉价的传播媒介，也是最可信的宣传工具。与广播电视、报刊日益上涨的宣传费用相比，口碑传播的成本是最低的。它利用人类传播信息的天性，不用另外付费，成本几乎为零。良好的口碑是企业的巨大财富，它的形成需要企业方方面面的配合，前期需要投入较大人力、物力、财力。口碑一旦形成，消费者就会自行宣传企业的服务，并且很容易形成稳定的忠实顾客，这会大大节省广告费用。好的口碑自然能得到良好的宣传效应，更重要的是人们对它的信任远远超过其他传播媒介。

4) 有利于树立良好的企业形象

口碑传播不同于广告宣传，前者是企业良好形象的象征，后者仅是商家的商业行为。口碑传播是消费者满意度较高的表现，夸张的广告宣传可能会引起消费者的反感。拥有良好口碑的企业往往受社会公众的拥护和支持，企业赢得好的口碑后，就能拥有高知名度和美誉度，拥有良好的企业形象。良好的企业形象一经形成就会成为企业的无形资产，有利于服务的销售与推广，有利于推出新服务。

5) 形成顾客忠诚

拥有良好的口碑是赢得回头客的保证，也是反映服务和品牌忠诚度的重要指标。消费者信任和喜爱口碑良好的企业，会在情感上认同、接受其服务和品牌，经由满意的体验而上升为依赖和忠诚。

营销案例

以服务赢得好口碑

以服务赢得好口碑，既可以提升消费者的忠诚度，又可以为企业带来直接的经济效益。忠诚的消费者会长期购买企业的产品和服务，愿意为此支付较高的价格，并为企业作有利的口头宣传，进而影响到其他潜在消费者的购买行为。

作为中国家电领先品牌，海尔电器在中国已经建立了非常完善的售后服务网络，并拥有一流的售后服务队伍。海尔电器的服务不仅是中国企业学习追赶的榜样，也是跨国家电巨头进入中国市场无法避开的一道门槛。

1995 年，海尔电器率先提出了“星级服务”，宗旨就是“用户永远是对的”，即用户就是衣食父母，只要能够不断为用户提供最满意的产品和服务，用户就会给企业带来最好的效益。

海尔电器坚信，服务的好处不仅仅在于眼前的收益，还在于赢得用户长期的信任感。而要赢得长期的信任感，就必须先树立“用户永远是对的”的观念，从而达到“零距离”服务。

与此同时，海尔电器“星级服务”的每次升级和创新都走在了同行业的前列。海尔电器认为，服务也是营销，只有通过持续性推出亲情化的、能够满足用户潜在需求的服务新举措，才能拉开与竞争对手的距离，形成差异化的服务，提升海尔服务形象，最终创造用户感动，实现与用户的“零距离”服务。

在奥运火炬全球传递前夕，可口可乐与腾讯网联合推出了奥运火炬在线传递活动。这个活动总共设计了8 888条路线，并通过网站招募了8 888名第一棒奥运火炬在线传递的形象大使。在这个火炬传递过程之中，腾讯网QQ用户可以通过邀请各自的亲朋好友加入奥运火炬在线传递，并最终形成了关于奥运火炬在线传递的热门话题。

于是，当QQ用户们习惯性地登录QQ账号时，就会惊奇地发现若干个亲朋好友已经悄然成为奥运火炬在线传递的形象大使，他们的QQ秀上也戴上了由可口可乐所颁发的特殊贡献勋章。而越来越多的QQ用户参与到奥运火炬在线传递形象大使资格的争夺之中，只要鼠标轻轻一点，QQ用户就可以实现自己参与奥运火炬在线传递的愿望。而且，这个资格还会作为QQ秀标签一直保持下去，让自己心中的奥运圣火持续熊熊燃烧。

毫无疑问，可口可乐所制造的“奥运火炬在线传递”这一独具创意的绝好传播点，取得了巨大的传播效应，并将可口可乐的营销和传播渗透到每一位年轻的消费者心中。截至2008年8月8日北京奥运会开幕式到来之际，已经有超过6 200万QQ用户参与了这一活动。与此同时，中国网民也用他们的热情创造了在线虚拟火炬传递的世界纪录。

3. 口碑传播的内容层次

1) 口碑传播活动

口碑传播活动涉及传播者的传播激情和传播细节。前者关系到口碑传播发生的频率和口碑传播的广度(传播者会向多少人传递口碑信息)，后者关系到口碑传播的深度(有多少口碑信息会被涉及)。接收者的规模、传播的频率及口碑信息的数量构成了口碑传播网，就营销角度而言，这些因素都是非常重要和必要的。

2) 口碑传播褒扬效应

顾客接受了高质量的服务之后会感到满足和愉悦，继而会产生向他人传递自身感受的冲动，这就是对服务供应商的褒扬。

3) 口碑传播负面效应

当顾客感知的服务质量低于顾客预期时，他们会感到不满，既而产生抱怨，并把这种感受传递给他人，口碑传播负面效应便产生了。因而，口碑传播其实是把“双刃剑”，当服务的质量未能随顾客期望的提高而不断提升时，口碑传播给服务供应商带来的只会是负面影响。

4. 口碑传播的影响因素

1) 口碑的主动搜寻

口碑的主动搜寻由主动搜寻和最终得到信息构成。在服务环境下，服务的无形性加大了选择风险，从而激发了口碑的主动搜寻。接收者会经常通过向传播者询问信息而发起有关服务的对话，最终口碑信息被了解并得到。因此，接收者寻找口碑的行为被认为是口碑传播过程中的一个重要组成部分。

2) 关系强度

口碑传播必然发生在一个特定的社会关系中，无论这个关系是短暂、浅薄或是瞬间即逝的，抑或是持久、根深蒂固或是永恒的。布里斯托尔(Bristor)(1990)阐释道，口碑传播网络是一个由一组参加口碑传播的人组成的社会网络。人与人的关系是一种基本的影响力，而其代表为关系强度结构。因此，关系强度成为口碑传播影响力的另一个重要因素。弗伦曾(Frenzen)和戴维斯(Davis)(1990)把紧密(closeness)、亲密(intimacy)、支持(support)和联系(association)看作这个要素固有的人际维度。

3) 感知风险

早期的研究者发现，能够感知风险的人较不能感知风险的人更趋向于主动的信息搜寻。顾客在购买服务时，往往具有比购买产品时更高的感知风险。而同样是服务，感知风险也有高低之分。例如，医疗比餐饮更有可能具备相关联的风险。当口碑传播活动越频繁时，需要承受的风险越大。为了努力降低这种风险，顾客频繁通过口碑传播得到有关服务的信息。Murray(1991)的研究报告指出，口碑是降低风险的最重要信息来源，并且对消费者产生更重要的影响。

4) 传播者的专门知识

专门知识是指信息源在多大程度上能够提供正确的信息。专门知识被希望能产生劝服的作用，因为接收者缺乏主动性，他们通过回想和复述自己的想法去检验信息源的真实性。从接收者的视角来看，口碑信息的传播者被认为占有高水平的专门知识，原因在于他(她) 的工作、社会训练、社会经历处在一个独特的位置上。一般而言，传播者的独特地位促成其专门知识。传播者的专门知识除了与口碑在多大程度上被主动搜寻有关之外，还有另外一个作用，即传播者的专门知识还会影响传播者的口碑对于接收者购买决策的影响。如果一个内行的传播者的口碑被搜寻，那么，这个信息预期能够影响购买者的购买决策。

5) 接收者的专门知识

接收者的专门知识水平对口碑传播的结果也有很大影响。它不仅能影响购买决策，还能影响接收者的感知风险和如何主动地搜寻口碑信息。研究证明，信息搜寻者的阅历(代表一种专门知识)多少和对外寻求信息的程度之间具有一种负面的关系。一般而言，具有高专门知识水平的人比那些具有低产品专门知识的人主动参与产品信息搜寻的可能性低。同样，我们可以认为，在服务环境中，具有较高服务专门知识的接收者主动搜寻口碑信息的可能性更大，对其购买决策的影响也更大。

5. 网络口碑传播

计算机和互联网的出现，给人际传播提供了新的方式，出现了通过计算机和互联网进行人与人的非面对面的信息交流传播(computer-mediated communication，CMC)人际传播，20 世纪 80 年代以来，整个世界掀起“网络革命”的浪潮，人类由此进入“网络传播”时代。网络传播颠覆了传统的人际面对面的传播方式，构建借助互联网媒体进行交流沟通的人际传播方式。人们也习惯了通过互联网来获取口碑传播信息。

网络技术的飞速发展使得人们之间的交流越来越密切，相互影响也与日俱增。2003 年之后发展起来的 Web 2.0 是相对 Web 1.0 的新的一类互联网应用的统称。Web 1.0 的主要特点在于用户通过浏览器获取信息，Web 2.0 的用户既是网站内容的消费者(浏览者)，也是网站内容的制造者。用户自己主导信息的生产和传播，打破门户网站惯用的单向传输模式。Web 2.0 具有更好的交互性和黏性，特点显著：一是个性化，即用户也是消息源，门户对消息的控制将被削弱，消息传播的渠道因此发生改变；二是真实化，在 Web 1.0 时期，网络上都是虚拟社区、虚拟个体，这对逃避现实的人产生巨大的诱惑力，但 Web 2.0 的基本原则是真实，其社区将推广实名制，即使每个人的名字不算真实，但个人资料起码是可信的，这在社会网络软件中体现得更加明显；三是相关性，用户以自身辐射出私有的可信赖的交际网络，无论是一度还是二度，都与每个用户相关。这为网络口碑传播的发展带来了更大的机遇，创造了最有利的环境。

在互联网环境中，人们具备了积极使用和参与媒体的条件，互联网受众的主体意识大大增强，其表现欲和“意见领袖”欲求也大大增强。人们在网上的活动不仅是被动浏览信息、收发电子邮件，还可以建立自己的信息发布平台，与众人分享自己的见解；还可以即时互动地与朋友聊天。网络的信息互动时代已经到来。口碑营销可以借助网络互动技术增强传播的有效性。

相比于传统的传播渠道，网络的口碑传播更活跃和积极，借助网络的力量，口碑传播的数量、广度和深度都会大大增加。

1) 电子邮件与口碑传播

电子邮件 Hotmail 是网络口碑营销最典型的案例。Hotmail 在邮件中设置链接，使得每位收到 Hotmail 邮件的人都可以很容易地通过该链接注册 Hotmail。用户每发送一封邮件，就为 Hotmail 进行了一次免费宣传。每位用户无形中都成为 Hotmail 的宣传者。Hotmail 的用户发展到 1 200 万仅用了 18 个月，其增长速度极快。电子邮件的兴起带来通信领域的重大变化，采用寄信的方式传递消息，要经过很长时间才能把信送到，这给远距离通信带来很多不便，重要的信息没能及时传递还会导致严重的危害。有了电子邮件，无论是远隔重洋的亲人，还是一个工作间的同事，都可以迅速将信息传达给对方，而且成本低廉，信息丧失实效性的风险也降低了。目前，电子邮件系统具有庞大的用户群，其潜在用户也十分可观。有些用户拥有两个或两个以上电子邮箱，但并非每个邮箱都经常使用，用户通常会挑选其中一两个作为常用邮箱。要抓住这些用户，电子邮件运营商需要了解这些用户对电子邮箱最关注的特性。许多电子邮件系统都采用了这种方式进行推广，如雅虎、网易、Gmail 等，它们在邮件链接中突显自己邮箱的特性：容量大、速度快、功能强、用户广等。

2) 博客与口碑传播

博客即网络日志，是一种表达个人思想和网络链接，内容按照时间顺序排列，并且不断更新的出版方式。有专家认为，博客是继 E-mail、BBS、ICQ(中国的 QQ)之后的第四种网络交往方式，是互联网著名的服务之一。

博客可以实现定位于建立在聚合效应基础上的口碑传播。它的价值在于实现了点与点的串联网络。在营销环节，博客同时扮演两个角色，既是广播式的传播渠道又是受众群体，能将媒体传播和人际传播结合在一起。通过博客与博客之间的网状联系扩散，放大传播效应。博客有聚合效应，能把有相同爱好、兴趣或者为特定目的而联系在一起的人聚合成“圈子”。例如，汽车爱好者可以加入“汽车圈子”，数码产品爱好者可以加入“数码圈子”，甚至喜欢喝酒的人都可以加入“品酒的圈子”。这样划分圈子，从营销角度来讲，实际就是分众，极易形成定向准确的广告投放受众人群，更易进行服务促销。

企业利用博客进行口碑传播时，需要发动广大 Blogger 的力量，让他们在自己的博客中记录自己的服务体验，以此吸引更多的人参与体验服务并记录在各自的博客上，从而实现“滚雪球”的口碑营销效应。目前，国内已出现在多家博客传播服务提供商，如 Bolaa.com 博客互动平台，他们长期积累博客精品信息资源，建立跨平台的庞大的分类博客作者数据库，因而使规模化的博客体验和口碑传播活动成为现实。近期，海底捞等企业纷纷尝试利用博客载体进行口碑传播，创造了“海底捞体”，取得了非常好的推广效果。

不过，在博客世界中，口碑是不折不扣的双刃剑——无论是正面的还是负面的，都能以“病毒式”速度广泛传播开来。如果一家企业能够将口碑的公信力、员工的真实观点和博客的传播力凝聚到一起，并从博客中听取、甄别和采用意见，那距离成功也就不远了。相反，部分企业不能有效利用博客，反而会招致许多麻烦。2004 年 9 月，美国 Kryptonite 车锁公司因为轻视消费者在博客进行的投诉，引发博客负面口碑的多米诺骨牌效应，短短 10 天内几乎被博客传播击垮。

本 章 小 结

在服务市场竞争日趋激烈的环境下，服务企业需要在服务促销方面进行不断地调整和创新。本章主要介绍了服务促销组合策略中的各种工具及新经济环境下的服务促销方式创新。服务促销组合策略包括广告、人员推销、服务销售促进和服务公共关系。服务促销与人员推销与有形产品促销有很多相似点，但也存在特有的指导原则。服务销售促进由于其促销的对象不同需要运用不同的方法进行有效促销。服务公共关系在争取报纸杂志评论版面的方式、公关目标、公关工作对于服务业公司的重要性等方面略有不同。网络促销和口碑传播作为新的服务促销方式已成为目前增长最快的服务促销工具。而互联网和口碑传播的结合使企业在进行服务促销时更快捷、更具针对性也更为有效。

名人名言

请在你离开我的希尔顿饭店时留下改进意见，当你再次光顾我的饭店时就不会再有相同的意见，这就是我的经营诀窍。

——康拉德·希尔顿(Konrad N. Hilton)

一个企业存在的目的，在于创造新客户及维系老客户。

——西奥多·莱维特(Theodore Levitt)

一个简单的接待比一个详细说明书要好。

——德国《营销杂志》

即使赠品是一张纸，顾客也是高兴的。如果没有赠品，就赠送“笑容”。

——松下幸之助

课后练习

一、复习题

1. 选择题

(1) 服务(　　)可迅速抵达大量的受众，为他们提供有价值的信息、有说服力的论点和强有力的提醒者。

A. 销售促进　　B. 广告　　C. 公共关系　　D. 人员推销

(2) (　　)的面对面特征，允许销售人员对顾客的提问做出及时反应，并可对服务产品进行全面的讲解与解释。

A. 服务销售促进　　B. 广告　　C. 服务公共关系　　D. 人员推销

(3) 企业刊物的发行属于对经销商进行服务(　　)的服务促销方式。

A. 服务销售促进　　B. 广告　　C. 服务公共关系　　D. 人员推销

(4) (　　)能够帮助组织树立一个良好的形象，并以一种令人信服的方式来向社会推荐创新型或风险型产品。

A. 服务销售促进　　B. 广告　　C. 服务公共关系　　D. 人员推销

(5) 口碑传播除具有双向性强、反馈及时、互动频度高、方法灵活等明显的人际传播的特点外，还具有(　　)特点。

A. 改善人力资源　　B. 加强定位

C. 稳定销售　　D. 可信度高

(6) (　　)是一种交互式营销处理方法，它通过独特的可记载营销媒体和营销渠道(主要是互联网)将公司的目标客户、潜在客户资料，以及进行的交流沟通和商业往来信息存储在计算机的数据库中，向客户提供更多、更及时的服务，发现客户新的潜在需求，加强与客户的关系。

A. 网络广告促销　　B. 许可电子邮件营销

C. 数据库营销　　D. 网络站点促销

2. 填空题

(1) 服务促销是指企业为了______，加快______，加速消费者接受新服务的沟通过程。

(2) 口碑传播是指一个具有感知信息的非商业传播者和接收者关于一个______、______、______和______的非正式的人际传播。

(3) 服务公共关系的工具包括______、宣传报道、______和______。

3. 判断题

(1) 不同的沟通要素因为各自可传递的信息类型和可接触的细分市场类型的不同而有着不同的职能。　　(　　)

(2) 服务促销的实质是卖方和购买者之间的信息沟通。　　(　　)

(3) 赠送样品即按消费者购买服务金额比例附加赠送同类服务。　　(　　)

(4) 使用服务销售促进手段，仅能够为消费者提供短期激励。 (　　)

(5) 网络广告促销的特点是宣传面广、影响力大、费用低。 (　　)

(6) 在营销环节，博客同时扮演两个角色，既是广播式的传播渠道又是受众群体，能将媒体传播和人际传播结合在一起。 (　　)

(7) 为克服服务的无形性和高感知风险，服务广告者应该尽可能将有形线索作为提示，才能增强促销努力的效果。 (　　)

(8) 公共关系不能让企业抵消服务事件的负面宣传，帮助企业免受灾难性打击。 (　　)

4. 问答题

(1) 服务促销与有形产品的促销有哪些差异？

(2) 服务促销的目标是什么？

(3) 广告的指导原则包括哪些内容？

(4) 如何理解公共关系在服务营销中的作用？

(5) 网络促销的方式有哪些？

(6) 在服务促销中，口碑传播有哪些作用？

(7) 如何运用网络进行口碑传播？

5. 讨论题

(1) 针对你所熟悉的服务型企业，讨论它所运用的服务促销策略。

(2) 在新经济环境下，运用实际案例说明服务促销的新趋势和方法。

二、案例应用分析

迪士尼的网络促销

有着上百个可爱卡通形象的迪士尼乐园里又多了一个新成员。2007 年 8 月 1 日，迪士尼花费 7 亿美元收购了儿童虚拟乐园“企鹅村”(Club Penguin)。这家成立于 2005 年的网站，让孩子们扮演虚拟的冰川世界里的企鹅，可以穿衣打扮，互相交流。几乎没进行什么宣传，仅凭着好玩的产品和孩子们的口碑，这家公司就拥有了超过 1 200 万的用户，其中大部分是来自北美的 6～14 岁的孩子。迪士尼感兴趣的不仅是“企鹅村”庞大的儿童用户群，还有它吸引到 70 万付费用户的定制模式。每月 5.95～57.95 美元的收费，这个小小的企鹅成了一个不同寻常的生钱机器。

迪士尼董事长兼 CEO(chief executire officer，首席执行官)罗伯特·艾格(Robert Iger)为自己的眼光感到自豪。“‘企鹅村’是一个创意与技术融合在一起的绝佳范例。”他说，“它包含的原则正是迪士尼最重视的原则——提供赢得家长信任的高质量的家庭娱乐。”高盛分析师安东尼·诺托(Anthony Noto)认为，这次收购对于迪士尼来说是一个“积极的、战略性的且划算的”收购。

收购后的“企鹅村”被更名为“迪士尼企鹅村”，并入迪士尼互联网集团。“企鹅村”的新的形象也被设计出来——一个头戴米奇大耳朵的蓝色企鹅。迪士尼将在 Disney.com、迪士尼电视频道、迪士尼广播及迪士尼主题乐园对“企鹅村”进行全线推广。

1. 另一个迪士尼乐园

迪士尼的战略再清楚不过——在网络时代，必须在现实的迪士尼乐园之外，打造一个网上迪士尼乐园。2003 年，迪士尼就推出了大型多人扮演网络游戏——在线卡通城(Toontown Online)，成为率先进入儿童和家庭虚拟世界的公司之一，以《加勒比海盗》和《汽车总动员》为原型的虚拟乐园也即将推出。2007年6月，迪士尼首席财务官汤姆·斯塔格斯(Tom Staggs)表示，公司准备将游戏领域的投资提高3倍。迪士尼已决心全面占领孩子们的网络世界。收购"企鹅村"，让迪士尼离自己的梦想更近了一步。2005年新闻集团收购MySpace后，迪士尼也意识到社区网络服务会是大型媒体公司日益倚重的高增长业务，而企鹅村正好是一个融合了游戏和聊天的社区网站。罗伯特·艾格不无得意地告诉媒体，收购企鹅村会带给迪士尼运营虚拟世界的专业经验。

目前，迪士尼的业务主要由四大部分——媒体网络、主题乐园及度假区、影视娱乐和迪士尼消费品构成。迪士尼互联网集团虽属于媒体网络业务部门，但直接向公司总部汇报工作的通道表明了迪士尼对互联网业务的重视程度。互联网集团旗下业务云集，包括Disney.com、mDisney移动娱乐、Family.com、FamilyFun.com、Movies.com、Wondertime.com等网络服务项目。

Disney.com一直是迪士尼倾力打造的儿童门户，目前保持着儿童和家庭类网站的头号位置。该网站在专为儿童设计的安全环境下，提供包括视频、游戏、社区、社交、用户产生的内容、个人媒体等一站式的网络服务。2007年1月，迪士尼推出了广受女孩子欢迎的Disneyfairies.com，这是以Tinker Bell(动画片《小飞侠彼得·潘》里的小仙女)和她的朋友为原型塑造的虚拟世界，粉丝们可以和Tinker Bell一起探寻仙子世界，目前全世界爱好幻想的小女孩已在这个网站上创造出250万个仙女形象。2007年3月推出的迪士尼Family.com测试版，则是一个包含内容、搜索和社区元素的全新网站，里面有教育、饮食、旅行、娱乐和购物等内容，将服务对象从儿童扩展到整个家庭的成员。

迪士尼互联网集团总裁史蒂夫·瓦茨沃斯(Steve Wadsworth)描绘了迪士尼的网络图景——迪士尼的互联网战略是建立一个由迪士尼品牌连接起来的娱乐网络，用户能通过互联网、手机、游戏等任何平台，随时随地进入迪士尼旗下的内容，"很明显我们在试图为公司建立一个长远的高增长部门"。

2. 疯狂的手机

在中国这一新兴市场，互联网业务更是迪士尼的重中之重，从2001年开始，迪士尼互联网集团就在中国设立业务部门，并在当年8月推出了迪士尼中国网站——Disney.com.cn。2006年，华特迪士尼互联网部门宣布和上海盛大网络发展有限公司合作开发、推广和运营以迪士尼卡通人物为原型的休闲游戏。而中国庞大的手机用户也让迪士尼在中国非常"本土化"地加入了无线业务的开发队伍。

2007年7月12日，迪士尼在中国推出了WAP门户网站——"迪士尼欢乐在线"。据迪士尼中国移动业务总经理张祖欣介绍，迪士尼欢乐在线主要是提供更加丰富、更加深层次的迪士尼品牌的无线娱乐内容。对迪士尼来说，那些在WAP网站上的手机游戏，也是迪士尼品牌讲故事的方式之一。有些人可能没有看过迪士尼电影，但是他们通过手机平台也能和迪士尼人物和故事进行互动。

迪士尼(中国)对无线业务的重视由来已久。一年前迪士尼就收购了覆盖2亿多手机用户的上海智赢信息技术有限公司，以拓展无线营销业务。因此，"迪士尼欢乐在线"WAP网站并不是迪士尼在中国无线领域的第一次投入，而是整合后的重新上市。

张祖欣说："手机远远不止是通信工具。手机在某种程度上也体现了你的生活态度——你的个性化的铃声、桌面的设置、你玩的游戏，就是你个性的张扬。"

"Made in China，Made for China"。这大概是迪士尼互联网集团与众多在中国开展业务的互联网公司最大的不同。据迪士尼中国公司企业传讯部的黄晨介绍，迪士尼移动业务在北京的产品开发团队有100多人，全部是中国本地的团队，因此会产生很多为中国消费者量身定做的、本地化的无线娱乐内容。成为2005年下载次数最多的五个Java游戏之一的"米奇麻将"就是一个范例。2007年迪士尼在中国继续发行的新游戏中，不仅有"加勒比海盗3：世界的尽头"这样的全球性热门游戏，也有针对中国本土玩家的"迪士尼之宝葫芦的秘密"和"米奇鼠年新游戏"等游戏。

“迪士尼正大手笔投资在利用本地团队创造出能引起中国消费者情感共鸣的本土娱乐内容，并把这些内容呈现在现有的多个移动业务平台上。”张祖欣如此总结迪士尼(中国)的移动战略。

(资料来源：http://www.nsw88.com/Article/75446112073316042320_1.html.)

问题：

(1) 迪士尼为什么要收购“企鹅村”？试对该收购行为进行评价。

(2) 结合案例谈谈网络促销对于迪士尼的意义和作用。

(3) 对于迪士尼的服务促销提出进一步的建议。

阅读材料

信用卡竞争的促销策略

信用卡的出现，无疑给交易支付方式带来了一场革命。信用卡是以消费者为中心的营销观念的一个具体体现，它的最大特点就是为消费者提供便捷的服务，因而，消费者接受和使用信用卡是一种不可逆转的大趋势和世界潮流。

20 世纪 90 年代以来，香港信用户一直以平均每年 50%的速度增长着。目前，香港已发出信用卡 460 万张，相对于申请信用卡的 270 万人来说，等于平均每人拥有 1.7 张，参加发卡的银行也越来越多：发行维萨卡(Visa)的有 36 家，发行万事达卡(Master)的有 15 家。

随着信用卡业务的迅速发展，信用卡市场的竞争日益激烈。各银行和发卡机构为了夺取客户，纷纷推出各种促销策略，以使自己的信用卡能在市场上畅销不衰。

1. 促销策略一：推出联名卡

联名卡就是银行和提供零售服务的机构联合发行的信用卡，即在信用卡原有的名称上加上商业机构的名称。例如，“星辰万事达卡”是由香港星辰旅行社参与发行的；而“吉之岛维萨卡”合作发行者则是日资吉之岛(香港)百货有限公司，合作的另一方则是港基国际银行。

联名卡用一种信用卡发行机构与商家互惠互利策略，来给信用卡用户提供消费优惠。例如，持卡人在某家集团(商家)里消费，就可获得购物折扣或礼品。这既刺激了用户的购买欲望，又达到了促进消费的目的，而参与合作的商家也多做了生意。

例如，“吉之岛维萨卡”持卡人在享受维萨卡权益的同时，还可获得吉之岛百货有限公司提供的优惠，如送出价值 35 万元奖品的抽奖活动、邮寄资讯、拥有特别付款方式和特别选购优惠等。此外，公司还每半年重新计算持卡者的消费额，使其得到价值为该金额 5%的吉之岛百货现金购物券。

1995 年 9 月 1 日，广东发展银行和新成立的广州天鹅会城市俱乐部联合推出广发天鹅维萨卡，持卡人在享受俱乐部会员专有的服务及设施的同时，更可以使用国际水平的信用卡服务。银行以宣传费补贴优惠、推出联名卡的方式，虽然可能令申请信用卡的人数增长速度减慢，但却更有利于留住“忠实”用户，使信用卡的消费金额得以增加。

2. 促销策略二：抽奖促销

1988 年年末，在香港抽奖大战时期，信用卡也加入其行列，纷纷推出了一些标新立异的抽奖促销活动。大通信用卡的 130 万元“随心所欲”大抽奖的特别之处，在于选择奖品的范围较大，如头奖得主获有 50 万元的自由购物消费额。而后，大通信用卡又推出了名为“尽享尊贵在香江”的概念式抽奖游戏，奖品包括香港最热门、最引人注目的消费项目，如鲍鱼宴、日本“金游膳”金箔晚宴、五星级酒店六日住、劳斯莱斯豪华车接送等高档项目。通过这次耗资不过30万的促销活动，成功地提高了大通卡的品位和格调。

3. 促销策略三：兑换印花

香港渣打银行推出信用卡“专利”计划，即分设“购物专利会”、“车主专利会”、“旅游专利会”三类，持卡人可以用卡购物换取积分，而后用积分在所选定的专利会中换取某种优惠，包括免费或折扣购物，免费汽油、泊车券、隧道券等。其中，参加“车主专利会”的会员，可享有月息仅0.9厘的15万元私人贷款，利率比一般信用卡低约50%。

另一家香港银行，其持卡人每次信用卡签账或支出现金200元，即可获得1分，并可换取1元现金。

(资料来源：阎剑平. 服务营销[M]. 北京：中国纺织出版社，2004.)

第9章 服务的员工管理策略

教学目标

通过对本章的学习，了解服务员工的重要性、员工角色及角色冲突，掌握服务营销三角形模型及内部营销理论、服务利润链理论，并能将这些理论运用到服务的员工管理策略中去。

教学要求

知识要点	能力要求	相关知识
服务员工	(1) 理解服务员工重要性 (2) 理解服务员工角色 (3) 运用服务员工角色冲突	(1) 服务员工的重要性 (2) 服务员工的类型 (3) 服务员工的角色 (4) 服务员工的角色冲突
服务营销三角形与内部营销	(1) 理解服务营销三角形模型 (2) 灵活运用内部营销理论	(1) 服务营销三角形模型 (2) 内部营销的概念、层面、目标及内容
服务利润链	(1) 理解服务利润链理论 (2) 运用服务利润链理论	(1) 服务利润链模型 (2) 服务利润链的内在逻辑 (3) 服务利润链管理
服务的员工管理策略	(1) 对人力资源管理、内部营销管理等理论的理解 (2) 对人力资源管理、内部营销管理两种员工管理策略的运用	(1) 人力资源管理策略 (2) 内部营销管理策略 (3) 人力资源管理与内部营销管理的异同

对员工成功的投资是许多公司持续成功经营的关键驱动因素。

——伦纳德·贝里(Leonard Berry)

基本概念

服务员工 角色 角色冲突 服务营销三角形模型 外部营销 互动营销 内部营销 内部调研 内部西方 服务利润链 员工满意 员工忠诚 顾客满意 顾客忠诚 服务价值 人力资源管理策略 内部营销管理策略

导入案例

将员工当作顾客来对待

如果员工感到他们有价值，他们的需求被人重视，他们会更愿意留在组织中。汤姆·希贝尔认为，CEO的主要工作就是培育使员工和顾客都从中受益的企业文化。罗森布鲁斯国际旅游公司CEO哈尔·罗森布鲁斯说："当我看到有人为罗森布鲁斯旅游公司工作得筋疲力尽，我猛然意识到我有责任使他们的生活更快乐。简单地说，就是要给予他们合适的工作环境、合适的工具和合适的领导。这意味着消除担心、沮丧、官僚作风和政见。当然，这意味着大方的报酬，在公司经营良好的时候要发放奖金，同时也意味着要帮助员工随公司一起发展。"

点评：把员工当作组织顾客来对待。

对于服务组织而言，服务员工尤其重要，他们对顾客和服务组织都起着决定性作用。没有满意的员工，就没有满意的顾客，也就没有企业持续的赢利能力和成长能力。本章主要介绍服务员工的角色、服务营销三角形模型、内部营销理论和服务利润链理论及服务员工的管理策略。

9.1 服务员工

9.1.1 服务员工的重要性

习近平总书记在党的二十大报告中指出，人民是历史的创造者，是真正的英雄，是决定党和国家前途命运的根本力量。我们遵循人民至上的价值理念，就是要充分尊重人民的主体地位，把人民拥护不拥护、赞成不赞成、高兴不高兴、答应不答应作为衡量一切工作得失的根本标准。这些关于人民主体地位的重要论述，为我们生动诠释了人民至上的价值理念。对于服务组织而言，服务员工尤其重要，他们对顾客和服务组织都起着决定性作用。由于服务组织通常是"劳动密集"的组织，"公司—员工—顾客"之间的链式关系说明了员工在服务营销中的地位和作用。服务员工既可以成为一个组织有别于另一个服务组织服务内容的主要载体，也可以是失去顾客的原因所在。究其顾客满意或不满意的根源，很多都是由与服务组织员工的接触所致。服务员工对企业的重要性体现在以下三个方面。

1. 服务员工的态度决定顾客的满意程度

服务有一大特征，就是服务的生产与消费过程具有不可分离性，即服务能否成功提供，在于服务员工与顾客能否友好互动。服务人员是联系组织与顾客之间的纽带，一般以“组织—员工—顾客”的直线方式运行。顾客在享受服务的过程中，服务员工的一举一动、一言一行、业务水平及熟练程度，都会直接影响顾客的服务感受及对服务质量的最终评价。在高度接触的服务经历中，顾客所关心的更多的是前台的个人而不是其他方面。在这种情况下，这些服务员工就是顾客眼中的服务。对于服务而言，员工是所购买的整体服务中不可分割的一部分，且极大地影响顾客对服务的评价。例如，服务员工的形象(着装、发型)与举止(员工的态度、服务意识、专业技能、谦逊等)会影响顾客对服务的选择及对服务的感知。另外，服务的其他特征——无形性、不可触摸、无法展示，使得许多顾客把服务员工作为有形线索利用。总之，在许多服务企业里，服务员工的整体素质和对责任的承诺已经成为竞争优势的一个重要源泉，对于高度接触的服务而言，更是如此。

2. 服务员工的素质影响服务质量

服务质量可以分解为技术性质量和功能性质量，其中技术性质量大多可以通过客观方式评估，并成为顾客对某项服务评价的重要依据。功能性质量是指服务的技术性要素是如何被移交的，这其中大量涉及人的行为，如员工的态度、行为，员工间的关系，服务人员的外貌等，直接影响技术性要素移交的效果。对于服务组织内的员工而言，由于其各自所处的位置差异及个人素养方面的差异，他们对组织将发挥不同的或不同程度的作用。那些与顾客发生直接接触的员工，对顾客的服务感知影响最大；在顾客看来，他们就代表着服务。服务员工的业务技能、社交水平直接影响顾客的感知。例如，脾气暴躁的服务员，手艺较差的理发师、裁剪师等，会使服务组织在顾客心目中的形成消极的印象。那些幕后员工的活动虽在顾客视线之外，但同等重要。火车上的行李处理人员、餐厅的厨师、电影导演及其他幕后制作人员、医院的药剂师等，都在幕后发挥着他们的作用，后台的任何细小的失误也会从整体上破坏顾客的服务体验。总之，后台服务员工的技能水平也会影响顾客对服务的评价。虽然这种影响不是直接的，但它的好坏直接影响核心服务的体验质量。

3. 服务员工的工作影响消费者的情绪

服务经历不仅是正确地执行业务技能，也会卷入一些人的情感因素，如人的举止、礼貌行为和心灵相通感。没有情感投入的服务，确切地说只能叫劳动而不是服务。不能为企业和产品提供加分、增值的服务，说明我们对顾客缺乏观察和了解，一厢情愿地做出了无谓的情感投入。只有抱着必须让产品增值的理念为顾客服务，才能创造服务特有的价值。可见，服务员工的工作是一种情感劳动，它对顾客的情绪存在重要的影响。例如，酒店、餐馆的服务生要笑脸相迎；心理医生要设身处地地替患者着想，表现同情、悲伤；尤其是电影、电视剧的演员，更要抹掉自己的情绪，传达角色需要的感情。但是，有时这些都并非员工自己所想，他们还得在巨大的心理负担下去努力从各个方面满足顾客的期望。服务工作含有很强的精神劳动，每天有 8～10 个小时与顾客打交道，不能不说是一件烦琐枯燥的事，这就要求员工必须有能力应对挑战。实际上，服务是一种情感密集、感情传递、情感交融、情感互动的行为。优秀的服务员工，不仅是服务的提供者、承担者，而且是情感的沟通者和传递者。服务的过程，一方面可以使员工把企业的情感、价值、理念传递给顾客；另一方面又可以把顾客的满意、情谊、感受反馈给企业。这种相互沟通的行为，可以使服务升华，不断进入新境界。

营销故事

员工就是服务和品牌

在新加坡航空公司一次长途跨国航班上，一个好动的学步儿童不断地跌落其橡皮奶头。每次跌落橡皮奶头，该儿童都会哭闹，必须有人(他的母亲、其他乘客或是乘务员)为他找到。最后，一位乘务员捡起了橡皮奶头，用丝带将其系住，并将丝带缝到儿童的衬衫上。该儿童和他的母亲都非常高兴，坐在周围的乘客都站起来向这位乘务员表示谢意。

这个故事形象地说明了在创造顾客满意和建立顾客关系的过程中，服务员工所担当的重要角色和重要作用。

9.1.2 服务员工的分类

不同的人员，直接参与营销活动的程度不同。贾德(Judd)按参与营销活动的程度或接触顾客的程度，将服务人员分成四类。

1. 接触者

接触者(contactor)，又称一线员工，即一线的服务生产和销售人员。他们直接参与营销活动的程度或接触顾客的程度都比较高。他们需要很好地领会企业的营销战略和承担日常的服务责任。企业应根据他们适应顾客的能力对他们进行招聘、考核和奖励。

2. 改善者

改善者(modifier)，又称二线员工，即一线的辅助服务人员，如接待或登记人员、信贷人员和电话总机话务员等。他们直接参与营销活动的程度比较低，但直接接触顾客的程度比较高。他们需要具备适应顾客需要和发展顾客关系的能力。虽然他们直接参与营销活动的程度比较低，但他们也需要懂得企业的营销战略。企业要对他们进行培训和监督。

3. 影响者

影响者(influencer)，即二线的营销策划人员，如服务产品开发人员、市场研究人员等。他们直接参与营销活动的程度比较高，但直接接触顾客的程度比较低。企业对他们进行招聘、考核和奖励时，应注意他们对顾客需要反应的能力。企业应让他们有机会多接触顾客。

4. 隔离者

隔离者(isolated)，即二线的非营销策划人员，如采购部门、人事部门和数据处理部门的人员等。他们直接参与营销活动的程度或接触顾客的程度都比较低。他们主要对一线服务人员起支持作用(支援者)，也就是主要服务于“内部顾客”，对为后者服务质量及行为的好坏和对企业的营销业绩是有较大影响的。

9.1.3 服务员工的角色

1. 服务提供者

对于绝大多数服务来说，生产与消费是同时进行的，服务的生产过程同时就是服务的消费过程。在一些高接触的服务行业，服务产品的生产依赖于服务人员的现场活动，服务人员与服务产品是不可分割的整体，他们是服务的重要组成部分。尤其在个性化的服务提供(如理发、维修等)中，服务人员承担了大多数或者整个服务的提供，甚至不需要借助任何工具。因此，对于顾客而言，他们就是服务的提供者，他们本身甚至就等同于服务。

2. 服务营销者

由于服务人员会直接与顾客接触，并且代表着组织，所以，他们能直接影响顾客对服务的满意程度。从这个角度看，服务人员也扮演了营销人员的角色。他们的一言一行，就是服务组织的“活广告”。因此，许多服务组织(如银行)，要求其员工在提供服务的同时也向顾客推销各类服务产品。但不论其是否执行了营销职能，在顾客眼中，他们始终是营销者。

3. 形象代表者

在服务传递过程中，顾客接触最多的就是服务人员，尤其是一线员工，所以，即使不是由他们单独提供服务，但在顾客心目中，他们就是服务组织形象的代表。而且，无论是正在工作的员工，还是休息的人员，都代表着服务组织的形象。换句话说，即便这些员工没有上班，只要他们表现出对顾客的不专业或者不满，仍然会对组织的服务质量产生影响。例如，迪士尼公司坚决要求其员工只要出现在公众面前，就必须永远保持台上的工作态度和行为，只有下班后在顾客看不到的真正的幕后或“后台”，他们才可以放松其行为。

特别提示

在许多情况下，顾客眼中的服务员工就是服务、组织和营销者。

9.1.4 服务员工的角色冲突

一线员工工作在组织的边界，成为外部顾客和外部环境与组织内部运营之间的一条纽带。他们在与外部顾客的信息沟通、理解和传达过程中扮演着关键角色，其技能和经历根据岗位和职业的不同而有所差别。同时，他们自身往往都面临来自组织内部的角色要求和来自组织外部角色要求的冲突之中，包括个人角色冲突、组织-顾客冲突和顾客间冲突。

1. 个人角色冲突

在某些情况下，边界跨越者会感到，他们被要求所做的事与其个性、生活取向或价值观之间存在冲突。在美国这样高度重视平等和个人主义的社会中，若要求服务人员把自己的感情与信仰放在其次，要他们在生活中信奉“顾客永远正确，即使他们错了”的箴言，他们可能会感受到角色冲突，有时角色要求与员工自我尊重之间存在冲突。

营销案例

尴尬的司机

在以色列，大多数公共汽车只由一个人运营，驾驶员同时负责售票。汽车上没有配备司机和乘客之间递进票费的托盘，钱直接交给司机。司机们经常抱怨为收票费要像乞丐一样伸手去要，他们备感屈辱。另一种在以色列公共汽车上比较典型的情况是，找的零钱是硬币时，偶然掉落在车厢地板上。由谁来弯腰捡起硬币，司机还是乘客？这一问题很明显反映了司机的角色冲突。

2. 组织—顾客冲突

对大多数一线服务员工，一种更加常见的冲突产生在他们的两个老板之间：组织和个别顾客。服务员工遵守某些标准、规章和程序会受到特别奖励。理想化的情况是，这些规章是基于顾客的。如果规章标准没有这样制定或者顾客提出过分的要求，员工就要做出决定——是遵守规章还是满足顾客要求。当员工认为组织在规章上有问题时，冲突就更为严重，他们必须决定是冒失去工作的危险适应顾客，还是照章办事。如果服务员工的收入直接依赖于顾客，那么这种冲突尤为严重。例如，收入来自小费或佣金的员工极可能面临更高的组织/顾客冲突水平，因为他们认同顾客的动机更大。

3. 顾客间冲突

有时边界跨越者遇到的冲突产生于两个或更多的顾客对服务有着不同的期望和要求。在服务提供者顺次为顾客服务(如银行出纳员、售票员和医生)或同时为众多顾客服务时(如教师、演艺人员)，这种冲突更容易产生。

在顺次服务的情况下，服务提供者使用额外的时间，按顾客要求定制服务及灵活地满足顾客要求，使顾客满意。与此同时，等待着的顾客会由于其需求不能及时得到满足而感到不满。除了时间因素，不同的顾客会偏好不同的服务传递形式。一位顾客喜欢个性化的服务与某种程度的亲密感，而另一位顾客可能希望完全公事公办，不喜欢人与人之间的互动，这也会给员工带来冲突。在同时为众多顾客服务的情况下，服务提供者经常很难或不可能同时为一群口味各异的顾客提供满足全方位需求的服务。这种冲突在任何学校的教室中都会出现，讲课教师必须满足对授课方式与风格的各种期望与不同喜好。有的学生喜欢听课，有的喜欢课堂讨论，有的喜欢阅读学习，有的学生喜欢课堂气氛融洽有开放性，其他人则希望正式且有些商务性的气氛。要满足所有这些要求，教师就会感到冲突。

知识链接

由于一线员工在组织的边界上工作，所以他们被称为边界跨越者。边界跨越者是外部顾客和环境与组织内部运营之间的一条纽带，他们在理解、过滤和解读往来于组织及其外部顾客间的信息和资源的过程中担任关键角色。边界跨越者的技能与经历依其岗位与职业不同而不同。在类似快餐、饭店、通信和零售行业中，边界跨越者是组织中技能最低、薪酬最少的员工。在医生、律师、会计师、咨询师、建筑师和教师等行业中，边界跨越者是薪酬丰厚并且学历颇高的专业人士。无论技术水平和薪酬如何，边界跨越者面临着极大的工作压力。除了脑力和劳动技能之外，这些岗位还要求非同寻常的情感付出，经常要处理人与人之间、人与组织之间及组织与组织之间的冲突。

9.2 服务营销三角形与内部营销

9.2.1 服务营销三角形模型

1. 传统的产品营销三角形

按照传统的观点，顾客在目标市场上购买的有形产品是在工厂里对各种要素(如人力资源、技术、原材料、知识和信息等)合成而产生的结果。所以，生产过程具有封闭性特征，顾客并不直接参与生产过程。工厂会将制造好的产品投放到市场上供顾客选择。营销的职责(包括销售)就是了解顾客所需要的产品特性，然后通过外部营销活动(如广告等)利用这些特性对目标市场顾客做出承诺，并将其投放到顾客需要的地方去。如果这些产品的特性与顾客的需求正好吻合，那么，企业就会遵守先期对顾客做出的承诺。

产品营销三角形包括三个最重要的组成部分：市场、产品、营销与销售部门所代表的企业(如图 9.1 所示)。一般情况下，营销是由专家或专职营销或销售人员所组成的营销部门或销售部门的“专利”，这些部门通常将顾客视为陌生的个体。企业向市场提供的是已经事先生产出来的产品。产品营销三角形的三边代表营销的三个基本功能：做出承诺、遵守承诺和兑现承诺。企业通过大量营销的方式做出承诺，通过设计一系列满足顾客需求的产品特性来遵守承诺。专职营销人员的市场调查和企业技术能力系统通过持续不断地开发产品来兑现承诺。通过外部的营销活动引导到做出承诺上来。企业利用满足顾客要求的产品特性来维持有价值的顾客，并借此兑现企业的承诺。

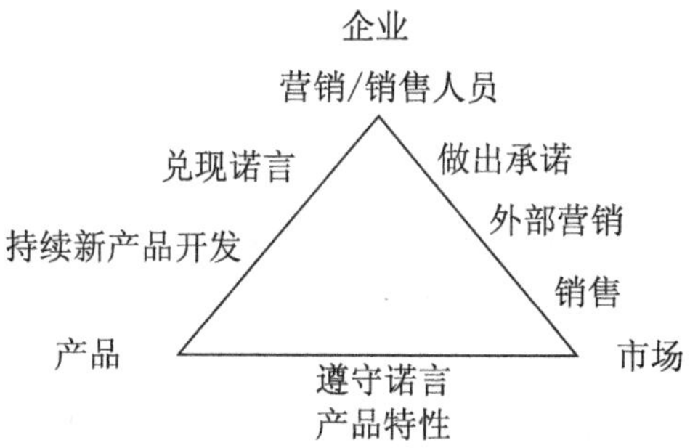

图 9.1 有形产品营销三角形

2. 服务营销三角形

在提供服务产品的过程中，人(服务企业的员工)是一个不可或缺的因素，尽管有些服务产品是由机器设备来提供的，如自动售货服务、自动提款服务等，但零售企业和银行的员工在这些服务的提供过程中仍起着十分重要的作用。对于那些要依靠员工直接提供的服务，如餐饮服务、医疗服务等来说，员工因素就显得更为重要。一方面，高素质、符合有关要求的员工的参与是提供服务的一个必不可少的条件；另一方面，员工服务的态度和水平也是决定顾客对服务满意程度的关键因素之一。考虑到人的因素在服务营销中的重要性，格罗鲁斯提出，服务业的营销实际上由三个部分组成：外部营销、内部营销和互动营销。这三个方面构成了服务营销三角形(如图 9.2 所示)。其中，外部营销包括企业服务提供的服务准备、服务定价、促销、分销等内容；内部营销则指企业培训员工及为促使员工更好地向顾客提供服务所进行的其他各项工作；互动营销则主要强调员工向顾客提供服务的技能。

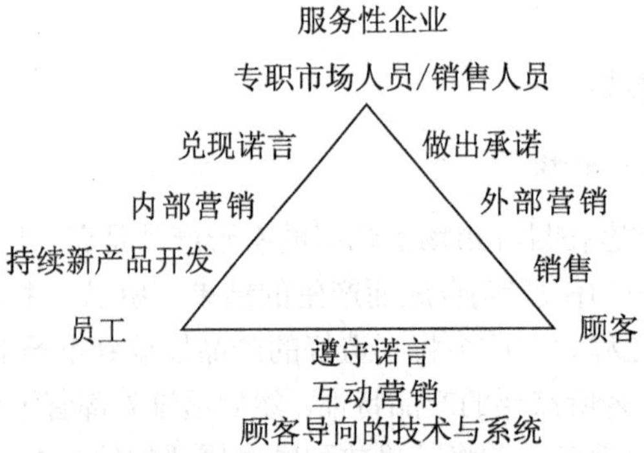

图 9.2　服务营销三角形

服务性企业要对顾客进行外部营销，对员工进行内部营销，还要在员工与顾客之间进行交互营销，从而为顾客提供最好的服务。因此，服务性企业的营销不仅施之于顾客，而且还要针对内部员工，这一点不同于有形产品的营销。

服务人员和顾客是服务营销组合中“人”的要素的两个方面。人在服务的生产与营销中，扮演着一个相当独特的角色。人的服务代表了任何服务营销策略及服务营销组合中一个不可或缺的要素。服务营销管理应该涉及员工工作表现的管理，因为服务人员的各种不同表现，对于所提供服务的质量有着重要的影响。服务的实现方式，对服务业公司员工与顾客间存在关系的性质也会有一定影响。

知识链接

“服务金三角”是由美国服务业管理的权威卡尔·艾伯修提出的，是在总结了许多服务企业管理实践经验的基础上提出的，是一个以顾客为中心的服务质量管理模式，由服务策略、服务系统、服务人员三个因素组成。这三个因素都以顾客为中心，彼此相互联系，构成一个三角形。

“服务金三角”的观点认为，任何一个服务企业要想获得成功——保证顾客的满意，就必须具备三大要素：一套完善的服务策略；一批能精心为顾客服务、具有良好素质的服务人员；一种既适合市场需要，又有严格管理的服务组织。服务策略、服务人员和服务组织构成了以顾客为核心的三角形框架，即形成了“服务金三角”。

9.2.2　内部营销

1. 内部营销的概念

20 世纪 70 年代，西方学者开始明确讨论营销原理和优势和服务管理在企业内部的运用，内部营销概念由此应运而生。20 世纪 80 年代，在一些营销学、服务管理和管理文献中，内部营销被提升到重要的位置，20 世纪 90 年代，内部营销开始受到学者的广泛重视，从对内部营销的起源、性质、范围、概念及如何使用内部营销的关注，发展为去考虑员工的非经济需求和兴趣等，并且进行了大量的实证研究。进入 21 世纪，越来越多的服务企业认识到它们需要内部营销过程，内部营销已被当作外部营销成功执行的先决条件。内部营销起源于这样一种观念，即把员工看做企业最初的内部市场。如果产品、服务和沟通行为在针对内部目标群体时不能很好地市场化，那么，最终针对外部顾客的营销活动也不可能取得成功。

早期西方学者对内部营销的认识是，将员工视为企业内部顾客。例如，格罗鲁斯对内部营销的定义是，将公司出售给内部顾客——员工，高满意度的员工将促使公司具有市场导向和以顾客为中心，有效的服务产地要求被激励和培养有顾客导向意识的员工。

戴(Day)和温斯利(Wensley)认为，为了理解组织内的营销，必须把公司看成市场。根据这种观点，内部营销是给雇员提供满足他们需求，也满足组织目标的“工作产品”，满意的雇员产生满意的顾客。

贝里认为，内部营销是对服务与外部顾客运用营销哲学和实践的方法：①最好的雇员可能被雇用；②他们将把工作做得最好。

贝里和帕拉苏拉曼(Parasuraman)认为，“内部营销是吸引、开发、激励和保留优质员工，通过工作者以产品来满足他们的需求。内部营销是将雇员视为顾客的一种哲学，是讨得雇员的欢心，使工作产品适应人的需求的战略”。

拉菲克(Rafiq)和阿米德(Ahmed)对内部营销概念中将雇员视为顾客的观点提出了不同的见解：①与外部营销不同，雇员买得的产品——工作可能是他们不需要的、甚至反感的；②雇员不可能去选择产品，而是产品选择他们；③由于雇员的契约性质，雇员可能被迫接受他们不想要的工作；④雇员作为顾客的概念还会导致的问题是，外部顾客的需要可能会超越雇员的需要；⑤满足雇员需要所付出的成本也要考虑。

基于这种质疑，一些学者对内部营销的概念进行了广义的界定，建议内部营销的概念回避将雇员作为顾客的说法，内部营销的概念应界定营销技术在企业内部运用的界限。将内部营销与人力资源联系起来的学者也不乏其人。黑尔斯(Hales)坚持内部营销是人力资源管理的一种方法，内部营销的目标是吸引、保留和激励员工，员工的服务理念和顾客意识作为获得竞争优势的方式之一有助于可感知服务质量和外部营销的有效性。经历了一系列的演变，尽管学界对内部营销的界定仍然说法各异，但已形成共识的是，满意的员工产生满意的顾客是内部营销的基本前提；内部营销的对象是企业的内部员工，目的是通过满意的员工来实现企业外部顾客满意，从而获得企业竞争优势；员工满意可通过将营销原理运用于企业内部来实现。根据西方学者们的描述，将内部营销界定为，内部营销是将营销管理的思想和技术运用到企业内部，通过实现企业内部员工的满意，最终实现外部顾客满意目标的一种管理过程和管理战略。

内部营销涉及两个具体的管理过程：态度管理和沟通管理。第一，必须对所有员工的态度及他们对顾客的意识和服务意识产生的动机进行管理，这是在致力于服务战略中占得先机的组织中实施内部营销的先决条件。第二，经理、主管、与顾客接触的员工和支持人员需要各种信息以完成他们的工作。这些信息包括工作规定、产品和服务特征及对顾客的承诺(如在广告中做出的承诺和销售人员做出的承诺)等。他们同样需要与管理层就其需要、要求、对提高业绩的看法及顾客需要等内容进行沟通，这是内部营销的沟通管理。

内部营销是一项管理战略，其核心是发展对员工的顾客意识。在把产品和服务通过营销活动推向外部市场之前，应先对内部员工进行营销。只有进行恰当的内部营销，企业在外部市场上进行的经营活动才可能获得最终成功。“有效的服务，要求理解服务观念的员工。”因此，对所经营业务的理解、对企业中员工的期望及为什么抱有这种期望，这需要经过努力才能达到。

2. 内部营销的发展阶段

内部营销首次被贝里(1967)用来作为传递高服务质量的方法。经过20多年对内部营销文献的仔细研究，拉菲克和阿米德认为存在三个相互独立并紧密联系的内部营销的概念化阶段：员工激励和员工满意阶段、顾客导向阶段、战略执行或变革管理阶段。

1) 员工激励和员工满意阶段

内部营销被用作提高组织传递服务质量的一种方法。内部营销理论的早期发展阶段，大部分文献都聚集于对员工激励和员工满意的讨论。基于对服务质量与服务人员关系的认识，内部营销理论的发展建立在这样一个关键假设上，即为了使顾客满意，公司必须追求员工满意，必须为他们提供满意的产品。应用内部营销使更多的一线员工获得满意，这些员工清楚地懂得和顾客交往时有礼貌和有感情的行为的好处，因此会产生更多的顾客满意。

2) 顾客导向阶段

内部营销理论发展的第二阶段的代表人为芬兰学者格罗鲁斯。他认为交互式营销是服务行业的一线员工对顾客需求的即时反应所必需的，买卖双方互动不仅对顾客购买或再次购买有一定的影响，而且为公司提供了一个营销机会。为了好好利用这些机会，公司需要有顾客导向和消费者意识的员工。同时，格罗鲁斯认为，员工仅仅具有顾客导向是不全面的，要想做得更好还必须具有消费者意识。另外，有效的服务同样要求一线员工和后台员工之间进行有效的共同合作。内部营销观念可以作为整合不同功能的工具，这些功能对服务性组织的顾客联系非常关键。

3) 战略执行或变革管理阶段

内部营销理论发展到第三阶段的标志是学者们开始将内部营销作为战略执行的工具。温特率先提出内部营销是管理员工实现组织目标的一种技术，强调内部营销是一种执行工具。将内部营销视为战略执行的工具是基于这样一个共识：如果要更有效地执行战略，必须消除企业内部各职能的冲突，在企业内部要进行良好的沟通。内部营销应被作为各类组织执行内部和外部战略的一个通用工具。

3. 内部营销的层次及目标

从管理哲学的角度来分析，内部营销的功能主要是将目标设定在争取自动自发又具有顾客意识的员工。因此，内部营销计划可划分为两个层次：策略性内部营销与战术性内部营销。从策略层次上看，内部营销的目标是，通过制定科学的管理方法、升降有序的人事政策、企业文化的方针指向、明确的规划程序，创造一种内部环境，来激发员工主动为顾客提供服务的意识。从战术层次上看，内部营销的目标是，向员工推销服务、支援服务、宣传并激励营销工作(见表9-1)。

表 9-1　内部营销的层次及目标

整体目标	争取到能自动自发且具有顾客意识的员工
策略层次目标	开创一种内部环境，以促使员工之间维持顾客意识和销售开心度：①支援人事政策；②支援内部训练政策；③支援规划与控制程序
战术层面目标	向员工推销服务、支援服务、支援宣传及激励营销活动：①服务人员必须了解工作的态度及主动性；②员工必须接受公司的服务及有关活动；③必须有充分准备让内部人员接受活动；④必须有畅通的内部沟通渠道；⑤内部的“人员推销”也是必要的

4. 内部营销的内容

内部营销的内容包括七个主要方面，它们相辅相成，共同促进中心目标——吸引、发展、促进和保持高水平的员工的达成(如图 9.3 所示)。

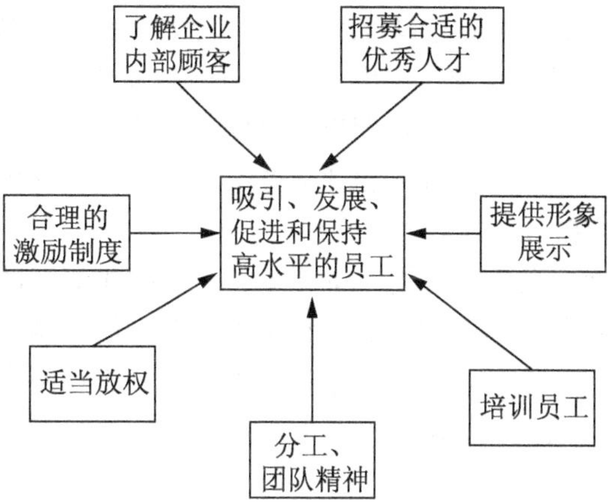

图 9.3　内部营销的内容

1) 招募合适的优秀人才

服务人员在顾客面前代表着企业的形象，聘用优秀的合适的人才来为企业传递服务，企业的服务质量才有保证。企业运用市场营销不仅是要获取市场占有率，还应对潜在的员工进行广告宣传。

2) 提供形象展示

形象展示包含两个方面的意义：一方面，在现代分工越来越细的服务企业中，工作效率提高了，然而工作的成就感却降低了，因此向员工们传递在更大的范围内公司商事运作的信息和视觉感受，以及让他们了解他们的工作对整个运作做出了多么重要的贡献，都可以帮助员工理解和相信各自工作的意义，为他们战胜服务工作中经常的挫折提供动力。

3) 培训员工

企业的每一个员工都兼有营销角色，但大多数员工都没意识到这一点，或者缺乏服务技巧从而不能很好地传递企业形象。为了使员工做好“兼职营销人员”，他们需要三个方面的培训：服务战略培训、角色认知培训和销售技能培训。通过培训使企业的服务人员具有足够的知识和技能。

4) 分工、团队精神

许多服务工作是令人疲倦的，为服务人员提供协作伙伴，将他们组成团队，利用团队成员之间互相帮助、彼此同情、共同的奋斗目标和经常的交流来克服服务热情的消耗是很有用的方法。目前，大多数服务企业利用的还是功能性组织结构，团队服务所要求的长期延续的成员关系，规则的团队联系、团队领导，共同分享的目标及以集体为单位的行为的衡量和奖励，在事业部制的企业中更容易实现。

5) 适当放权

顾客真正需要的是员工提供创造性的服务，太严格的规则和程序可能会束缚服务人员的创造性。员工不应当只是制度的执行者，还应当是灵活运用制度和弥补制度不足的实践者。企业需要做的是，修改和放弃一些过时的条款，用服务价值观念来取代死板的规章制度，并向员工传递；企业的评价和激励系统中修改部分权重，鼓励与顾客利益相关的创造性和积极性。

6) 合理的激励制度

令人满意的“工作产品”中应当包含激励因素，绩效评估和奖励是肯定员工的好方式。企业的激励制度不应当只是“瞄准”产出，还应当包括对员工行为的评估。一个好的绩效评估系统和标准的要求是具有较好的透明度、时间性和公平性。简单明了的评估标准、持续有规律的评比活动及公正的评估程序和评估方法才能真实地反映员工的工作状态。

7) 了解企业内部顾客

了解顾客需要是营销者的基本任务，如果要给员工提供满意的“工作产品”，对员工进行一些营销调查是必要的，但是服务企业往往做得并不够。具体而言，企业需要了解自己企业员工的情况：他们主要或者分别属于哪一类或者介于哪两类中间，才能有的放矢，才有可能培养出满意的员工，从而赢得顾客的满意。

5. 内部营销成功的先决条件

内部营销的成功，取决于三个重要的条件：①内部营销必须是战略管理的组成部分；②内部营销过程应该受到组织结构和管理层的支持；③高层管理者必须始终如一积极地支持内部营销过程。为了取得成功，内部营销要从高层管理者开始。随后，中层管理人员和主管们也要投入内部营销过程。只有这样，以与顾客联系的员工为直接对象的内部营销活动才会有所成就。与顾客联系的员工开展营销工作的能力，在很大程度上依赖于其他员工的服务意识，这种员工被称为“支持员工”，他们在为内部顾客服务时应该采取一种服务导向的态度。事实上．他们也是“兼职营销者”，虽然他们面对的是内部顾客而非外部顾客。实际上，内部营销包括四个目标群体：高层管理者、中层管理人员和主管、联系员工、支持员工。其中，后两类是“兼职营销者”。 内部营销必须成为战略管理哲学的一部分。否则，内部营销活动就会被令人气馁的工作和工作环境所破坏，或者被经理和主管的管理风格和态度所拖累，或者被一种忽视顾客意识的人事政策所侵蚀。

同时，服务企业需要将传统的金字塔式的组织结构向市场导向的组织结构方向调整(如图 9.4 所示)。市场导向的服务组织要求员工对顾客职责有更彻底的了解和认同，让员工拥有采取实际行动为顾客服务的权力。因此，需要对传统金字塔式的组织结构实施扁平化改造，任何追求市场导向和在真实瞬间创造美好印象的商业组织必须使金字塔扁平化——也就是说，减少职权的等级层次，以便对顾客需求直接做出反应。这要求企业有一个精干的组织结构和为数极少的直线等级层次，决策必须由接近顾客的员工做出，管理者的角色发生了变化，下属人员承担更多的职责，相对独立地完成他们的任务。在新的组织结构中，直接与顾客联系的员工在他们所称的“生产一线”，为顾客创造价值。组织的其余部分，即后勤职能、管理者和职员，对一线活动提供支持，这种支持为一线的服务生产和交易提供了必要的帮助。支持性职能中，他们的作用不是作为技术性经理或决策者，而是将成为教练，发挥他们的领袖才能，创造一种宽松和开放的环境，其中的每一位成员都具有优质服务的价值观。

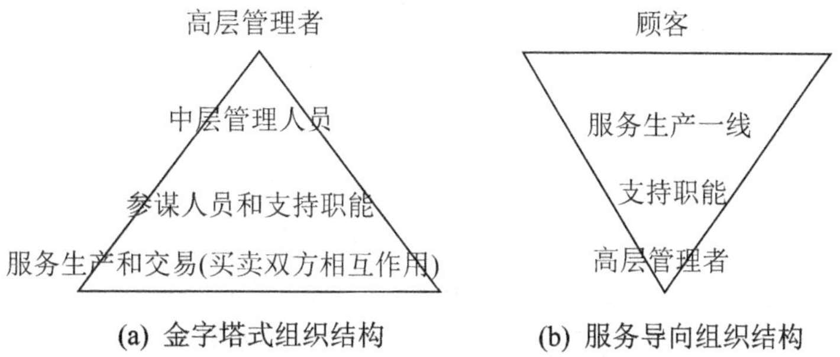

图 9.4　金字塔式组织结构与服务导向组织结构的对比

特别提示

评估并集中于内部服务质量和内部顾客的一个风险是，人们可能会在满足内部顾客的需求中迷失方向，以至于忘记了他们是在为最终的外部顾客服务。

营销案例

酒店业的内部营销

几年前，希尔顿酒店集团旗下的HomewoodSuites的品牌经理霍尔特豪泽(Holthouser)，想要聘请高人帮助他复兴这一低迷的酒店品牌。从第一天开始，他就知道在他的战略规划中，与复兴酒店占据同等重要地位的，是将这一品牌与其他品牌区分开来，不仅是在希尔顿酒店集团以外，而且还得在内部。

霍尔特豪泽说：“我们的确需要一些贤能之士来帮助我们发展。但是，我刚到Homewood的时候，招聘广告发出去后却没有一个来应聘的人。大家都想去客似云来的地方；而在公司内部，我们这个品牌默默无闻。所以，Homewood必须激起内部员工对这个的品牌的兴奋度，这样就能够吸引一部分人才了。”霍尔特豪泽还说：“我们一直都在孜孜不倦地培养和推广Homewood的品牌个性。我们这儿不拘谨，员工在这儿工作很开心。我们把‘谢谢’挂在嘴边，向员工提供很好的培训、发展机会和奖励机制。而且我们做了大量的沟通工作，使团队中的每一个人都能全心全意地工作。我们的团队成员都为Homewood品牌感到骄傲，他们希望客户也喜爱这一品牌。”

霍尔特豪泽和手下的几位高层经理定期和公司一线的团队成员召开电话会议，同时也定期与每位总经理召开电话会议，以了解业务的最新进展情况。当有员工表现突出时，霍尔特豪泽会发去书面感谢信，并致电表示祝贺。由于霍尔特豪泽为员工敞开了信息大门，他们的工作非常出色。不仅如此，员工在客户服务方面的表现也更上一层楼，因为他们真正担起了促使公司品牌成功的责任。霍尔特豪泽说：“我们一直认为内部营销同外部营销一样重要，而我在这里的经历证明我的想法是对的。”五年之后，霍尔特豪泽再也没有碰到招聘方面的问题了。他说："现在发出招聘帖子后，应聘的人数超过了我们能够应付的程度。"酒店行业面临的最大问题是员工流失率高，但是Homewood的优秀员工却一直没有离开那里。这些员工关心客户，而客户也回馈他们以支持和赞赏。霍尔特豪泽说："由于受到客户的好评，我们赢得了三项行业大奖。这些奖励是我们致力于营造企业文化的直接结果。在这种文化氛围内，团队成员满腔热情地实现着我们的品牌承诺。"

9.3 服务利润链

9.3.1 服务利润链模型

美国哈佛大学商学院服务管理专家詹姆斯·赫斯克特等人在1994年创建了服务利润链模型(如图9.5所示)。该模型建立了一种关系，这种关系把企业的利润率、顾客的忠诚度和企业内部员工的满意度、忠诚度和生产力联系在一起，它们之间互相联系的机理是，企业的利润和增长基本上是由顾客的忠诚带来的，顾客的忠诚是顾客满意的一种直接结果，而顾客的满意度在很大程度上受企业所能提供给顾客的价值的影响。企业所提供的价值是由有高度生产力的企业员工所创造的，员工的高度生产力则来源于员工的忠诚度，员工的忠诚又来源于员工的满意度，而员工的满意度主要来源于企业内高质量的服务支持体系和使员工能向顾客提供有价值服务的公司政策。

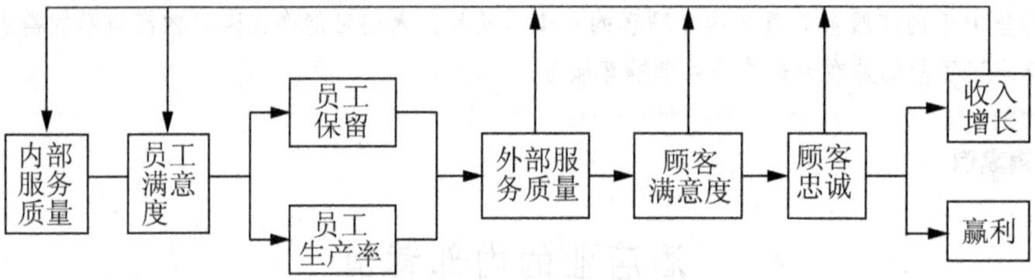

图9.5 服务利润链模型

服务利润链是企业通过基本服务活动和辅助服务活动创造价值的动态过程，形成一条循环作用的闭合链。服务利润链模型体现了企业以顾客为导向的经营理念，表明了内部服务品质、员工满意度、员工忠诚度、员工生产力、为顾客创造价值、顾客满意度、顾客忠诚度对企业创造价值的直接影响及与企业赢利和成长之间的相关关系。同时，这也反映出企业的服务环境、企业文化、人力资源、经营管理对企业创造价值的支持关系，这为我们有效整合服务利润链、通过提高服务质量创造更多价值、提升企业核心竞争力、促进企业成长指明了方向。

知识链接

本杰明·施耐德(Benjamin Schneider)与戴维·鲍恩(David Bowen)对28家银行支行的顾客与员工进行研究，发现组织氛围和为员工谋求福利的氛围与顾客总体服务质量感知高度相关。也就是说，服务氛围和员工在组织内部所体验的人力资源管理会在顾客如何体验服务中得到反映。类似的，西尔斯公司也发现顾客满意度与员工的流动率密切相关。在顾客满意度高的商店，员工离职率是54%，而在满意度低的商店，员工离职率是83%。其他的研究表明，认为得到公司公平对待的员工将更好地对待顾客，产生更高的顾客满意度。

9.3.2 服务利润链的内在逻辑

1. 顾客忠诚度推动企业赢利能力和成长能力

忠诚的顾客是企业的无价资产，企业拥有了忠诚的顾客，便有了持续的竞争优势和利润成长空间。具体来说，忠诚的顾客对企业赢利能力及成长能力的推动主要表现在以下几个方面：降低成本、更大的购买量、获得溢价利益、口碑传播。忠诚的顾客不仅可以降低交易费用和沟通成本，增加其购买量和服务项目，而且企业还可以从忠诚顾客那里获得更多的溢价收益；反过来，忠诚顾客还通过良好的口碑传播为企业带来新顾客，从而节约成本、增加企业的收入。

2. 顾客满意是顾客忠诚度建立的必要条件

顾客满意与顾客忠诚是紧密相关的。一方面，顾客满意是实现顾客忠诚的有效途径，只有满意的顾客才可能“忠诚”于企业。满意的顾客将会更长时间地支持企业。会与企业建立良好的关系，显示出更低的价格敏感性，并向其他人推荐企业的产品或服务。另一方面，顾客满意是以顾客忠诚为支点的，如果顾客满意不能产生顾客忠诚，那么顾客满意也就失去了意义。顾客满意不一定会令顾客重复购买，重复购买也并不意味着顾客对该品牌有忠诚度。企业必须提供超出顾客期望的产品和服务，让顾客感到非常满意，才能强化其忠诚感，重复购买，并与企业保持长期互动关系。由此可见，影响顾客忠诚的最主要、最根本的因素是顾客满意，只有在顾客满意的前提下，才能保证顾客长久的忠诚。

3. 服务价值推动顾客满意度

传统营销观念认为，营销的职能是向顾客传递价值；现代营销观念则认为，营销的职能是为顾客创造价值。顾客满意度是由其所获得的价值大小决定的，在大多数情况下，顾客是有很强烈的价值导向的。因此，增加顾客价值可以提高顾客满意度。“顾客价值”是指顾客对从某种产品或服务中所能获得的总价值与在购买或拥有时所付出的总成本两个方面的权衡。从企业的角度来看，增加为顾客创造的价值有两种途径：一种是通过改进产品、服务、人员和形象，提升产品和服务的总价值；另一种是通过降低生产、销售和服务成本，减少顾客购买服务的时间、精力与体力消耗，通过降低顾客总成本来提高服务价值。

4. 员工生产力推动服务价值创造

员工生产力不等于实际工作时间，也不等于员工花费在顾客上的时间，而是指真正满足顾客需要的产出。员工生产力是企业价值与竞争力的直接来源，同时也是创造顾客满意度与企业获利的主要因素。由员工满意产生服务热忱，进而带给顾客高质量的服务，让顾客满意，方能为企业创造价值。借由员工生产力所创造的“企业价值”，辅以企业对于“服务内容”的设计，才能全面提升“顾客满意度”与“忠诚度”，创造企业获利的契机。

5. 员工忠诚推动员工生产力发展

忠诚等同于智慧，只有敬业、忠诚的员工才能为顾客提供优良的产品和服务，才能提高工作效率。忠诚意味着员工对企业未来发展有信心，这种信心能够形成强大、持久的动力，能促使其为企业努力地工作。相反，对企业缺乏忠诚的员工给企业造成的直接损失，使生产力下降和顾客满意度降低。经验表明，员工不忠将会影响20%～50%的公司业绩。

6. 内部服务品质推动员工满意度

促使员工对公司满意的因素一般包括两个方面：一是公司提供的外在服务质量，如薪金、红包、福利、舒适的工作环境等能实际看得到的外在条件；二是公司提供的内在服务质量，它是指员工对工作及同事所持有的态度和感情。亚伯林罕·H·马斯洛(Abraham H.Maslow)的需求层次理论指出，人在满足了基本生理、安全需求之后，便会重视互相尊重与自我价值的实现，因此公司提供的内在服务质量便显得更为重要，已超过外在服务质量而成为决定员工满意与否的主要因素。

7. 赢利能力和成长能力推动内部质量的提高

赢利能力和成长能力的不断提高为企业带来持续的利润增长，这些利润又可以用来不断地改善内部服务质量，沿着服务价值链的路线，最终形成一个良性循环。

特别提示

服务利润链的研究者慎重地指出这一模型并不意味着因果关系。也就是说，员工满意未必导致顾客满意，只是两者相互影响、相互依赖。

9.3.3 服务利润链管理

服务利润链是一种先进的管理框架，它建立了服务运营者、员工和顾客等三方的联系。服务组织通常是“劳动密集”的组织，“公司—员工—顾客”链式关系说明了员工在服务营销中的地位和作用，使得企业清楚地看到了利润的来源，这给传统的管理方式带来了一些挑战，打破了以往的一些定式思维模式。服务利润链理论告诉我们，企业应该从“公司—员工—顾客”的关系来理解员工的作用。企业的最终用户并不是唯一的顾客，员工也是企业的顾客，企业为员工提供的“产品和服务”是信息、资源、支持、放权。这一思想也就是20世纪80年代以来发展的“内部营销”概念的核心，即把员工作为企业的顾客。

1. 强调员工第一观念

由于在服务企业中，员工是服务“产品”的生产者，也是服务的传递者，员工满意对服务感知质量和顾客满意有着重要影响。失去一位核心员工，等于失去和某位甚至某些忠诚顾客的合作关系。因此，管理者要像对待顾客一样对待员工，最大限度地赋予员工为顾客服务的权力，并为其提供所需的各种培训；同时，在企业内树立优质服务的典范，建立合理的考评机制，奖励优秀的服务行为。当然，这样做的前提是企业必须招聘“合适的员工”，并且选择“合适的顾客”。

2. 致力于同现有顾客保持长久关系

培育一个新顾客的花费是保留一个老顾客的6倍，并且一位顾客带来的利润是随着其保留年限增加而递增的。因此，要致力于同现有顾客保持良好、持久的关系，在发展新顾客和保留老顾客的问题上进行平衡，合理分配资源。

3. 建设服务文化

在整个企业内宣传并实施“服务导向”，使企业形成“优质服务”氛围，一切以顾客为先，所有政策、方式、流程都以提供优质服务、提升顾客价值为归依，在提升企业形象和口碑的同时，增强企业竞争力，这是永续经营的根本所在。

4. 加强服务利润链审计

要对服务利润链上的各因素进行定期的测量，及时掌握其变化，在了解企业运营情况的同时，预测市场变化和走向，使企业具有市场适应性和前瞻性。

营销案例

美国西南航空的服务利润链管理

在美国的航空旅行者印象里，西南航空是一家可靠便捷、充满愉悦、低价位和没有附加服务的航空公司。30多年来，它稳稳地保持着这个形象，而同时每年都赢利。

西南航空公司的成功出于多方面原因，其中服务利润链理论的运用是其重要原因之一。西南航空公司的总裁 Herb Kelleher 相信：员工第一，而不是顾客第一。他因这一信念而闻名。这家总部位于达拉斯的航空公司在享有很高的顾客满意度和顾客忠诚度的同时，已经成为一个低成本服务提供商和一家受欢迎的雇主。西南航空公司在航空业中有最佳的顾客服务记录，并由于连续几年在行李处理、准点操作和最佳的顾客投诉统计方面的卓越成就而获得三项桂冠，这是其他任何一家航空公司都望尘莫及的。

西南航空公司非常有效地利用员工与顾客的沟通来稳固其市场地位。员工很团结，为使他们愉悦待客而进行了培训，让他们明确“愉悦”的含义，并授权他们做可以使航班轻松和舒适的事情。西南航空根据人们的态度来招聘员工，他们是美国航空业中劳动生产率最高的劳动力。顾客也被纳入到愉悦的气氛中，而且许多顾客通过和机组人员相互之间开玩笑，或向航空公司发送表达他们满意的大量信件来创造愉悦的环境气氛。

通过服务利润链管理，西南航空强化了公司在顾客心目中的独特形象，从而吸引了一大批忠诚满意的顾客。

9.4 服务员工管理策略

9.4.1 人力资源管理策略

既然服务人员如此重要，企业充分开发人力资源就是必要的，应制定良好的人力资源策略，充分开发企业的人力资源价值，建立一支以顾客为导向、以服务为理念的员工队伍，使他们能够按照企业的服务设计、提供和传递服务。企业的人力资源战略包括四个基本方面。

(1) 要招聘合适的人员。为了获得最好的人员，企业需要识别出最好的人员，并与其他公司竞争雇用到这些人员。招聘的服务人员必须兼具服务能力和服务意愿。服务能力是指从事工作必需的知识和技能，服务意愿即他们对从事服务相关工作的兴趣，这反映了他们对服务的态度及在某种岗位上对顾客或他人服务的观念。

(2) 开发员工的潜力。开发人力资源是企业重要的工作。为了提供优质的服务，员工需要接受必要的技能和知识的培训，包括操作和互动技能的学习和实践。员工还需要掌握政府、公司的相关规定和政策，包括企业的营销战略等。公司组织的培训应和公司的业务目标及战略相一致，为了整个服务系统能良好地配合，除了一线服务人员之外的后勤人员、经理人员等都要进行培训，使企业有共同的目标和强凝聚力的文化。

(3) 要使员工高效并富有成效地工作，企业必须提供必要的支持系统。要充分开发一线服务人员的价值，就要为其提供良好的内部服务。企业可以通过评估并将利用实行内部服务承诺等企业外部服务中所运用的方法来提高内部服务的质量。企业还需要为服务人员提供支持性的技术和设施，如使前台工作自动化的设施、工作地点的设计便于内部服务的提供等，这些支持可以使员工更有效率地工作。

企业的人力资源策略还应包括实施使企业人员稳定和保持积极的工作状态的措施。企业需要想办法留住最好的员工，他们是企业的财富，也是企业的士气所在。因此，内部营销的运用是十分必要的，企业需要将员工当作顾客对待，为他们提供满意的“工作产品”，在有关人力资源政策、项目和过程的设计和实施决策中，以员工投入和事实为基础、评估员工满意度和采用标杆学习等都是很好的方法。

9.4.2 内部营销管理策略

无论是将员工视为内部客户，还是强调员工在客户满意中所起的中心作用，内部营销理论的实质都是强调企业要将员工放在管理的中心地位，在企业能够成功地达到有关外部市场的目标之前，必须有效地运作企业和员工间的内部交换，使员工认同企业的价值观，接受企业的组织文化，为员工提供令其满意的服务，促使员工更好地为企业服务。

1. 内部市场调研

内部营销调研是指为了对员工进行有效管理，而运用营销调研技术系统客观地了解员工(内部顾客)的目标、能力、价值观、情感和需求等，并收集和分析员工对有关工作内容、企业目标等各个方面(内部产品)的评价和认可。员工满意是客户满意的必要条件。提高员工满意度的前提是了解员工的情感和需求。只有真正了解了员工的情感和需求，才能对员工实施有效管理。内部市场调研的目标市场，不仅包括现有在职员工，还包括潜在的员工和离职的员工，这样才能真正了解职业市场的劳动力供求趋势、人才分布结构、薪资福利水平、期望的工作类型、职业发展方向及人才流动趋势等总体情况。可以借鉴外部营销调研的成熟方法和技巧应用于内部营销，如实地观察法、一对一访谈、专题讨论、问卷调查等，用于建立员工档案，了解员工的基本情况、技能特长及情绪、信仰、价值观等，对企业的态度、对管理者的评价和期望、对内部服务质量的要求、对企业产品和服务的看法及建议等。

2. 内部市场细分

所谓内部市场细分是指以内部营销调研所得资料为基础，根据企业“内部顾客”(员工)的需求和欲望，将企业的“内部产品”(工作内容、培训、激励、约束等)分成若干个具有共同特征的子市场的过程。对员工进行细分应该基于每一项人力资源管理活动，包括招聘、培训、使用、沟通、激励等，都应该根据员工不同的划分依据进行细分，然后对不同的细分群体采取有针对性的措施以提高员工的满意度和管理效用。细分的前提是差异性和专业性，因为每位员工在受教育程度、人生经历上不一致，所以其工作能力、心理和性格上存在着差别，需要把现代营销的市场细分理论应用于内部营销，把企业的内部市场像外部市场营销一样进行细分。内部市场细分的变量较多，除员工个性、知识特点等心理、行为变量外，还有“员工在组织中所处的层次”及“员工与客户接触的程度”等。内部员工市场经过细分后，实施不同的管理方法、激励方式和沟通策略，采取不同的营销组合，这样才能留住员工、保持员工满意、提升员工忠诚度并充分调动每位员工的主动性，使之为实现企业的目标而积极服务。

3. 内部4P组合策略

(1) 产品(product)。为了获得员工的满意，就必须要为他们提供满意的“内部产品”(工作内容、培训、激励约束等)。在具体实施中，组织应将整体产品概念引入内部营销中，对提供给员工的产品、“工作”进行重新认识。如果说“工作”本身是核心产品，各种管理制度、沟通渠道、工作环境等构成形式产品，期望产品层面的要素则是领导方式、人际关系、企业形象、企业文化等，员工培训、发展机会等构成附加产品。员工是以整体产品的观念来选择“工作”，更关注期望产品和附加产品层面的因素。整体产品观念的引入促使企业以全面、系统的思想去建造企业内部要素来满足员工的整体需求。

(2) 价格(price)。在市场营销学中，产品价格是决定产品销售额及顾客是否买账的重要因素。同样，在内部营销中，“内部产品”的价格——薪酬体系的制定，也是企业“内部顾客”(员工)对企业“内部产品”认可的重要指标。

(3) 分销(place)。在组织内部，“分销”就是指管理程序应用范围的划分、执行权利的配给、义务和责任的安排。在企业内部，即使是同一“内部产品”由不同渠道或方式传达、安排，得到的效果也是不同的。经验证明，与员工距离近、经常性渠道效果是最明显的。例如，质检部门对生产车间员工管理的效果远远不如该车间的内部管理。因此，根据不同部门进行内部营销市场细分是组织内部“分销”管理的最佳途径。

(4) 促销(promotion)。是指内部推销、告示与通告、内部促进、内部奖励和惩罚，还包括支持“内部营销规划”的沟通工具。在企业内部的沟通中，管理者可运用内部营销方法改变传统管理中将企业目标、各种管理制度强行让员工执行的状况，代之以选择员工能接受的方式和通道，以告知、劝说、激励的方式促进组织目标被员工理解和支持。这样不但能够使双方产生共鸣、增进了解、改善相互关系、建立信任和共同的价值观，而且还可以促进管理者改进管理，同时激励员工的工作热情和积极性，增强企业内部凝聚力。

管理案例

激励：大黄蜂引发的思考

曾经有人问玫琳凯·艾施成功的秘诀，她说了这样一段令人深思的话："从空气动力学的角度看，大黄蜂是无论如何也不会飞的，因为它身体沉重，而翅膀又太脆弱。可是大黄蜂不知道自己不能飞，它居然拍着翅膀飞起来了。女性也是如此——虽然身背家庭的各种负担，但只要给她们机会、鼓励和荣誉，她们就能展翅高飞。"

9.4.3 内部营销管理与人力资源管理的联系与区别

1. 内部营销管理与人力资源管理的联系

内部营销的最终服务对象是外部营销，其理论依据是服务利润链理论。显然，管理者提供的内部服务质量越高，员工的满意度越高，最终赢得的顾客忠诚度也就越高。人力资源管理提供了组织运作所必需的合格人员，而内部营销则提升了现有人员满意度，使人力资源开发的效用趋于最大化。更重要的是，这种效用直接指向顾客服务，即它使人力资源效用成为有用的效用。内部营销对人力资源起着整合的作用，对外直接表现为企业整体形象的提升。为了达到提高内部服务质量的目的，内部营销借鉴了人力资源管理的某些工具，如激励、培训等。除此以外，内部营销还开发了自己的营销策略，如沟通策略、态度策略等。

从实践的层面看，两者有相互配合的必要，也有相互脱节、相互矛盾的可能。竞争使得服务业的管理者意识到站在"分界线"(cross-boundary)上传递服务的员工是配合和(或)脱节的关键人物。如何使服务接触的双方——服务人员和顾客都满意，便成了服务业管理者无法回避的问题。关键问题是服务人员在与顾客的接触中取得了发言权(权威的信息发布者)、主动权(服务过程的决策者)，经理们意识到这一问题的重要性和特殊性，开始寻求别开生面的管理方法。此时，营销学发明了内部营销，把员工变成内部市场，把服务人员变成内部顾客(internal customers)，而管理学发明了市场导向的人力资源管理(Market-Focused HRM)，把外部顾客变成企业的人力资源(customers as human resources)。由此看来，竞争使内部营销和人力资源管理在市场导向目标上得到统一。

2. 内部营销管理与人力资源管理的区别

1) 目标不同

一般而言，可以从两个方面来理解人力资源管理：其一，对人力资源外在要素(数量)的管理，就是从外部获得适宜的人力，并进行恰当的培训、组织和协调；其二，对人力资源的内在要素(质量)的管理，也就是对人的思想、心理和行为进行有效的管理，充分发挥人的主观能动性，以达到组织的目标。在绝大多数情况下，组织的目标可以用效益和效率来衡量，效益是指达到目标，效率是指以最少的资源达到目标。传统的人力资源管理坚持定位于工业革命的模式，目光无一例外地集中于有关组织环境和内部相关标准的活动。因此，从管理过程来看，人力资源管理的直接目标是满足企业目标系统的人力和效率需要，重点在于企业内部人员的信息系统。

对企业而言，合理的经济效益是其最根本的目标。从这个意义上说，服务性企业必须把重心放在外部市场上，而不是内部员工，但“影响顾客对企业的认识和未来的购买行为的关键因素是员工的服务技能、顾客导向和服务意识”，所以服务人员及为服务人员提供服务的辅助人员是十分重要的。因为他们提供产品的过程是表演，所以内部营销的主要目标是获得受到激励的和具有顾客服务意识和技能的各个层次上的员工，重点在于企业内部服务的信息系统。因而，两者的目标有时是相互矛盾的。

2) 主体不同

几乎所有的管理学教科书都将人力资源管理工作为一种独立的管理职能进行论述，应该说这符合事实的发展。一般而言，人力资源管理的主体就是企业的人力资源部，但不能就此简单地推论内部营销的主体就是企业的营销部。营销不仅是一种方法和工具，更是一种哲学。

从战略层次上讲，内部营销应该创造出一种能够支持形成雇员的顾客意识和销售倾向的内部环境，其主要方法是支持管理方法、人事政策、内部培训和计划程序，而在技术层次上内部营销的目标则是把服务活动和其他营销努力，即创新、服务导向和互动技巧“销售”给雇员，甚至还要把其商品和服务销售给内部员工。因此，内部营销的主体在战略层次上是企业的最高管理者，在战术层次上是营销部和人力资源部等，其客体是服务人员和辅助人员。从这个意义上说，营销正演变为一种特殊的管理思想和模式。

3) 手段不同

若要使员工按效率和效益的原则去实现组织目标，人力资源管理采取的手段通常为培训、调配、监督、考评和激励，使他们获得必要的技能、把他们放在适合的位置、使他们主动积极地去工作。换句话说，它既有自然属性，又有阶级属性。与此相比，营销的基本思想是交换，“交换能否真正产生取决于买卖双方能否找到交换的条件，即交换以后双方都比以前好(至少不比以前差)(科特勒，1999)”，也就是说通过双方自愿的“双赢”的策略来实现内部营销目标。它没有阶级属性，强调人与人、人与组织之间的关系是平等互惠的交换关系。所以，内部营销是为了把外部营销工作做得更好。寻找你的外部顾客需要什么，你的雇员需要什么，并寻求这些需要、需求可能在什么区域重叠。

显然，强制无法带来员工满意，美国席尔士公司的调查表明，员工满意度提高5%，会连带提升1.3%的顾客满意度，强制员工必然使顾客满意遭受挫折，内部营销的目标无法实现。Roseblunt和彼得斯(Peters)因此提出“公司雇员，而不是顾客，必须是第一位的”，Huseli等人在1997年将人力资源管理区分为战略和战术两个层次，它们之间的划分是人力资源管理和人事管理的区别的依据。实证研究表明，内部营销是提高战术层人力资源管理效果的有效指导思想和工具。内部营销应作为一种独立的功能，而不是人力资源管理的职能代表。

本章小结

本章主要介绍了服务员工的角色、服务营销三角形与内部营销理论、服务利润链理论及服务员工的管理策略等。对于服务组织而言，服务员工的态度和水平决定顾客对服务的满意程度，服务员工素质的差异影响服务质量，服务员工的工作影响消费者的情绪。由于服务员工存在个人角色冲突、组织—顾客冲突和顾客间冲突等，他们面临更大的压力。与传统的产品三角形相比，服务营销三角形强调外部营销、内部营销和互动营销三者的结合。内部营销是将营销管理的思想和技术运用到企业内部，通过实现企业内部员工的满意，最终实现外部顾客满意目标的一种管理过程和管理战略。服务利润链模型建立了一种关系，这种关系把企业的利润率、顾客的忠诚度和企业内部员工的满意度、忠诚度和生产力联系在一起。服务的员工管理策略可以从人力资源管理和内部营销管理两个视角来展开。

名人名言

能正确管理人员的公司会比未能如此的公司胜出30%～40%。

——斯坦福商学院杰弗里·普费弗(Jeffrey Pfeffer)

一个员工互相帮助、互相分忧、共同努力的互动群体，是治理服务衰竭的良方。

——贝里和帕拉苏拉曼

在建立伟大的公司时，最紧迫的挑战是发现并保留伟大的员工。确实，基于Web的战略很重要，股票市场也让人胆战心惊，但是，最优秀的公司都知道人员是伟大的基础。

——快递公司(Fast Company)

如果你构建了能够传递高水平顾客满意的一家公司、一件产品或一项服务，并且也负责地投资和管理人力资源资产，成功的其他外部表现也会随之而来，如市场价值和收入增长。

——罗森布雷斯国际旅游公司CEO 哈尔·罗森布鲁斯(Hal Rosenbluth)

我们是有教养的人，要为有教养的人服务。

——丽嘉酒店著名座右铭

服务企业成功的秘诀在于深谙与顾客接触的工作人员才是公司最关键的角色。

——戴维·S·戴维森(Davey Davidson)

课后练习

一、复习题

1. 选择题

(1) (　　)不是服务员工的角色。

A. 营销者　　B. 生产者　　C. 形象代表者　　D. 消费者

(2) 服务利润链理论是(　　)提出的。

A. 科特勒　　B. 格罗鲁斯　　C. 洛夫洛克　　D. 赫斯克特

(3) 按照内部营销理论，下面说法错误的是(　　)。

A. 视员工为内部顾客　　B. 发展员工的顾客意识

C. 最终实现外部顾客满意　　D. 最终实现员工满意

(4) 根据服务利润链理论，(　　)是错误的。

A. 员工满意使得员工忠诚　　B. 顾客满意使得顾客忠诚

C. 顾客忠诚使得企业赢利　　D. 员工满意使得顾客满意

2. 填空题

(1) 服务利润链强调______观念。

(2) 内部营销的理论依据是______理论。

(3) 服务营销三角形包括三个方面：______、______和______。

3. 判断题

(1) 服务员工是营销者。　　(　　)

(2) 服务营销三角形是赫斯克特提出来的。　　(　　)

(3) 内部营销涉及两个具体的管理过程：态度管理和沟通管理。　　(　　)

(4) 服务利润链建立了服务运营者、员工和顾客等三方的联系。　　(　　)

(5) 内部营销与人力资源管理既有区别，也有联系。　　(　　)

(6) 服务员工具有一定的角色压力。　　(　　)

(7) 内部营销起源于20世纪60年代。　　(　　)

(8) 服务利润是企业通过基本服务活动和辅助服务活动创造价值的动态过程，形成一条循环作用的闭合链。　　(　　)

4. 问答题

(1) 为什么说服务员工非常重要？

(2) 为什么服务员工有压力？表现在哪些地方？

(3) 内部营销与传统的外部营销有什么不同？

(4) 如何理解内部营销？

(5) 内部营销的主要内容包括哪些？

(6) 比较人力资源管理策略与内部营销管理策略。

(7) 如何理解“服务营销三角形模型”？举例说明。

5. 讨论题

(1) 如何理解服务的不可分离性特点？讨论顾客如何参与服务生产过程并最终影响了服务的结果。

(2) 联系实际，论述服务利润链管理的重要意义。

二、案例应用分析

成人终成己：玫琳凯的内部营销之道

2005年年底，《财富》(中文版)“卓越雇主——中国最适宜工作的10家公司”第二次评选结果揭晓，玫琳凯(中国)再度上榜。而在美国，这个以粉红色为Logo主色调的化妆品直销企业从1984年起已经三次被《财富》杂志列为“全美100家最值得员工工作的公司”，也是唯一一家上榜的化妆品公司，还是美国最适宜妇女工作的十家公司之一。另外，国际妇女论坛也表扬玫琳凯公司对女性地位的平等及提升有特殊的贡献。玫琳凯能获得这些殊荣，与它全心进行内部营销、为公司员工(99%是女性)的成功提供良好工作氛围的经营方式密不可分。从创建伊始，玫琳凯就把自己的目标确定为为广大女性提供收入、事业发展机会及个人抱负等，帮助她们了解自身价值并实现梦想。“我的兴趣在于将玫琳凯公司办成一个其他地方所没有的专门向妇女提供发展事业机会的公司。”其创始人玫琳凯·艾施如是说。而在为员工圆梦的同时，玫琳凯也放飞了自己的“粉红色梦想”。

1. 理念：员工是第一营销对象

当你走进玫琳凯公司在美国达拉斯的总部大厅时，迎面而来的不是油画、雕塑或产品，而是一幅幅比真人还大的首席美容顾问写真照。亲眼目睹这一别有创意的设置，人们就会更加真切地体会到玫琳凯“我们是一家以人为主的公司”的深刻内涵。

员工是公司最重要的资产，要把他们作为第一营销对象——只有员工满意，才会有顾客的满意；而顾客满意了，企业才能获得利润并持续运行。正是基于这一认识，玫琳凯·艾施说，“一旦有人才加入我们公司，我们就会千方百计地使其安心在公司工作。如果他们不能在某一部门发挥出自己的才干，我们会尽量为他们调换合适的岗位。”她相信，每个人都有自己的专长，无论员工在哪个部门，都必须花时间使他们感到自己的重要性。

通过对员工的持续营销，帮助她们发掘自身价值，玫琳凯公司拥有了一支苦干、高效、专业的员工队伍。现在，玫琳凯的美容顾问遍布全球30多个国家，成员包括社会各个阶层的女性，不仅有下岗工人、医生、工程师、秘书、公司职员，还有大学教授、律师、社会工作者等。

2. 激励：物质赞美和精神赞美

在玫琳凯·艾施看来，努力发挥自己的潜力，不去想太多，只要独立前行、方法得当，就会有出乎意料的结果。所以，玫琳凯公司总是设法激励员工去发现自己的价值，其中赞美是最重要的激励手段，公司的整个的行销计划都以此为基础。在各种场合中，公司总是不吝惜地给予赞美，包括物质、精神两个方面。

1) 物质赞美

粉红色轿车的赞美：这是对美容顾问的最高奖励，从1969年开始，每年年底，玫琳凯都会送出一批粉红色凯迪拉克轿车给业绩前5名的美容顾问(美国是粉红色卡迪拉克，中国还有粉红色别克、桑塔纳等)。这种“带轮子的奖杯”，不仅让金牌美容顾问自豪不已，而且成为玫琳凯公关宣传的流动载体。

豪华游的赞美：业绩一流的销售主任，每年可以携带家人到曼谷、伦敦、巴黎、日内瓦、雅典等地进行“海外豪华游”；年度竞赛的优胜者，会被盛情邀请参加“达拉斯之旅”，到玫琳凯总部去“朝圣”。

2) 精神赞美

例会上的赞美：玫琳凯各地区分公司每周的例会上，都会有这周销售最佳人员成功经验的叙述和分享，这是一种别样的赞美。主持人在介绍最佳销售员时，每一位美容顾问都不会吝啬自己的掌声。

缎带的赞美：每位美容顾问在第一次卖出100美元产品时，就会获得一条缎带，卖出200美元时再得一条，并以此类推。这种仅需要0.4美元的精神鼓励，远比100美元的物质刺激有效。

别针的赞美：玫琳凯最经典的奖品。这些别针在美国达拉斯设计制造，然后用飞机运到世界各地，用以奖励在销售产品时有优异销售业绩的美容顾问。在每一个不同的阶段，当你有了一些进步和改善的时候，玫琳凯都会奖给你各种不同意义的别针，玫琳凯公司每一位美容顾问都会以佩戴各种各样形式各异的别针为荣。

红地毯的赞美：销售业绩超群的美容顾问，公司会用红地毯欢迎他们返回总部，“每一个人都像对待皇亲国戚一般看待他们”。

红马甲的赞美：每年在总部召开的年度讨论会上，一流的美容顾问会身穿红马甲登台演讲，并接受台下同事的掌声鼓励。

3. 沟通：上下级对话的艺术

从诞生之日起，玫琳凯公司就确立了这样一条管理原则——“公司中的每一个人都将得到平等的待遇，都将受到最大的尊重，在公司中的升迁要以每个人的条件为基础”，并创造出一种“直接沟通”的管理新法，“上下级的直接沟通，可以使管理者更加了解下属的需要和疑惑，及时找出公司运作中的不足和缺陷，最终形成上下同心的最大合力。”直接沟通包括以下几条要诀。

1) 让下属感到自己的重要性

玫琳凯认为，每个人都有能力完成某些重要的事情，因此每个人都是重要的。管理者必须花时间让下属感到自己在企业中的这种重要性，以激发他们的责任心与主人翁意识。首先，管理者要放低姿态，充分倾听下属的意见和建议，以显示尊重下属的想法，平心静气让下属无话不谈。其次，管理者要学会放权，既要让下属对自己的行为负责，又要授予下属一定的权力，光有责任没有权力会挫伤下属的自尊心。然后，管理者要善于表扬，在恰当的时间和场合，以恰当的口吻赞赏下属，激发下属“百尺竿头，更进一步”的斗志。

2) 多听少说

玫琳凯公司把“听意见”当作一件重要的大事来抓。管理者被要求努力掌握听意见的技巧，这是因为聪明的管理者都是多听少说的。管理者要全神贯注地听取对方的意见，绝不可心不在焉。如果不约束自己，不集中注意力，听着听着走神了，这对提意见者是极不尊重的。另外，当谈话中断时，管理者不能因为心急而随便插嘴，而应大度地保持沉默，以便让下属畅所欲言。如果光听还不够，需要来点询问，这时一定要掌握好分寸，不能让下属感觉干涉了自己的私事。

3) 批评是为了解决问题

在对待不称职下属时，管理者一定要明白不能为批评而批评，批评是为了让下属知道自己的不足，从而解决问题。所以必须掌握批评的方法，否则就可能出现适得其反的结果。第一，管理者要与不称职下属交心商谈，告诉对方哪里做错了，而不要直指错者是谁，以免打击其自信心；第二，管理者要想方设法创造一个非常利于沟通的气氛，和下属面对面平等地交流，让不称职下属体会到“批评是爱护，放纵是坑害”的良苦用心；第三，管理者应避免在第三者面前公开批评，当着别人的面被批评是一件极不光彩的事，这样不仅会引起被批评者的难堪，同时在场的每一个人也会感到不好意思和有不安全的感觉，最后导致生产力降低；第四，管理者在批评前或批评后要适时对不称职下属肯定一番，让其重拾改过自新的信心。

4) 唤起每个人的热情

合格的管理者应该千方百计唤起下属的工作热情。热情是一个人非常宝贵的品质，不管此人干什么工作，“一个能激起热情的非凡主张比一个不能激起热情的非凡高见好得多”。首先，管理者自己要对工作满腔热情，一帆风顺时热情高涨，逆水行舟时热情不减，情绪不高时要强迫自己保持热情，这时必须更加努力地工作，因为管理者的工作态度会影响下属的热情。为防止某些下属的自尊心受挫，从而产生消极的情绪，管理者还应鼓励下属积极进行创造性劳动，因为人人都会支持自己参与的工作。这是玫琳凯激励员工工作热情的又一方法。如果你希望下属全然支持你，你就必须让他们参与，而且越早越好。在玫琳凯公司的发展过程中，员工提出的设想和改进方案曾起过巨大的作用。他们渴望参与公司的发展和建设，结果是形成了一股强大的向心力。公司开发的成百上千的新品种，最初的信息和设想都来自美容顾问的建议。

4. 培训：美容顾问成长的阶梯

玫琳凯秉承“丰富女性人生”的使命，承诺给广大女性“一个比化妆更美丽的改变”。为实践这一诺言，玫琳凯在每一个阶梯上都为美容顾问精心安排了培训计划，以帮助她们提高。这些女性通过从事玫琳凯美容顾问的工作，学到许多职业技能，从一个普普通通的妇女变成一个美丽、自信、自强、自立的职业女性或成为拥有自己事业的独立经营者。

刚进入玫琳凯的员工，都要接受三天的入职培训，分公司、部门、个人三个层面进行。第一天，新员工会得到一块镌刻有公司黄金法则的大理石：“你希望别人怎么待你，你就怎样待别人”，这是美容顾问培训的第一课——首先了解玫琳凯的价值观。另外，第一天的培训内容还包括对玫琳凯历史、使命、远景及公司发展策略的介绍。玫琳凯认为：“在入职培训时反复强调公司的远景和策略，就是希望新员工能更好地体会公司的各项战略，明白公司的方向，理解公司的各项举措。”

在第二天的培训中，部门总监会将每个部门的职责、目标、远景、策略向新员工做介绍。使新人对公司业务流程有初步了解、清楚各部门的职责，明白公司的业务流程，更容易进入角色。在“沟通和认可”的培训中，除了彩妆、护肤的知识外，还讲授办公室礼仪和出席重大仪式的社交礼仪，非常实用。

第三天的培训叫做“事业有成”，培训的是有关个人职业生涯发展的内容，给员工指明方向，帮助他们对自己使命有更清楚的认识，对自己在公司的定位更清晰，“目的是告诉新员工，该如何把个人工作和公司远景联系起来。”

培训结束后，培训负责人将对新员工进行跟进与评估。用专门设计的问卷，了解新员工在企业中的工作情况；和主管及同事相处情况；工作压力大不大，对公司价值观是否认可。三个月的试用期满，主管会对新员工作评估。培训后，人力资源部对新员工的表现也会及时跟进，在他入职两个月后，人力资源经理会作面谈。

对于那些老员工，玫琳凯也会不定期进行针对性的培训，介绍一些高级销售技巧和初级培训服务技巧。通过对这些课程的学习，帮助美容顾问成为一个善于与人沟通的人。如果美容顾问晋升到经销商级别，玫琳凯则会教授一些关于如何拓展自己业务的知识及基本的管理知识，取得该课程的培训证书后，意味着员工已从普通的推销员成长为一名管理人员。

格罗鲁斯第一次提出内部营销的概念时，认为“员工的满足程度越高，越有可能建成一个以顾客和市场为导向的公司”。而科特勒在《营销管理》中也明确指出，“没有满意的员工就没有满意的顾客”。员工满意是顾客满意的必要前提，是企业成功经营的先决条件，内部营销的核心正是员工满意。而要达到让员工满意的目标，管理者就得从激励、沟通、培训等方方面面下工夫，为员工提供他们需要的服务，使员工认同企业的理念和策略，使员工的个人进步与企业发展紧密结合起来。这方面，玫琳凯给我们树立了很好的榜样，它帮助员工实现梦想，同时也成就了自己的“粉红色梦想”。

当然，内部营销并不是终点，实行内部营销最终是为了把外部营销工作做得更好。正确的做法是，发现你的外部顾客需要什么、你的员工需要什么，然后寻找这些需要的结合区域。

(资料来源：http://www.cu-market.com.cn/alfx/2010-1-7/144811.html.)

问题：

(1) 玫琳凯的营销模式与传统的企业有什么不同？

(2) 玫琳凯是如何导入内部营销理论的？

(3) 论述玫琳凯成功之道对其他企业的借鉴意义。

阅读材料

哈佛服务利润链理论及其隐义引申

1. 服务利润链理论形成溯源

服务利润链研究的起源与战略和绩效分析(profit impact of market strategies，PIMS)研究不无关系。PIMS研究最早于1960年在美国通用电气公司内部开展，哈佛商学院学者也参与其中，主要目的是找出市场占有率的高低对一个经营单位的业绩到底有何影响。PIMS研究人员建立了一个回归模型，能够辨别出与投资收益率密切相关的一些因素和解释投资收益率的变化，发现市场份额与公司利润具有较大的正相关性。

20世纪70～80年代，不管是制造业还是服务业几乎都把精力集中在设定利润目标和市场份额方面。也是在这个时期，哈佛大学商学院五位教授，詹姆斯·赫斯克特、厄尔·萨塞、伦纳德·施莱辛格、托马斯·琼斯、盖瑞·拉沃曼组织了服务管理课题组，开始了对近千家服务企业的跟踪考察和研究，试图发现服务业管理的特点与利润形成规律。

厄尔·萨塞等(1982)发现，随着时间的推移，市场环境已经发生了巨大变化，PIMS研究所依据的前提假设已经不能反映当时的现实情况。在对这一问题的实证研究中，萨塞等人通过样本企业数据分析，发现顾客忠诚比市场份额对企业的赢利能力及成长影响更大。这一发现成为学术界研究顾客忠诚的诱因，也为SPC研究打下了基础。

尔后，詹姆斯·赫斯克特等(1987)提出战略性服务的观点，构建了包括“选择服务市场的依据要素、界定服务业务的最终标准、提供超值服务的经营战略和配合经营战略的服务让渡系统”等四个方面内容有机结合的战略服务体系。其最重要的观点是，要使向顾客提供的价值超过服务提供组织的成本，第一次把顾客所获得的价值看作是与成本比较后的结果。这一观点为SPC理论所吸引，还对菲利普·科特勒(1994)提出顾客让渡价值(customer delivered value，指顾客总价值与顾客总成本之间的差额)概念和理论有所影响。

进入20世纪90年代以后，随着服务经济的迅猛发展，许多世界知名的服务企业的高层管理者率先觉悟到，服务企业管理的中心不在于利润和市场份额目标的设立，而在于如何全面地满足企业内第一线员工和企业外部顾客的需求。伦纳德·施莱辛格等(1991)对员工及顾客忠诚的决定因素的研究发现了所谓“失败循环”，即企业对员工付薪少，提供培训和个人发展机会少，导致员工离职率高、忠诚度差，最终造成顾客忠诚度很低、企业利润下降。施莱辛格等人搞了一个实验研究——为企业设计了一系列的激励制度，并观察实验结果。结果发现，该企业走出了“失败循环”，员工满意带来忠诚，员工对公司的忠诚反映在实际工作中，工作效率和工作质量提高。员工服务顾客的高质量增进了顾客满意，促进了顾客忠诚，最终导致公司利润提高。由此证明，员工满意与顾客忠诚之间有着直接关系，从而为服务利润链的提出夯实了基础。

服务利润链理论发端于PIMS分析，主要的理论渊源是萨塞等所做的顾客忠诚与服务企业绩效研究、赫斯克特等的战略服务理论研究及施莱辛格等对员工及顾客忠诚的决定因素研究。这三项研究成果的有机集成，成就了服务利润链模型的主要内容，经过进一步梳理和逻辑演绎构建了服务利润链理论体系。

2. 服务利润链理论走向成熟

1994年，世界顶级权威管理杂志《哈佛商业评论》3～4月月刊上发表了哈佛商学院詹姆斯·赫斯克特等五位教授合著的服务利润链理论的开山之作《让服务利润链有效作用》(*Putting the Service-Profit Chain to Work*)。该杂志 2008 年 7～8 月月刊，配上编者按——“本文最初发表于 1994 年，展示了一个简洁而无比明了的增加服务企业利润的方法，至今仍像当初一样贡献良多、持续畅销”，作为《哈佛商业评论》的经典重新刊登了原文。从首次发表、展示服务利润链概念和理论体系，历经近 15 年，哈佛服务管理课题组花费 20 余年、追踪考察上千家服务企业的这一研究成果得到了广泛的理论认同和实际应用，产生了深远影响。

服务利润链模型(1994)为服务业通过资源利用、过程再造和核心能力的构筑来实现企业成长提供了一种有效模式。赫斯克特、萨塞、施莱辛格(1997)尔后正式提出了服务利润链理论，《斯隆管理评论》推介了这一理论成果。2003 年，赫斯克特等人又出版新书《价值利润链——对待员工像顾客，对待顾客像员工》，将原先在服务业应用的服务利润链模型扩展到制造业等多行业多部门，并指明了员工、顾客、股东等企业利益相关者建立恒久关系的主要驱动力。

1998 年年初，西尔斯公司的三位副总裁在《哈佛商业评论》1～2 月月刊上撰文，总结了如何应用服务利润链方法改变商业运作模式的经验，显示了从员工态度到赢利表现的实际因果关系和路径，使管理层和员工真正了解到哪些是未来公司财务表现的主要驱动力。Morris(1998)在服务业管理最权威的《国际服务业管理杂志》发表探讨怎样引领公司利润及增长与忠诚度、满意度及价值性联系起来的文章。Soteriou 等(1999)在另一顶级期刊《管理科学》上发表了解剖银行服务业运营质量与收益性的关系的文章。这三篇论文分别验证了服务利润链理论用于服务业经营管理的有效性，开拓了服务利润链理论应用研究的先河。此后，服务利润链对零售服务业(Silvestro R 等，2000; Streukens 等，2004; Bowman，2004; Gomez，2004; Pritchard，2005; Linacre，2006; Keiningham 等，2006; Wiles，2007; Maxham 等，2008; etc.)、金融服务业(Gelade 等，2005; Saura 等，2005; Madclem 等，2007; Liang 等，2008; etc.)、运输服务业(Anderson 等，2004; Lindenmele 等，2008; etc.)、旅游服务业(Coviello 等，2006)等许多行业的应用研究取得丰硕成果。

Silvestro 等(2000)用服务利润链理论分析一家英国杂货商时，证实了利润、顾客忠诚、顾客满意、服务价值、内部服务质量、生产率相互联系的规律，但发现并不支持这是由雇员满意和忠诚所驱动的说法。相反，商店的收益性与雇员的不满意程度具有很大的关联性，据此提出了对“满意度”的挑战。自此，出现了许多从不同视角对满意度、忠诚度与收益性相互关系的研究成果(Lau，2000; Rust 等，2004; Dean，2004; Voss 等，2005; Berger，2006; Von Wangenheim 等，2007; Richards 等，2008; Dotson，2008; Brown 等，2008; Vogel 等，2008; Niraj 等，2008; etc.)。用服务利润链探讨客户关系管理新方法(Bolton 等，2004; Schneider 等，2005; Bohling 等，2006; Cooil 等，2007; Junquera 等，2008; etc.)的研究探索也是持续兴盛。有的研究者(Kamakura 等，2002; Richards 等，2008; etc.)则关注对服务利润链的评估与审计，提出了系统的评估方法。所有这些研究，为进一步丰富 SPC 理论体系做出了贡献。

我国张金成教授(1999)较早对服务利润链模型进行了介绍，并分析了服务利润链的管理要点。此后，涉及服务利润链的文章不少，但缺乏创新见解。高充彦(2004)通过对沃尔玛和西尔斯两大世界零售巨头的案例分析展示了服务利润链在零售业中的具体应用。孙洪(2008)以某家电企业为实例，应用顾客满意度测评模型定量分析，提出了以服务利润链理论为中心的顾客满意度优先改进方向和持续改进策略。

服务利润链理论是逐步被人们领会、认同和应用的。从 1994 年年初发表，经过近 10 年考验，到 2003 年后才开始被广泛关注和呼应，相关的理论与应用研究成果才出现加速增长势头。到 2008 年，SPC 研究与应用成果呈“爆炸”态势。《哈佛商业评论》2008 年 7～8 月月刊原文重载，标志着服务利润链理论体系已经成熟。

3. 服务利润链理论精髓

服务利润链是一种阐述企业、员工、顾客、利润之间关系的链。服务利润链理论认为，利润、增长、顾客忠诚度、顾客满意度、顾客获得的产品及服务的价值、员工的能力、满意度、忠诚度、劳动生产率之间存在直接的、牢固的关系。其逻辑内涵为，企业赢利能力的增强主要来自顾客忠诚度的提高；顾客忠诚是由顾客满意决定的，顾客满意则是由顾客认为所获得的价值大小决定的；顾客所认同的价值大小最终要靠工作富有效率且对公司忠诚的员工来创造，而员工对公司的忠诚又取决于其对公司是否满意；员工满意与否主要应视公司内部是否给予了高质量的内部服务。这一逻辑要有效，即要使这一正相关的“链条”能够联动起来，需要把握两点精髓。一是让外部服务为顾客创造出高的顾客让渡价值，二是通过高质量的内部服务为一线员工(内部顾客)创造高的“内部顾客让渡价值”。对于服务业，后者更为关键。

企业内部的服务质量涵盖复杂，主要指企业管理层为一线员工所营造的微观制度环境、工作条件与氛围，还与员工自身技能、素质有关。企业微观制度环境包括反映企业群体价值观、思考方式、行动习惯的企业文化软制度环境和企业建制成章的管理文件规定的硬制度环境，会在一定程度上受到产业(中观)制度环境和宏观制度环境的影响，但主要取决于企业创立者、管理者的指导思想、精神境界、经营哲学、管理理念和管理方式。“各师各法、扬弃不一”。管理者偏好什么样的制度，做出什么样的榜样，带出什么样的队伍，企业就会有什么样的微观制度环境。

服务利润链构成环节及驱动关系发端于内部服务质量，按照员工满意度、员工忠诚度、员工生产率、外部服务价值、顾客满意度、顾客忠诚度次序，最终收效于企业的收益率和成长性，并伴随着绩效的反馈补偿。

4. 服务利润链理论隐义引申

正如《哈佛商业评论》重刊《让服务利润链有效作用》原文时的编者按所说，服务利润链简洁而无比明了地阐述了服务企业利润来源的一般规律，无疑具备普遍价值。在此在领会服务利润链理论内涵与精髓的同时，产生了一些新的想法，引申了对服务利润链理论隐义实质的理解。

1) 强调成本收益的比较，每个链环都有产生利润的使命

服务利润链每个链环有机联动并产生正效应的驱动力在于利润(profit)。要使整个服务利润链有效作用，任何一个链环都要有利润可图。否则，就有可能出现某个(些)链环断链，而使整个服务利润链失效。利润是比较的结果。处在各个链环中的主体——或内部顾客(员工)或外部顾客，把自己“得到的”价值同“付出的”成本相比较，得大于失(有利润)时满意、得不偿失则不满意，最后反映在他们对工作的态度或购买决策上。我们注意到，服务利润链的英文为“service-profit chain”，其中的“profit”就是强调“得失的比较”。我国部分学者在传播服务利润链理论知识时，将“service-profit chain”翻译成“服务价值链”，应该说没有抓住原意与本质，并不准确。“价值”(value)常用作表征或度量本身功用与意义是绝对数，一般不作为比较量，不便于表达各个链环主体的得失落差。例如，我国某飞行员年各类收入总和达60万元人民币，远高出国内高技能职工的普遍待遇，甚至也高出同行平均收入水平，从其所获“价值”来看，绝对数不低。然而，恰恰是该飞行员提出了辞职，并因辞职不畅而与其所服务的东航公司对簿法庭。原因就在于，他认为自己付出的“价值”(成本)远大于所得到的60万元人民币的“价值”，其“利润”小于0。詹姆斯·赫斯克特等人关于服务利润链研究的前后成果，也非常明确地区别了“profit”与“value”的差别用处(Heskett等，2003)。

服务利润链上各个链环主体进行得失比较是必然的。链环主体衡量其成本付出时，不仅包括金钱、物质、时间、体力、智力等成本，还会计入其机会损失。上述的那位飞行员就是民营民航公司用更丰厚的高薪聘请他的情况下向东航提出辞职的。这种得失比较与各主体的价值取向有一定关联。企业通过提倡奉献精神及社会健康文化的作用能够在一定程度上降低人们过分计较得失的程度，但却无法避免，管理决策时必须正视。

服务企业的业务特点决定了内部顾客的重要性。企业不能仅盯着外部顾客“花费适当成本享受超值服务”的一贯要求，而忽视使外部顾客要求能够得到满足的内部顾客(一线员工)的基本要求。内部顾客常常希望“付出适当劳动取得相应回报”或“做出应有贡献得到应有回报”。内部顾客所希望的回报往往比外部顾客希望所得到的要更加综合。既有可计量的金钱也有人文精神层面的要求，既看眼前的收益也考虑长

期发展前景。

从可计量的成本与收入来考虑，企业对待外部顾客一般不能够亏本做买卖，从顾客那里得到的价格收入应该大于企业服务顾客总的成本付出。同理，企业对待内部顾客也不应该出现“账面亏损”，即企业给予员工的各类待遇总和应该是个不超过其“贡献值”的“合理数”。问题的难点就出在，企业怎样评估员工的“贡献值”，企业怎样确定满足员工的“合理待遇”。员工贡献有可以量化的部分，但服务业员工提供服务让外部顾客感受得到的服务质量大多数情况下是难以量化的。例如，微笑次数并不容易跟踪计数，微笑的迷人程度更加无法度量，且因人而异。员工贡献的服务质量不仅与员工的技能有关，更重要的是与员工的态度有关。员工“贡献值”难以度量，“合理待遇”的制定本身就少了一个关键参照值。此外，不同员工个人偏好有异，企业内部不同层级、不同职能机构的工作没有统一认同的可比性，社会及同业还对企业有影响，员工对自身待遇的期待往往管理者难以预测。这就要求企业做好薪酬与绩效管理，关注和参照社会与业界动态，在待遇中注入人文关怀元素，用愿景导引员工的心理期待，以确定有吸引力的“合理待遇组合”。在“合理待遇组合”的前提下，用优秀的企业文化和管理制度，通过员工积极性、创造性的激发和忠诚度的增加提高员工“贡献值”。“合理待遇组合”给了员工想要的“利润”。企业则通过员工“贡献值”增加产生超出员工“合理待遇组合”总值的“溢出”，使服务利润链各个链环都为企业创造“利润”，保证整个企业服务利润链有效作用，最终创造出企业利润。

2) 要求找出关键链环并确保关键链环的主体有利可图

服务利润链必须每个链环都有机联动，这一点已被普遍认同。服务利润链所涉及的企业具体运营和管理环节需要配置不同的资源，服务的技能性要求和服务的价值性各不相同。服务企业所处行业的特点和业态特征，以及服务企业自身不同发展阶段，影响到甚至决定着服务利润链各个链环的重要性差异。对服务利润链有机联动影响最大的就是关键链环。关键链环的主体的“利润”必须得到确保。

(1) 不同业态特征，企业服务利润链关键链环不尽相同。

外部顾客总是寻求得到最佳服务，以其所掌握的尽量充分的信息为前提选择服务提供商。在这个意义上，服务提供商所要做的就是让服务界面以外的顾客知道和认可自己是最好的，真正提供同业中最好的服务，并将外部服务质量信息传达到外部顾客。各个服务企业都追求在服务界面上达到这一目标，而这完全取决于服务界面以内的企业内功——一线员工技能与态度、服务设施与环境、服务程序与例外处理预案等。也就是说，服务企业在同业中追逐“提供最佳服务”目标的赛跑，实际上就变成了经营管理中改善企业一线员工技能与态度、服务设施装备与环境、服务程序与例外处理预案等内功锤炼。

服务企业类型众多，具体各服务行业提供服务的流程、涉及的服务设施装备、需要的服务技能、服务的信息不对称性差异很大。不仅如此，某一服务企业从企业内部开始决策谋划到外部顾客服务提供完结，不同环节也同样存在服务技能要求、服务设施装备要求、信息不对称性等方面的差异。正是因为差异的存在，有的服务行业特别依赖某些服务环节，而有些服务环节又特别依赖特定的服务设施装备或特定的服务技能。这些“特别依赖环节”往往构成服务利润链的关键链环。对这些特别依赖的“特定的服务设施装备”的技术储备和操作维护管理有时也成为关键链环。员工拥有和提供服务技能，存在“人”所共有的主观因素，即员工态度的影响。员工态度弹性和变数较大，所以“特定服务技能”员工的管理往往都是服务利润链的关键链环。有时候，某种服务必需的资源的稀缺性使使用该资源的环节成为关键链环。理发服务的关键链环是理发师的使用管理；网上银行服务的关键链环是网络交易安全技术及管理；民航运输服务的关键链环应该是飞行安全保障与管理。但是，中国民航快速发展，飞行员缺口很大且培养体制落后，导致飞行员的使用和管理成为目前我国民航服务利润链的关键链环。2008 年 3 月 31 日～4 月 1 日发生在云南的东航“返航门”事件就是突出的例证之一。

(2) 不同发展时期，企业服务利润链关键链环会有所转化。

服务企业在发展过程中，从进入行业门槛到业务成熟，不同时期服务利润链关键链环不完全一样，会有所转化。在发展初期，创业热情和对未来前景的期待往往带来员工的积极性和对工作条件、自身待遇的宽容，这个时候如何在业界站稳脚跟、如何赢得外部顾客眷顾往往是关键链环。服务企业基本成长起来，或者实现了一定的赢利，这个时期员工开始关注工作条件和自身待遇，会比较同业工作环境及工作待遇，还会从自身贡献与自己所得、他人贡献与他人所得多个角度评估自己所得报酬的满意程度。如何改善员工工作条件和工作待遇和如何引导员工价值取向成为这个时期服务利润链关键链环。服务企业发展壮大，业务形态和业务模式走向成熟，经过甄别、博弈，员工队伍基本稳定，管理基本规范。这个时期，服务利润链关键链环应该是外部服务的优化，即设法为外部顾客提供最高的顾客让渡价值。对于资源稀缺性造成的服务利润链关键链环，解决资源短缺问题后，原先的关键链环可能自行转化。以中国民航服务业为例，改进飞行员培养方法，延长飞行员飞行年限，引进国际飞行员，建立飞行员富余储备，配合飞行员数据库建设和转会交易市场化，中国民航服务利润链关键链环就不一定还是飞行员的使用和管理。

3) 要有内部服务“质量拳”概念

服务界面之外的外部顾客服务效果，取决于服务界面之内的企业内功。一线员工(内部顾客)劳动生产率、忠诚度、满意度又取决于企业内部服务质量。服务利润链理论要求有“质量拳”概念，要工作流程环境、员工队伍技能、硬性制度环境、软性制度环境、企业领导榜样五个方面并举，抓好内部服务建设和管理，创造高质量。

(1) 搞好服务工作流程和工作环境规划、设计、布置和保持。

服务工作流程和工作环境规划、设计、布置和保持是搞好服务的基本工作。它是外部顾客感受服务质量的外在形象，是服务企业的“窗口”。同时，它又是服务企业一线员工工作的日常环境。常年置身这些流程和环境，对员工身心影响是长期的——不环保的装修有害员工身体；不科学的服务流程或设施布局会增加员工的行程并导致出错率升高等。

(2) 从员工招聘、培训等方面着手塑造一支掌握较强服务技能的一线员工队伍。

缺乏提供服务所不可或缺的技艺和能力，再想干好也是枉然，培养掌握较强服务技能的一线员工队伍是服务管理和决策的题中之意。人悟性有别、体质有异，不同的服务工作需要选拔招聘相应的“苗子”进行技能培训和素质培养。例如，要胜任飞机驾驶，需要特别好的身体素质，要经过长期的规范而严格的专门训练，一个普通飞行员的培养费用超过200余万元，一个机长的培养费用多达600万～800万元。

(3) 设立公平合理的考评、激励、分工、分配的企业硬制度环境。

建制成章的各类企业管理文件构成了企业“硬性”的制度环境，其中考评、激励、分工、分配等制度关系员工的切身利益，特别要做到公平合理。复杂的“人”的管理是最难的管理。服务企业应该本着“用人所长、因才施用”的原则合理安排工作岗位和分配任务量，还要设法按照本文第四部分第一点中阐述的原则合理考评和给予“合理待遇组合”，起到激励作用。

(4) 营造和谐融洽、团结合作、积极进取、乐于贡献的企业文化软制度环境。

群体文化的软力量裹挟着个体的行为，企业文化作为“软性”制度环境影响着企业员工的作为。健康的企业文化有利于企业管理成本下降、管理有效性增加，是对“硬性”企业制度的帮衬。服务企业要通过及时适当弘扬有利于和谐、合作，愿意进取、讲究贡献的人与事，惩戒与之背离的消极作为，引导和促进和谐融洽、团结合作、积极进取、乐于贡献的企业文化。

(5) 企业领导的榜样力量。

企业领导的榜样力量是最为重要的因素。管理者，特别是高层管理者勤于思考、尊重创造，模范行政、遵守制度，奉公俭约、关心员工、善于沟通，将为企业各级员工忠于职守产生巨大的榜样力量。健康的企业文化氛围很大程度上也取决于企业创立者及高层管理者的思想道德和行为方式。受员工尊敬、爱戴、信赖、亲近的企业领导，其令易行，其政亨通，对其他四个方面工作的指挥、协调和控制容易生效。

把上述五个方面比喻为相连的“五指”，那么服务企业“内部服务质量”就是这五个手指攥紧形成的

"拳头"。企业领导的榜样力量毫无疑问是"大拇指"。其他四个方面，对应于不同的业态特征、企业特点和发展阶段可能有重要性的差异，但正如各个手指虽有长短但不可或缺一样，对于构建内部服务"质量拳"都是十分必要的。这五个方面各自必须做好，相互必须协调，"五指攥紧、形成拳头"，才能造就服务利润链有效作用的内部服务质量。

4) 企业需要发展和应用切合自身特点的服务利润链审计工具

服务利润链理论强调服务市场份额的"质量"比服务市场份额的"数量"更重要。而反映"质量"的满意度、忠诚度等很多指标参数都不是会计账簿可以记录的。服务利润链各链环的绩效衡量(成本收益的比较)并不直观、非常困难，而这一点恰恰又对服务利润链实际应用十分重要。例如，萨塞等(1982)发现顾客忠诚度上升 5%，服务企业利润可上升 25%～85%。哈佛服务管理课题组(1991)发现，一个优秀保险员的离职致使客户满意度水平从 75%急剧地下降为 55%。难以计量的"软指标"体现着实实在在的"硬价值"。那么，企业适用什么样的服务利润链工具呢？罗伯特•卡普兰(1993)的平衡计分卡(the balanced score card, BSC)打破了传统的只注重财务指标的业绩管理方法，从学习与成长、业务流程、顾客、财务等四个角度审视企业自身业绩。这一方法的基本思想与服务利润链所强调的理念不谋而合，平衡计分卡可以为服务利润链所借鉴。由于服务企业千差万别，服务利润链各链环的构成要件很不相同，所以，像基本会计准则那样的统一记账方法难以为服务利润链所找到。也就是说，服务利润链需要各服务企业借鉴 BSC 等科学的业绩管理方法，结合自身特点，发展属于自己的有效的服务利润链工具。

在这一点上，瑞典银行(Swedbank)的做法很值得服务企业参考。银行业测量顾客忠诚度通常用顾客接受本公司服务的次数和比例来反映。瑞典银行主要提供零售商业服务，发现仅仅使用现金及支票服务功能的普通消费者忠诚度再高也无利可图，必须扩大与顾客的交往"深度"，即接受银行其他金融产品及金融套餐服务的次数。因此，瑞典银行主要对交易的深度进行测量，来反映顾客忠诚度。员工的忠诚度用员工与组织间维持关系的时间长短或离职率似乎可以简单反映，但"出工不出力"会掩盖忠诚度的真实性。瑞典银行认为，有必要先测量员工的满意度，设计一些可以了解到员工"内心"的测试指标。经营的财务业绩衡量则仍然主要用显性财务指标。总之，瑞典银行针对企业三个方面的经营缺陷找出了三个指标群——员工价值增加、顾客价值增加、经济价值增加，设计出一种"分行回报卡"，实施一套通用目标和指挥系统来对各种指标进行监控，可以在其中选择一定的指标形式对员工进行评估。

这套注重服务利润链审计的银行管理系统的运用，促进了瑞典银行业绩稳定增长，实行不久其股票就进入斯德哥尔摩股票交易所的排名。在美国次贷危机引发全球经济困境的市场条件下，瑞典银行赢利平稳，2008 上半年 65 亿瑞典克朗的利润达历史新高，超乎预期的好消息使该行股票当日上升 13%，拉动整个斯德哥尔摩股市上涨两个百分点。

5. 结束语

服务利润链理论具有普遍价值性，看似简单明了，隐含却无比深刻。它所强调的内部服务质量及使员工满意、忠诚，对我国服务业管理同样有很大的借鉴意义。国有企业许多宝贵的思想工作管理经验，在服务业经营管理中，与服务利润链理论结合起来，必将产生更好的管理效果。例如，在企业人力资源管理中，一方面可以用服务利润链理论的精髓指导，针对性地搞好员工"合理待遇组合"测算、构建，从"真实"待遇方面确保对员工的吸引力和满意度。另一方面，用我们擅长的思想工作方法，与时俱进地运用，引导员工正确对待和评价自己，正确对待和评价他人，摆正个人与企业的关系，对待遇进行恰如其分的预期。科学制定的有吸引力的"真实"待遇，超出员工心中的待遇"预期"，员工的满意度将大为提高。西方管理思想和东方管理智慧的结合，优势互补，必将为我国服务业带来勃勃生机。

(资料来源：肖灵机. 哈佛服务利润链强论及其隐义引申. 北京工商大学学报(社会科学版)，2009，(7).)

第10章　服务的顾客管理策略

教学目标

通过对本章的学习，了解顾客参与服务的重要性，认识顾客互动的基本方式；对顾客等待有正确的认识，并掌握处理顾客等待的方法——排队管理的基本策略；建立客户关系管理的基本思想，了解企业进行客户关系管理的基本策略。

教学要求

知识要点	能力要求	相关知识
服务中的顾客参与	(1) 认识顾客参与服务的重要性 (2) 认识顾客互动的途径	(1) 顾客参与服务的程度 (2) 顾客参与服务的重要性 (3) 顾客参与服务带来的影响 (4) 顾客互动的途径
顾客等待与排队管理	(1) 了解顾客等待的心理 (2) 掌握处理顾客等待的策略	(1) 排队与顾客等待 (2) 顾客等待的心理 (3) 排队管理的基本策略
对不合作顾客的管理	(1) 理解不合作顾客的类型 (2) 掌握不合作顾客的管理策略	(1) 不合作顾客的类型及特征 (2) 不合作顾客的管理策略
客户关系管理	(1) 理解客户关系管理的涵义 (2) 掌握基本客户关系管理的基本策略	(1) 客户关系管理的起源及内涵 (2) 客户关系管理策略

基本概念

顾客参与　服务效率　顾客互动　“触点”互动　媒体组合　网络互动　排队　顾客等待　排队管理　不合作顾客　不合作顾客管理　客户关系管理　顾客定制

导入案例

生日电话的尴尬

北大保险公司客户服务中心最近做了件挺好的事情，但是小刘却因此受到了批评。某年4月9日是公司成立10周年纪念日，客服中心查保单，准备向所有生日是4月9日的客户祝贺生日快乐。只要是这天过生日的客户，他们都会派人打一个电话问候他。小刘负责给客户老赵打电话。4月9日一大早，老赵还没起床，电话铃响了。拿起电话，老赵有些不耐烦："喂，谁呀?""您好，是赵先生吗?我是北大保险公司客户服务中心的小刘。今天是您的生日，我代表我们公司向您致敬，并衷心地祝贺您生日快乐！"小刘对自己的开场白和祝词很是得意。"你光打电话有什么用啊？知道今天是我的生日，怎么不送一个蛋糕给我呀?""我……"小刘毕竟是新手，有点语塞。"你怎么？我就知道你们这些保险公司就会吹肥皂泡，说得天花乱坠，全都华而不实!""啪"的一声，老赵挂断了电话。

老赵这个期望值可能满足吗？不可能。这个时候小刘需要的不仅仅是沟通技巧，他更需要的是一种接近于谈判的技巧，必须告诉客户什么是他可以得到的，什么是他不可以得到的；什么是现实的，什么是不现实的。而通常服务人员在这些方面是比较欠缺的，尤其是新手。很多调研结果显示，刚刚开始从事服务工作的人的态度都非常好，但是通常解决问题的能力都比较差。在很多企业中，有一些老服务人员的服务态度很一般，可是却有超强的解决问题能力。因为他经历得太多了，各种各样的客户和不合理的要求都遇到过，积累了很多解决的办法。

点评：关注顾客的期望、加强顾客管理对服务企业而言非常重要。

由于服务具有不可分割性和同步性，顾客期望会在员工与顾客或顾客之间的互动中进行修正。通过双向交流，加强顾客教育，提示顾客如何参与服务过程及可能会发生的问题，强化顾客对企业的信任度；同时以修正企业不能兑现却已存在的顾客过高期望，而不是等到问题发生时，令顾客失望。本章主要介绍服务中的顾客参与、顾客等待与排队管理及客户关系管理策略等。

10.1　服务中的顾客参与

10.1.1　服务中顾客参与的程度

在服务生产过程中，或多或少都会涉及顾客的参与。顾客参与在提高服务质量、提高顾客满意度和在改变企业与竞争对手的相对位置过程中都发挥着重要的作用，因此，企业有必要设计好服务系统中的顾客参与部分，以提高生产力和顾客满意度，同时降低由于顾客行为的不可预测而产生的不确定性。

根据顾客参与服务的程度，我们将服务生产分为企业生产、联合生产和顾客生产三种类型。在这三种不同类型的服务生产中，顾客参与的程度是不同的，下面以加油站服务为例说明(如图 10.1 所示)。

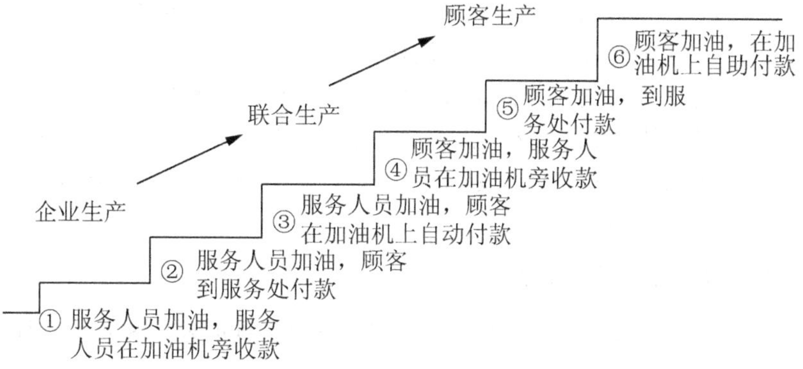

图 10.1 顾客参与服务的程度(以加油站服务为例)

企业应当根据自己的情况和顾客的情况，选择适宜的顾客参与程度并设计服务传递蓝图。事实上，如果能让顾客接受一些新产品和新服务系统，企业和顾客都可以受益。还有一些适合顾客自我服务的技术的例子：自动柜员机、航空公司的自动检票设备、饭店的自动登记入住和离店结账设备、自动汽车出租、自动填写法律索赔、司机驾照自动检查、电子血压计、自动售货机、纳税申报准备软件、超市自动扫描设备、网上银行、在线拍卖、包裹跟踪、网上商店、网上信息检索、电话银行等。

10.1.2 顾客参与服务的重要性

如果企业选择了支持顾客参与服务，顾客就充当了“兼职营销员”，在某种程度上，顾客可以起到一定的营销作用。

首先，组织可以通过提高顾客参与水平来重新定位顾客眼中的企业、改善企业定位。例如，政府部门政务公开，设立市长专线、市长接待日、聘请荣誉市民，这些工作可以使市民更了解历届政府的工作，同时可以提出意见、提出问题并得到更及时和有效的解决，这样也可以提高政府作为服务部门的形象定位。令人接受的观点是，在服务生产和供给关系密切、与顾客的现场接触可以增加市场受益、顾客可以补充服务需要的人力资源和信息时，可以通过提高顾客的参与水平营销。

其次，顾客可以充当企业的“部分员工”，投入服务产品的生产，提高企业生产价值、服务产品质量和顾客满意度。

再次，顾客可以被邀请或志愿帮助其他顾客。例如，在旅游团里，可以开展一些活动，邀请有特长的顾客为其他顾客的旅途提供一些表演等；在大学校园里，学生会组织和各种协会、社团组织都是基于自愿而为其他同学服务或者提供兴趣爱好发展机会的组织。

最后，顾客最常见的营销作用是帮企业促销。口碑效应依靠的就是顾客的促销功能，而这种效应在服务企业中的作用更是明显。因此，企业可以鼓励顾客为其促销。此外，对于不偏好参与服务的顾客，企业需要定制不同的服务，以满足他们的需要。

10.1.3 顾客参与服务带来的影响

在高接触度的服务业，顾客也参与服务递送过程，因此，服务系统的设计也必须考虑到顾客的反应和动机。顾客对服务企业的要求会影响服务表现者的行为。要调整对服务系统的管理，可能要先调整顾客的行为，或者将顾客行为从服务系统中完全除去。

就作业管理而言，服务人员和服务系统之间存在相互交替作用。如果将服务人员的自由决策权去除的话，可能会使服务系统的运作更经济，并形成较为统一的一致性质量。但是，这样做会降低服务人员的工作满足感。因为工作一旦例行化、制度化，将影响服务人员能力的发挥，并减弱他们的工作动机，进而可能会妨碍他们最终向顾客提供服务的质量。

服务业需要接触顾客且服务无法通过库存进行调节，这些给服务作业带来了很大的影响，主要表现在以下几个方面。

1. 顾客参与服务运作将影响服务效率

顾客直接与服务员工接触，会对服务人员提出各种各样的要求和发出各种各样的指示，使得服务人员不能按预定的程序工作，从而影响服务的效率。不同的服务，顾客参与的程度不同。例如，邮政服务中，顾客的参与程度低；餐饮服务中，顾客的参与程度较高；咨询服务中，顾客参与的程度更高。顾客参与程度不同，对服务运作的影响就不同。通常情况下，顾客参与的程度越高，对服务效率的影响也越大。

2. 顾客参与会造成服务能力的浪费

服务人员为使顾客感到舒适、方便和愉快所做的努力，也会造成服务能力的浪费。例如，顾客为了排解孤独和与他人分享信息及兴趣，希望与服务人员交谈。为了满足顾客的这种需求，服务人员将难以控制他的服务时间，使顾客感到舒适和有趣的代价是损失了服务人员的时间。

3. 顾客参与影响服务质量的评价

纯服务是无形的，难以获得客观的质量评价。顾客往往可以由与服务人员关系的质量来判断服务质量，并从中获得满足。显然，服务人员的态度、提供服务的技巧与其服务的知识水平、对于顾客的需求满足与否影响甚大。某些顾客如果感到自己不受重视或者某些要求不能得到及时的满足，就会感到不满，尽管他们所得到的纯服务与其他顾客一样多，他们也会认为服务质量差。因此，与顾客接触的服务人员必须敏感，善于与顾客交往。但是，服务人员毕竟只是服务系统的构成要素之一，他们虽然可以尽其所能协助顾客，但却无法完全补偿整体性服务系统的不完善和低效率。

10.1.4 顾客互动的途径

顾客参与服务的重要方式就是与顾客互动。

让顾客参与企业互动并不是意味着想更多的办法使企业更加方便地“接触”顾客和设计一两项活动。互动的真正意义在于要建立一个能使顾客“接触”公司、参与意见及公司活动的渠道和方法。因此，互动并不只是满足顾客的某种需求，它更是企业获取顾客信息的渠道(也是发送信息的渠道)。一般而言，企业需要把握以下三种互动方式。

1. “触点”互动

“触点”是指品牌与顾客的“接触点”。它是顾客与企业面对面传递品牌信息的机会和情景，也是企业与顾客互动的重要方式之一。“触点”是造成顾客对品牌形象感知的最直接、最有影响力的因素，因而我们也称之为“关键时刻”。例如，一个航空公司，无论它在媒体上宣传他们的服务如何周到、他们的工作如何热情，假如顾客在售票处或飞机上接触到的服务人员与这种宣传的形象大相径庭，顾客最终对它的评价结果也会很差。顾客只会依据他们对“触点”的感受做出判断而忽略其他所有的信息。因此，必须对企业的这种“关键时刻”进行管理和利用。

“触点”有两种形式，一种是自发的，一种是人为的。人为“触点”的大部分内容都是经过设计的信息，如广告、促销及所有对外发布的信息。自发性“触点”是指那些因购买、产品表现及服务等过程自动生成的情景。例如，一个人决定要乘飞机到达某地，他一定得先向“航空公司”或“服务代办人”订票，然后到“机场”办理登机手续，然后在飞机上和“空勤人员”接触，抵达后“拿行李”。所有这些细节都属于自发性“触点”。如果没有这些“触点”，顾客就不可能享用这个服务。实际上，这种自发性“触点”是一个关键的顾客互动途径，任何一个企业如果忽略了对“触点”的互动设计和有效的管理，其他的传播和互动设计都会因此而大打折扣。“触点”互动的设计程序：首先，需要确认企业品牌的各个接触点 (销售点、维修点、服务点、货仓等)；其次，根据接触点的影响力大小将接触点排序，判断哪些接触点可以得到顾客的反馈，哪些接触点可以传递额外的品牌信息和加强对话；再次，企业还必须计算信息控制的成本和每个接触点收集顾客信息的成本；最后，对“触点”进行互动设计。

2. 媒体组合

长期以来，我们将品牌宣传的任务交给了广告公司，广告公司的任务就是将公司的广告预算资金“花出去”。但广告公司在考虑媒体效果(用人成本、受众率等)的同时，也往往会考虑自身的收益，因而，他们所谓的媒体组合很可能并非完全站在公司的立场上。所有广告公司都将媒体视同一条“单行道”，专门用来传递信息，他们从不会注意可以带回顾客和其他关系利益人信息的双向沟通的媒体。到今天为止，差不多所有广告公司的广告计划中的媒体组合都停留在对大众媒体的选择之上，即便有一些如网站设计或网络广告的新型媒体内容，他们也只是将其当成“补充”或是“做秀”而已，因为他们仍然只是将其当成一个单向的信息传输工具。

顾客营销认为，媒体的责任应该是协助顾客进行双向沟通，并提供一些有价值的信息。企业如果能够做到这点，才算是真正做到了以顾客为中心。因此，顾客营销的媒体组合概念不是指大众媒体的组合，而是指大众媒体、互动媒体及寄件媒体的组合，这将成为未来时代“媒体组合”的真正含义。

大众媒体覆盖面广，发行量大，具有较大的影响力。企业在扩大产品知名度时，大众媒体是一个很好的选择，但是大众媒体不利的一面是购买媒体的费用往往较高。随着信息技术的不断发展，它的影响力和可信度也有下降的趋势，并且很难得到顾客的信息反馈，大众媒体的作用越来越呈现只能帮助企业建立起一定知名度的状况。因此，有必要利用互动媒体。它包括免费服务电话、电话推销、电脑光盘、大众网站及互联网等。通过这些媒体的运用，企业可以直接与顾客进行沟通，快速而有效地获得顾客的各种信息和回应，将这种已经建立起来的顾客关系进一步加强。寄件媒体指信函邮件、电子邮件、电话传真等。

一般而言，企业在前两者传播的基础上，再利用寄件媒体进行个别对话和个性化服务，将会收到良好的效果，顾客关系可以得以真正地维持和巩固。目前的问题在于，企业往往在没有任何接触的情况下，就开始以“推销信函”骚扰顾客，且达到了泛滥的程度，导致寄件媒体成了商业垃圾。

宝洁公司在推出洁儿软性洗衣粉时便利用大众媒体订出新配方的广告，这属于从读者和观众群中发掘、筛选潜在顾客的步骤，并在广告中加入鼓励行动和回应的手法，以吸引皮肤敏感的潜在顾客，然后把这些回函的资料输入潜在顾客资料库中，以便于采取互动和寄件媒体。这里所谓的潜在顾客是指宝洁公司邮寄折价券(联络关系)和其他有关品牌的资料(用以留住和重新争取的顾客)的对象。经验表明，互动媒体和寄件媒体尤其对于汽车、保险、工业产品等大件产品来说显得更加重要和有效。在考虑对大众媒体、互动媒体和寄件媒体进行组合时，企业应把握以下几点。

(1) 目标对象的广度：产品市场越大，大众传播的效力越强。

(2) 购买率：购买率越高，寄件媒体效力越强。

(3) 平均购买量：平均购买量越大，寄件媒体的效力越强。

(4) 品牌转换现象：品牌转换的震荡越大，越适合使用寄件媒体和大众传播。

(5) 顾客购买率：若市场占有率很低，可利用互动媒体提供附加价值来提高占有率。

(6) 顾客利润：一般而言，顾客对公司越有利，寄件媒体越划算。

3. 网络互动

互联网在处理关系上扮演着另一个重要的角色，是对于未经设计的信息进行监控和处理。1995 年，一位互联网用户被告知他的计算机芯片出现了一点小问题，消息传出后短短几个小时，全世界使用电脑的人都知道英特尔的芯片出了问题。网络谈论越来越热烈，很快吸引了 CNN 的注意，充分展现了大众媒体对这件事情的关注，最后导致英特尔赔了数百万美元。之后，英特尔吸取了教训，拨出 4 亿美元作为紧急事故预备金，以备将来不时之需。更重要的是，它还聘请多位职员全天候监视互联网上所有关于电脑的交谈，以便于及早发现任何有关英特尔及其产品的问题，尤其是负面的问题。

营销案例

上海通用的呼叫中心互动

上海通用在导入客户关系管理系统时开通了“8008202020”免费咨询电话呼叫中心和全新的中文网站“百车通”在线导购栏目，为顾客提供了更方便的互动渠道，得以共同处理一些顾客的请求、投诉、询问等。

呼叫中心由三个部分组成。

第一部分是客户支持中心。通过“8008202020”免费咨询电话客房中心每天提供 12 小时的咨询服务和处理投诉。这个中心是为所有人服务的。第二部分是技术支持中心它专门配备了汽车维修方面的专门人才，负责解答来自全国各地通用维修站的相关问题，帮助维修站的工程师及时有效地解决客户的汽车维修问题。当然，这个用于内部技术的支持中心借助了软件的支持。例如，维修站提出客户的一部别克车的刹车系统不是很好。中心的工程师就把别克刹车系统中的问题从电脑中调出来，系统会自动提示工程师注意相关问题，以便于进一步确认和解决问题。这个技术中心主要对维修站开放。第三部分是操作平台。这个平台对所有的零售商开放，是为零售商下汽车订单而设置的。按照区域进行管理，通过这个平台，可以掌握零售商所订购汽车的动态情况；零售商只要在系统中输入所订购汽车的编码，就可清楚地知道这部汽车目前的状况。信息可以具体到装备流水线的每一部分。

点评：未来顾客对与公司接触的方便性提出了更高的要求。这不仅仅反映在顾客服务方面，同时也将表现在顾客愿意参与公司的各种活动等。成功的公司能够将顾客的这种交易关系引导为一种学习关系。公司与顾客的互动不仅指与终端用户的互功，对生产商来说、渠道和相关支持机构也是企业的“顾客”。

10.2 顾客等待与排队管理

10.2.1 排队与顾客等待

在服务管理术语中，所谓排队，就是等候消费服务的顾客在进入点前排队，换句话说，就是等待一个或多个服务台提供服务的一列顾客。日常生活中遇到的排队现象包括超市收款机、快餐厅、机场检票处、邮局、银行窗口等处的队列。但是，排队并不一定是一个服务台前面的一列有形的个体，如被电话接线员告知“请稍候”的拨打电话者。有时，排队的“顾客”不是人，而是待填的订单、等候卸货的卡车、待修设备或等待着陆的飞机等。通常情况下，消费者需要到达服务设施接受服务，但在某些系统中，实际上是服务台来到消费者面前，这种排队形式有火警和救护车等城市服务。服务还可能包括一系列排队或更复杂的排队网络组成的几个阶段。例如，像迪士尼乐园一类游乐场所中的幽灵城堡，排队就被分为几个阶段。这样，游客可以分批进入城堡游览，并且在等待过程中获得消遣。

在任何一个服务系统中，只要目前的服务需求超过了现有的服务能力，顾客等待就会产生。这是由于服务台都已经被占用，到达的顾客不能及时得到服务。从理论上说，只要顾客以一致的平均速率到达并且服务时间固定，就不会出现顾客排队。然而，在现实生活中，顾客抵达间隔并不是均匀的，而是随机的；接受服务所需时间也是不同的，即到达时间和服务时间都有很大程度的可变性。其结果是系统有的时候超载，等候队列增加；而另外一些时候，系统却因为没有顾客而闲着。排队现象在任何服务系统中都是不可避免的。

10.2.2 顾客等待的心理

梅斯特(Meester)是最早对顾客在排队接受服务时的心理进行研究的。他发现，被顾客感知的等待比实际的等待更重要。在此基础上，他又做了各种调研试验，从而系统地阐述了关于等待时间的七项原则。

1. 等待时无事可干比有事可做感觉时间更长

空闲或无所事事让人感觉非常难受。服务管理者应以积极的方式来填充等待时间。例如，理发厅给顾客一本厚厚的发型样本供查询、电话等候时间里播放美妙的音乐、牙医候诊室里的杂志、银行大厅的舒适沙发、机场候机厅里的电视节目和航班预告、健身房等候厅里播放准备运动的录像、电梯附近的大镜子让乘客可以先注意自己的外表形象等。这些分散注意力的安排使得人们的等候心态更平和，甚至促进了等候服务的人们之间的交谈结识。

2. 过程前等待的时间感觉比过程中等待的时间更长

顾客如果感觉到服务已经开始了，就觉得等候的时间短些，也就是说，虽然仍然在等候，但如果顾客已开始了服务的生产过程，开始了与服务人员的接触，就容易产生这种效果。例如，在饭店，服务员将菜单递给等待的顾客；在等候登机时，有人来查问手续的办理是否齐备，手提物品是否挂了行李牌；在医院，把病历递给等待的病人。这些方法本身传达的信息是服务已经开始。一旦开始接受服务，顾客的焦急程度会大大减退。事实上，如果人们感觉到服务已经开始，那么与服务还没有开始的情况相比，他们通常会更能容忍较长时间的等待。

蛇形队列能提供动态等候的感觉，因为排队者始终在不断运动，不会产生静止不动的厌烦情绪。

3. 焦虑使等待看起来时间更长

在服务开始之前，人们经常会很焦虑。我难道排错队了吗？我的订单被接到了吗？什么时候才能轮上我？此类不确定的、未作解释的等待会使顾客产生焦虑，有时还会导致不满。管理者必须识别这些焦虑，并制定相应的策略以减轻这些焦虑。在此，可以通过委派一名员工与等待顾客接触，使顾客明白你知道他正在等待；还可以通过沟通信息使顾客知道还需要等多久，有效消除其顾虑，如通过指示牌标明还需等待的时间。

4. 不确定的等待比已知的、有限的等待时间更长

尽管任何等待都是令人沮丧的，但预见中的等待在心理上是可以接受的。如果预先通知了等候时间，顾客就觉得不很长，因此，在很多情况下提供等候时间是非常有用的。但服务管理者一定要注意履行承诺，言而有信。“在一个小时内冲印胶卷”就不能让人等两个小时。做不到的承诺，或者说了不做的承诺，都是使顾客不满的原因，也使工作人员心理压力加大。管理者要核查人力资源的可支配状态，以保证履约。

5. 没有说明理由的等待比说明了理由的等待时间更长

在很多情况下，顾客要求确定等候理由。如果是合理等候，他们便会接受。例如，火车站的大喇叭通知火车将晚点很长时间，并解释了原因，顾客就可以放心地安排其他事情，不会对此延误做出什么强烈的反应。

6. 不公平的等待比公平的等待时间更长

不确定的、未作解释的等待会使顾客产生焦虑，有时还会导致不满。但是，当一位顾客看到后来的人比自己更早接受服务时，不知道会等多久的焦虑就会转为因不公平而引起的愤怒。这时，顾客就会非常恼火，认为这是组织者的责任。如果排的队伍很有秩序，遵守“先来先服务”的原则，顾客就能平静地等待。等候者之间没有了竞争关系，没有了紧张气氛，大家对等候时间心中有数，可以先做其他事情。

为了避免先到达者先服务的排队规则被破坏，一种简单的办法就是领号，随时公布正在接受服务的号码，使新到达的顾客能够得知自己需要等候多久。通过这种简单的方法，管理者可以减轻顾客对于等待时间的长度及可能被不公平对待的担心。不过，这一系统虽然保证了公平性，却不能完全避免使顾客产生担心，顾客必须对叫号保持警觉，否则就可

能错过他在队伍中的位置。

当有多个服务台时，保证先到达者先服务的方法是蛇形队。来到这种场合的顾客先排到队尾。当有服务台出现空闲时，排在队首的第一位顾客上前接受服务。这时，由于不必担心后来者“跳”到自己的合理位置之前，顾客的焦虑就会有所减轻。通常，以这种方式“保证”其位置的顾客会比较放松，还会与队伍中的其他人开开玩笑。这种同舟共济的友谊同样能够填补顾客们无聊的等待时间。

7. 服务的价值越高，人们愿意等待的时间越长

顾客认可的服务的价值越高，就越心甘情愿地等待，而且觉得等候的时间不很长，如很复杂的服务或供应量很有限的服务。管理者要尽可能筛选顾客，引导他们排列不同的队伍。

以上这些原则的意义在于，当提高生产能力本身不可行时，管理者应尽量采取一些富有创造性的方法让等待更受顾客欢迎。建立排队系统通常被认为是生产运作系统的工作，但是它在顾客对服务经历的质量和服务传递速度的认识方面有着十分重要的营销意义。当为顾客服务必须要经历一个等待过程时，营销管理者不仅应采取各种有效措施来加快服务的交付速度，而且应尽量想办法使等待的时间过得更快和更令人愉快。例如，提供惬意的环境、从顾客那里获得需求信息、提前传播有关服务的信息、提供额外服务等。

10.2.3 排队管理的目标

由于增加服务的生产能力并不是平衡供需、实现顾客满意的最经济的解决办法，因此，在通过排队分析寻找到最佳服务能力点的基础上，还应尽可能地采取各种措施减少顾客等待时间。服务排队管理的目标有以下两个。

1. 寻求最佳服务能力

寻找最佳服务能力的实质是使总成本最小。排队情形下的成本分为两类：与服务能力相关的成本和与顾客等候时间相关的成本。服务能力成本是指为保持服务提供能力所需花费的成本。例如，与超级市场的收款台数、处理设备故障的维修工数、高速公路通道等有关的成本。顾客等候成本包括付给等候服务的雇员的工资、为等候着的空间付出的成本和由于顾客拒绝等候并由于等候造成的不满意以后去找其他商家而造成的商业损失。

2. 加快服务交付速度

加快服务交付速度，减少等待时间，可通过采取三种策略来实现：第一，重新设计排队系统；第二，重新设计服务过程；第三，管理顾客的等候心理。

10.2.4 排队管理的基本策略

大量服务营销调研表明，在排队等待的顾客中存在着一些共性的心理特征。而这些特征是可以通过创造性的管理策略使之转向有利于服务企业的方向的。了解这些心理特征和管理经验，并从中汲取灵感和思路是服务管理者提高服务企业运营能力和效果的必经之路。

1. 消除顾客排队中的空虚无聊感

人们对空虚无聊的等待有一种天然的畏惧。因为近乎无所事事的等待过程是从可自由

支配的时间(可用于娱乐、学习、休息、工作等)中生生扣除的，而且无聊状态下排队的姿势、环境，以及对局面无法控制的感受都会让顾客觉得难以忍受。因此，从顾客意识中删除这种空虚无聊的感觉是管理的重要目标。

首先，管理者应根据本企业服务属性，合理估计细分市场顾客可接受的等待时间。在超级市场等待也是多数顾客司空见惯的，但在电话机前“聆听”10分钟的忙音恐怕会令人发疯。超出可接受范围内的等待时间便可能给人以空虚无聊的感受。

其次，要用积极的方式去填充空虚的等待时间，使之不再令人难以忍受。这显然需要管理者动一番脑筋。最简单的管理方案莫过于为等待的顾客提供一些舒适的座椅；在等待区域内渲染一种活泼、振奋的气氛(如色彩明丽的布景、新型产品的展示、优雅促销小姐的穿梭、轻快的背景音乐等)；播放一些娱乐节目或与服务相关的科普节目。这些管理策略大都普遍适用，核心手段在于分散顾客注意力，平和顾客心态，促进顾客间的交流，从而在顾客意识中去除空虚。管理者的观察和探索会创造一批更加别具匠心的管理方案，它们适用性不强，但很有针对性。例如，在电话占线时导入一套音乐点播系统，远比忙音让人愉快。在电梯旁镶嵌供等候者整理衣冠的镜子，会使电梯太慢的抱怨减少很多。

最后，管理者还可以更为有效地利用这段等待时间，使消费者效用提升，企业从中受益。当然，这对管理者而言是不小的挑战。不再为打电话占线的人们播放音乐，而播放一些本企业的宣传材料或促销通告；为等待金融服务的顾客播放财经信息、商务通知；让等待理发的顾客欣赏发型样本。这样顾客会觉得这段时间被有效地用于信息收集或知识学习，企业也取得了广告效益。但其中也蕴含着风险，将服务与等待持续地联系在一起，会使顾客一直处于某种消费心理压力下，有时这对企业是不利的。另外，还有一些极富创造性的经验，如让等待就餐的客人在操作间的玻璃窗外欣赏厨师烹制美味的菜肴，对食欲是一番莫大的刺激。当客人落座时，他除了原来打算要的食物，还会加上那道眼看着出锅的喷香的菜肴；在期待一顿惬意的美餐时，他早已忘了去抱怨：“又让我等了这么久！”

2. 解决顾客等待时的“心中没数”问题

排队时“心中没数”是普遍存在的现象。“我是不是排错队了？”、“队伍怎么一直不动？”、“前面有人插队吗？”、“我的号难道已经叫过了？”，这些疑问都会使找不到答案的顾客感到重重焦虑。顾客希望在等待过程中始终受到服务人员的关注，直到服务接触的到来。

管理者必须及时识别各种“心中没数”的起因，制定相应的对策以缓解焦虑。新式交通灯与老式的交通灯相比，增加了红绿灯持续时间显示功能，可以让驾驶员对等待时间心中有数，大大减轻焦虑。让一名员工置身于排队区域内，与顾客沟通、解决疑问，让顾客觉得自己排队受到关注，排队成果有保障，会使得接下来的等候心平气和。

预约能在一定程度上解决“心中没数”的问题，让企业和顾客都可提前为服务做好物质和心理上的准备。但当预约时间已到，顾客已完全准备好接受服务时，却发现前一个预约延长了，此时的“心中没数”是加倍的。适时地解释和道歉，并继而提供令客人满意的服务，才能抵消这种风险，重树良好形象。

3. 使顾客尽快进入角色

对于大多数等待的顾客而言，服务的开始与等待的结束往往被认为是同一个概念。利用这一感知上的误差，管理者可以作很多文章。把菜单递给等待的顾客，把病历发给待诊的病人，这些举动似乎传递了一种良好的预期服务马上开始的信息。一旦顾客觉得等候的服务已切实出现在面前，焦虑便会大幅减退。例如，当乘客排在一条长队尾部等候登机时，有机场管理人员上前提醒手续要齐备、行李要挂牌、钱物要管理好；在相互寒暄问候中顾客走上舷梯要比看着前面人的后脑勺向前挨步子更轻松。

4. 提高排队过程中的公平公正性

当一名顾客在排队过程中发现，比自己后来的人更早地接受了服务，那么这种不公平马上会转化成对排队的焦虑和对服务提供者的抱怨，并以之为发泄对象。

为确保“先到者先服务”的公平排队规则得以执行，最常用的管理策略是引入发号系统。这种简单的管理办法可以轻松地保证不公平对待现象被避免，又能使顾客预见自己的等待时间，还可以带来一些额外的收益。例如，领到号的顾客可以在等待区域内闲逛，这无疑是对“冲动购买”的鼓励。而被拘泥于队列中的顾客是很难有这种冲动的。

蛇形队列也同样可以保证足够的公平。这种形式使排队者无须担心“插队”的存在。这使其心理压力能有所放松；同时，与队列中前后几人“同舟共济”的友谊会有效地填补无聊的等待，这正是服务企业希望的。

但是，优先权的存在使这种简单的公平受到致命冲击，于是公正的原则成为支撑排队者等待的核心力量。公正原则体现在排队规则的制定当中，便转化为如下三条具体的操作原则。

(1) 对于明显有助于提高排队效率的优先权设定，要用明确的规范制度公布于众，并严格执行。例如，超市中购物较少的顾客单独组成一条“快队”在专门的交款台结账，对购物较多的顾客而言是不“公平”的，但他们并不会认为这种优先权的存在有失公正。

(2) 出于效益(而非效率)考虑，为某些细分市场顾客保留的具有优先权的策略(专线如头等舱乘客候机室、金卡会员结账处、富豪快速登记入住制度等)往往存在着歧视待遇的倾向，但让“专线”远离普通服务顾客的队列，“隐藏”这种“不公正”优先权，对减轻顾客因被歧视而产生的忧虑大有好处。

(3) 对于那些不需设定便极可能严重影响服务质量的优先权，应通过解释、灌输，使之在普通排队者心中成为一种理所当然的“公平”。例如，丢失自行车的案件因为突发的杀人案而被暂时搁置，报案者都会认为是天经地义的。而闯红灯的违章司机没有谁会把“刚才一辆救护车也闯了红灯”作为为自己辩护的理由。

5. 增加顾客对服务的预期“价值”

更高“价值”在此处是一个广义的概念，它涵盖了以下几种情况。

服务本身的绝对价值越高，则摊在单位价值上的等待时间就越少，顾客便会觉得等待更值得。

服务本身的绝对价值不太高，但“物以稀为贵”，对于那些耗时的复杂服务或限量供应的服务，顾客会觉得排队能获得别人无法获得的服务，从而耐心地接受等待。

专业性强的服务在顾客看来比那些“自己在家也能做”的服务有价值，也许两者在绝对价值上相当，但顾客等待的情愿度会差异很大。顾客会在证券营业部为打印一份免费的交割单等上半天，却不会为发放免费汽水而浪费时间。

另外，与预期相对应的服务价值会使顾客在回味排队经历时增加许多排队“经验”。当顾客获得了高于预期的“超值服务”时，服务中获得的效用会抵消排队过程中的不满，而使之在下次排队时对服务信心十足；当顾客获得了低于预期的“劣质服务”时，排队中的不满会由此被强化，“为这种服务排队，简直是在侮辱自己”！

6. 树立高效率的服务形象

当排队的顾客看到目之所及的工作人员都在紧张忙碌，那么他们便会对接下来的等待信心十足；而松松垮垮的低效率工作氛围，会使顾客觉得排队是无止境的。所以，向顾客展示企业高效率的形象是劝说其加入队列、等待服务的有效手段。

“高效率”形象在现实中会转化为三种具体的服务形象策略。

(1) “无形象”。将服务全部转移到后台，让顾客无形中接受高效的服务，自然会引发顾客对“高效率”形象的认同。科学技术的发展为服务者走向后台提供了可能。预约是这一策略的最初形式；银行的自动柜员机使这一策略走向成功；而随着社会的发展，电子数据交换会将这一策略发扬光大。

(2) “省时的形象”。将服务企业为节约时间、提高效率的努力让顾客看到，会强化他们等待的意志，因为他们能感到企业对其排队的关注。条码扫描仪、自动对账机、电脑点菜记账系统等的广泛运用，会使顾客觉得企业的投资是为自己节约时间。这是一种服务之外的附加效用。

(3) “忙碌的形象”。顾客最讨厌无所事事的服务员工，认为是他们使自己排起了长队。所以，管理必须营造一种“忙碌”的氛围使顾客为排队的前景安心。把没有工作的人员临时抽调到人手紧张的服务台支援工作，或者干脆让他们回避到顾客视线之外的后台；把与顾客无关的工作安排到视线之外，因为这些工作会使顾客觉得正是为完成这些“无关紧要”的事，企业才让顾客排长队；把与服务无关的东西移出排队区域，以免妨碍排队进程，影响排队感受。试想，在超级市场中排长队的顾客最痛恨什么，应该是那排“已经关闭”的收款台吧！

10.3 对不合作顾客的管理

10.3.1 不合作顾客的类型及特征

因为服务常常是一种共享的经历，服务所遇到的一个基本挑战就是要在单一的服务环境内管理好具有不同需求的不同市场面。顾客并不都是圣人，扰乱行为不仅会影响其他顾客，而且也会影响服务员工，从而最终对服务产品的生产和传递造成很大的影响。在服务营销中，对待这些难缠的不合作顾客，服务企业需要根据他们的不同类型及特征采取不同的应对策略，以避免出现给企业带来更大更多灾难的情形。

美国的服务营销学者道格拉斯·霍夫曼(Donglas Hoffman)和约翰·彼得森(John Bateson)将这类不合作顾客分为五类，他们分别具有不同的特征。

1. 以自我为中心的顾客

以自我为中心的顾客，具有强烈的自我中心主义，他们认为“公司存在的目的就是为他服务，而且只为他服务”。在服务提供过程中，他们认为没有任何理由应当排队，他们常常会推开前面的人而走到队伍的前面，要求得到各种很少需要立即关注的服务。而且，这类顾客的另一个特征是，他们会走到一线员工那里，找到被他称为“负责的人”，把一线员工看做提供快速服务的普通工具，而且认为只值得这样来考虑。一旦他们爬到了高层，他们就会利用机会贬低高层管理者们，并证明他们知道事情应当怎样去做。

2. 毒嘴巴的顾客

毒嘴巴的顾客的特征是，即使他们并不正确，他们也会大声地、粗俗而又麻木地说话。他们不仅对服务人员粗鲁，而且对其他与他们共享的不愉快的顾客也是如此。他们往往会说出对公司、对员工或对服务产品非常不好的言语，有时甚至是恶毒的谩骂，或者恶意地诋毁公司的形象。由于这类人声音比较大，言语恶劣、恶毒，因而其他顾客及公司的员工常对其避而远之。

3. 歇斯底里的顾客

歇斯底里的顾客实际上是一些非常滑稽的人。如果他们没有得到他们所需要的东西，他们就会变脸色，甚至会乱发脾气，呈现歇斯底里的精神状态。在这类顾客的内心存在着某些儿童的弱点。可见，这类顾客的典型特征是性子急、脾气暴。当遇到问题时，他们不能理智地通过正常的途径去想办法，而是通过发泄的方式来试图解决这些问题。

4. 独裁的顾客

独裁的顾客与以自我为中心的顾客有些类似，他们往往认为自己对服务的每一个细节都非常熟悉，他们会确切地告诉每一个人他们是怎样看待这些服务的，他们会说自己以前做过所有这些工作，对工作非常在行，要是员工没有异议的话，他们会给员工一份他们对工作的详细说明，并让员工签字，试图告诉员工应该如何来为他们提供服务。从本质上来看，这类顾客会认为自己是服务的“行家”，他们试图在服务行为上控制员工，变成服务的“控制者”。

5. 爱占便宜的顾客

爱占便宜的顾客希望公司所有的东西都是免费的。给他们少许东西，他们就会带走盘子、银质餐具和所有没有钉住的东西。他们将会把回报政策用到极限。例如，如果她的孩子的鞋在一两年内开始损坏了，她就会退回来换一双新的；如果有人怀疑其信誉，他们就会对包括新闻媒体和其他任何听到的人发出像谋杀时的那种恐怖的叫声。

10.3.2 不合作顾客的管理方法

1. 不要受制于不合作的顾客

对于以自我为中心的顾客和独裁型顾客，最关键的做法就是在迎合他们的自我中心主义时，不要受他们控制，不能被他们击倒。因为这些顾客想当然地认为公司的员工不能够胜任所执行的工作，而是要按照他们的意志来提供相应的服务。如果员工听任他们的摆布，就会陷入他们的圈套。因此，服务企业的员工应当坚持公司的政策和“游戏规则”，要用行动来显示解决问题的能力。由于可能有其他的顾客在现场，员工需要用适当的对所有有关的人都是公平的方式来提供服务。对这类人的最好战略就是，用直率的口气准确地告诉他们你能为他们做什么。

2. 尽快将不合作顾客“从舞台上移走”

对待毒嘴巴的顾客和歇斯底里的顾客，由于他们会影响服务的环境，对其他共享服务经历的顾客造成消极的影响，因此，最好的做法就是尽快把他们“从舞台上移走”，使得他们不再破坏其他顾客的服务环境。将他们隔离开以后，一个选择就是不理睬他们的脏话或乱发脾气的行为，而去决定问题的核心，并采取适当的措施去尽快解决他们的问题。对歇斯底里的顾客，让他们在隔离的环境发泄完心中的怨气，既不会影响其他顾客有机会来享受服务过程余下的时间，又能在单独的空间范围内解决顾客的核心问题。

3. 采用“选择性同意”暂时稳住不合作顾客

对待不合作顾客，服务员工与他们针锋相对是不能解决实际问题的，而且还会对企业的形象造成不好的影响。因此，员工可以采取“选择性同意”的办法，暂时稳住顾客的情绪，并且力图向他们表明，你正在听取他们的话而且在某些方面站在他们一边，以在心理和情感上获得他们的一致认同。例如，如果顾客因等候的时间太长而不耐烦，开始“毒嘴巴”或“歇斯底里地叫喊”，员工可以说：“您是对的，您等待的时间确实是太长了……”当服务员工开始认可这些顾客的某些观点时，不合作顾客的态度在会暂时得到缓解，可避免事态进一步恶化。

4. 对不合作顾客进行必要的惩罚

对于那些完全不合作的顾客，特别是“无事生非”、“无理取闹”的顾客，常规的做法可能仍然不能解决问题，这时候就有必要采取一些非常规的方法来处理了。采取可能的法律行动来把这些顾客赶走不失为一种有效的办法，并且将这些顾客的行为和个人信息通报给其他公司，让他们今后也无法在同类企业享受这些服务。同时，对于那些爱占便宜的顾客，可以通过制定一些专门的新政策来对他们进行处罚。例如，要求这类顾客填写一组冗长而烦琐的表格就是一个典型例子。

特别提示

真正掌握对付难缠顾客艺术的员工，所得到的回报就是成为这些顾客最喜爱的供给者，成为他们一次次点名提供服务的人。真是能者多劳！

营销案例

“理直气和”对待不合作顾客

“小姐！你过来！”顾客高声喊，指着面前的杯子，一脸冰霜地说：“看看！你们的牛奶是坏的，把我一杯红茶都糟蹋了！”“真对不起！”服务小姐道歉：“我马上给您换一杯。”新红茶很快就准备好了，碟边与前一杯一样，放着新鲜的柠檬和牛奶。小姐轻轻放在顾客面前，又轻声地说：“我是不是能建议您，如果放柠檬，就不要加牛奶，因为有时候柠檬酸会造成牛奶结块。”顾客的脸“腾”地红了，匆匆喝完茶，走出去。

有人笑问服务小姐：“明明是他土，你怎么不直说呢？他那么粗鲁地叫你，你不还以一点颜色？”“正因为他粗鲁，所以要用婉转的方法对待。正因为道理一说就明白，所以用不着大声！”小姐说：“理不直的人，常用气壮来压人。理直的人，则用气和来交朋友！” 听到这里，每个人都笑了，对这餐馆增加了许多好感。

往后的日子，他们每次见到这位服务小姐，都想起她“理直气和”的理论，也用他们的眼睛，证明这小姐的话有多么正确——他们常看到，那位曾经粗鲁的客人，和颜悦色、轻声细气地与服务小姐寒暄。

10.4 客户关系管理

10.4.1 客户关系管理的起源及内涵

现代营销是一场追求顾客忠诚的战斗。组织的定位必须超越品牌和公司名称的层次，与顾客和市场基础结构建立一种特殊的关系。客户关系管理就是一种旨在改善企业与客户之间关系的管理理念、管理方法及管理技术。它实施于企业的市场、销售、技术支持等与客户有关的工作部门，目标在于通过提供快速、周到、优质的服务来吸引和保持更多的客户，通过优化面对客户的工作流程以减少获取客户和保留客户的成本。客户关系管理既是一种战略意识、一种理念，也是一套计算机管理软件。

客户关系管理主要是为了维持、提升与老客户的关系，挖掘增长潜力，开拓新客户，达到客户满意，创造忠诚的顾客。总体而言，客户关系管理的目标主要包括以下几个方面。第一，提高效率。通过现代信息技术，实现业务流程处理的自动化，让客户信息资源共享，提高客户服务与客户沟通效率。第二，拓展市场。通过电话、网络等业务模式扩大市场范围，把握新的市场机会，占领更多的市场份额。第三，保留客户。管理好客户关系，使客户的满意度提高，既可帮助企业留住老客户，又可吸引新客户。为赢得顾客的高度满意，建立与顾客长期友好的客户关系应该开展如下工作。

1. 顾客分析

分析谁是企业目标顾客，该顾客的基本类型、购买特征和行为及顾客差异给企业带来的影响等。

2. 对顾客承诺

承诺的目的就是明确企业能为顾客提供怎样的产品和服务。保证顾客在消费时尽可能地降低风险，获得最好的消费效果，使顾客高度满意。

3. 信息交流

与客户进行双向交流，彼此间互相联系、互相影响，是建立和保持与客户友好关系的途径。

4. 留住客户、开发客户

与客户建立起良好的关系后，既可取得客户的信任，不断增进与客户的关系并随时进行分析、改进，以获得长期的友好关系，以此留住客户。并通过老客户的影响，不断开发新的客户。

5. 反馈信息管理

通过收集顾客反馈的信息，衡量企业承诺目标的实现程度，及时发现服务过程中的问题。客户投诉是收集信息的重要手段之一，正确的处理客户投诉意见，利于消除客户不满，维护顾客利益，取得顾客信任。

10.4.2 客户关系管理策略

公司用以维持和加强客户关系的策略和方法有许多，其中三种基本方法是，公平对待顾客、提供附加服务及开展顾客定制的服务。

1. 公平对待顾客

公平对待顾客是指任何公司都应将顾客置于平等地位，而不要认为顾客是被动接受服务的，或是认为顾客是无关紧要的。具体表现在，公司与客户都有各自的目标，应该保证两者都有利可图；企业应该能耐心地听取客户的意见，并迅速做出反应；双方必须公开有关交易内容的任何准确的信息，并且信守各自的承诺。

2. 提供附加服务

提供附加服务就是指公司开展主营或核心服务之外的服务项目，并与主营服务相结合，用以与竞争对手相区别。实际上，营销人员提供附加服务是为了使总体服务更具有吸引力，因此要求企业找出顾客认为有价值的额外服务。但附加服务的易模仿性，使得附加服务的优势不会保持太久。所以，公司在附加服务的设计上，应该尽量突破其易被模仿的局限。

3. 开展顾客定制的服务

开展顾客定制的服务就是把每个顾客都看成是一个细分市场，服务营销人员通过与顾客保持联系并提供个性化服务来留住他们。这就要求公司：一要提供给顾客接近服务的途径，每位顾客都可随时将自己的意见反映到公司；二要主动与顾客交流，了解顾客的个性化需求，以便于提供个性化的服务；三要建立高度组织化和信息化的管理系统，用于管理大量顾客的需求信息，准确记忆每位顾客的资料，从而使服务更具针对性，使每个顾客的特殊需求得到满足。

本章小结

本章主要介绍了服务中的顾客参与、顾客等待与排队管理、对不合作顾客的管理及客户关系管理等理论。服务生产过程或多或少会涉及顾客的参与。顾客参与会影响服务效率，造成服务能力的浪费及影响服务质量。当服务需求超过了现有的服务能力，排队就会产生。顾客等待具有七种心理，基于这些心理，排队管理策略包括消除顾客排队中的空虚无聊感、解决顾客等待中的“心中没数”问题、使顾客尽快进入角色、提高排队过程中的公平公正性、增加顾客对服务的预期“价值”、树立高效率的服务形象等。不合作顾客包括五种类型，管理策略有不要受制于不合作顾客、尽快将不合作顾客“从舞台上移走”、采用“选择性同意”暂时稳住不合作顾客、对不合作顾客进行必要的惩罚等。客户关系管理就是一种旨在改善企业与客户之间关系的管理理念、管理方法及管理技术，其管理策略包括公平对待顾客、提供附加服务和开展顾客定制的服务等。

名人名言

第一条：客户永远是对的。

第二条：如果客户错了，请参照第一条。

——沃尔玛的客户服务理念

客户不希望一视同仁，他们希望能被个别对待。

——Peppers Qrogers

假如我们想知道顾客究竟想要什么，我们就应当换个思维角度想问题，并尽量体验顾客切身的感受。

——亨利·福特(Henry Ford)

市场不是产品的战场，而是感知的战场。大多数市场人员认为真理在他们这边，认为自己的产品是最优的，力求通过比较产品的优劣来赢得市场的胜利。殊不知，较好的产品，也是因为人们的感知而称其为较好的产品。

——特劳特(Trout)

课后练习

一、复习题

1. 填空题

(1) 顾客参与服务的重要性：顾客参与服务运作将影响______，顾客对服务质量的感觉是______。服务人员为使顾客感到舒适、方便和愉快所做的努力，也会造成______。

(2) 顾客参与的程度越深，对______影响越大。

(3) 空闲或无所事事让人感觉非常难受。服务管理者应以______来填充等待时间。

(4) 蛇形队能提供动态等候的感觉，因为排队者始终在不断运动，不会产生______

(5) 通过委派一名员工与等待顾客接触，使顾客明白你知道他正在等待；还可以通过______使顾客知道还需要等多久，有效消除其______。

(6) 预先通知了______，顾客就觉得不很长，因此，在很多情况下提供______是非常有用的。

(7) 客户关系管理主要是为了维持、提升与______的关系，挖掘增长潜力，开拓______，达到______满意，创造______。

2. 问答题

(1) 顾客参与服务的重要性体现在哪些方面？

(2) 顾客互动的方式有哪些？

(3) 什么是顾客等待？顾客等待的心理是什么？

(4) 排队管理的策略有哪些？

(5) 不合作顾客如何管理？

(6) 客户关系管理的含义及基本内容是什么？

3. 论述题

以某服务性企业为例，讨论针对不同顾客等待的心理应采取何种服务策略。

二、案例应用分析

节俭租车公司

节俭租车公司是一家地区性租车公司，尽管要与几家全国性的租车公司展开竞争，但它已经逐渐发展成为美国西南部的几大租赁机构之一。节俭租车公司是最大的地区性租车公司，在五个州 19 个城市设有办事处和业务机构，主要在几大干线城市的机场提供远程租车服务。节俭租车公司可提供租车服务的车辆几乎囊括了所有节能型微型汽车和超微型汽车。无论是否经过预约，顾客都可以从公司的任何一个业务机构处租到旅游或办公用车。在节俭租车公司，顾客想要的车型偶尔也会没有，因而失去顾客，但这种“缺货”的情况不超过 10%。

节俭租车公司的服务柜台十分简单。过去的日子里，在公司员工伸手可及的地方摆着一个文件架，里面放有各种表格。如今，这些文件架和表格已经让位于一些现代化办公设施或计算机终端。在较小的市场，公司只需要在服务柜台安排三名员工；但是在最大的市场，每当需求高峰来临时，则需要在服务柜台安排八名员工。通常，这些需求高峰与机场的航班时刻表是一致的；当高峰期来临时，就有一名或多名员工专门负责接待那些已提前预约过的租车或还车的顾客。服务速度是节俭租车公司保持竞争优势的一个重要因素，所以公司管理层和全体员工一直都致力于确保不使任何一位顾客做无谓的等待。

节俭租车公司得以保证其竞争地位的另一个重要因素是，迅速使归还的车辆做好准备，迎接新顾客的能力。一辆车从归还到重新投入使用，需要经过以下几个步骤：确定里程表的读数；加油并确定汽油容量；检查可见的损坏；优先性评估；内部清洁；维修评估；维修；外部清洁及擦亮；加油并分类停放；租给新客户。

在任何一个办事处，当顾客归还租用的车辆时，公司的一名员工就会先确定里程数，然后把车开到服务地点，并确定还需要向油箱中加多少油。有时，公司员工可以用手提电脑处理所有信息，这样，顾客就不用在办公地点排队了。在一些现代化程度稍低的办事处，该员工会将信息立即传递给所有的服务人员，以便顾客能够尽快结账离开。检查损坏状况的步骤完成后，车队负责人根据公司一贯的要求和车辆储备政策(为未经预约的顾客需求做准备)，确定被归还的车辆的优先级别：在 6 小时内即将使用的车辆优先处理，其他均为一般处理。优先车辆可以得到优先的服务。

首先，彻底清洁车辆内部，并且喷洒一些气味淡雅的空气清新剂。之后，由一名修理工检查车辆的维修记录，作一段驾驶测试，在表格上填写他认为必要的维修工作。节俭租车公司制定有一系列阶段性惯例性的维修程序，如更换油料和过滤器、更换轮胎并平衡等。如有需要，还会对车辆做一些特殊维修，如修理刹车、修理或调整变速器等。

维修完毕之后，车辆从修理车间开到清洗区，那里有两名工人负责清洗、冲刷和擦亮车体，确保车辆的外观良好。因为清洗过程中使用了蜡与液体的混合物，所以这些车辆经过清洗后通常不需要再做费时的打蜡工作。此时，汽车的油箱也已经加满了油，可以开往停车地点存放。当接待员呼叫车辆时，会有一名司机将车开到租车地点，交给顾客。

问题：

节俭租车公司是如何结合运用服务流程管理和排队管理技术来提高顾客满意度的？

阅读材料

通过排队和预订存储需求

在队伍中等待(运筹学学者称之为“排队”)是一种非常普遍的现象。据估计，美国人每年要花370亿小时(每人平均约150小时)排队等待。《华盛顿邮报》则评论说：“在这段时间里，顾客显得烦躁、坐立不安和闷闷不乐。”没有人喜欢等待，这是一个令人烦躁、浪费时间的过程，有时候还会令人感到生理上的不适。但是，几乎每一个服务组织都面临这样一个问题：在它们某一个或几个营业点存在着等候的队伍。人们打电话预订机票要等待，在超市推着手推车为所购商品结账要排队，在餐厅吃完饭后要等候结账，去剧院看戏还要排队入场。造成这些现象的根本原因就是有时在幕后的某一个或几个环节发生了延误，而这些环节上的服务人员自己也正被迫等待一项必要的但却需要内部系统其他环节上的人员完成的行动。服务现场的抵达者数量超出系统的处理能力时，就会产生等候的队伍或者说排队现象。从非常真实的意义上说，排队根本上是没有得到解决的生产能力管理问题的一个征兆。排队管理需要收集大量数据，即顾客(或需要服务的事物)每单位时间到达的速率是多少，为每一名顾客(或每一件事物)服务的时间有多久。最有代表性的生产策略是为平均生产量付出计划从而使劳动力和设备的使用达到最优化。只要顾客(或实物)继续保持平均速率到达，就不会发生任何延迟的现象。但是，到达的波动性(有时是随机的，有时是可预见的)有时会导致延迟现象，因为一群同时到来的顾客加长了等候的队伍。

为了帮助美国航空公司在一个大型机场提高其检票服务的效率，来自QED咨询公司的技术专家在检票台前的地板上安装了感应压力的橡皮垫，每个顾客接近或离开柜台时对橡皮垫产生的压力，都能在嵌入垫内的电子设备上记录上准确的时间。根据这些数据，咨询人员就能够大致描绘出美国航空公司柜台前的状况，包括平均等待的时间、每笔交易花费的时间、多少顾客等待时间超过了给定的时间长度(包括在哪些天的哪些时段)，以及有多少人放弃排队，退出了长长的队伍。通过对在更长时段里收集的相关数据的分析，航空公司就可以对它的员工配备水平进行计划，从而与所预测的不同时点的需求水平更紧密地配合起来。

(资料来源：陆雄文．服务营销．3版．北京：中国人民大学出版社，1998.)

第 11 章 服务有形展示策略

教学目标

通过对本章的学习，了解服务有形展示的服务环境和设计，掌握服务有形展示的概念、类型及作用，同时，掌握服务有形展示管理的原则和策略。

教学要求

知识要点	能力要求	相关知识
服务有形展示概述	(1) 对服务有形展示概念及类型的认识能力 (2) 对服务有形展示作用的运用能力	(1) 服务有形展示的概念 (2) 服务有形展示的类型 (3) 服务有形展示的作用
服务环境设计与服务形象设计	(1) 对服务环境的特点及设计原则的认识能力 (2) 对企业形象设计的运用能力	(1) 服务环境的设计 (2) 服务企业形象的设计
服务有形展示管理	(1) 对服务有形展示管理原则的认识能力 (2) 对服务有形展示管理策略的运用	(1) 服务有形展示的管理原则 (2) 服务有形展示的管理策略

基本概念

服务有形展示　服务环境　物质环境　企业形象　视觉吸引　味觉吸引　听觉吸引　触觉吸引　嗅觉吸引　服务蓝图　服务场景　前后台交互管理　更新创新管理

导入案例

美容院的服务有形展示

春天我们会联想到绿色，夏天我们会联想到红色，秋天我们会联想到金黄色，冬天我们会联想到纯白色，因为每种色彩都代表着不同季节优美的自然景观，我们的心境也会随之或欣喜、或憧憬、或感伤、或回忆……这种心灵体验就是色彩给人们带来的意境享受。

说到现在的美容院，它已不再是几张美容床，外加一些美容产品就可以开工营业的单纯做美容的场所了，它结合了更多的文化元素，即经营者自身固有的修养形成的独特的人文气氛，就是人们通常说的“情调”。客人进美容院，除了身体的需求外，通常也是为寻求一种心灵的放松。从美容业发展趋向看，美容院的卖点渐渐开始转移到“情调”二字。

“情调”最直接的表现形式就是色彩，即通过色彩的搭配来营造氛围，影响人们的心境。这样就增强了美容院与客人的融合力度。美容院四周环境应符合客人追求减轻工作压力的要求。杂乱无章的环境是留不住他们的。某家美容院以森林、大自然为基调，将主色调定位为绿色，象征森林的蓬勃生机，红褐色，象征林木的质感和本色。其将辅助色定位为黑色、不锈钢原色，彰显一种尊贵的品质。美容院的入口处是前台接待处，入眼的首先是镶嵌在柜子上的绿色风景画，既能起到很好的装饰作用，又减弱了红木的厚重感。柜子紧邻天花板的部分利用灯光照射，营造出了阳光穿透树叶的朦胧清新感。等候区的长椅款式简洁，也用了配套的绿色，和红褐色的扶手形成鲜明的对比。店堂中林木的装饰画随处可见，既起到一种隔离的作用，也成为整个美容院不可或缺的点睛之笔。想象一下，客人在微闭双眼、享受周到的服务的同时，仿佛置身于燕鸟啁啾的森林中，心情自然能得到放松。美容院整体给人的感觉是色调简单和谐却不显单调，是因为在细节上做了大文章，如透明玻璃隔断的运用、灯光的运用等。透明玻璃隔断使人视野开阔，同时也能使简单的色彩添加透明感；灯光使整个色调附上一层柔光，同时也能加强每个区域的层次感。在美容院装修的“硬件”中，除了色彩表现的情调以外，还应该注意利用一些“软件”，即运用无形的东西来烘托气氛，如音乐。在充满大自然情调的同时，可以选择一些轻柔的乐曲，如排箫、钢琴曲等，把音量调至若有若无，声、光、色融于一体。美容院中不应当仅仅充满化妆品的脂粉味道，做些适当的熏香，清新淡雅地附着在店堂的空气中，同样也是烘托情调的妙招。

情调美容院渐渐成为一种发展趋势，这是与社会的发展紧密相连的，因为美容不单纯是一种商业行为，还涉及美容文化。谁能将商业操作和美容文化做到完美结合，谁就更可能成为美容行业的佼佼者。

点评：服务有形展示可以成为与竞争对手区别的手段。

服务有形展示又称服务场景或服务实体环境，是服务营销组合七要素之一，在创造服务体验和服务顾客方面发挥着重要作用。由于服务具有无形性且消费者识别服务质量存在困难，因此服务机构对服务场景的设计具有十分重要的现实意义。各种服务组织都开始认识到服务实体环境是其整体价值构成的重要组成部分。顾客通过比较服务进入点的环境与自己过去的经验来判断其所属的层次水平，精致的服务场景有助于加强顾客的服务体验，树立公司的目标形象，巩固顾客和员工的预期反应，支持公司的运营和产出，并最终提高服务质量和服务生产率。因此，当服务内容、价格、促销和选址难以形成竞争优势时，服务有形展示可以成为与竞争对手区别的手段。本章主要介绍服务有形展示的概念、设计及管理策略等。

在顾客购买以前，服务有形展示作为一个重要提示，影响着顾客的期望。在他们接受服务的过程当中，这些是服务场景可以影响顾客的反应。因此，企业通过对服务有形展示的管理，使顾客产生良好的整体服务感受，增强顾客对服务产品的理解和认知，帮助顾客做出购买决定，并在适当的时候成为顾客回忆的线索。服务的无形性通常会使顾客很难去评价服务的质量或者比较服务替代品。消费者有时要依赖服务有形展示来帮助他们形成对服务的评价。因此，服务企业对服务有形展示的有效管理是建立服务差异性的重要手段。

11.1 服务有形展示概述

11.1.1 服务有形展示的概念

服务有形展示是指在服务营销管理的范畴内，一切可传达服务特色及优点的有形组成部分。根据环境心理学理论，顾客利用感官对有形物体的感知及由此所获得的印象，将直接影响顾客对服务质量及服务企业形象的认识和评价。顾客在购买和享用服务之前可根据那些可以感知到的有形物体所提供的信息对服务做出判断。因此，有形展示是指服务提供的环境、组织与顾客相互接触的场所，以及便于服务履行和沟通的有形要素。

由于服务具有无形性，消费者难以客观地评估服务质量，因此，消费者通常会通过服务有形展示来进行评估。在无形物的营销中，服务有形展示的角色是多方面的，可以分成三大类：①外部设施；②内部设施；③其他有形物。例如，组成外部设施的要素包括外部设计、标志、停车场、风景和周围的环境。内部设施包括一些如内部设计，直接用于服务顾客的或用于企业经营的设备、标志、布局、空气质量和温度之类的要素。其他有形物也是企业服务有形展示的一部分，如名片、账单结算、报告、员工外表、制服和手册。

知识链接

企业的服务有形展示包括一切有形的事物，从公司的有形设备到手册，从名片到人员。服务有形展示会影响到整个服务接触期间的消费者体验。

在进入饭店之前，消费者就会以从电视或电话簿上看见的广告为基础对饭店进行评价。当消费者驾车抵达时，地理位置、找到此位置的难易度、饭店的招牌和建筑物本身都进入了消费者的评价过程。类似地，当顾客下车时，停车位的可获得性、停车场的清洁度和空气中的气味都影响着消费者的期望和判断。

在进入饭店时，饭店的陈设品、清洁度和总体氛围进一步提供了与随后体验质量相关的证据。公司职员的外表和友善度、顾客能不能容易地找到电话和休息室，这些方面都进入了消费者的评价过程。

当顾客坐在一张桌子旁边时，他们会注意桌椅的稳固性和质量，以及餐巾、用餐器具和桌子的清洁度。额外的评价还发生在以下方面：菜单的吸引力如何，它是不是可读懂的或者是不是被以前顾客弄破的，或者是不是被食物污渍弄脏的；服务人员是如何同其他的顾客进行交流的；其他顾客的身份和地位看起来如何。

当食物被端上来时，食物的外观又成为了饭店质量的另一个判断标志。消费者将会对食物的真实外观同广告中和菜单上所描述的样子作对比。当然，食物的品尝也进入了顾客的评价过程。

吃完饭后，账单本身也成为了一个有形的线索。账单是不是准确清洁；费用是不是清楚写明；休息室是不是干净；服务人员的致谢是不是真心实意的。

11.1.2 服务有形展示的类型

在产品营销中，服务有形展示基本上就是产品本身，而在服务营销中，服务有形展示的范围就比较广泛。事实上，服务营销学者不仅将环境视为支持及反映服务质量的有力实证，而且将服务有形展示的内容由环境扩展至包含所有用以帮助生产服务和包装服务的一切实体产品和设施。所以，在服务营销管理的范围内，一切可传达服务特色及优点的有形组成部分都被称为“服务有形展示”。

从不同的角度可以对服务有形展示作不同的分类。不同类型的服务有形展示对顾客的心理及其判断服务质量的过程有不同程度的影响。根据能否被顾客拥有，服务有形展示可分成边缘展示和核心展示两类。边缘展示是指顾客在购买过程中能够实际拥有的展示。这类展示很少或根本没有价值。例如，电影院的入场券，它只是一种使观众接受服务的凭证。核心展示与边缘展示不同，它在购买和享用服务的过程中不能为顾客所拥有。但核心展示却比边缘展示更重要，因为在大多数情况下，只有在这些核心展示能够符合顾客要求时，顾客才会做出购买决定。例如，宾馆的级别、银行的形象、出租汽车的类型等，都是顾客在购买这些服务时首先要考虑的核心展示。

应该指出，这种划分方法比较粗糙，不仅没有清晰地界定出不同服务有形展示的范围与角色，而且还遗漏了很多因素，如人的因素等。于是，又有学者从构成要素的角度对服务有形展示进行了划分，认为服务有形展示主要表现为三种要素类型。

1. 物质环境

朱利·贝克(Julie Baker)提出了一个非常有价值的范例，用来证明宣传服务的物质设备特点的重要性。她的理论框架把物质环境分成三大类：周围因素、设计因素和社会因素。

(1) 周围因素。这类因素通常被顾客认为是构成服务内涵的必要组成部分。它们的存在并不会使顾客感到格外兴奋和惊喜，但是，如果失去这些因素或这些因素达不到顾客的期望，就会削弱顾客对服务的信心。周围因素是不易引起人们重视的背景条件，但是，一旦这些因素不具备或令人不快，就会马上引起人们的注意。

(2) 设计因素。这类因素被用于改善服务的包装，使服务的功能更加明显和突出，以建立有形的、赏心悦目的服务形象。例如，服务场所的设计、企业形象标志等便属于此类因素。设计因素是主动刺激，它比周围因素更易引起顾客的注意。因此，设计因素有助于培养顾客的积极感觉，且鼓励其采取接近行为，使服务有较大的竞争潜力。设计因素既应用于外向服务的设备，又应用于内向服务的设备。

(3) 社会因素。这类因素是指在服务场所内一切参与及影响服务生产的人，包括服务员工和其他在服务场所同时出现的各类人士。他们的言行举止皆可以影响顾客对服务质量的期望与判断。

2. 信息沟通

信息沟通是另一种服务展示形式，这些沟通信息来自公司本身及其他引人注目的地方，它们通过多种媒体传播，对服务进行展示。服务公司总是通过强调现有的服务展示并创造新的展示来有效地进行信息沟通管理。

3. 价格

在购买时，顾客通常把价格看做有关服务评判的一个线索。价格能培养顾客对服务的信任，同样也能降低这种信任。价格可以提高人们的期望(它如此昂贵，一定是好货)，也能降低这些期望(付出这么多钱，得到的却很少)。服务的不可见性使可见性因素对于顾客做出购买决策起到了重要作用，价格就是一种对服务水平和质量的可见性展示。

11.1.3 服务有形展示的作用

服务有形展示是服务营销组合策略的七大要素之一。因此，了解服务有形展示的作用，加强对其的管理，创造良好的服务环境具有重要战略意义。首先，服务有形展示是顾客根据线索形成服务期望的依据，这些期望形成了顾客服务评价的参照标准。产品营销首先强调创造抽象的联系，而服务营销则将注意力集中于通过多种有形的线索来强调和区分事实。而对于服务营销商来说，服务展示管理是第一位的。服务营销商通过对服务工具、设备、员工、信息资料、其他顾客、价目表等所有这些为顾客提供服务的有形物的服务线索的管理，增强顾客对服务的理解和认识，为顾客做出购买决定传递有关服务线索的信息。

服务有形展示的首要作用是支持公司的市场营销策略。在进行营销决策时，应该特别考虑对有形因素的操作。服务有形展示作为服务企业实现其服务有形化、具体化的一种手段，在服务营销过程中占有重要地位，具体而言主要包括七个方面。

1. 有助于让顾客感受到服务给自己带来的好处

顾客购买行为理论强调，产品的外观能否满足顾客的感官需要将直接影响到顾客是否真正采取行动购买该产品。同样，顾客在购买服务时，也希望能从感官刺激中寻求到某种东西。服务展示的一种潜在作用是给市场营销带来乐趣优势。这些营销人员总是以非同寻常的方式来完成交易，从而缓解顾客的厌倦情绪。他们把服务环境当作舞台，把服务传送看做剧场。例如，顾客期望五星级酒店的外形设计独具特色，期望高格调的餐厅能真正提供愉悦的气氛。因此，企业采用有形展示的实质是通过有形物体对顾客感官方面的刺激，让顾客感受到无形的服务所能给自己带来的好处或利益，进而影响其对服务的需求。

2. 有助于引导顾客对服务产生合理的期望

顾客对服务是否满意，取决于服务带来的利益是否符合顾客的期望。可是，服务的不可感知性使顾客在使用服务前，很难对该服务做出正确的理解或描述，他们对该服务的功能及利益的期望也是非常模糊的，甚至是过高的。不合乎实际的期望又往往使他们错误地评价服务，即做出负面评价，而运用服务有形展示则可以让顾客在使用服务前能够具体地把握服务的特征与功能，较容易地对服务产生合理的期望，避免因顾客期望过高、难以满足而造成负面影响。

3. 有助于提升顾客对服务的第一印象

对于新顾客而言，在购买和享用服务前，他们往往会根据第一印象对服务做出判断。

因为服务是抽象的、不可感知的，所以服务有形展示作为部分服务内涵的载体无疑是顾客获得第一印象的基础，而服务有形展示的好坏将直接影响顾客对服务企业的第一印象。例如，参加“豪华旅行团”去旅游的顾客，当抵达目的地时，若接旅客去酒店的专车残破不堪，便马上会产生“货不对路”的感觉，甚至可能有上当受骗的感觉。反之，若接送的专车与导游的服务让人喜出望外，则顾客会觉得在未来随团的日子里将过得舒适愉快，进而增强对旅游公司服务质量的信心。

4. 有助于提高顾客的服务感知质量

服务质量的高低并非由单一因素决定。根据服务营销学者对多重服务的研究，大部分顾客根据十种服务特质判断服务质量的高低，而服务有形展示正是可感知的服务组成部分。顾客不仅会根据服务人员的服务过程，而且会根据各种服务有形展示的因素来评估服务质量。与服务过程相关的服务环境、服务设施、服务人员仪表等服务有形展示都会影响顾客对服务质量的评价。因此，服务企业应该根据目标市场的需要和整体营销策略的要求，强化对服务有形展示的监督与管理，为顾客创造良好的消费环境。

5. 有助于提升顾客与服务人员的互动质量

有学者曾提出了服务有形展示的三种效果，即能唤起顾客想到该服务的利益，可以强调服务提供者与顾客之间的相互关系，以及可以连接服务和有形产品而让顾客容易辨认。

6. 有助于塑造服务企业的市场形象

服务有形展示是服务的组成部分，也是最能有形地、具体地展现企业形象的工具。企业形象或服务的形象也属于服务的构成部分。形象的改变不仅是在原来形象的基础上加入一些新东西，而且要打破现有的观念，所以它极具挑战性。服务的无形性增大了这一挑战的难度。如果没有有形产品作为新设计的形象的中心载体，服务营销人员必须寻找其他有形因素作为代理媒介。而看得见、摸得着的有形展示塑造的是活生生的企业形象，通过有形展示将质量表现在顾客可感知的载体中，增加了企业优质服务的形象的可信度。

7. 有助于协助培训服务员工

前面已经指出，服务营销理论区别于传统市场营销理论的一个重要方面在于承认服务员工也是企业顾客的事实。既然顾客难以了解服务的特征与优点，就有理由假设服务员工作为企业的内部顾客也会遇到同样的难题。倘若服务员工不能完全了解企业所提供的服务，企业的营销管理人员又该如何保证他们提供的服务符合规定的标准呢？所以，营销管理人员可以利用服务有形展示突出服务的特征及优点，也可将同样的方法作为培训服务员工的手段。

营销案例

服务环境新体验：“标准化透明厨房”

尽管上海许多餐饮企业取得了卫生许可证，但是，在华丽的餐厅背后，厨房和仓库的卫生问题却令人担忧：不少饭店的厨房仓库处于混乱状态，仓库里堆放着各种食物原料，老鼠、虫子没有办法清理；厨房地板上满是油渍和水，没有洗过的鸡蛋、不知是否清洗过的蔬菜、垃圾桶、扫帚混杂在一起。究其原因在于上海的饭店大多处于作坊式、经验式的管理状态，第一线饭店员工文化程度较低，流动性很大。饭店不重视厨房环境，将直接影响菜肴质量和上菜速度。

据悉，目前“饭店业卓越现场管理(6T 实务)”已在上海的天天渔港、小南国、美林阁、绍兴饭店、上海人家、王朝等上百家饭店试行，效果颇好。个别试点饭店厨房已经进入安全的第二阶段，对原材料进货进行规范。这套标准将逐步在上海上千家饭店推广，让“见不得人”的厨房能早日“重见光明”。

“2007 年，上海在全市推广厨房标准化管理，从源头上解决饭店的食品安全问题。”厨房管理标准——“6T 实务”(天天处理、天天整合、天天清扫、天天规范、天天检查、天天改进)，融合了日本“5S”，要求饭店从五个方面对仓库和厨房进行管理，其中包括用颜色来识别工具和不同食物。

按此标准化管理后，厨房里的颜色将变得丰富多彩。

(1) 红色表示生食，蓝色表示熟食，绿色表示蔬菜。

(2) 刀具等用具上还贴着不同颜色标志，用来切不同食物，以防交叉污染。

(3) 冰箱内各种原料分放在不同的保鲜盒内，标明原料名称，而冰箱门外则有不同颜色的标示图，让人一目了然，可以在 30 秒内就取到所需的食物。

(4) 洗碗台就有四种颜色，分别代表刮、洗、清、消毒四个步骤。

(5) 仓库里的透明储存箱中画有红、蓝两条直线，表示储存箱中货品存放的最大量和最小量。

过去容易生蛀虫、蟑螂的木质货架换成了不锈钢货架，货架要求离地 15 厘米，以便于每天清扫。每个橱柜上面贴有标记，例如，1 号 A 柜调料类、1 号 B 柜液体类。不同的食物都能在厨房里拥有固定的摆放位置，各就其位，还有一个摆放示意图。

为了避免厨房污水横流，蔬菜滴水的盆下放了一个“联体滤盆”，油放置在专门的装置中。

海鲜讲求的是新鲜，那么如何才能让顾客吃到满意放心的海鲜食品呢？顾客从海鲜池现场点菜开始，所购买的海鲜统一按餐厅的制度分袋装好放上标签。一个个生猛的活海鲜或保鲜的冰鲜产品在顾客的全程关注之下被送进宰杀台。只要顾客愿意完全可以在厨房外面全方位观察这道菜品是如何现场杀洗、现场烹制到成品出锅的，全过程清清楚楚、明明白白。

俗话说“百闻不如一见”，透明厨房让所有顾客真正感受到了什么是“眼见为实”。生猛海鲜、透明消费、高贵服务等一系列举措使得每一位顾客都能吃得开心、吃得放心，吃出健康、吃出品位。

眼下餐饮业的竞争除了菜品、价格、环境和服务外，焦点就在卫生健康，而厨房的卫生则是餐饮卫生的关键所在，看得清楚，吃得才放心。厨房透明化是一个好方案，也将是竞争带来的一种新趋势。这是餐饮业以实际行动对“诚信经营”做出的承诺，消费者将享受到更卓越的服务。

11.2 服务环境设计与服务形象设计

11.2.1 服务环境设计

所谓服务环境，是指企业向顾客提供服务的场所，它不仅包括影响服务过程的各种设施，而且还包括许多无形的因素。凡是影响服务水准和沟通的任何设施都属于环境的范畴。

1. 环境的特点

对大多数服务企业而言，环境的设计和创造并不是件容易的工作。虽然对于在顾客处所或家庭中提供服务的服务业，这个问题并不很重要，但它们也应该注意到器械装备的设计、制服、车辆、文具及可能会在顾客心目中留下对服务企业印象的类似事项。

从环境设计的角度看，环境具有如下特点。

(1) 环境是环绕(surrounds)、包括(enfolds)与容纳(engulfs)，一个人不能成为环境的主体，只能是环境的一个参与者。

(2) 环境往往是多重模式(mufti-model)的，也就是说，环境对于各种感觉形成的影响并不是只有一种方式。

(3) 边缘信息和核心信息总是同时展现，都是环境的一部分，即使没有被集中注意的部分，人们还是能感知并察觉到。

(4) 环境的延伸所透露出来的信息总是比服务过程更多，其中有若干信息可能相互冲突。

(5) 各种环境都隐含有目的和行动及种种不同角色。

(6) 各种环境包含许多含义和许多动机性信息。

(7) 各种环境都含有种种美学的、社会性的和系统性的特征。

因此，服务业的环境设计关系着各个局部和整体所表达出的整体印象。

2. 服务环境设计的原则

要想设计出理想的服务环境并非易事。除了大量的资金花费外，一些不可控因素会使环境设计困难重重。一方面，现有的对于环境因素及其影响的知识和理解还很不够；另一方面，每个人都有不同的爱好与需求，他们对同一环境条件的认识和反应也各不相同。尽管如此，服务企业如果能够深入了解顾客的需求，根据目标顾客的实际需要设计环境，仍然可以达到理想的营销效果。例如，虽然顾客之间需求各异，但某些顾客群体却具有需求共性，如同一年龄阶段的顾客、处于同一阶层的顾客或者其他群体等。企业根据他们的需求共性来设计服务环境，无疑将拥有更多的顾客。

在环境设计的过程中需要遵循以下原则。

(1) 设计理念集中于统一的具体形象，各设施要素必须相互协作，共同营造一种形式统一且重点突出的组织形象，一点小小的不和谐因素都可能破坏整体形象。

(2) 服务的核心利益应该决定其设计参数，外部设计要为服务的内在性质提供暗示。

(3) 设计必须适当。

(4) 设计的柔性，即考虑未来的设计。

(5) 美学与服务流程是服务环境设计中时刻要考虑的两个因素。

以对麦当劳快餐店的调查为例。许多顾客认为麦当劳在服务环境设计方面做得不错。快餐店门口巨大的“M”惹人注目，麦当劳大叔的形象和蔼可亲，而且餐厅内色调柔和，音乐优美，给人一种轻松愉快的感觉。即便如此，大多数被调查者仍然认为麦当劳只是一家普普通通的快餐店，并没有什么特别的地方。其原因主要在于，人们觉得麦当劳的服务人员职业训练不足，职员之间缺乏沟通，为顾客提供服务的速度也略显迟缓。鉴于此，麦当劳要想真正提高其服务质量，改善企业形象，就一定要从提高员工素质入手，增加员工职业培训方面的投资。

11.2.2 服务形象设计

在进行服务形象设计时，服务企业必须考虑服务形象对顾客、员工和公司运营所产生的影响。就如同公司不能向所有的人提供所有的东西一样，服务形象不可能吸引所有的消费者。因此，公司在进行服务形象设计时应当考虑下列问题：①公司的目标市场；②目标市场从服务体验中寻求什么；③服务环境的维度能否强化购买者寻求的情绪反应和看法；④这些相同的服务环境维度如何影响员工和公司运营；⑤本企业的服务环境的设计能否同竞争者竞争。

1. 影响服务形象设计的因素

在服务企业形象设计中，营造环境的气氛非常重要。例如，餐馆的气氛和食物同样重要是众所周知的，大饭店、旅馆应该着重温暖与亲切，零售店也应注意气氛上的设计。此外，银行、律师事务所和牙医诊所的等候室，往往会因气氛不同而产生“宾至如归”和“望而却步”的差别。影响服务形象设计的一些因素包括四个方面。

(1) 视觉。零售店使用“视觉商品化(visual merchandising)”一词来说明视觉因素会影响顾客对商店的观感。视觉商品化有助于形象的建立和推销目标的实现。零售业的视觉商品化，旨在确保无论顾客是在搭电梯还是等待付账，服务的推销和形象的建立仍在持续进行。照明、陈设布局、颜色、服务人员的外观和着装，显然都是视觉商品化的一部分。总之，视觉呈现是顾客光顾服务的一个重要原因。

(2) 嗅觉。零售商店，如咖啡店、面包店、花店和香水店等，都可以利用香味来推销其产品。面包店可巧妙地使用风扇将刚出炉的面包的香味吹散到街道上；餐馆或鱼店，也都可以利用香味达到良好的推销效果。至于那些事业服务业的办公室中皮件的气味和皮件亮光蜡或木制地板打蜡后的气味，往往可以体现一种特殊的豪华气派。

(3) 听觉。它往往是作为气氛营造的背景出现的。青少年流行服装店的背景音乐所营造出的气氛，与大型百货店升降梯中听到的莫扎特乐曲气氛大不相同，也与航空公司飞机在起飞之前播放给乘客们听的令人酣畅的旋律的气氛迥异。若想营造一种安静气氛，可以使用隔间、低天花板、厚地毯及销售人员轻声细语的方式。这种气氛在图书馆、书廊或皮毛货专卖店往往是必要的。最近对零售店播放音乐的一项研究指出，店里的人潮往来流量会因播放音乐的不同而有所改变。播放节奏舒缓的音乐时，营业额往往会比较高。

(4) 触觉。厚重质料铺盖的座位的厚实感、地毯的厚度、壁纸的感度、咖啡店桌子的木材感和大理石地板的冰凉感，都会给顾客带来不同的感觉，并发形成独特的气氛。某些零售店以样品展示的方式激发顾客的感觉，但有些商店，如精切玻璃店、精制陶瓷店、古董店、博物馆，就禁止利用触感。但不论何种情况，产品使用的材料和陈设展示的技巧都是重要的因素。

科特勒认为，气氛可以变成一种适当的竞争手段，尤其在竞争者越来越多、产品与价格的差别较小及产品针对特殊服务阶层或生活方式的顾客时。

因此，制造气氛是许多服务企业刻意的做法，换言之，第一次设计一种服务之前，服务企业就面临以下主要设计决策。

(1) 建筑物从外表看来应该如何。

(2) 建筑物的功能和布局特色应该是什么。

(3) 建筑物从内部看起来应该如何，外部又该如何。

2. 服务形象设计的方法

为了更好地吸引顾客和员工，服务形象设计必须做好以下几个方面的工作。

1) 视觉吸引

视觉向消费者表达的信息比其他任何感觉都多，所以在进行服务形象设计时，应该将其看做是对服务企业最为重要的可用方法。吸引消费者的三种主要的视觉刺激是大小、形状和颜色。消费者从视觉关系方面来理解视觉刺激，它由协调、对比和冲突三种构成。协调感知涉及视觉认同，它与较为安静、漂亮和正式的商业环境有关。比较而言，对比和冲突则与令人兴奋的、非正式的商业环境有关。因此，基于大小、形状和颜色三种视觉刺激和消费者理解各种视觉关系的方式，服务形象的感知差异便出现了。此外，企业的位置和招牌也是视觉吸引的一种表现形式。

(1) 大小感知。

公司的设施、标志和指示牌的大小对于不同市场所表达的含义会有所不同。一般而言，对于许多消费者，公司规模及其相应的服务有形展示越大，与服务购买有关的感知风险就越小。这些消费者认为，当问题确实出现时，规模较大的公司更有可能也更有能力参与到服务补救中。

(2) 形状感知。

对服务企业的形状感知是由许多来源所产生的。例如，架子、镜子、窗户的摆放位置，甚至是墙纸的设计是否合适。研究表明，不同的形状能引发消费者不同的情绪。竖直的形状或线条被认为是刚硬的、严厉的，它表达强壮和稳定。反之，水平的形状或线条引发放松和休息的感觉。倾斜的形状和线条引发前进、主动和移动的感觉。弯曲的形状和线条被认为是流动的。在设施设计中采用类似的或不类似的形状将产生想要的协调、对比或冲突的视觉关联。

(3) 颜色感知。

无论是在公司的手册中、员工的名片中，还是设施本身的内外部，服务有形展示的颜色通常都会对顾客的第一印象产生很大影响。

① 色彩可以分成暖色和冷色。对于不同的消费群体，暖色和冷色象征着不同的事物。一般而言，暖色倾向于引发消费者舒适和非正式的情感。

② 色调值还在心理上影响到公司的顾客。用较亮颜色刷墙的办公室倾向于看起来更大。更为明亮的色彩也适用于装置，如电子面板、空气调节口和头顶上的扬声系统。较暗的色彩可以用来吸引消费者的注意力。

③ 颜色的强烈程度还影响到顾客对服务企业服务环境的感知。年轻人喜欢较亮的颜色，成年人则喜欢更柔和的色调。

营销案例

谷歌的服务场景：何时少就是多

谷歌(Google)的一个成功秘诀是对其所有的服务场景的细心管理。在线服务场景的组成部分包括网站上文章和图片的布局、颜色、产品的描述、动画媒介的使用、音频视频媒体及广告等。在互联网的早期，似乎网站的页面越花哨越好，网站设计陷入了吹牛要胜过其他网站的竞争之中。然而，到最后，真正重要的是这个网站是否能够为顾客提供高效的服务。

谷歌的成功是一个传奇。谷歌在 1998 年进入搜索引擎市场时，远远落后于竞争对手雅虎(Yahoo)和Excite。尽管如此，谷歌制定了三个最重要的决策，并以此最终使其成为年度全球品牌。首先，谷歌以合适的价格找到了合适的技术。该公司的两位年轻的创立者谢尔盖•布林和拉里•佩奇从商品五金零配件中建立起了他们的系统，并且在相同的空间下是他们竞争对手服务能力的 8 倍。其次，谷歌的搜索战略是创新的。谷歌的搜索是基于网站的受欢迎程度而不是单独按照关键词搜索。因此，谷歌的搜索更多的是受人而不是受技术指导的，用户能搜到更多的相关信息。最后，谷歌“何时少就是多”提供了一个绝佳的范例。谷歌的主页上没有广告，而它的网页上只能有条幅广告而不能是图片广告。这样一来，谷歌的服务场景下载速度就高于竞争对手，而且由于干扰很少因此很容易阅读。

谷歌最为高效性的证据，即每天该公司在其 40 亿个并且不断增长的网页上执行 2.5 亿次搜索任务。顾客可以用 88 种语言在谷歌中搜索，而且很多顾客也是需要这种服务的。谷歌是美国浏览次数居于第四位的网站，并在大多数欧洲国家排名都在前三位。在最近的几年，谷歌的销售增长和雇员增长都很快。今天，据估计谷歌在全球搜索市场占有 54%的份额。

(4) 企业的位置。

企业的位置取决于生产服务所需的顾客参与量。低接触服务应当考虑坐落于偏远之地，这些地方更为便宜也更接近于供应源、交通干线和劳动力，但高接触服务则应另作考虑。一般而言，企业的选址需要提出三个问题。

第一个问题是企业的可见度如何。顾客倾向于在他们看得到的地方购买。最为理想的是，企业应该通过坐落于主要的交通干线旁或通过让企业面对最大的人流方向来提高其可见性。

第二个问题是有关正在考虑的这个地址同周围环境的相容性，即该地址与正在规划中的建筑物的规模是否相适。更为重要的是，该地区内有些什么类型的企业。

第三个问题是企业的位置是否方便顾客的到来。该地点是否可以接近，是否有足够多的车位或附近有足够的其他可供选择的车位，顾客使用公共交通工具到达是否可行。

(5) 企业的招牌。

企业打招牌有两个主要的目的：识别企业和吸引注意力。企业的标志通常是顾客注意到的第一个标记。企业其他的服务有形展示上的所有标志，如名片和记录卡片，应该同公司的招牌相一致以巩固公司形象。最为理想的是，招牌应该向消费者展示服务提供物是由谁来提供、是什么、在哪里提供、什么时候提供。招牌的大小、形状、颜色和灯光都影响着企业形象的传播。

2) 嗅觉吸引

公司的服务环境受到气味的强烈影响，服务管理者已意识到这个事实。在考虑嗅觉吸引时，服务管理者应该将避免难闻气味和制造芳香气味同等看待。令人愉悦的气味常常提醒顾客购买，同时，又能够影响到对那些自身并不具有香味的产品的感知。

3) 听觉吸引

声音吸引有三个角色：情绪煽动者、注意力捕捉者和告知者。如果有意将声音加入到服务接触中，可以通过音乐和通知来实现。音乐可以帮助设定消费者体验，通知可以吸引消费者的注意力或者向他们宣传一些企业的产品。声音同样可以转移消费者体验的注意力，因此，应该考虑避免声音的策略。

(1) 音乐。

研究表明，背景音乐至少以两种方式影响到销售。首先，背景音乐能提升顾客对商店氛围的感知，也能影响到消费者的情绪。其次，音乐常常影响到消费者花费在店内的时间。

在饭店中，背景音乐能对消费者和服务提供者的行为产生影响。交付服务的节奏和消费者消费的节奏受到音乐节拍的影响。尽管当播放舒缓音乐时，估计的毛利要更高，但是饭店还应该考虑如果整天都播放节拍更为快速的音乐会使餐桌数量增加。

(2) 通知。

服务设备中的另一个普遍的声音是对讲系统中发出的通知。例如，提醒食客餐桌已准备好，将目前位置告诉飞机乘客或者呼叫公司中的某些员工。通知的职业水准直接影响到消费者对公司的感知。

4) 触觉吸引

当消费者触摸一个产品时，该产品销售的机会就会增加。

5) 味觉吸引

最后的感觉提示是味觉吸引，它相当于向顾客提供一些样品。在服务行业中开发服务氛围时，味觉吸引的运用取决于服务的有形程度。例如，饭店之类的服务企业最初可以运用味觉来吸引顾客。在试用公司的服务样品时，顾客就会有机会去观察公司的服务有形展示并形成对该公司及其工作能力的感知。

11.3 服务有形展示管理

11.3.1 服务有形展示的管理原则

既然服务有形展示在服务营销中的地位如此重要，服务企业就应懂得利用组成服务的有形元素，突出服务的特色，使无形无质的服务变得相对具体化，让顾客在购买服务前，能较有把握地判断服务的特征及购买服务后所获得的利益。因此，加强服务有形展示管理，努力借助这些元素来改善服务质量，树立独特的服务企业形象，无疑对服务企业开展市场营销活动具有重要的意义。

在营销实践中，服务有形展示管理应该遵循以下三条原则。

1. 必须从顾客的感官出发

如果管理人员将希望传达的感受和信息放在顾客不感兴趣的事物上，则往往事倍功半。

例如，雪白的床单、明亮的窗户是病人感受住院治疗服务质量的主要着眼点，而地板的质地、窗帘的图案等也许让设计者耗费心思，但病人却很少关注。

2. 必须保证服务承诺能够兑现

有些服务广告是明显通过夸张手法来进行创意的，顾客能轻而易举地辨识出来。例如，广告语“今年20，明年18”强调了美容服务的效果，但并没有人把这作为一种切实的服务承诺。但对过去的服务成果、服务质量认证、顾客服务感受反馈等服务有形展示必须遵守“展示平均质量，保留最高质量”的原则，否则，高期望值下的低顾客满意度会使服务有形展示产生适得其反的营销效果。

3. 必须有利于维持和发展与顾客的长期关系

具体而言，服务的有形展示并不仅仅为了让顾客对服务产生明确的认同，对服务相关信息实现系统有所了解，而是要通过服务有形展示在顾客与服务企业之间建立持久的联系。例如，顾客对某服务人员专业技术的欣赏，对恬静舒适的服务气氛的认同，对服务设备精密准确的肯定等。这条有形线索的存在是培养品牌忠诚、发展长期顾客关系的基础，而实现越来越多的顾客与企业服务特色典型的有形载体的共同联系，便是服务有形展示策略甚至服务营销的最高境界。

另外，其他一些有形展示也有助于发展与顾客的关系。例如，企业向顾客派发与客户有关的具有纪念意义的礼物，就是出于此种目的。不过，在贯彻上述三个原则时，企业必须做到以下两点：一是必须确切了解目标顾客的需要，以及使用该方式想获取的效果；二是应确定独特的推销重点，将此作为该服务的一部分，且能真正满足目标市场的需要。

11.3.2 服务有形展示的管理策略

1. 服务蓝图管理

服务蓝图是详细描绘服务系统的图片或地图，也是描述服务展示的一种有效方法，它能够客观地描述关键服务过程的特点并使之形象化，从而使经理、员工和顾客都明白正在做的服务是什么，以及他们在服务过程中所扮演的角色。服务蓝图主要包括四个部分，即顾客行为、前台员工行为、后台员工行为和支持过程。

通过描绘服务蓝图，管理人员可以了解服务传递所涉及的行为、过程的复杂性及员工和顾客之间、员工和员工之间、顾客和顾客之间的相互作用，进而企业可以找出出现服务质量问题的根源并进行有效管理，从而有效提升服务质量。

2. 服务场景管理

服务场景是指服务企业的所有有形设施，可分为外部服务场景和内部服务场景。外部服务场景包括影响顾客的企业外部设施，如外部设计、标志、停车场地、周围环境等；内部服务场景包括影响顾客的企业内部设施，如内部设计、标志、布局、空气质量、温度等。服务的无形性及生产与消费同时进行的特性，使得顾客在决定购买前将服务有形展示作为理解和评价服务的主要提示。这些可见的提示中，服务场景起着主要作用，在很大程度上影响着顾客的反应。

服务场景管理的重点在于通过有效的设计与管理形成良好的氛围，形成服务本身的特色和优势，提高顾客对服务的感知质量水平，同时也需要考虑许多问题，如顾客的逗留时间、员工的逗留时间、服务个性化、作业工具的先进程度、方向指引性等。服务场景是为吸引一些具体类型的顾客而设计的，因此注重服务场景的特色和个性化尤为重要。在这方面，美国的几个著名餐馆都做得很出色，如麦当劳快餐店努力营造适合全家就餐的宁静温馨的气氛，Hardrock 餐厅以古玩与摇滚乐营造其典型的有形环境，Planet Hollywood 餐厅以播放动画片而出名，它们所提供的独具特色的服务场景都给顾客以鲜明的感觉而使顾客流连忘返。

知识链接

环境心理学家研究人对有形环境的反应。他们认为任何环境，自然的或人为的，都会引起两个方面的情感：一是高兴或不高兴；二是唤起程度。既令人愉快又有唤起作用的服务场景应该被定义为兴奋型；令人愉快但没有唤起作用，或者使人昏昏欲睡的服务场景应该定义为放松型；有唤起作用但不令人愉快的服务场景即定义为苦恼型；令人不愉快且使人昏昏欲睡的服务场景定义为抑郁型。

3. 前后台交互管理

在有形展示管理的过程中，一个不可忽视的问题是服务场景中前台和后台的交互管理。服务场景的前台区域是指服务与顾客的接触区域，如顾客在零售服务中看到的商品、柜台和接触到的员工；在餐厅中看到的摆设、装饰物、品尝到的饭菜及接触到的服务员等。服务场景的后台是指支持前台工作却与前台相隔离的区域。尽管后台可能包括最重要的设备、最重要的员工和顾客体验所必需的关键活动，但是由于其包含着较为脆弱的服务展示，如凌乱的厨房、杂乱无章的仓库等，后台常常与前台保持着分明的界限。

在管理服务的前台与后台时，由于前台的设施和员工行为会极大的影响顾客对服务的评价，服务企业应对这些要素进行适当管理和控制，将某些影响企业统一形象的前台特征转移到后台中去。当然，在一些后台管理与前台同样出色的服务企业里，也可将一些后台特征或活动转移到前台去，让顾客体验不一样的服务特色，如一些餐馆把厨房搬到大厅里，向顾客展示饭菜的卫生程度和厨师的精湛技艺。总之，要有效控制这些前后台的特征或活动，使它们保持一致的服务形象。

4. 更新创新管理

服务有形展示涉及的内容非常广泛，既包括人的要素，如人的着装、礼仪、形象等，也包括一些物质要素，如设备设施、标志、场地、颜色、装饰、布局等。随着时间的推移，有些服务有形展示已经与企业形象不相匹配，必须进行更新和创新。例如，设备设施的老化、磨损、折旧，场地不够用，标志陈旧、过时，装饰破损、颜色褪色、布局不合理等；这些服务有形展示对企业形象的营造非常不利，必须从内部进行更新和创新。

另外，相对于制造行业的刚性需求而言，由于服务需求的波动性，一些服务有形展示也必须不断更新和创新，以满足消费者不断变化的需求，特别是对于时尚性服务行业更是如此，如酒吧、舞厅、时尚服装店等，过时的服务场景只会导致顾客的大量流失。另外，服务展示中的布局、颜色、标志等也要随着时代变迁和市场变化不断更新，这样既能给市场营造一种新的形象，又能体现出企业不断创新、紧跟时代步伐的精神。

本章小结

本章主要介绍了服务有形展示的概念、类型和作用，提出了服务环境设计的基本理论和方法，最后阐述了服务有形展示的管理原则和策略。有形展示是指在服务营销管理的范畴内，一切可传达服务特色及优点的有形组成部分，它包括物质环境、消息沟通和价格。服务有形展示的作用表现在有助于让顾客感受到服务带来的好处、引导顾客产生合理的期望、影响顾客对服务的第一印象、提高顾客的服务感知质量、提升顾客与服务人员的互动质量、塑造服务企业的市场形象及协助培训服务员工。服务环境和服务形象设计必须遵循一定的原则。服务有形展示的原则包括从顾客的感官出发、保证服务承诺能够兑现、有利于维持和发展与顾客的长期关系。服务有形展示的策略主要有服务蓝图管理、服务场景管理、前后台交互管理以及更新创新管理策略等。

名人名言

服务有形展示在决定质量期望和感觉方面能够起到重要作用。

——瓦拉瑞尔·A·泽斯梅尔

最好的气味是没有气味。

——佚名

所有的社会交往都受其所处的有形环境的影响。

——社会心理学家 D·J·贝内特(D. J. Bennett)

从顾客的观点看，如果他们能看到它，能在上面走一走，能拿一拿它，能走进它里面，能闻闻它的气味，能带在身边，能跨过它，能摸一摸它，能使用它，甚至能尝尝它的味道，如果能感受它或者察觉它，这就是顾客服务。

——克里斯腾·安德森(Kristen Anderson)和罗恩·泽姆克(Ron Zemke)

环境心理学家认为，个人对地点做出的反应体现在两个很普遍但又截然不同的行为方式上：靠近或远离。

——环境心理学家 A·梅拉比安(A.Mehrabian)和 J·A·拉塞尔(J. A. Russell)

课后练习

一、复习题

1. 名词解释

服务有形展示、环境心理学、服务场景、服务环境的维度

2. 选择题

(1) 内部设施包括(　　)。

A．内部设计　　B．企业经营的设备
C．布局　　E．空气质量和温度

(2) 其他有形物也是企业服务有形展示的一部分，它不包括(　　)。
A．名片　　B．账单结算　　C．报告　　D．员工外表
E．制服和手册　　F．指示牌

(3) 梅赫拉宾-拉赛尔刺激反应模型的简称为(　　)。
A．S-O-R　　B．EKB　　C．AIDA

(4) 刺激物的反应受到如下(　　)情绪状态的影响。
A．亲近　　B．愉悦　　C．唤醒　　D．支配

(5) 复杂的自助服务包括(　　)。
A．大型购物中心的信息咨询处　　B．高尔夫球场
C．冲浪现场　　D．邮局

(6) 交往性服务包括(　　)。
A．餐厅　　B．ATM 机　　C．学校　　D．银行
E．美发厅

(7) 远程服务不包括(　　)。
A．电话公司　　B．保险　　C．公共事业单位　　D．航班

(8) 个人的思考过程，它包括的信念、分类和象征性意义是指(　　)。
A．情绪反应　　B．认知反应　　C．生理反应

(9) 声音吸引的角色有(　　)。
A．逃避　　B．情绪煽动者
C．注意力捕捉者　　D．告知者

(10) 代表印象深刻和温暖，鼓励人们勇敢表达出自己的情感的颜色是(　　)。
A．红　　B．黄　　C．绿　　D．蓝
E．青　　F．橙

3. 简答题

(1) 简述服务的差异化。
(2) 简述服务场景的类型。
(3) 简述服务有形展示的作用。
(4) 简述服务环境中的周边环境的影响。
(5) 简述服务环境在设计时需要考虑的问题。
(6) 简述如何进行视觉吸引。
(7) 简述服务有形展示的管理策略。

二、案例应用分析

"肯德基变脸"推出太空可视标志

百胜餐饮集团旗下品牌肯德基第五代标志于 2006 年 11 月 14 日在全球推出，8 129 平方米的巨幅山

德士上校标志在美国内华达州 51 区沙漠地带揭开了神秘面纱，成为了世界上第一个从太空可以看到的品牌。

肯德基标志自从 1952 年正式面世以来，历经五代。这次推出的肯德基新标志保留了山德士上校招牌式的蝶形领结，但首次将他经典的白色双排扣西装换成了红色围裙。这红色围裙代表着肯德基品牌家乡风味的烹调传统。它告诉顾客，今天的肯德基依然像山德士上校 50 年前一样，在厨房里辛勤为顾客手工烹制新鲜、美味、高质量的食物。

全新肯德基标志为肯德基这一世界上极具声誉、备受欢迎的品牌增添了与时俱进的现代感。新标志将应用到餐厅设计、广告、食品包装、员工制服、公共用品等视觉元素上。

这个从太空可见的巨幅山德士上校标志坐落于著名的“世界不明飞行物之都”的美国内达华州雷切尔，而该地区正是星际联络的中心。美国肯德基总裁风趣地说：“肯德基愿为地球人和太空人提供同样的优质服务。如果宇航员或太空人发回信息，我们一定会送上一桶美味可口的吮指原味鸡。”

肯德基这次在全球同步统一发布新标志，无论在美国、英国、澳大利亚，还是中国，人们都将陆续看到换上新装的肯德基餐厅。从外观看，非常醒目的门头已经使用了肯德基新标志，戴着红色围裙的山德士上校看上去极具亲和力。为了配合肯德基全球更换新标志，让更多的人熟悉、了解新标志，肯德基将在全球网站 www. kfc. com 推出“寻找上校的秘密”趣味游戏，找到秘密者将有机会获得大奖。

1) 太空可视肯德基标志

太空可视肯德基标志是一个史无前例的项目，团队成员遇到了意想不到的挫折和磨难。该标志施工现场最早选址在美国犹他州首家肯德基餐厅附近。但因为暴雨来袭，只好变更制作场地。肯德基新标志由近 50 名设计师、工程师、科学家(包括天体物理学家在内)、建筑师及其他专业人员组成的团队，耗时三个月，构思、创作并建造了这一世界上最大的标志。

肯德基标志由 65 000 块 1 平方英尺的彩色瓷砖拼装而成，如同一块巨型七巧板。其中包括 28 000 块黑色瓷砖、14 000 块白色瓷砖、6 000 块红色瓷砖、5 000 块米色瓷砖和 12 000 块薄胎瓷。该标志的制作采用全天候 24 小时施工，历时 24 天，现场施工耗时 6 天。在此期间，标志设计作品还要秘密保存，不能让从空中飞过的飞行物看到。这个巨型标志可以容纳 265 尊自由女神像，相当于 20 个篮球场。巨型标志的太空照片是由一个高科技卫星从距离地球 300 英里的太空拍摄的。

2) 肯德基

肯德基是全球发展极快的品牌之一，受欢迎程度不断创新高，平均每天都有两家新餐厅开业。

自 1952 年第一家肯德基餐厅在美国犹他州开张以来，它便受到了全球消费者的欢迎。除美国之外的主要市场包括中国、英国、澳大利亚、韩国、墨西哥和法国、德国、荷兰等。肯德基在印度、俄罗斯和巴西等重要新兴市场随着当地经济的成长快速发展。每家新餐厅的开张不仅提供更多就业机会，同时也为其所在社区注入了经济活力。

肯德基经久不衰的成功与畅销，归功于其对美味和高品质的专注，以及近 500 000 名餐厅员工孜孜不倦地为全球每年 45 亿光临餐厅的顾客提供高品质的服务。

肯德基总部位于肯塔基州路易斯维尔市，是全球最受欢迎的炸鸡连锁餐厅，在世界上 80 多个国家开设有 14 000 多家肯德基餐厅，每天接待 1 200 多万名顾客。

肯德基自 1987 年在北京前门开出中国第一家餐厅之后，已在中国的 360 多个城市开设了 1 700 多家连锁餐厅，遍及中国除西藏以外的所有省、自治区、直辖市。到目前为止，肯德基已是中国规模最大、发展最快的快餐连锁企业。

肯德基隶属全球最大的餐饮集团百胜餐饮集团。百胜在全球 100 多个国家拥有超过 34 000 家连锁餐厅和 85 万多名员工。其旗下包括肯德基、必胜客、塔可钟、A&W 及 Long John Silver's(LJS)五个世界著名餐饮品牌，分别在烹鸡类、比萨、墨西哥风味食品、热狗及海鲜连锁餐饮领域名列全球第一。

问题：

(1) 肯德基的服务属于服务场景中的哪一类型？

(2) 请运用所学的服务场景相关理论，分析肯德基是如何吸引顾客的。

(3) 从服务环境设计的角度分析肯德基的第五代新标志。

阅读材料

服务设计

美国银行家协会的权威人士G·林恩·萧安塔克是提出服务设计的学者之一。她把服务设计看做是“服务系统设计”，一般由四个基本步骤组成：明确服务过程、识别容易失误的环节、建立时间标准、成本效益分析。詹姆斯·L·赫斯克特把服务设计定义为“服务业企业根据顾客的需要所进行的对员工的培训与发展、工作分派与组织，以及设施的规划和配置”。以后，众多学者对服务设计有不同的定义，从不同角度上发展和深化了服务设计的概念和内涵。最初的服务设计主要强调了服务提供系统的设计，这只解决了“怎样提供服务”的问题，忽略了“我们要提供什么样的服务”的问题，即缺少对完整服务产品的设计。

综合各种观点，服务设计的定义发展为“服务业企业根据自身特点和运营目标而进行的关于运营管理的战略规划与设计，其核心内容是为完整服务产品开发与服务提供系统的设计”。

(资料来源：孙恒有. 服务营销实战. 郑州：郑州大学出版社，2004.)

第12章 服务过程策略

教学目标

通过对本章的学习，了解服务传递过程中的特点和服务生产模型，掌握服务过程的效率与容忍区理论要点。同时，掌握服务过程管理的内容及对应策略。

教学要求

知识要点	能力要求	相关知识
服务生产模型	(1) 理解服务生产(传递)特点 (2) 理解及运用服务生产模型	(1) 服务生产(传递)的特点 (2) 服务生产模型
服务过程的效率与效果	(1) 理解及实际运用服务过程效率 (2) 理解及实际运用服务过程效果	(1) 服务生产率的概念与测量方法 (2) 服务容忍区理论
服务过程管理策略	(1) 理解服务过程管理 (2) 灵活运用服务过程管理策略	(1) 服务过程管理的内容 (2) 服务过程管理的策略

服务运营的生产率并不仅仅是一个企业内部问题，因为生产率的高低是由顾客决定的。
——格罗鲁斯

基本概念

差异化　作用客体　顾客参与　有形环境　服务蓝图　顾客接触　服务生产率　顾客容忍区　供需均衡　个人化接触　功能冲突　质量控制　流程再造

导入案例

海尔：家电行业的领头羊

海尔 1994 年的“无搬动服务”、1995 年的“三免服务”、1996 年的“先设计后安装服务”、1997 年的“五个一服务”、1998 年的“星级服务一条龙”，其核心内容都是从产品的设计、制造到购买，从上门设计到上门安装，从产品使用到回访服务，不断满足用户新的要求，并通过具体措施使开发、制造、售前、售后、回访环节的服务制度化、规范化。1999 年海尔专业服务网络通过了 ISO 9000 国际质量体系认证，2000 年星级服务进驻社区，2001 年海尔空调实现无尘安装，2003 年海尔推出了全程管家 365。10 年来，海尔的服务已经经历了 10 次升级，每次升级和创新都走在了同行业的前列。

点评：过程影响结果。

服务体系运行管理的决策对于服务营销而言十分重要，因为顾客对服务的感知既来自于服务本身，还来自于服务传递的过程，因此服务的过程也会影响顾客的服务结果评价。本章主要介绍服务生产模型、服务过程的效率与效果及服务过程管理策略等。

12.1　服务生产的特点与模型

市场定位决策的最终绩效如何，取决于实施和管理营销战略的持续性程度，因此，将营销战略付诸行动并适时调整，以缩小战略和绩效之间的差距，成为企业成功的关键。服务产生和交付是服务营销组合的一个重要组成部分，因为顾客通常把服务交付系统看做服务本身的一个组成部分。

12.1.1　服务生产的特点

1. 差异化程度不一致

标准化服务(低差异性)是通过范围狭窄的集中的服务获得高销售量。这是一项日常工作，对工作人员的技能要求较低。由于服务具有简单重复性，可更多地使用自动化来代替人力。在标准化服务提供的过程中，可更多地使用自动化和减少授权，通过减少对服务人员的判断来维持稳定的服务质量。

对专业化服务(高差异性)而言，完成工作需要较高的技能及灵活性和判断力。另外，在顾客和服务人员之间要适时地进行信息沟通。因为，此类服务过程无固定模式可循，且未被严格界定，需要高水平的技巧和分析技能。为了使客户满意，服务人员应被授予较大的自主决策权。

2. 作用的客体多样

当涉及实体产品时，一定要分清楚它是属于顾客的还是由公司提供的(辅助产品)。另外一些服务中，服务组织提供辅助产品，并将其作为服务的重要组成部分。因此，必须考虑这些辅助产品的质量和适当的库存。所有服务系统都会处理信息。有时，这是一种后台行为，在有的服务中，信息的沟通是通过间接的电子方式进行的。有的服务，顾客与工作人员之间通过直接接触进行信息交流。对于那些高技能的员工，处理非常规问题的挑战对于顾客的满意是非常重要的。

在服务过程中会涉及实体形态的变化或地理位置的变化。由于这类服务的“高接触”性，服务人员不但要掌握技术方面的技巧，还要掌握人际沟通技巧。对于服务设施设计和地址选择也应引起注意，因为顾客要亲自参与在服务系统中。

3. 顾客参与深度不同

顾客通过三种方式参与到服务传递系统中。

(1) 在服务提供过程中，顾客直接参与，在这种情况下，顾客会对服务环境有彻底的了解。

(2) 顾客通过电子媒介，间接参与。

(3) 有的服务可以在完全没有顾客参与的条件下完成。

直接顾客参与又分为两种类型：与服务人员无交互作用；与服务人员有交互作用。自助服务很有吸引力，因为顾客在必要的时候提供必要的劳动。服务中技术的高效应用，依赖于那部分愿意应用这种技术的顾客。当顾客愿意与服务人员直接接触时，服务技巧对于保证服务的成功就会变得十分重要。顾客亲自出现在服务过程中也会产生很多问题，因此需要考虑如何管理顾客需求和安排服务能力的问题。

顾客间接参与或没有参与的服务传递过程，可能不会受到由于顾客出现在服务过程中而产生的问题限制。由于顾客与服务传递系统隔离开来，因此可以采取更类似于制造业的方法。关于选址、人员配置、工作安排、员工培训等的决策，可以从效率的角度考虑。事实上，非顾客的参与与产品处理的组合，通常可以看成是制造活动。

管理寓言

老鹰喂食

鹰妈妈一次生下四五只小鹰，由于它们的巢穴很高，因此猎捕回来的食物一次只能喂食一只小鹰。鹰妈妈的喂食方式并不是依据平等的原则，而是哪一只小鹰抢得凶就给谁吃，在此情况下，瘦弱的小鹰吃不到食物都死了，最凶狠的就存活下来。当幼鹰长到足够大的时候，鹰妈妈会把巢穴里的铺垫物全部扔出去，这样，雏鹰们就会被树枝上的针刺扎到，它们不得不爬到巢穴的边缘。而这时，鹰妈妈就会把它们从巢穴的边缘赶下去。当这些雏鹰开始坠向谷底的时候，它们就拼命地拍打翅膀来阻止自己继续往下落。最终，它们的性命保住了，因为它们掌握了作为一只老鹰最基本的本领——飞翔。这样代代相传，老鹰一族越来越强壮。

12.1.2 服务生产的模型

彼德森和洛夫洛克等服务营销学家提出了服务生产模型的概念。服务生产模型是由服务产出过程的各种活动和要素所构成的一个整体，包括设备、有形资产及运作流程。服务生产模型是服务运营系统和服务传递系统的并集，如图 12.1 所示。其中，服务运营系统同时包含顾客可见和不可见的部分。服务传递系统是顾客可见的部分。在服务生产模型中，前后台所有员工各行其职，为顾客提供服务。

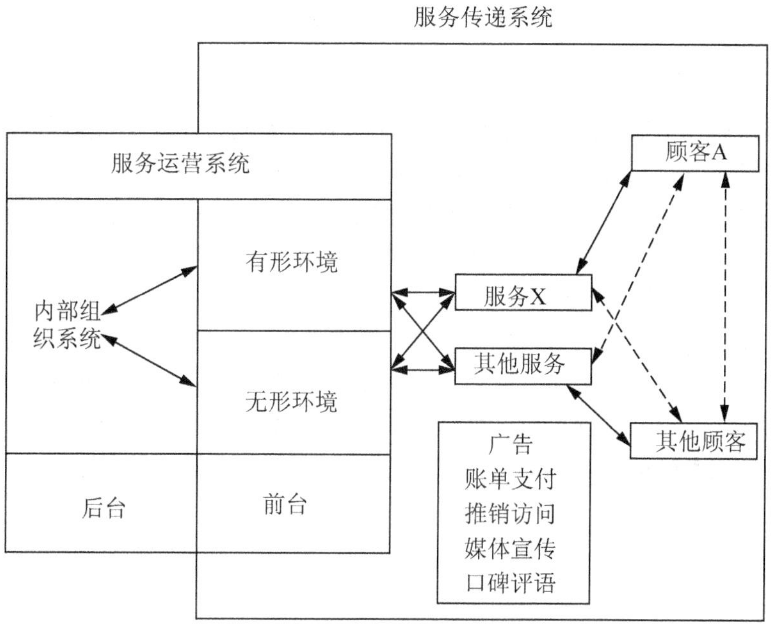

图 12.1 服务生产模型

注：直接交易 ◄──► ；第二次交易 ◄‑‑►。

1. 服务运营系统

服务运营系统被一条可视分界线划分为前台和后台两部分。前台是顾客可见部分，包括服务人员和有形环境。后台是顾客不可见的部分，顾客甚至可能不知道它的存在，包括内部组织系统(或称技术核心)。

一项服务的生产过程是，内部组织系统对输入的资源进行处理，形成服务产品各个要素，通过前台的服务人员和有形环境，在与顾客进行服务接触的过程中，对所有的要素进行总装并传递给顾客。

1) 后台

按照服务的戏剧观点，服务运营系统的后台是顾客不可见的部分。在服务运营系统中，需要决定什么应该让顾客看到，什么不应该让顾客看到。

2) 有形环境

有形环境由各种物质因素构成，不包括服务现场的雇员和顾客。有形环境提供了服务的有形证据，并可作为区别服务差异化的手段。

3) 服务提供人员

服务提供人员对顾客满意程度有直接影响，服务组织的形象和服务质量通过一线员工与顾客的接触被顾客所感知，也称一线员工为组织使者。

4) 可见部分的比例

在服务运营系统或整个服务生产模型中，可见部分的比例取决于服务的接触程度。在图12.1中，那些高度接触的服务需要顾客本人的参与，顾客可见部分所占比例较高。中等接触程度的服务使顾客在服务传递过程中的参与较少，因此，可见部分也相应要减少。低度接触的服务把顾客和服务提供人员之间的接触减少到最低限度，这样，大部分的服务运营系统都设置于后台，前台的要素通常只限于邮递和电信联系。

2. 服务传递系统

服务传递系统包括服务运营系统的可见部分(有形环境和人员)以及服务接触(服务提供者与顾客的接触，以及顾客与顾客之间的接触)两个部分。

服务传递系统的两个部分都直接影响顾客的服务感知和顾客满意度。服务传递系统规定了服务产品传递给顾客的地点、时间和方式。

1) 服务提供者与顾客的接触

传统上，服务提供者和顾客之间的互动作用是紧密的。随着服务传递系统的变革，服务运营系统中可见部分正在缩小，服务本身也由高度接触型向低度接触型转变，这样转变有利于提高服务生产率和方便顾客。当然，从人工服务转向自我服务会令有些顾客感到不满，所以服务传递系统的变革需要与顾客进行沟通，以减少顾客的疑虑。

营销案例

个性化主页

登录“我的雅虎”网站：http://cn.my.yahoo.com。通过注册，用户就可以定制自己的个性化主页。

定制内容包括网页颜色、网页内容、网页布局、管理网页四项。

根据自己的喜好，用户可改变主标题、子标题和背景的颜色；可以任意取舍包括股价、书签、信息中心、请柬、保存搜索、天气、公文包、Yahoo! 搜索、新闻标题、新闻剪辑、货币兑换计算器、挑个好日子、记事本、Yahoo!电邮等内容；可以定制网页布局；甚至还可以修改或删除某个网页。用户定制以后，个人信息被服务器保存下来，以后使用个人的 Yahoo! ID 账号访问“我的雅虎”，用户看到的就是自己定制的网页内容。

2) 顾客之间的接触

顾客之间相互接触会对彼此的服务体验形成积极或消极的影响，服务组织必须对顾客之间的互动进行管理。

3. 服务蓝图

在建筑一座大楼时，把建筑图纸称为蓝图，因为这种图纸是用蓝线特殊绘制的，建筑设计蓝图展示了建筑物的结构和建筑过程中的一些具体规范。Shostack 建议采用类似的方式进行服务设计，即通过服务蓝图来定义和有效描述服务传递系统。

为了使服务企业了解服务过程的性质，有必要把这个过程的每个部分按步骤地画出流程图，这就是服务蓝图。服务蓝图是一种基于服务过程流程图的设计工具。

特别提示

服务蓝图是一种有效描述服务传递过程的可视技术。

知识链接

20 世纪 80 年代，美国相关学者将工业设计、决策学、后勤学和计算机图形学等学科的有关技术应用到服务设计方面，为服务蓝图的发展做出了开创性的贡献。

服务蓝图是详细描画服务系统的图片或地图，服务过程中涉及的不同人员可以理解并客观使用它，无论他的角色或个人观点如何。

制定蓝图在应用领域和技术上都有广泛的应用，包括后勤工业工程、决策理论和计算机系统分析等。

1) 服务蓝图的意义

(1) 加强顾客关系。服务运营系统和传递系统由一系列分散的活动组成，这些活动又是由各种不同的服务人员完成的，因此顾客在服务消费过程中很容易迷失，认为服务人员不了解他们的需求。按顾客消费过程的先后步骤绘制的服务蓝图，可以使服务组织了解顾客的服务经历，从而为顾客提供更周到的服务并加强顾客关系。

(2) 建立关于服务传递的整体观念。服务蓝图是直观描述服务过程、服务可见要素、接待顾客地点的工具。它从整体上描述顾客经历、前台和后台服务行为，使管理者和员工更全面地了解创造和传递服务的过程，使管理者、员工和顾客都可理解并使用服务蓝图。

(3) 质量改进。可以从服务蓝图看到服务提供过程的所有活动，便于发现服务质量的薄弱环节并做出改进。

(4) 服务设计。服务蓝图可作为设计和沟通手段，帮助营销人员对即将实施的服务流程进行设想和设计。

2) 服务蓝图的构成

服务蓝图包括八个构成要素，如图 12.2 所示，其中包含三条分界线、四个主要过程(顾客行为、前台员工行为、后台员工行为、支持性行为)和服务的有形证据。服务蓝图把这些要素作为一个整体来描述，展示它们如何共同创造服务。

(1) 有形证据。在每一个顾客行为上方都列出服务的有形证据，表示在此刻展现在顾客眼中的有形环境和有形物。

(2) 顾客行为。顾客购买、消费和评价服务过程中的各种行为和接触。

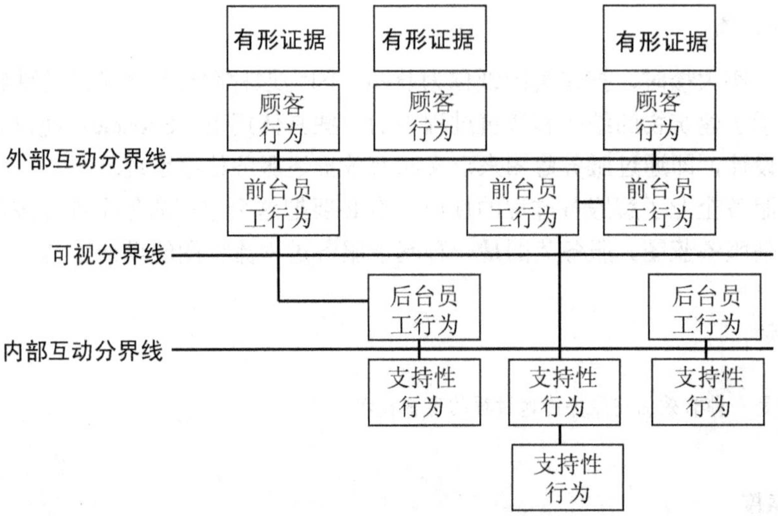

图 12.2　服务蓝图

(3) 外部互动分界线。用于区分顾客行为和前台员工行为的分界线，服务蓝图中的垂直线只要穿过外部互动分界线，就表示顾客和服务组织之间产生了一次服务接触。

(4) 前台员工行为。服务过程中顾客能看到的前台服务活动。

(5) 可视分界线。前台活动区域和后台活动区域的分界线。可视分界线上方是顾客可见的前台区域，下方是顾客不可见的后台区域。

(6) 后台员工行为。发生在服务后台的、顾客不可见的服务活动。

(7) 内部互动分界线。是后台服务活动和服务支持活动的界限。垂直线穿过内部互动分界线代表发生内部服务接触。

(8) 支持性行为。内部服务和服务支持人员所履行的服务步骤和互动行为。

3) 服务蓝图的作用

(1) 促使企业全面、深入、准确地了解所提供的服务，有针对性地设计服务过程，更好地满足顾客的需要。

(2) 有助于企业建立完善的服务操作程序，明确服务职责，有针对性地开展员工的培训工作。

(3) 有助于理解各部门的角色和作用，增进提供服务过程中的协调性。

4) 服务蓝图的建立

(1) 识别需要制定蓝图的服务过程，明确对象。

(2) 识别目标顾客对服务的经验，针对顾客的具体要求制定服务。

(3) 从顾客的角度描绘服务过程。

(4) 描绘前台和后台员工的行为。

(5) 把顾客行为、服务人员行为与支持功能相连。

(6) 为每一名顾客行动步骤加入服务证据。

快递服务的服务蓝图建立过程，如图 12.3 所示。

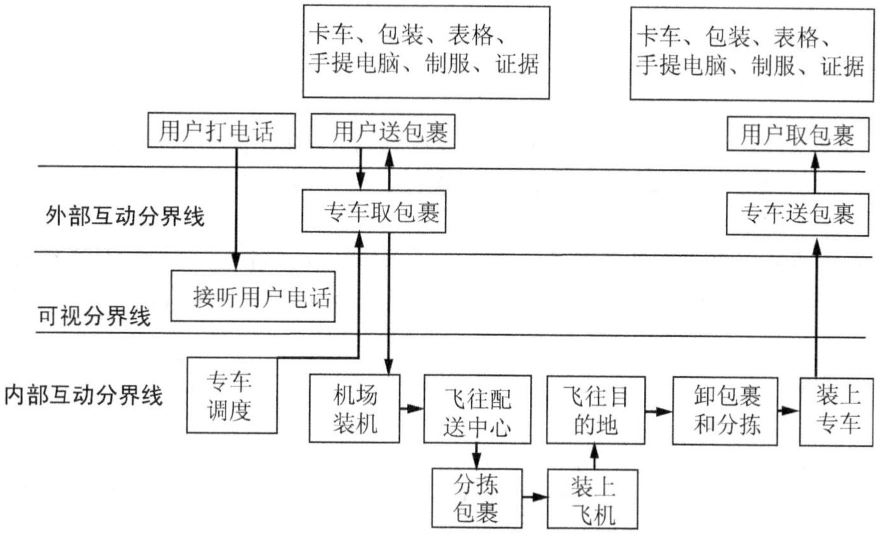

图 12.3　快递服务蓝图

管理案例

巧用色彩

在法国，有一位饭店老板，他把饭店的墙壁全部粉刷成淡绿色，使客人感觉幽雅、舒适，因此招来不少顾客。但由于人们留恋这种舒适环境，就餐后久久不肯离去。这样，餐桌的利用率自然就降低了。于是，老板又把墙壁粉刷成了红色和橘黄色，这样热烈的色彩一方面能刺激客人的食欲，另一方面又不适于客人进餐后久留。因而，餐桌的利用率显著上升。

12.2　服务过程的效率与效果

服务过程的效率是服务传递过程能否达到最小投入、最高产出的目的；服务过程的效果主要指服务企业的顾客所获得的利益或满足，不仅来自服务本身，也来自服务的传递过程。

12.2.1　服务过程的效率

生产率通常指的是一种生产过程的产出相对于投入总值的比率。一般情况下，服务过程的效率以服务生产率表示。传统的生产率观点是把生产过程和社会背景分开。

1. 服务生产率概念的演进与发展

(1) 沿用传统制造业生产率阶段。这一阶段可以追溯到 20 世纪六七十年代 W • J • 里甘(W.J.Regan，1963 年)、维克托 • 福克斯(1968 年)、约翰 • 拉斯摩(1974 年)、迈克尔 • 莱维特(Michael O.Lavitt，1976 年)等人。其中，福克斯用每单位劳动力投入而得到的产出和每单位资本投入而得到的产出研究分析了 17 个服务行业的生产率。

知识链接

约翰·肯德里克用类似的方法描述了美国商业经济 1948—1981 年生产率的发展趋势；麦肯锡研究所 1992 年也用类似的方法分别比较了五个国家五个服务行业的生产率水平。

(2) 质疑阶段。随着对服务特点了解和研究的深入，用传统制造业生产率概念定义和测量服务生产率会出现生产率悖论，即服务生产率与服务质量和顾客满意度往往是负相关。

知识链接

基思·J·布劳埃斯、格罗鲁斯、洛夫洛克等学者认为，不能简单套用传统制造业的界定和衡量方法。随后引发了 20 世纪 90 年代以来人们从微观上对服务生产率研究的思考，并对服务生产率的界定和衡量、服务生产率和服务质量的关系、改善企业服务质量生产率的方法等展开一系列初始性的研究。

(3) 独立理解服务生产率阶段。相关研究主要是从顾客参与和服务生产率、服务质量和服务生产率、产能利用率和服务生产率等几个角度开展。

布劳埃斯等学者提出生产率需要一个独特的定义及新的衡量方式，特别是顾客参与导致生产率应在一个开放式的系统中得到评价。克劳德·马丁等学者探讨了咨询服务业中的服务生产率问题。格罗鲁斯等学者认为，服务质量和服务生产率不能分开讨论，因为服务业不存在制造业过程中的质量恒定假设。多萝西·里德尔认为，服务生产率实际就是在可接受的质量基础上最大化服务产出，同时最大限度减少生产过程中的总费用。2002 年，帕拉苏拉曼、格罗鲁斯和 K·奥加塞罗(K. Ojasalo)分别提出了两个具有代表性的服务生产率概念模型。

知识链接

格罗鲁斯，芬兰瑞典语经济与管理学院教授，服务管理研究中心主任，同时兼任天津师范大学名誉教授，天津师范大学服务管理研究中心名誉主任。芬兰瑞典语经济与管理学院始建于 1909 年，是北欧成立较早的商学院之一。该校的市场营销，特别是服务营销与关系营销学科在世界上享有盛誉。

格罗鲁斯教授亲手创办了两家服务咨询公司，同时兼任 10 多家公司的营销顾问，并长期为世界著名的美国电话电报公司、沃尔沃公司、杜邦公司、联合电信公司、斯堪的纳维亚航空公司等企业提供咨询服务。

由于在营销学方面做出了突出贡献，格罗鲁斯教授荣获欧洲最有影响的阿塞尔(Ahlsell)营销学研究奖，受聘为美国斯坦福大学、亚利桑那州立大学的客座教授和美国第一州际服务营销中心特邀研究员，并数次前往澳大利亚、加拿大、美国、西欧及中国的高等学院访问讲学。作为全球权威管理学家，格罗鲁斯教授被国际学术和实务界誉为“服务营销理论之父”、“世界 CRM 大师”。

2. 与服务生产率相关的测度理论

1) 服务业输入输出的数量测度

服务业的输出是指服务提供的容量和数量。奎因(Quinn，1990 年)和彭尼·帕克特(Penny C.Paquette，1990 年)认为，当提供的服务由单一的成分或一系列标准化的成分所组成，而这些成分可以广泛应用时进行复制和混合，就容易测量服务的容量。反之，高度顾客化的服务输出会因服务的无形性变得复杂。

布劳埃斯(1985 年)认为，由于服务缺乏可储存性，服务提供者选择产生足够的容量来满足顾客。然而，服务输出的容量并不是一个重要的问题，因为顾客通常只购买一个单位的输出(如理发)，因此，顾客更看重服务质量。

科斯蒂·P·麦克劳克林(Curtis P. Mclaughlin，1996 年)认为，生产运作的实际容量是由过去的需求变化决定的。由于将来的总需求的数量变化，服务供给者必须解决数量方面的两个问题：容量大小和容量的时间表。

丹尼斯·J·费克斯勒(Dennis J. Fixler，1997 年)主要研究银行输入输出的数量测度问题，依照金融服务价格和金融服务产出价值的会计准则，构造出 1993—1996 年的基准比率，并将这些比率用于构造商业银行的产出数据。

2) 服务生产率的测度

国外开展了大量的关于服务生产率测度的研究。艾斯莫·沃里宁(Ismo Vuorinen，1998 年)认为，在处理服务提供的数量和质量时不能将两者分开，质量和数量之间有相互作用关系，因此质量和数量共同对服务生产率构成冲击，可用公式为

服务业生产率＝输出质量和数量/输入的质量和数量

卡伊·斯托卡巴(Kaj Storbacka，1994 年)强调了考虑生产率与利润之间联系的重要性。首先利用单位价格将输入因素转为价格测度，其次测定输出值与输入值之差，即盈余或赤字的测度，从而可以测度企业是盈利还是亏损。

杰弗·I·里伯恩斯坦(Jeffrey I. Bernstein)认为，测度的服务业生产率通常低于制造业，因为难以用官方的统计数据测度服务业的产出，同时服务业测度问题的确定可以部分地表明生产率下降的原因。

知识链接

杰弗·里伯恩斯坦利用来自企业层次(1978—1989 年)的数据计算了加拿大人寿保险业的输入、输出和生产率的增长，提出了一种用于测度加拿大人寿保险业的增长的方法。

综上所述，服务业生产率测量的一些基本问题得到解决，同时，服务生产率和制造业生产率两个概念得以区分，其各自的特性和方法也被更多人了解。

3. 顾客对服务生产率的影响

服务生产过程中的顾客参与是与服务生产率紧密联系的。而服务生产的一个本质特点就是服务企业和顾客之间关系的复杂性。在服务生产投入中，服务企业和顾客的关系并不是一种简单的关系，而是涉及四种关系，包括：①服务提供者在与顾客分离的情况下，单独生产服务；②顾客自我服务；③服务提供者与顾客共同合作生产服务；④顾客之间相互合作生产服务。然而，很明显在无边界的组织中，界定生产率的传统方法不再有效了。

1) 顾客对服务生产准备阶段的影响

顾客对服务生产率的影响可能是积极的，也可能是消极的。例如，顾客能够通过允许服务企业利用他们的投入资源(如技术、能力和体力等)来提高服务生产率。这通常是基于

成本考虑的理论。其实，服务生产过程中的真实投入就是顾客本身。也正是利用了顾客的体力、信息、技术及其他一些资源，作为投入要素的顾客才被转换成服务企业的产出。而且，顾客通常是间接地降低了服务价格。但顾客也为服务生产过程带来了不确定性，也非常可能对服务生产率带来消极影响。

同时，顾客之间的交流也会对服务生产率产生积极或消极的影响。这种交流并不是被动的、模糊的、无法控制的，而是像其他市场营销工具一样，是可以测量和管理的。

2) 顾客对服务产出的影响

服务产出不仅是服务提供者工作所得的产品，也包括服务过程中顾客融入的行为活动。如果没有顾客的参与，期望的服务产出就不可能出现，所以，有效的顾客参与可以大大增加企业满足顾客需要的可能性。

吸引顾客参与制定组织对策有助于获得顾客忠诚。同时，顾客的能力和个性必须适合这种角色的扩展。而且，当顾客的投入包括信息资源时，产出质量还通常受到顾客诚实程度的限制。服务企业应该创造一个恰当的环境，使顾客在这个环境中能够不对服务质量产生消极的影响。另外，除顾客本身外，其他顾客也可以在很大程度上影响到某位顾客所获得的产出。

3) 顾客为服务生产率带来了不确定性

由于顾客自我的需求、对质量的期望、技能和对服务环境的情感反应不同，因而服务生产率具有不确定性。服务的地点和时间，即需求的不确定性，影响了特定时间内对服务提供者投入的需求，需求的不可预测性通常是最重要的不确定性因素。而一般情况下，在服务被提供之前，顾客的期望及其提供的投入对于企业而言都是不可知的。因此，顾客对产出的定制化程度的需求影响了企业标准化生产的能力。

不确定性也是与利用服务的人密切相关的，即由于顾客需求具有多样性，因而在一些服务中，服务提供者能够控制服务参与者，在另一些服务中，顾客是自我选择的。因此，服务企业在选择顾客的能力方面是不同的。当然，这也在很大程度上影响了顾客投入的可控性。研究表明，与生产相关的顾客技能和知识越复杂，顾客参与生产的程度越大，企业对顾客的选择就越重要。

4. 服务业生产率偏低的原因

服务业与制造业的生产过程及提供的产品等具有明显的差异，但是，服务业工资增长与制造业一样快。服务公司一直面临成本不断攀升，而又不能通过增加产出来抵消劳动力成本升高的压力。因此，服务业生产率偏低现象可能会形成整体物价水平的通货膨胀压力。

服务业生产率比制造业低的原因大致有三点。

(1) 服务业大都为劳动密集型产业。一般而言，服务业为劳动力密集型产业，要增加产出就需要更多的劳动力。而制造业一般是资本密集型产业，增加产品的产出需要的是更多的资本。通常，资本密集型产业要降低每单位产出的成本，比劳动力密集型产业容易。

(2) 服务业节约劳动力的方式较少，具体表现为如下几个方面：①服务业的技术变迁较为缓慢，比制造业的资本投资少；②获得经济规模的机会较少，尤其是小型的服务业；③劳动力专门化的机会较少；④有些服务业是完全依赖人的，如咨询顾问服务业。

(3) 许多服务业公司的规模都很小，雇用的人员也少，因此无法使用器械设备、加强职位专门化、或得到分工的利益。此外，有些服务业，如技艺、保健和政府服务机构，对于良好的管理似乎并不注重。

营销案例

多功能鸡尾酒厅

美国俄亥俄州一家旅馆的鸡尾酒厅被设计为五个风格各异的功能区间。

(1) 阅读区。配有书架、茶几、沙发等，四周是玻璃墙，既能很好地隔音又有很高的可见度，使阅览区的顾客不感到与世隔绝。

(2) 谈话休息区。地面高于酒厅，桌子比一般的鸡尾酒桌大，每张桌子有三个或更多的座位，方便顾客交谈，也方便其居高临下地观看舞蹈。

(3) 舞池区。这是整个酒吧的娱乐中心，顾客可以听音乐、跳舞或在酒吧柜台闲谈。

(4) 环形酒吧。有衣着漂亮的侍者调酒，能使人产生一种安全感。

(5) 包间区。用布幔隔开，可供两三人坐，既可享受小间带来的自由，又可同时感受酒吧的氛围。

12.2.2 服务过程的效果

顾客容忍区是指一种顾客的心理接受跨度，在这个接受跨度中，顾客认为所接受的服务是可以接受的，而且顾客在容忍区内对服务质量变化的感知不如在容忍区外敏感。

营销案例

记住为你服务的人

一天，一个小男孩进了一家宾馆咖啡厅， 找了一张圆桌坐下。一位女招待笑容满面地送来一杯水放在他的面前。

“冰激凌圣代多少钱一份?”小男孩问道。

“先生，50美分。”女招待回答。

于是，小男孩把兜里的硬币都掏出来仔细地数起来，正好50美分。

“那么，一盘普通冰激凌多少钱呢?”他又问道。

这时正是用餐高峰，门口有一些人在等候餐桌， 这位女招待便有点不耐烦了。

“35 美分。”她粗暴地说。小男孩再次数了数硬币。

“我要普通的冰激凌。”他说。

女招待拿来了冰激凌，把账单放在桌上就走开了。男孩吃完了冰激凌，到收银员那儿付了账也走了。当女招待再次回到该桌，开始清洁桌面时， 她看到的东西让她呆住了：在桌上的空盘里， 整齐地放着两个五美分硬币和五个一美分硬币——她的小费。

1. 顾客容忍区理论的提出

1) 帕拉苏拉曼、泽斯梅尔和贝里

帕拉苏拉曼、泽斯梅尔和贝里在1991年发现顾客对于服务持有两种不同层次的期望。

一是理想的服务，即顾客渴望得到的服务水平；二是适当的服务，指顾客可以接受的服务水平。两种期望水平分别构成了顾客对服务整体期望的上下限。两种期望水平之间的区域被称为容忍区(zone of tolerance，ZOT)，如图 12.4 所示。

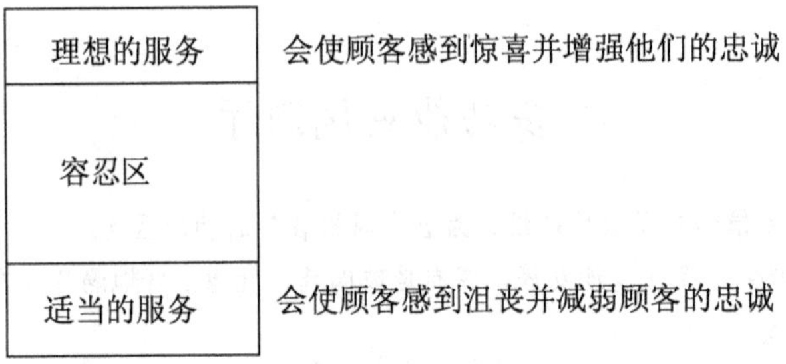

图 12.4　顾客容忍区

知识链接

帕拉苏拉曼是迈阿密大学汉堡王营销首席教授，研究领域包括服务营销、服务质量评估和改善、消费者营销和服务中技术的作用。1988 年，他被美国《质量评论》杂志编辑委员会选为“质量领域最具影响力的十大人物”之一，荣获美国市场营销协会“服务学科职业贡献奖”，2001 年荣获美国营销科学院“杰出营销教育家奖”。他还入选了英国注册营销学院“权威名录”(包括全球 50 位营销领导思想家)。

帕拉苏拉曼博士在《营销学报》、《市场调研学报》、《零售学报》、《斯隆管理评论》等期刊上发表了上百篇学术论文。他在 1997—2000 年担任《营销科学院学报》的编辑，现任《服务调研学报》主编。

(1) 顾客期望自己能在对服务的判断中起关键作用。顾客将其期望的与得到的相比较，以此对服务质量进行评估，期望与感觉的不一致是顾客进行服务质量评估的决定性因素。然而，期望本身有两层含义：一是预期，即顾客判断将在服务过程中得到什么；二是愿望，即顾客希望在服务过程中得到什么。渴望的水平反映了顾客希望得到的服务，即他们认为在现有的付费水平和服务设施条件下的服务能够是什么样的。渴望的服务水平是由持久的服务加强物和个人需要决定的。适当的服务水平是顾客认为可以接受的服务状况，即顾客所预期的服务水平。它反映了顾客为了享受服务带来的满足或效用，在付出一定成本后内心认为应该得到回报的服务水平底线。适当的服务是由暂时的服务加强物、可感觉到的可替代服务、自我意识到的服务角色和环境因素决定的。

容忍区之下的执行水平会使顾客产生沮丧的心理并减弱顾客的忠诚度，容忍区之上的执行水平会使顾客感到惊喜并增强忠诚度。

(2) 容忍区的位置不是一成不变的。上限和下限有不同的变化弹性，容忍区的上限比下限更不容易发生变化。而适当的服务标准发生变化的可能性大，且可上可下，方向不定。

(3) 首次提出“不同的顾客有不同的容忍区”、“不同的服务维度有不同的容忍区”和“初次服务与再次服务补救具有不同的容忍区”等观点。

(4) 但是由于对容忍区理论的研究才起步，未能全面解释关于顾客容忍区的所有疑问，如为何不同顾客有不同的容忍区，五个服务维度的容忍区与最终顾客评价整体服务质量的容忍区有什么关系，以及如何对容忍区进行测量和量化等。

2) 罗伯特·约翰斯顿

(1) 容忍区是一个顾客对服务后评价与事先持有期望进行比照的参照系，这个参照系将顾客可能产生的感知与评价划分为三种状态，即“不满意”、“满意”和“愉悦”，如图 12.5 所示。

(2) 顾客容忍范围的边界是动态的，可以在提供服务的过程中进行调整。

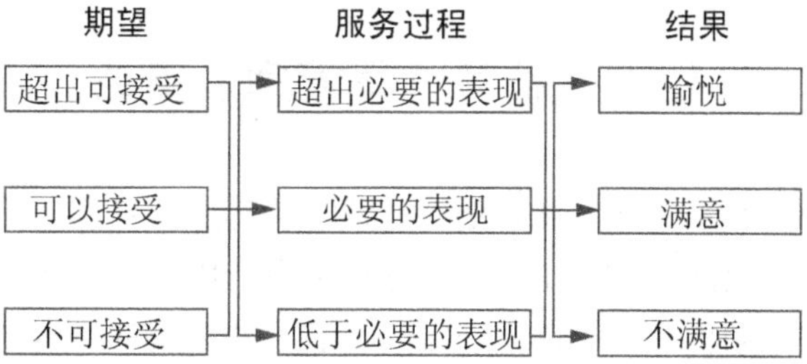

图 12.5　顾客容忍区的三种状态

2. 顾客容忍区理论的意义

1) 容忍区的顾客细分特征与行业细分特征

市场细分可以分为利益细分、顾客细分和行为细分等。将服务业某些描述行业或市场的量进行细分，有助于更为准确地定义目标市场、提高服务效率，更好地把握顾客心理、减少服务失误，并有针对性地进行及时的补救。

在以顾客容忍区的上下限为标准进行顾客细分时，可作探索性区分。对服务价格敏感的顾客和有接受类似服务经历的顾客，其容忍区的上下限都处于比较高的水平，其容忍区的变化弹性也相对较小。

对于服务行业的细分，通常与行业所提供服务本身的特性和行业服务提供者的竞争状态有关。一方面，服务的类型不同，有注重过程的服务与注重结果的服务，其顾客容忍区形状也具有相应的差异；另一方面，在竞争程度较高的市场中，各个服务提供者所提供的服务具有较高的标准化水平和可替代性，服务价格和服务质量的交叉弹性较高，顾客对于服务质量的期望水平也比较高，因此顾客对容忍区的适当服务水平的期望也“水涨船高”，而且顾客期望的服务水平也趋于更高水平。

2) 高接触度服务中顾客容忍区的变化

由于顾客对适当服务水平的期望比对渴望服务水平的期望更可能在短期内发生变化，在高接触服务中，通常会因为服务环境和其他信息的介入而使顾客对适当服务水平的期望发生调整。

假设渴望的服务水平几乎没有变化，即容忍区上限保持不变，随着服务的进行，顾客对适当服务的期望在服务接触中会提高或降低。因为服务提供者与顾客之间的短暂接触往往发生在顾客评估服务的一瞬间，同时也形成了对服务质量好坏的评价。对于顾客来说，其与企业的每一次服务接触都是具体的，每一次容忍区的变化既影响本次的感知服务质量，也影响下一次服务接触中顾客对服务的期望水平，从而影响到下一次服务接触的感知服务质量。因此，研究一次具体的服务接触中顾客容忍区的变化，对改善服务接触管理、补救工作大有裨益。

3) 服务机构营销策略选择与服务成本控制

目前，容忍区理论普遍认为，在容忍区内顾客对服务绩效的感知，相对于容忍区以外来说是非显著和非线性的，但是，顾客绝不会因“适当的水平和质量”的服务就会感到满意，从而对企业产生忠诚。在这个基础上，企业必须采取各种方法改进服务质量，强化顾客的正面感知。提高服务质量的战略选择还必须与成本投入分析相结合。

12.3 服务过程管理及策略

服务过程是指一件产品或一次服务交付给顾客的程序、任务、日程、结构、活动和日常工作。服务产生和交付给顾客的过程是服务营销组合中的一个主要因素。因为，顾客通常把服务交付系统感知为服务本身的一个部分。服务业公司的顾客所获得的利益或满足，不仅来自服务本身，同时也来自服务的传递过程。

服务业的服务过程与制造业的过程十分相似。因此，服务过程管理的原则和技术，在两个产业部门几乎都合适。但是，就像营销管理一样，服务过程管理在非制造业的运用并不比在制造业的运用更容易。分析服务过程的问题之前，必须先了解服务过程的各个方面。因为，某些特点的服务业存在差异，会影响到服务管理的问题类型和解决方式。

服务过程管理涉及这一过程中服务人员的工作内容和编排程序、必要的服务设施的设计布局、质量保证与监管、顾客接触与参与、生产能力控制等。

12.3.1 服务过程管理的内容

1. 服务业目标和产能的利用

对于某些服务业，是不能通过传统的利润和投资报酬率的方式进行衡量(如交通运输等公共服务业)的，而必须采用其他方式，尤其是在非营利性服务业及社会性服务业部门，必须建立与其性质相适应的服务业目标。

服务的非实体性，意味着建立库存具有很多限制。当然，从某种程度来说，服务人员及其技能是可以储存的，设备也可以储存(必要时可提供额外的产能)。但一般而言，在服务业，今天没有用完的或闲置的东西往往就必须废弃，而不能留给以后的超负荷需求来使用。因此，服务作业管理中要进行的最基本决策是提供的产能水平。过多产能可能会造成作业的不经济；过少产能则在服务递送时形成瓶颈，导致顾客反感。

2. 顾客参与的服务过程

顾客往往会通过与服务人员关系的质量来判断服务质量，并从中获得满足。显然，服务人员的服务态度、训练质量及其服务知识水平，对于顾客的需求满足影响很大。但是，服务人员毕竟只是服务系统的构成要素之一。他们虽然可以尽其所能协助顾客，但却无法完全补偿整体性服务体系的不完善和低效率。

就作业管理而言，服务人员和服务系统之间存在相互交替关系。如果将服务人员的自由决策权去除的话，可能会使服务系统的运作更经济，并形成较为统一的质量。但是，这样却会令服务人员的工作满足感降低。因为工作一旦例行化、制度化，将降低服务人员工作能力，并打击他们的工作积极性。而且，还可能影响到他们最终向顾客提供的服务质量。

在高接触度服务业，顾客也参与服务递送过程，因此服务系统的设计，也必须考虑到顾客的反应和动机。顾客对服务业公司的要求，会影响到服务表现者的行为。要调整对服务系统的管理，可能要先调整顾客的行为，或者将顾客行为从服务系统中完全除去。

传统的经济理论确定了提高生产率的三种方式：①改善人力资源；②投资于更有效率的资本设备；③将原来由人力操作的工作自动化。

但是，提高服务业的生产率，还应该再加上第四种提高生产率的方式，即改变消费者与服务生产者的互动方式。在改变服务系统时，必须采用营销的观点。因为，无论作业管理在传统接受的服务产业部门发生何种变化，都会直接影响到顾客，但顾客是否接受这些变化则不能确定。此外，顾客的抗拒心理往往也是采取合理方法进行改善的一大阻碍。将服务系统，尤其是高接触度服务业区分为技术核心与个人化接触两个部分，或许可以缓和顾客抗拒问题。使用这种方式，大量的生产率可以在技术核心内实现(如电脑化银行交易)。但是，顾客仍然和技术核心的作业有若干程度接触，因此，对顾客反应保持高度敏感仍然很必要。

营销案例

民航电子客票自助自动售票机登陆重庆

在中国，民航电子客票自助自动售票机上，市民只需输入身份证号码、起止城市、选定航班，通过银联卡支付，两分钟即可完成买票操作。

在电子客票自助自动售票机上，首次购票的旅客，点击非会员客户即可进入系统。选定出发日期及目的地后，电子客票自动自助售票机上将显示各个航空公司飞往目的地的多个航班的机票折扣。旅客在选定航班后，系统将提示是否确认。点击确认后，通过银联卡支付。系统即可打印出支付凭证、电子客票，用时不到两分钟。北京隆畅达科技有限公司重庆分公司相关负责人介绍，旅客只要使用一次自动售票系统，系统将自动将旅客升级为会员，今后购票直接点击会员登录，只需用身份证在感应区上像打卡一样刷一下，系统将自动生成旅客资料。

顾客服务包括七个步骤，以促成作业管理变迁的实施成功。

(1) 取得顾客信任。顾客接受变迁的意愿，是服务业公司被顾客认为值不值得信赖的一种函数。

(2) 了解顾客习性。这一点有助于对任何变迁的合理性作更成功的展现。

(3) 测试新的服务程序和设备。通过实地试用获取对顾客的了解与其反应的评估。

(4) 了解消费者行为的决定因素。了解消费者为何会采取某种行为。

(5) 指导消费者如何运用服务的各种创新。顾客可能会对变迁有所抗拒，尤其是对服务的器械化。因此，需要对他们进行训练和辅导。

(6) 利益促进及试用激励。接受度通常是顾客对各种利益观念的一种函数，如果接受度不明显，就应设法促进。

(7) 监测并评估成效。应持续不断地进行监测、评估和修正。

以上建议是针对获取顾客的接受度而提出的，不过，这些建议也同样可以应用到服务员工对变迁的接受度上。

特别提示

服务传递与顾客接触高的服务业进行作业管理与在接触度低的服务业进行作业管理差别很大。

3. 服务系统的组织内冲突

服务业的有些经营包括许多小单位即多地点作业形态的管理。这些小单位往往分散于不同的地理位置。中央作业可能仅限于策略性决定事项，如选择新服务处所、规划未来服务产能、建立人事与训练政策，以及采购与财务控制。但分支单位经理必须管理该处所的整个服务系统，他们的职责包括营销、作业和人事。该处所在作业中扮演整体管理的角色，而在该处所具有高度独立性的作业系统中，各项功能之间的影响与相互依存性往往会造成冲突。例如，某一作业处所管理者想要均衡作业和营销上的需求，或者想要均衡作业和人事上的需求，但当一种创新服务被引进时，作业和营销上或者作业和人事上就会出现功能间冲突。

1) 造成功能间冲突的原因

造成这种功能间冲突的原因主要有以下四点。

(1) 变迁的各种动机不同。在不同的功能部门，系统变迁有不同的动机(如作业方面，可能根植于技术上的开发进展；而营销方面，则可能根植于提高市场占有率的可能性)。

(2) 成本收益取向。作业经理人往往关心效率的提高和成本的降低，营销经理则追求营业额与收入的增加。

(3) 不同的时间取向。营销人员往往采取短期导向，关注于短期性的情况，而作业人员则着眼于新技术及新作业程序引进的长期导向。

(4) 对既有作业中加入新服务的认同。自营销观点引进的新服务产品并不一定是相容的，而且不一定与既有的作业系统相适合。

2) 克服功能间冲突的方式

克服功能间冲突的方式有以下四种。

(1) 功能间转移。用工作轮调的方式让员工能在不同功能组织间保持流动。

(2) 任务小组。可成立任务编组，以整合各种不同功能性观点，并解决功能间冲突。

(3) 新任务、新员工。为现有员工重新定向，并从其他部门甚至是企业引进新人。

(4) 在工作现场层次培养营销导向。

管理寓言

鲇鱼效应

很久以前，挪威人从深海捕捞的沙丁鱼还未到达海岸，大部分就已经死掉了，渔民们想了无数的办法想让沙丁鱼活着上岸，但都失败了，然而，有一条渔船却总能带着活的沙丁鱼上岸，他们带来的活鱼自然比死鱼贵出好几倍。

这是为什么呢？这条船又有什么秘密呢？

后来，人们才发现其中的奥秘。原来，他们在沙丁鱼槽里放进了鲇鱼。鲇鱼是沙丁鱼的天敌，当鱼槽里同时放有沙丁鱼和鲇鱼时，鲇鱼出于天性会不断地追逐沙丁鱼。在鲇鱼的追逐下，沙丁鱼拼命游动，激发了其内部的活力，因而能够活下来。

组织内冲突通常源于服务作业的性质及其结构。例如，许多地点作业的服务业都采用直线与小组的组织方式。即每一作业地点都由一名经理人负责，每一名经理人的权力当然会受到每一作业地点决定权的大小及总公司的控制程度的影响。有些服务业需要给予分店营运经理以较高程度的授权，以及其自身高度的自发性和机动性。另外，有些从事较为标准化类型的服务业，则可能需要严格奉行总公司制订的程序和标准，并不需要分店经理人拥有太大的自主权。

4. 质量控制

质量控制是服务过程管理和控制的又一个重点。许多适合于制造业的质量控制原则，也适用于服务业。

(1) 质量控制关系到服务作业中的每一个人，也关系到看得见或看不见的各种任务。

(2) 各种质量控制制度应能发觉质量失灵及奖励成功，并协助改善工作。

(3) 以机器替代人力，尤其是取代那些例行性的服务工作，应有助于质量控制。

管理案例

麦当劳的质量标准

经常被人称许的麦当劳公司，对质量标准的注意事项包括以下四个方面。

(1) 汉堡包在多少时间内要翻面多少次(经常翻面)。

(2) 未卖出的汉堡包能保存多久(逾时即弃)。

(3) 未卖出的炸薯条能保存多久(逾时即弃)。

(4) 收银员应当以目光接触每一位顾客并微笑。

在服务递送过程中建立质量控制标准应当是能够做到的。虽然服务业制定及执行质量控制标准可能比制造业困难，但是，服务作业上许多可以提高生产率的原则，也都可以引用来改善质量。例如，器械的采用、时间与动作的研究、标准化、分工专门化、装配线作业原则的利用、加强训练、注重工作安排、注意工作组织等原则和措施，均可用来改善质量，尤其以科技的利用最有效。

12.3.2 服务过程管理策略

所谓过程管理，是指运用某种手段将资源投入，经由合并、重塑、转化或分割等方式，引导出有用的产出(产品与服务)。

服务过程管理的目的有四点：①成本控制；②质量控制；③顾客服务水平保障；④企业内部协调，提高运行效率。

1. 提高服务生产率

提高生产率对于各种服务营销公司都是一项重要的工作。服务生产率的提高是否有限度，目前有两种不同的意见。一种看法认为，服务业生产率总会落后于制造业，服务业生产率的缓慢提高可以说是一种成本疾病。服务业工资水平占总成本的绝大部分，一旦成本增高，价格必然也会跟着上升。在政府机构，较高的成本往往会造成服务质量变差或服务量减少。另一种看法刚好相反，认为服务业的生产率有可能提高，提高服务生产率的方式有以下七种。

1) 提高服务员工的素质

利用更好的招聘、训练、发展和激励制度，对有关服务递送与表现的新旧员工，在知识、技能、态度和行为方面进行培训，用激励方式使员工工作更努力。

2) 采用系统化与科技

服务业系统化管理的应用有三种方式：采用硬件技术、采用软件技术和采用混合式技术。

(1) 硬件技术是指以器械和工具取代人力。

(2) 软件技术是指预先计划系统。这个系统通常利用某些科技，其基本的特点是系统本身是为获得最佳成效而设计的。

(3) 混合式技术是指硬件技术和软件技术相结合，以使服务过程更合理、更快速及更有效率。

3) 降低服务层次

服务生产率的改进，也可通过减少服务数量或者降低服务质量来实现，但这种方式具有一定的危险性，尤其是对于过去曾经承诺递送较高层次服务的公司。此外，竞争者也往往以其服务数量和质量的扩充与升级来差异化其服务产品。

4) 用产品替代服务

生产率也可以通过以产品替代服务的方式获得改善。

5) 引入新服务

设计一套更有效率的服务来消除或减少对效率较低服务的需求。例如，目前的横跨大西洋旅行，几乎已由航空取代航海；信用卡也取代了以前的银行透支方式。

6) 顾客互动性

在生产过程中，需要顾客的分量越多越要了解顾客行为及其产生的原因。由于消费者主动或被动地参与服务递送过程，因此，可以利用服务递送产生的利益来引导及说服其转变行为，争取并保持消费者在生产过程中的合作与配合，从而，激励其购买服务。

7) 减少供需间的错位

许多服务业公司的一大问题是其供需之间往往存在错位现象。服务业营销的目标是更有效地控制供给与需求，使两者之间趋于均衡。服务营销者面临着以下问题：增大需求、减少需求、取得更均衡的服务供给，见表 12-1。

表 12-1 供需均衡的办法

供　应	需　求
尽可能保有库存——预备产能和人员	让顾客在有利的环境中等候服务
依照需求配备人员——轮班工作、兼职人员	顾客排程——预约制度
转包给其他服务公司	提供替代性产品或服务——自动柜员机
建立高峰时段的效率性例行服务——只做基本工作事项	使需求多元化
增加生产过程中顾客的参与——自助式	高峰期时段尽量疏散顾客——差别定价
与其他服务公司共同服务或共用设施	利用营销转移需求——广告
改良服务系统——以设备取代人力	改变顾客对服务的预期

2. 服务流程再造

服务流程再造是指服务企业或部门，从顾客需求出发，以服务流程为改造对象，对服务流程进行根本性的思考和分析，通过重新组合服务流程的构成要素，产生出更为有价值的结果，以此实现服务流程的重新设计，从而使企业服务的各个流程给企业带来绩效的大幅提高。

1) 服务流程再造的特点

(1) 服务流程再造是一项战略性的进行服务企业重构的系统工程。

(2) 服务流程再造的核心是面向用户满意度的业务流程。

(3) 服务流程再造的根本任务是将技术和人有效运作在业务流程的再设计与活动重构之中，从而推进服务企业的技术性和社会性发生适应服务企业整体绩效改进和长远发展的改变。

(4) 服务流程再造的目标是使服务企业的绩效获得巨大的飞跃。

2) 服务流程设计和再造方法

(1) 流程图法是流经一个系统的信息流、观点流或部件流的图形代表。在企业中，流程图主要用来说明某一过程。这种过程既可以是生产线上的工艺流程，也可以是完成一项任务必需的管理过程。

流程图是揭示和掌握封闭系统运动状况的有效方式。作为诊断工具，它能够辅助决策制定，让管理者清楚地知道，问题可能出在什么地方，从而确定出可供选择的行动方案，如服务蓝图。

(2) 流水线法就是企业制定了详细的制度、操作规范和服务内容，对服务员工进行统一规范的训练，让他们按照统一的模式给顾客提供标准化、程序化的服务。一般采取如下做法：对工作任务进行简化；明确的劳动分工；尽量用设备代替服务员的工作； 建立系统的服务制度和工作内容，并使之标准化；使服务员工决策权尽量减少。

流水线法具有高效率、低成本、交易量大的优点。由于有章可循，工作内容已经标准化，工作方式制度化，因而工作比较容易进行。

知识链接

在我国的图书馆管理领域，流水线已成了一个最基本的服务模式。“文献采购—分类编目—上架—流通”这一过程被分割并分配到各个部门，形成了一个个泾渭分明的操作单位，而参考咨询、读者服务则独立于这些部门之外形成了另外的操作单位。

(3) 授权法就是通过赋予服务人员一定的自主权，唤起他们工作投入感、责任感、创造性，让他们自己寻找解决问题的方式和方法，并对自己的决定和行为负责，主动地、真切地、创造性地为顾客服务。

为了实施授权法，企业要从以下四个方面采取行动：组织内部进行适当的分权；组织信息共享；组织内的知识共享；组织成员共享组织的利润和报酬。这四个方面必须都实现，授权法的作用才能发挥。

从不同角度评价授权的结果，如询问员工、调查顾客、关注组织结构的变化。企业可以选择其中的一种，也可以选择两种或两种以上的方法结合使用。

本章小结

本章主要介绍了服务生产模型、服务过程的效率与效果及服务过程管理策略等。服务生产模型主要介绍了服务传递的特点，服务生产模型中的服务运营体系和服务传递体系、服务蓝图的意义与构成等。服务过程的效率与效果主要介绍了服务生产率的概念和测量方法的相关理论、顾客对服务生产率的影响、服务生产率偏低的原因及服务容忍区理论的定义和营销意义。服务过程管理内容包括服务的目标和产能的利用，顾客的服务过程参与，服务系统的组织内冲突以及质量控制等。服务过程管理的策略包括提高服务生产率和服务流程再造。

名人名言

管理服务生产率就是平衡效率(外部效率)和效果(内部效率)，并理想地达到高服务生产率和高服务质量。

——蔡斯(Chase)和海斯(Hayes)

服务业中服务生产率和服务质量是不可分割的。

——格罗鲁斯

还没有任何人在和客户的吵架中获胜。

——德国管理顾问塞巴斯蒂安(Sebastian)

一次简单的接待比一份详细的说明书效果要好。

——德国《营销杂志》

对客户友好，不用花钱却能给你带来很多好处。

——德国管理大师西蒙(Simon)

课后练习

一、复习题

1. 选择题

(1) 蛋糕店提供DIY服务是以下顾客参与的(　　)方式。

A. 直接参与　　B. 间接参与　　C. 没有参与　　D. 以上都不是

(2) 以下不属于服务传递系统的是(　　)。

A．有形环境　　B．无形环境　　C．前台　　D．后台

(3) 服务生产率的衡量方式是(　　)提出的。

A．里甘　　B．布劳埃斯　　C．福克斯　　D．拉斯摩

(4) 容忍区将顾客可能产生的感知与评价划分为三个状态，不包括(　　)。

A．不满意　　B．满意　　C．愉悦　　D．愤怒

(5) 传统的经济理论确定了提高生产率的三种方式，不包括(　　)。

A．改善人力资源　　B．投资资本设备

C．自动化　　D. 改变消费与服务生产者的互动方式

(6) 提高服务员工素质的方式是(　　)。

A．招聘　　B．训练　　C．激励机制　　D．解聘

2. 填空题

(1) 顾客之间相互接触会对彼此的服务体验造成______或______的影响，服务组织必须对顾客之间的互动进行管理。

(2) 沃里宁认为在处理服务提供的______和______时不能将两者分开。

(3) 服务业系统化管理的应用有三种方式：______、______和______。

3. 判断题

(1) 在标准化服务提供的过程中，可更多地使用自动化和减少授权。(　　)

(2) 人员处理过程中，不涉及实体形态的变化或地理位置的变化。(　　)

(3) 有形环境由各种物质因素构成，包括服务现场的雇员和顾客。(　　)

(4) 服务产出只是服务提供者工作所得的产品。(　　)

(5) 服务业大都为劳动力密集型产业。(　　)

(6) 不同的顾客有不同的容忍区。(　　)

(7) 质量控制关系到服务作业中的每一个人，包括看得见或看不见的各种任务。(　　)

(8) 生产率也可以通过以产品替代服务的方式而获得提高。(　　)

4. 问答题

(1) 服务生产的特点是什么？

(2) 描述构建服务蓝图的步骤。

(3) 什么是服务生产和传递的效率与效果？

(4) 什么是顾客容忍区？影响顾客容忍区的因素有哪些？

(5) 为什么在服务过程中容易造成服务系统的组织内冲突？如何克服这些冲突？

(6) 提高服务生产率的方式有哪些？

(7) 服务流程再造的主要方法有哪些？

5. 讨论题

(1) 以餐厅或美发厅为例设计服务流程图，提出每一步骤的服务标准。

(2) 以你消费的一种较为复杂的服务为例，分析服务企业过程管理的几个主要环节，

并指出服务过程管理中存在的问题及应该如何提升过程质量。

二、案例应用分析

联邦快递的服务过程

一、公司简介

联邦快递集团(以下简称“联邦快递”)为遍及全球的顾客和企业提供涵盖运输、电子商务和商业运作等一系列的全面服务。作为一个著名的企业品牌，联邦快递通过相互竞争和协调管理的运营模式，研发了一套综合的商务应用解决方案，使其年营收高达320亿美元。

联邦快递成立于1971年，经过30多年的发展，已成为全球快递业巨头。它能够调度一个由大约44 000辆地面交通工具、654架飞机和53 500个投递点组成的全球网络系统。它为全球超过220个国家和地区提供当天、隔夜或预定时间的文件、包裹和货物的航空快递服务，每年营业额逾340亿美元。虽然其旗下各家子公司互相竞争，但全部由联邦快递统一管理，致力提供综合业务应用方案。联邦快递屡次获选为全球最受顾客信任的企业，其旗下员工和承办商均以“绝对、正面”的态度，遵循最严格的安全、道德和专业标准，并且以满足客户和社区的需要为本。

二、服务体系

1. 人员

扁平式的组织架构，向员工授权，扩大员工的职责范围。成立呼叫中心，主要任务除了接听客户的电话外，还要主动打出电话与客户联系，收集客户信息。呼叫中心的员工要先经过一个月的课堂培训，然后接受两个月的操作训练，学习与顾客打交道的技巧，考核合格后，才能正式接听顾客来电。为了了解顾客需求，有效控制呼叫中心服务质量，每月都会从每个电话员工负责的顾客中抽取5人，打电话询问他们对服务的评价，了解其潜在需求。

2. 设施设备

联邦快递每个工作日运送的包裹超过320万个，其在全球拥有超过138 000名员工。公司通过FedEx Ship Manager at fedex.com、FededEx Ship Manager Software 与全球100多万客户保持密切的电子通信联系。公司特殊的航线权及健全的基础设施使其成为全球最大的快递公司。

3. 经营管理制度

员工—服务—利润：联邦快递关心员工，从而令他们为客户提供专业的服务，借此确保公司可获得利润及业务得以持续发展。公司内所有活动都以此经营方法为基础。

客户服务管理制度：客户的每一次交易都会被记录在客户关系管理系统中。联邦快递通过分析这些数据，并根据需求和行为方式对客户进行细分，对不同的客户采用不同的营销方式，向不同的客户群体提供不同的服务。

4. 服务操作程序

当客户打电话给联邦快递的时候，只要报出发件人的姓名和公司的名称，该客户的一些基本资料和以往的交易记录就会显示出来。当客户提出寄送某种类型的物品时，联邦快递会根据物品性质向客户提醒寄达地海关的一些规定和要求，并提醒客户准备必要的文件。在售前阶段，联邦快递就已经为客户提供了一些必要的支持，以减少服务过程中的障碍。

联邦快递的速递员上门收货时，采用手提追踪器(super tracker)扫描货件上的条形码，而这些条形码是由FedEx PowerShip自动付运系统或FedEx Ship软件编制，以说明服务类别、送货时间及地点。所有包裹在物流管理的周期内，至少在货件分类点扫描六次，而每次扫描后的资料将传送到孟菲斯总部的中央主机系统。客户或客户服务人员可利用PowerShip自动化系统、FedEx Ship软件发出电子邮件或查看互联网上联邦快递的网页，及时得到有关货件的行踪资料。这项技术不仅方便了公司的内部管理，而且大大提升了客户满意度和忠诚度。

售后服务主要包括两个方面，一方面解决客户遇到的问题，另一方面调查客户的满意度，寻找内部改进的办法。

5. 技术系统

自动运送软件有PowerShip、FedEx Ship、FedExinter NetShip、客户服务线上作业系统。

利用自动运送系统，客户可以方便地安排取货日程、追踪和确认运送路线、列印条码、建立并维护寄送清单、追踪寄送记录。而联邦快递则通过这套系统了解顾客打算寄送的货物，预先得到的信息有助于运送流程的整合。

所有客户可借助其网站 www.fedex.com 同步追踪货物状况，还可以免费下载实用软件，进入联邦快递协助建立的亚太经济合作组织关税资料库。它的线上交易软件 Business Link 可协助客户整合线上交易的所有环节，从订货、收款、开发票、库存管理一直到将货物交到收货人手中。这个软件能使无店铺零售企业以较低成本比较迅速地在网络上进行销售。

使用联邦快递进行托运时，顾客可以一次追踪30个包裹，无论它们的托运地或目的地在哪里。联邦快递的货件追踪可让客户了解该包裹是否仍在运送途中或者包裹是否被签收。递送后，可以同时向三个联系人发出电子邮件通知，告知他们货件已经抵达目的地。

三、服务过程的构成设计

通过对服务流程、顾客行为、服务企业员工行为、服务接触、服务证据等方面的描述，将复杂、抽象的服务过程简单化、具体化。

服务蓝图不仅能用来分析和改善现有服务过程，还可以用来开发一套新的服务流程，因此服务蓝图在服务开发的设计和再设计阶段具有显著的现实应用价值。

顾客行为：在联邦快递服务流程中，顾客可通过电话或网络联系联邦快递，对服务的各项内容，如费用、送达日期等进行咨询。当顾客与公司达成协议，可将包裹交付给上门的快递员工并填写相关表格并付费。在一个或两个工作日内，包裹将到达收件人手中，然后被签收。

前台接待员工行为：顾客看得见的一线服务行为中主要涉及的人员包括订单接线员、网络订单确认人员、上门收件员和上门送货员。当顾客咨询时，前台人员负责接洽、记录信息；确定交易意向之后，收件员将上门收取包裹并解决顾客的一些疑虑；顾客包裹抵达时，送货员上门交付，并让顾客签收与付款等。

后台员工行为：顾客看不见的但对前台工作起着重要支持的服务行为，如顾客订单及单据处理、服务费用核算等。顾客下订单，后台人员需要及时生成订单交与相关服务部门执行；对于顾客的包裹数据，后台人员必须谨慎处理，核算相关费用；顾客收到包裹后，后台人员仍需对签收进行确认。

支持过程：覆盖了服务机构支持前后台的各种内部服务和步骤，主要包括集货、运输、分货、配送等环节，是联邦快递物流质量的决定性环节。顾客将包裹交与快递员工后，统一送达集送中心，进行分类装箱，然后装上预先设计的运输工具。货物抵达目的地后，将进入分货中心进行卸货和分类，经由卡车速递至各收件人手中。

四、服务过程的复杂度

根据服务过程复杂度分类，联邦快递采用线性作业形式，整个服务过程按照订单作业、集货作业、运输作业、分货作业和配送作业的顺序进行。

1. 订单作业

客户选择使用联邦快递服务，需要联系当地网点，约定工作人员上门收取包裹或者亲自送包裹到网点的时间。

联邦快递对已经通过确认的订单，在进行数据处理前，会建立一个完整的客户档案，既便于本次交易的进行，又利于以后与客户的长期合作。每一订单都有其单独的订单号码，号码由控制单位或成本单位制定，除了便于计算成本外，还可用于制造、配送等一切有关工作，且所有工作说明单及进度报告均应附此号码，提高服务效率。

2. 集货作业

工作人员上门收取包裹与单据，分别交与数据处理中心和集送中心。数据将输入电脑，作为客户追踪货物、公司存档的依据，包裹则经分类、分拣后装箱。

顾客利用凭证上的运单号通过网络查询货件，即可获得货件当前的详细情况。

通过网络平台，顾客可以直观地了解到货件在不同时段的物流运作情况。顾客与公司服务人员之间服务接触的范围降低了，一方面可以降低服务人员在满足顾客需求中的压力；另一方面则使服务更加高效，提高了顾客满意度。

3. 运输作业

经过前两个环节，将分类、分拣完毕的包裹装箱，装上运输工具，如火车、飞机等。

4. 分货作业

货物抵达目的地后，进入分货中心卸载，根据订单作业环节确定的联系地址及人员配备等情况，做好包裹分类分拣，装上公司卡车。

5. 配送作业

分类完毕的包裹经由卡车运送至各个投递点，服务人员将上门递送包裹。收件人收到包裹后，签收。服务人员完成收货确认后，统一反馈，网络平台上也会相应显示交付结果。

若收件人外出或因其他原因无法完成收件，服务人员将电话联系，重新商定交付时间，递送包裹。

五、服务过程策略设计

1. 增大服务复杂度

加大网络购物平台的投入，联邦快递可以与阿里巴巴、淘宝等大型网店合作，扩大其辐射范围。例如，顾客在网店采取一次性支付、团购等方式购物，可以享受运费优惠。虽然这种做法增加了成本，但是长远来说能扩大自身的市场。

在配送作业方面，联邦快递一直强调送货上门，但是针对一些生活小区、学校社区等客户订货相对集中的地方，一对一的送货就增大了成本。联邦快递可以尝试提供寄存递送服务，将包裹批量寄存到指定站点，如加油站、便利店等，顾客可以在上下班的时候顺路提取，这样一来双方都可以节省时间。

另外，在快递员送货到门时，应注意替领、冒领、货不符实等现象。例如，在配送中要求收件人出示相关证件，与客户取得电话联系，验证订单号码，在客户要求下允许先验货后签字等。

2. 增大服务的歧义度

在订单处理方面，联邦快递可以提供多项优惠政策，如建立会员制度，根据客户档案的订单量或订单额数给予相应的折扣。

针对不同地方推出地域性服务，要求人员本地化，针对不同方言不同地区派送相应的快递员，便于员工与客户沟通，让顾客有亲切感等。

不同时节推出特色服务。例如，在春节期间，联邦快递的包裹的颜色可以是喜庆红，快递员的装束可以是财神装扮，圣诞节快递员可以打扮成圣诞老人等，这种做法既有创意又能加深印象。

六、提高服务的生产效率

进一步加大对信息科学技术的开发和投入，通过采用先进的科学技术，进一步提高服务的工作效率。联邦快递一直以来非常注重信息技术的更新换代，开发了一系列的软件和信息平台。例如，对网上服务的升级，提升网上托运工具，并对公司网站 fedex.com 进行全新改版，通过更简易的操作界面，为客户提供更快捷、更方便的网上托运服务。又如，应用移动计算机平台，采用高通公司的移动计算机平台 200 系列，采用数码笔，推出 FedEx Power Pad。FedEx Power Pad 是一部采用微软系统的袋装型计算机，推出了全新网上全球货运时测系统，协助客户查询货件的运送时间、选择最合适的货运方式等，通过不断地提高服务工作的效率去满足顾客需求，始终保持行业领先地位。

合理地加大对设备和运输工具的投入，对旧的设备进行更新换代，进一步完善运输路线，降低运营的成本，提高服务工作效率。联邦快递开辟了多条国际和国内直航线路，大大地提高了运输的速度，但是在公司业务量不断增大的情况下，陆地运输工具和设备方面显得比较落后。一些旧的设备应该淘汰掉，应合理地加大运输工具和设备的投入，以进一步提高服务工作的效率。

合理地设立一些物流运转中心，加快物资的运转速度，另外设置一些定点服务点，推出一些优惠方案，如顾客上门取货能有一定的折扣，加强与客户之间的互动，增加一些新的服务来提高服务工作效率。

进一步培训和激励员工，促使他们熟练掌握先进的技术设备；激发他们的潜能，提高工作效率。另外，通过设计和推出一系列新的员工奖惩和绩效制度。

(资料来源：http://wenku.baidu.com/view/1941413710661ed9ad51f375.html.)

问题：

(1) 请绘制联邦快递的服务蓝图。

(2) 简述联邦快递在服务过程方面采取的策略。

(3) 假如你是联邦快递的首席执行官，你会怎样进一步提高联邦快递的服务效率？

阅读材料

重视别人

莎拉是一名营业员，她的工作是为强生公司招揽顾客。顾客中有一家是药品杂货店。每次她到这家店里时，总要先跟柜台的营业员交流几句，然后才去见东家。有一天，她到这家杂货店时，东家突然告诉她今后不用再来了，他们不想再买强生公司的产品。由于强生公司的许多产品都是针对食物市场和廉价店铺设计的，对于小药品杂货店没有利益。莎拉只好离开药品杂货店。莎拉开着车子在镇上转了很久，始终想不明白，最后决定再回到店里，问清具体情况。走进店里时，莎拉照常和柜台上的营业员打过招呼，然后去见东家。东家见到她很兴奋，笑着接待她，且比寻常多订了一倍的货。莎拉十分惊讶，不明白自己离开店后发生了什么事。

东家指着柜台上一个卖饮料的男孩说：“你该谢谢他！在你离开店铺以后，卖饮料的男孩走过来告诉我，说你是到店里来的推销员中唯一会同他打招呼的人。”东家接着说：“他告诉我，若是有什么人值得做生意的话，就应该是你。我赞成他的看法。”从此以后，这家店成了莎拉最好的主顾。莎拉激动地说：

“我会体贴、重视每一个小人物，这是我们必须具备的素质。”

重视别人就是重视自己。一个人的品位和修养，应该是在他与别人相处的历程中体现出来的。海明威在《丧钟为谁而鸣》中有这样的话：“谁也不能像一座孤岛，在大海里独踞。每个人都像是一块小小的土壤，连接成整个陆地。若是有一块土壤被海水冲去，欧洲就会缺其一隅，这犹如一座山峡，也犹如你的朋友和你自己。”谁也不能离群索居，都要与人相处。在与人相处中，若是你想要受到别人的尊重，首先应该做的就是要真诚地去体贴别人、重视别人。体贴别人、重视别人，你就要具备高尚的情操和宽大的胸怀。你诚挚的心灵，会使对方温暖愉悦，在精神上获得满足。这样，你就会体验到一种优美的事情和生活的乐趣，你就会拥有协调的人际关系。发自内心地重视别人，才可以受到别人的重视。重视别人是文明的体现。我们没有理由让别人先重视自己，必须是我们先重视别人才行。你做得越好，你就会有越多的机会走向成功。

(资料来源：http://blog.sina.com.cn/s/blog_a885f87401018jxf.html.)

第 13 章　服务质量

教学目标

通过对本章的学习，着重理解服务质量的内涵，掌握服务质量测定的方法，理解并掌握服务质量管理的差距模型，掌握提高服务质量的方法。

教学要求

知识要点	能力要求	相关知识
服务质量概述	(1) 理解服务质量概念 (2) 区别理解服务质量与有形产品质量	(1) 服务质量的概念及内涵 (2) 服务质量与有形产品质量的区别 (3) 服务质量的维度
服务质量的测量	(1) 灵活运用 SERVQUAL 模型 (2) 理解服务质量测量方法	(1) SERVQUAL 模型 (2) 服务质量测量方法
服务质量差距模型	(1) 理解影响服务质量因素 (2) 运用服务质量差距模型	(1) 服务质量的影响因素 (2) 服务质量差距模型
服务质量管理策略	(1) 理解服务质量管理模式 (2) 运用服务质量提升方法 (3) 理解和运用服务质量管理策略	(1) 服务质量管理的三种模式 (2) 服务质量的提升方法 (3) 服务质量的管理策略

被感知的服务质量是一个评价过程的结果，在这个过程中，顾客把他们对服务传递过程和结果的认知同他们原先的期望相比较。

——格罗鲁斯

基本概念

服务质量　预期服务质量　感知服务质量　技术质量　功能质量　服务质量维度　SERVQUAL模型　服务质量差距　服务质量管理模式　产品生产模式　顾客满意程度模式　相互交往模式　服务蓝图　标准跟进　服务质量信息系统

导入案例

乘过飞机的人或许有这样的经历，当乘坐的航班因故晚点而不得不耐心等待时，令你不快的也许并不是航班的晚点，而是你迟迟得不到工作人员有关航班的任何信息。特别是当漫长的等待耽搁了你的就餐甚至睡眠却无人过问，也没有妥善解决时，此刻恐怕就十分气愤了，必然不会对该航空公司的服务质量产生好的评价。

点评：对服务质量的评价，不仅取决于服务结果，也取决于服务过程。

在服务领域，人们更愿意从感知服务质量的角度来考察服务质量。一般情况下，顾客又会从技术和功能两个方面来感知服务质量。技术质量是对服务过程的产出的评价，功能质量是对顾客如何得到这些服务的评价。可以说，人们对服务质量的评价不仅取决于服务结果，也取决于服务过程。功能质量的评价更多地取决于顾客的主观感受。航班飞行晚点在很多情况下是难以避免的，对此乘客也是能够理解的；令乘客不满的更多的是航空公司对乘客等待中的焦躁和面临困境的漠视。最终，顾客对服务提供过程的不满必定会影响到他们对航空公司服务质量的评价。本章主要介绍服务质量的概念、策略、差距模型及管理策略等。

13.1　服务质量概述

13.1.1　服务质量的概念及内涵

习近平总书记在党的二十大报告中指出，高质量发展是全面建设社会主义现代化国家的首要任务。习近平总书记指出，高质量发展，就是能够很好满足人民日益增长的美好生活需要的发展，是体现新发展理念的发展，是创新成为第一动力、协调成为内生特点、绿色成为普遍形态、开放成为必由之路、共享成为根本目的的发展。关于质量的概念，国际标准化组织将其定义为“能满足阐明的或隐含的需求的产品或服务特性和特点的总和”。按照传统对质量概念的理解，服务质量可被理解为服务或服务业满足规定或潜在要求(或需要)的特征和特性的总和。特性是用以区分不同类别的产品或服务的概念。例如，旅游是用以区分同类服务中不同规格、档次、品味的概念；交通服务有航空、水运、公路运输、铁路运输之分。服务质量的内涵应包括服务的安全性、实用性、有效性和经济性等一般要求。

然而，由于服务本身具有独特性质，仅仅从技术角度来定义服务质量就显得有些狭窄了。事实上，企业对服务质量的理解必须与顾客的理解相吻合。如果只片面地强调提高服务质量，而对服务质量是如何被顾客感知的、怎样才能改进和提高等问题不进行界定，这种强调就是没有意义的。在制造业中，营销人员必须了解顾客对产品的质量特性是如何认识的，而服务的营销人员则必须了解顾客对服务质量的特性是如何感知的，二者具有明显的差异。

格罗鲁斯认为，服务质量是一个主观范畴，它取决于顾客对服务质量的期望(预期服务质量)同实际感知的服务水平(感知服务质量)的对比。他认为服务质量应区分为技术质量(technical quality)和功能质量(functional quality)。技术质量也称结果质量(outcome quality)，即服务过程的产出，它是指顾客最终从服务过程中所得到的东西(what)，如饭店为顾客提供的菜肴、酒水饮料，旅馆为客人提供的房间和床位，医院为病人提供的药品等。功能质量也称过程质量(process quality)，是指企业在为顾客提供服务的过程中顾客所感受到的服务人员在履行职责时的行为、态度、穿着、仪表等给顾客带来的利益和享受，它说明的是顾客是如何得到这种服务的(how)。一般而言，技术质量容易被顾客感知，也便于评价，而功能质量完全取决于顾客的主观感受，难以进行客观评价。

鉴于服务交易过程的顾客参与性和市场与消费的不可分割性，服务质量必须经顾客认可，并被顾客所识别。服务质量的内涵应包括以下内容。

(1) 服务质量是顾客感知的对象。

(2) 服务质量既应有客观方法加以规定和衡量，更多地要按照顾客主观的认识进行衡量和检验。

(3) 服务质量发生在服务生产和交易过程之中。

(4) 服务质量是在服务企业与顾客交易的真实瞬间实现的。

(5) 服务质量的提高需要内部形成有效管理和支持系统。

从内涵上来看，服务质量同有形产品的质量有很大的不同，主要表现在以下三个方面。

(1) 服务质量较有形产品的质量更难被消费者评价。

(2) 顾客对服务质量的认识取决于他们预测同实际感受到的服务水平的对比。

(3) 顾客对服务质量的评价不仅要考虑服务的结果，而且涉及服务的过程。

显然，服务质量有预期服务质量与感知服务质量之别。预期服务质量是顾客对服务企业所提供服务预期的满意度。感知服务质量则是顾客对服务企业的服务实际感知的水平。如果顾客对服务的感知水平符合或高于其预期水平，则顾客能获得较高的满意度，从而认为企业具有较高的服务质量；反之，则会认为企业的服务质量较低。从这个角度看，服务质量是顾客的预期服务质量同其感知服务质量的比较。

预期服务质量是影响顾客对整体服务质量的感知的重要前提。如果预期质量过高，不切实际，则即使从某种客观意义上说他们所接受的服务水平是很高的，他们仍然会认为企业的服务质量较低。预期质量受四个因素的影响：市场沟通、企业形象、顾客口碑、顾客需求。市场沟通包括广告、直接邮寄、公共关系及促销活动等，直接为企业所控制。这些方面对预期服务质量的影响是显而易见的。例如，在广告活动中，一些企业过分夸大自己的产品及所提供的服务，导致顾客心存很高的预期质量。然而，顾客一旦接触企业，则发现其服务质量并不如宣传的好，这样会使顾客对其感知服务质量大打折扣。企业形象和顾客口碑只能间接地被企业控制，这些因素虽受许多外部条件的影响，但基本表现为与企业绩效的函数关系。顾客需求则是企业的不可控因素。顾客需求的千变万化及消费习惯、消费偏好的不同，决定了这一因素对预期服务质量的巨大影响。

通过以上对服务质量概念的分析可知，服务质量是一种基于顾客感知的质量，它是由顾客期望的服务水平与实际体验到的服务水平之间的差距所形成的主观质量，它不仅取决于服务提供者的技术水平，更取决于企业提供服务的整个过程。

13.1.2 服务质量与有形产品质量的区别

相对于一般商品而言，服务质量有其自身的特征。

1. 服务质量的主观性强

服务产品是不可感知的无形产品，服务的无形性使顾客很难客观地对服务质量给予评价，从而使消费者对服务质量的评价没有可信赖的客观对象，也没有客观的评价标准，而往往取决于顾客消费后所获得的满足程度。这就使服务质量在很大程度上取决于顾客对服务的感知和评价，主观随意性较大。

2. 服务质量取决于服务过程的质量

服务的生产与消费具有不可分割性，是同步进行的。顾客消费服务不像消费实物那样，可以在生产过程完成后再对生产的结果进行消费，而是必须在服务过程中消费服务。这使得顾客对服务质量的评价不仅要考虑服务的结果，还涉及服务的过程，因此服务质量是顾客对服务过程和服务结果的总的评价。

3. 服务质量的一致性较弱

有形产品在生产过程中，可以借助规格等各项标准来使产品实现标准化，获得稳定和一致的质量。服务则不同，意大利服务营销学家 G·佩里切利(G·Perricelli)认为，服务没有固定的质量，提供的性能是多样的，品质标准难以保持一致性。

4. 服务质量在企业与顾客交易的真实瞬间体现

真实瞬间是服务质量构成的特殊因素，是有形产品质量所不包含的因素。服务的生产和消费往往是同时进行的，服务往往通过服务人员与顾客交易的真实瞬间来体现。因此，在服务产出过程中，企业要与顾客密切接触，以保证服务的质量。

5. 服务质量是顾客感知的对象

有形产品的质量有一定的标准来衡量，并不随顾客感知的变化而变化。而服务交易过程的顾客参与性和生产与消费的不可分离性，使得服务质量必须经顾客认可，并被顾客所识别。服务质量根据顾客自身的感知来评价，顾客感觉满意，则服务质量就高，顾客感觉不满意，服务质量就低，其最终的评价者是顾客而不是企业。

13.1.3 服务质量的维度

顾客对服务质量的评价包含对多种要素的感知，因此服务质量具有多种维度。一般而言，主要包含五个方面的维度：有形性、可靠性、响应性、保证性和移情性。

1. 有形性

有形性(以有形物来代表服务)是指服务组织中有形的设施、设备、人员外表等。有形性是顾客评价服务质量的依据。那些顾客到企业所在地接受服务的服务行业，如餐饮业、零售业、银行业、保健业等，非常强调有形性在顾客评价服务质量中的重要作用。

2. 可靠性

可靠性(按照承诺行事)是指员工可靠、准确地执行所承诺的服务的能力。它意味着公司按其承诺行事，具体体现在服务提供的各个环节中，如按时到达、定价与宣传一致、解决问题到位等。丽华快餐店向订餐者做出的“30 分钟内送餐上门”、蔚蓝书店向订书者做出的“24 小时之内送书上门”的承诺等。顾客喜欢与信守承诺的服务企业打交道，企业要保持言行一致。

3. 响应性

响应性(主动帮助顾客)是指员工根据顾客需要，帮助顾客并提供快捷服务的自发性。它强调在处理顾客的要求、询问、投诉时，员工的专注程度和快捷程度。响应性主动表现为两点：一是顾客为获取员工帮助和信息咨询的等待时间长短；二是企业为满足顾客需求所提供服务的柔性和能力。企业要从顾客角度出发，审视服务传递和处理顾客需求的过程，建立有效的响应机制，如电话应答系统、前台人员快速响应和决策等。

4. 保证性

保证性(激发顾客的信任感)是指员工具有的为顾客提供服务所需的自信、知识和能力，当服务对顾客而言包含高风险、或顾客之间没有能力评价服务产出时，保证性就非常重要，如金融服务、金融交易服务、医疗和法律服务等。

5. 移情性

移情性(给客户以个性化的对待)是指员工给予顾客的关心和提供个性化的服务，其目的是通过个性化或顾客化服务使每个用户感到自己是唯一和特殊的。例如，企业员工清楚地记得顾客名称和职位，在服务过程中称呼顾客的头衔，针对不同顾客的偏好调整服务提供内容，都是移情性的表现。

上述五种属性是从顾客评估服务质量的角度归纳的，代表了顾客心目中评价企业服务质量的标准，尽管这些属性在概念上代表了服务质量的独特内涵，但是并不是独立存在，而是相互交织、互有联系的。有时顾客决定服务质量感知时使用五种属性，但有时候也仅仅使用其中的几个。

营销案例

丽兹·卡尔顿酒店的服务

作为世界一流的饭店，丽兹·卡尔顿酒店通过精确的市场营销策略来留住顾客。为了达到这一目的，丽兹·卡尔顿酒店花费数年的时间深入了解、积累酒店运作程序中的各种知识，把信息技术和个人技能与革新结合起来，使酒店能够跟踪了解到每位顾客的喜好。

例如，酒店员工对个人进行调查，记录下他们的喜好，然后把这些信息数据储存在全公司的信息网络上。当客人再次入住时，使得其他员工能够利用这些信息，提供最人性化的服务。例如，当顾客入住登记的时候，他们会得到自己喜欢的房间和位置，在丽兹·卡尔顿酒店逗留期间，有专门的主管人员负责对每一位顾客的相关细节进行了解，以便提供个性化的服务，如提供特别的枕头、最喜欢的饮料、最爱看的报纸等。独立公司的调查结果显示，丽兹·卡尔顿酒店92%～97%的顾客在离开时对该饭店的服务感到满意。

13.2 服务质量的测量

13.2.1 SERVQUAL 模型

SERVQUAL 是英文 service quality(服务质量)的缩写。SERVQUAL 理论是 20 世纪 80 年代末由美国市场营销学家依据全面质量管理(total quality management，TQM)理论在服务行业中提出的一种新的服务质量评价体系，其理论核心是“服务质量差距模型”，即服务质量取决于用户所感知的服务水平与用户所期望的服务水平之间的差别程度(又称“期望-感知”模型)。用户的期望是展开优质服务的先决条件，提供优质服务的关键就是要超过用户的期望值。其模型为 SERVQUAL，即分数＝实际感受分数－期望分数。

SERVQUAL 是一个包含 44 个项目的量表，它从服务质量的五个维度来度量顾客的期望和感受。SERVQUAL 模型包括两个部分：前一个部分包括 22 个小项目(见表 13-1)，记录针对某个行业中消费者对优秀企业的期望；第二部分包含的 22 个小项目(见表 13-2)，记录该行业中消费者对某个特定企业的服务感知。然后将两个部分的结果进行比较，对五个维度的每一项都得出一个“差距分数”。差距越大，消费者感受离期望的距离越大，服务质量的评价越低；差距越小，服务质量评价就越高。消费者的期望根据从“非常满意”到“非常不满意”的 7 级量表来度量。

表 13-1 SERVQUAL 模型调查表(第一部分)

说明：请协助填写关于××公司的××服务的调查表。本表分两个部分，本部分是有关您对该项服务的期望。请在每项后面评分(1～7)，7 表示您坚决同意，1 表示您坚决不同意，2～6 表示您对这两者所持的中间态度
E1 他们(公司)应该有不过时的服务设备。
E2 他们的设施外观应能吸引人。
E3 他们的员工应穿戴整齐、干净。
E4 设备的外观应与其提供的服务相符。
E5 公司必须履行服务承诺。
E6 顾客遇到难题，公司应表示同情并向顾客做出保证。
E7 公司必须是可以信赖的。
E8 他们必须按承诺的服务时间提供服务。
E9 他们应准确地做好服务记录。
E10 当服务即将提供时，他们不必把服务的内容准确地告诉顾客。
E11 顾客希望从员工那里得到迅速及时的服务是不现实的。

续表

E12 公司的员工不一定要每次都很情愿地帮助顾客。
E13 如果他们太忙而不能迅速对顾客要求做出反应，也是可以理解的。
E14 顾客影响这些员工。
E15 顾客与员工接触时能感到安全。
E16 员工必须有礼貌。
E17 公司必须为其员工搞好服务工作提供足够的支持。
E18 公司不一定要按照顾客的个性需要提供服务。
E19 公司员工不一定要给顾客以人性化的照顾。
E20 希望员工能了解顾客的需求是不现实的。
E21 希望员工能发自内心地为顾客利益服务是不现实的。
E22 公司的营业时间不一定要考虑顾客的方便。

表 13-2 SERVQUAL 模型调查表(第二部分)

本部分是关于您对××公司的××服务的实际感受的调查，评分方法与第一部分相同。
P1 他们具有不过时的设备。
P2 他们的设施外观吸引人。
P3 他们的员工穿戴整齐。
P4 设施设备的外观与其提供的服务相符。
P5 公司能履行服务承诺。
P6 当您遇到问题时，公司表示同情并向您做出了保证。
P7 这个公司是可以信赖的。
P8 他们能按承诺的服务时间提供服务。
P9 他们准确地做好了服务记录。
P10 他们没有把服务内容准确地告诉您。
P11 公司员工没有向您提供迅速及时的服务。
P12 员工并不总是很情愿地为您服务。
P13 员工太忙而没有对您的需求做出反应。
P14 您可以信任这里的员工。
P15 当您与员工们进行服务接触时感到安全。
P16 员工们很有礼貌。
P17 公司为员工提供了足够的支持。
P18 公司没有兼顾您的个性需要。
P19 公司员工没有给您人性化的照顾。
P20 公司员工不知道您的需要。
P21 公司没有把您的利益放在心上。
P22 公司没有按您的方便来安排营业时间。

与其他模型相比，SERVQUAL 模型明确了决定服务质量的多种因素。模型中所建立的五个维度在一定程度上可以作为对服务质量的描述，问题的关键在于识别出能够准确衡量有形性、可靠性、响应性、保证性、移情性的具体指标。从理论角度说，如果服务质量的感知是一个复杂多变的过程，那么这个过程衡量的指标首先必须满足可靠性、响应性、保证性、移情性、有形性的要求。SERVQUAL 模型提出后，在零售、饮食、银行、保险等行业得到了广泛的应用。

SERVQUAL 模型是在国内外服务质量测评中被广泛接受的操作方法之一，但是它反映的是顾客对服务过程的整体评价，利用这种方法得到的信息是粗线条的。服务质量模型工具自发展以来，已经受到了很多批评，最主要的批评涉及问卷的长度、服务质量五个维度的有效性及该工具对顾客后续购买的预测能力。

1. 问卷的长度

服务质量模型各个方面的期望和感知项目加起来得到44项调查工具。服务质量模型的反对者批评说，这44项重复性太高，不必要地增加了问卷的长度。他们又争辩说该工具的期望部分没有实际价值，应该在评价服务质量时仅使用感知部分(实际绩效)。

服务质量模型的开发者对此做出了有效的回应：期望部分的加入提高了该量表作为一宗诊断工具的管理效用，这是由于每个方面都有差距分数。仅有感知分数只能评价出被调查者对每个问题的答案是同意还是不同意。例如，表13-3给出了一个虚拟公司的各项感知分数和服务质量模型分数。如果将这些信息用作诊断目的，感知分数一项即表明应该对可靠性和移情性的提高给予同样的重视。然而，将期望分数和服务质量模型分数结合来看，提高可靠性应该是该公司的首要任务。考虑到服务质量的提高需要公司的财务投资，保留期望部分就变得十分有价值了。

表13-3　服务质量模型分数的诊断优势

维　度	感知分数	服务质量模型分数
有形性	5.3	0.0
可靠性	4.8	−1.7
响应性	5.1	−1.0
保证性	5.4	−1.5
移情性	4.8	−1.1

一些创造性的建议提出，在保留期望部分的同时将问卷的长度设置为22个问题，有三种办法：①在同一个排序系统中，请被调查者指出高质量公司的位置，然后再指出被考察公司的排名；②将该系统的中点位置作为高质量公司期望的服务水平，看被考察公司于该点的位置关系在期望之上还是之下；③将该系统的重点(如7级量表中的7)作为高质量公司的期望的服务水平，此时再看被考察公司与该店的位置关系。上述三种方法在缩短了问卷长度的同时为评估顾客感知和顾客期望提供了多种选择。

2. 五个维度的有效性

服务质量模型工具屡遭批评的另外一方面是，学者提出的服务质量的五个维度(有形性、可靠性、响应性、保证性和移情性)在统计检查上并不合理。因此，服务质量模型的反对者们对这五个方面作为测量工具的效度提出了质疑。

服务质量模型的提出者回应道，尽管这五个方面很明显代表的是服务质量的概念层面，但它们互相联系。因此，在衡量时(如用相关分析测量时)可能会出现重复和交叠现象。特别是在统计审查时，响应性、保证性和可靠性的界限总是显得很模糊。然而，当请求被调查者确定每要素的重要性权重时，其结果却显示出消费者确实能清楚地区分这五个方面(见表13-4)。服务质量模型的提出者认为，这种排序方法再一次证实这五个方面各自的独特性。

表 13-4　服务质量模型五个方面的相对重要性

服务质量模型的五个方面	重要程度比例
可靠性	32%
响应性	22%
保证性	19%
移情性	16%
有形性	11%

注：消费者被要求在五个方面之间对 100 分进行分配，权重的百分比反映了每个方面的平均得分。

3. 服务质量模型的预测能力

对顾客购买意图的预测能力是服务质量模型屡遭批评的第三个主要方面。研究指出，服务质量模型等级中绩效(感知)部分比期望减去感知能更好地预测顾客的购买意图。从这个意义上，服务质量模型的反对者们总结说，满意比服务质量对购买意图具有更加重要的影响。因而，他们断言，管理者们需要将注意力集中于顾客满意，而不是采用仅仅关注服务质量的战略。

服务质量模型的提出者拿出了先前那些理论、方法论、逻辑分析和实践基础上的事实作为反驳的理由。因此，考虑到这些理由，反对者只能甘拜下风。从管理的角度上说，服务质量模型的反对者们可能会紧紧抓住期望减去感知方法的诊断价值这一点不放。而在先前提供的信息基础上，服务质量模型的提出者给出了令人信服的理由；结合顾客期望比仅对感知分数进行测量能提供更加丰富的信息。

13.2.2　服务质量的测量方法

服务质量评估在评估服务绩效、诊断服务问题、传递管理服务及衡量公司经营绩效等方面起着非常重要的作用。

有形产品可以通过各种物理或者机械的仪器来检测产品是否达到了制造的标准，而对服务质量的检测通常使用的方法是对用户进行调查。目前比较实用和经典的评估服务质量的方法主要分为两大类：①定性方法。主要是 A·帕拉苏拉曼、贝里和泽斯梅尔三人提出的 SERVQUAL 量表评价和关键事件法。这两种方法都是顾客对服务过程的描述和评价。②定量方法。主要是模糊综合评价法和顾客满意度指数方法。前者是由于服务质量特征具有一定程度的模糊性而引入的，后者是一种新型宏观经济指标和质量评价指标，它通过对顾客满意程度的测量来反映企业的服务质量。

在实际工作中，通常是把定性方法和定量方法结合起来使用，如先通过 SERVQUAL 量表收集数据资料，再通过模糊综合评价法对数据资料进行分析。

对服务质量的测量较为困难，主要有以下两点原因：①服务质量以顾客感知为导向，而顾客满意由众多无形要素决定，这些无形要素难以测量；②与具有物理特性、客观可测的产品质量不同，服务质量包含许多心理因素。

对服务质量的测量包括软性测量和硬性测量，服务组织要尽可能同时采取软性和硬性两种测量方法。

1. 软性测量

软性测量是指服务企业通过调查顾客、员工和其他相关人员(管理人员)对服务的主观评价(软性标准)来测量服务质量的方法。

按照对象的不同，软性测量可以分为顾客测量和非顾客测量。顾客测量是指调查顾客对服务过程和结果的主观感受，主要有顾客抱怨分析、售后调查、顾客目标、顾客群体访谈、服务质量调查、服务反馈卡等方法。非顾客测量是指调查员工对公司优势和劣势的感受。员工的绩效(如员工调查和神秘购物)，以及竞争对手如何实施服务(通过对市场服务质量的总体调查获得)。对其中主要的几种方法介绍如下。

(1) 企业服务质量调查。这是指采用科学抽样方法，形成调查问卷，通过电话或邮寄方式，在本企业广泛的顾客群中了解服务质量和顾客满意度的定量调查方法。

(2) 目标顾客群体访谈。这是指针对目标顾客群体，通过现场访谈和讨论来测量服务质量的方法。该方法通常由一名受过训练的协调人员引导 8～12 名顾客进行非正式讨论，协调人员鼓励顾客表达观点并对群体中的其他人所提出的建议进行评价。通过这种方式，企业可以获取比单个顾客访谈更丰富的信息。

(3) 顾客抱怨分析。它有两个目的：一是识别出不满意的顾客；二是识别企业服务传递系统的不足，采取必要的措施进行纠正，以降低未来发生问题的可能性。服务企业要不断地征求顾客的意见。

(4) 售后调查。它属于满意度调查一类。许多公司往往等待顾客抱怨，然后根据抱怨采取行动。但很多顾客不愿抱怨，因此等待顾客抱怨并不能为公司提供绩效的“真实”写照。相比等待(收集)顾客抱怨，售后主动调查是一种更为积极主动的方法，能够较为准确地反映企业最近的绩效。

(5) 市场总体服务质量调查。这是指对整个市场(包括本企业和竞争对手)总体的服务质量状况进行调查的一种方法。通过该调查，不仅能度量本企业的服务质量，还能评价竞争对手的服务质量。例如，同时使用 SERVQUAL 和其他度量标准时，公司可以通过与自己及竞争对手的业绩比较来评价目前的业绩，并为服务企业提供传递系统中需要改进的信息。

(6) 秘密购物。它用于测量员工的服务行为，做法是让一名受过训练的人装扮成顾客，并事先不加声明地在公司购物。秘密购物者会根据一组特征(如员工与顾客打招呼所花的时间、目光交流、销售技术)来观察、评价某个员工的服务过程，所得到的结果可以向员工反馈并提出改进意见，这有助于企业指导、培训、评价和认可员工。例如，星巴克咖啡厅和壳牌加油站等连锁企业，经常运用秘密购物法进行服务质量的测量，它有助于企业从顾客角度测量连锁店的服务质量。

(7) 员工调查。通过员工调查，可以对员工的品德、态度和其所感受到的提供优质服务的障碍等进行内部服务质量的标准的评价。员工调查的一个重要目的是揭示内部规章制度对提供优质服务造成的障碍。此外，通过员工调查还可以评价企业的内部服务质量，员工的抱怨可以作为早期的预警系统。例如，企业通过员工问卷调查或运用员工建议卡法，确定顾客对特定服务维度的质量感知，提供实现更高服务质量所需的保障，征集提高服务质量的建议。

(8) 服务反馈卡。这是指在向顾客提供服务后给顾客一张反馈卡，让顾客就服务效果进行反馈并提出意见的方法。例如，在美发或就餐后，美发厅或餐厅请顾客提出自己的意见。

2. 硬性测量

硬性测量是指服务企业通过各种汇总客观指标(硬性标准)衡量服务过程和结果，来测评服务质量的一种方法，如顾客等候电话的时间、列车的晚点时间、航空行李丢失率、手术后病人的康复率等。通过在不同时间和地点记录下服务质量的多组参数，服务企业可以进行硬性服务质量的评价。

13.3 影响服务质量的因素及服务质量差距模型

13.3.1 影响服务质量的因素

质量的四个来源，即设计、生产、交易与顾客，它们之间的关系也影响着顾客感知的质量。服务的技术质量与买卖双方过程有关的功能质量都会受到这些因素的影响。产品或服务的设计影响着技术质量，这是功能质量的一个来源。例如，顾客或潜在的顾客参与设计过程，可以改进技术质量，但对功能质量也有影响。顾客会认为卖主对他们非常重视，能够尽力解决他们的问题，这就是相互作用过程中功能质量的作用。

就服务业而言，生产是质量的一个来源，产出的技术质量是全部服务过程的结果。参与到这个过程中的顾客可以观察到大部分过程。于是买卖双方的相互作用就产生了。生产对功能质量也有影响，制造业亦如此。当然，生产还决定着技术质量。然而，顾客可能只是偶然地接触生产过程，如生产设备和生产过程可能向顾客演示。顾客与生产、生产资源、生产设备、生产过程的相互作用的认识方式对功能质量产生一定的影响。

就服务业而言，许多情况下很难区分交易和生产，交易或多或少是生产过程的一部分。对制造企业来说，交易可以形成一个独立的职能，当然，交易的结果是买到了产品。这样，顾客通过产品的交易感受到产品的技术质量。除此之外，还有与过程有关的因素即交易的方式。

最后，买卖双方的关系在制造行业和服务行业都是质量形成的原因。这种关系对质量的影响主要与功能过程有关。职员在与顾客的关系中越是具有顾客意识和服务导向，买卖关系对质量的影响就越有利。

顾客对质量的期望发生在自己经历企业所提供的服务之前。顾客对企业的形象可以有多种认识，它对质量的作用就像一个过滤器。一个声誉良好的形象是一个遮掩物，即使有一些消极的评价，也不会显得那么突出。顾客感知的质量是对期望和实际经历比较的结果，它必须考虑组织形象问题。

管理者必须研究和理解企业各种职能对质量的影响。质量来源涉及方方面面，生产只是其中之一。在设计、生产、交易中及计划和管理组织中参与买卖交易的员工，要兼顾技术和功能两个方面，不能顾此失彼。

第一，质量是顾客感知的对象。质量不能由管理者单方面决定，它必须适应顾客的需求和愿望。另外，质量不是用客观方法制定的，相反他可能是顾客主观的认识。

第二，质量离不开生产交易过程。服务生产过程的产出结果是消费者认识的服务质量的一部分。生产和交易过程本身也可以被顾客认识到(顾客积极参与这一过程)。因此，对服务生产过程和买卖双方相互作用的认识是全面质量的组成部分。从竞争的观点看，功能质量的重要性一般不亚于技术质量。

第三，质量知识在买卖双方相互作用的真实瞬间实现。因为功能质量，即买卖双方的相互作用，包括许多真实的瞬间或机遇，所以其是感知质量的一个关键因素。买卖双方的相互作用只是在顾客与服务生产者面对面接触的时候发生，而不是在质量设计和计划部门中发生，因而质量也只在那个时刻产生。质量的设计和计划必须体现在这个时刻中。技术质量和整体质量是计划的中心，组织(或企业)与顾客的层面也必须融入质量的管理和设计。否则，设计再好的质量依然可能是一件装饰品，而不会成为顾客感知的质量。

第四，每个员工都会对顾客感知的质量做出贡献。由于质量是在买卖双方相互作用的真实瞬间产生和实现的，绝大多数员工参与了质量的形成。另一方面，由于实际上处理顾客关系和为顾客服务的一线员工要依赖于后勤人员的支持，导致“支持者”对顾客感知的质量也负有责任。不是每一个人，而是绝大多数员工都对质量做出贡献。如果由一个单独的职能或部门负责质量，员工的心理就会变得消极。这种职能的存在会使他们忽视质量保证。出现问题时，人们就会转而求助于专家，或让专家承担责任。但是，如果人们只把这个部门看做一个质量的内部咨询机构，那么它也可能有助于保证和监控质量，不过整个组织自身还需做好质量保证工作。

第五，外部营销必须与质量管理融为一体。顾客感知的质量是一个期望质量和实际质量的函数，因此实际经历质量的改进要受到外部营销的影响。如果营销沟通活动对顾客做出的承诺大于其实际做到的，则顾客的期望没有得到满足。尽管按客观标准衡量，质量确实得到了改进，但是顾客感知的质量依然很差。外部营销的消极作用可能是不可预料的后果。例如，因为企业口碑不佳，公司的形象受到损害。如果营销沟通活动的计划与质量改进过程协调起来，这些差错是可以避免的。因此，外部营销主要是营销沟通，必须与质量管理融为一体。

13.3.2 服务质量差距模型

评价和改善服务质量是有困难的，因为顾客对特定服务的感受要通过重复比较才能确定对服务的感知。服务与有形产品的评价不同，顾客要评价服务的过程和结果而非仅仅结果。因此，帕拉苏拉曼、泽斯梅尔和贝里于1988年系统地提出了一种服务质量差距模型，来评估企业的服务质量(如图13.1所示)。该模型指出，发生在从服务设计到服务传递各环节任何两点之间的差距，都可能危及企业与顾客之间的关系与服务质量。因此，提高服务质量的最终目标是尽可能减小或消除这些差距。

1. 管理者认识差距

管理者认识差距是指管理者对期望质量的感觉不明确，产生的原因有：①对市场研究和需求分析的信息不准确；②对期望的认识信息不准确；③没有需求分析；④从企业与顾客联系的层次向管理者传递的信息失真或丧失；⑤臃肿的组织层次阻碍或改变了在与顾客联系中产生的信息。

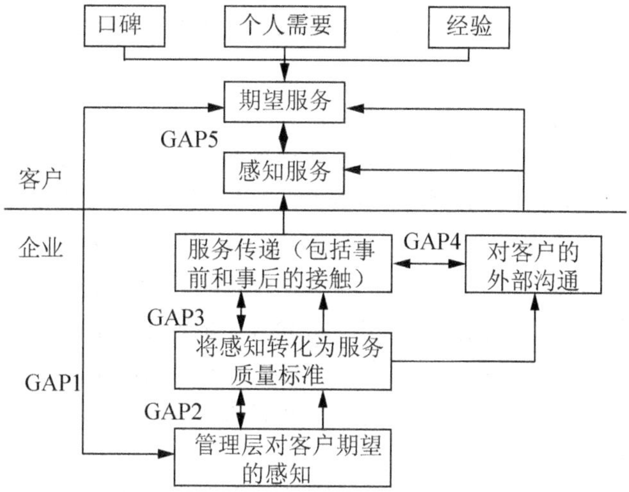

图 13.1　服务质量差距模型

解决措施各不相同。如果问题是由管理引起，显然不是改变管理，就是改变对服务竞争特点的认识。不过后者一般更合适一些。因为正常情况下，没有竞争也就不会产生问题，但管理者一旦缺乏对服务竞争本质和需求的理解，则会导致严重的后果。另外，深入的研究总是解决工作的一部分，这样可以更好地观察和掌握顾客的要求和期望。仅仅从市场研究中获得的信息和顾客层面传来的内部信息不够准确，也不全面，必须采取必要的行动疏通各种信息渠道，这可能影响到企业的组织结构。

2. *质量标准差距*

质量标准差距是指服务质量标准与管理者对质量期望的认识不一致，原因如下：①计划失误或计划过程不够充分；②计划管理混乱；③组织无明确目标；④服务质量的计划得不到最高管理层的支持。

即使在期望的信息充分和正确的情况下，质量标准的实施计划也可能会失败。出现这种情况的原因是，最高管理层没有对质量赋予最高优先权。今天，在服务竞争中，顾客感知的服务质量是成功的关键因素，因此在管理清单上把质量排在前列是非常必要的。当然，问题也可能出现在计划过程中。提供服务的部门或个人必须遵守质量标准，这在制订计划和目标过程中就要考虑到。没有生产服务人员的合作，高层管理计划过程绝不是一个好的过程。理想的情况是，好的标准除得到计划者和管理者的同意外，还要得到服务生产者的理解。另外，还要知道，过于苛刻的标准会损害灵活性，挫伤员工以灵活的行为满足顾客需求的积极性，最终损害的还是服务质量。

3. *服务交易差距*

服务交易差距是指在服务生产和交易过程中员工的行为不符合质量标准。这是因为：①标准太复杂或太苛刻；②员工对标准有不同意见，如一流服务质量可以有不同的行为；③标准与现有的企业文化发生冲突；④服务生产管理混乱；⑤内部营销不充分或根本不开展内部营销；⑥技术和系统没有按照标准为工作提供便利。

可能出现的问题是多种多样的，通常引起服务交易差距的原因是错综复杂的，总的来说可以分为三类：管理和监督；员工对标准规则的认识和对顾客需要的认识；缺少生产系统和技术的支持。

与管理和监督有关的问题也许多一点。例如，管理者的方法不能激励和支持员工的质量行为，或者管理控制的制度可能与优质服务标准甚至是质量标准发生冲突。控制和奖惩制度与质量标准的计划相脱节的组织并不少见，他们都存在引发交易差距的隐患。控制和奖励制度在一定程度上决定着企业文化，管理者必须注意与企业文化和内部营销有关的重大问题。员工可能对其服务提供者的角色不太明确，提供服务的人员知道顾客的合理要求没有得到满足，尽管他可能能做到，但又不被允许采取相应的行为，这肯定会扼杀员工追求卓越的动机。解决措施是消除员工行为中所有模棱两可的因素。一方面，改革监控制度，使之与质量标准统一起来；另一方面，更好地培训员工，使他们的工作业绩符合企业的战略考虑和利润率目标。

最后一点，管理的技术或制度，包括决策和其他日常工作，可能不适合员工。当然，问题可能出在员工身上，但更大的可能是，向员工介绍技术与生产和管理制度的方法不正确。技术和制度不完善，当然无益于质量改进。或者，尽管它们可能是完善的，但是如果没有正确地介绍给员工同样会产生质量问题。解决办法或者是改进技术和管理制度以使质量标准得以执行，或者是加强培训，重视内部营销。

4. *营销沟通差距*

营销沟通差距是指营销沟通行为所做出的承诺与实际提供的服务不一致，产生的原因：①营销沟通计划于服务生产未能统一；②传统的市场营销和服务生产之间缺乏协作；③营销沟通活动提出一些标准，但组织却不能按照这些标准完成工作；④有故意夸大其辞、承诺太多的倾向。

引起这一差距的原因分为两类：一是外部营销沟通计划的执行没有和服务生产统一起来；二是在广告等营销手段的实施过程中往往存在承诺过多的倾向。针对第一种情况，解决措施是建立一种使外部营销沟通活动的计划和执行与服务生产统一起来的制度。例如，至少每个重大活动应该与服务生产行为协调起来，以达到两个目标：第一，市场沟通中的承诺要更加准确和符合实际；第二，外部营销活动中做出的承诺能够做到言出必行，避免夸夸其谈所产生的副作用。针对第二种情况，可以通过完善营销沟通的计划解决。

5. *感知服务质量差距*

感知服务质量差距指感知或经历的服务与期望的服务不一样。它会导致以下后果：①消极的质量评价(恶劣)和质量问题；②口碑不佳；③对公司形象的消极影响；④丧失业务。

第五个差距也有可能产生积极的结果，它可能导致相符的质量或过高的质量。感知服务差距产生的原因可能是上面众多原因中的一个或者是它们的组合。当然，也有可能是其他未被提到的因素。

差距分析模型指导管理者发现引发质量问题的根源，并寻找适当的消除差距的措施。差距分析是一种直接有效的工具，利用它可以发现服务提供者与顾客之间对服务观念存在的差异。明确这些差距是制定战略、战术及保证质量和现实质量一致的理论基础，这会使顾客给予质量积极评价，提高顾客满意程度。

13.4 服务质量管理策略

13.4.1 服务质量管理模式

服务质量的管理与一般的质量管理是大相径庭的。鉴于服务质量的定义、五大属性，以及顾客感受服务质量与感受一般商品质量的不同，有必要对服务质量管理进行重新界定，并做出理论与实践的阐述。

营销案例

大使旅馆的优质服务

大使旅馆(Embassy Suites)是美国假日旅馆的一家子公司，先前只拥有 85 家旅馆，套房约有 21 000 间，经过数年的扩展，现又增添了 200 多家旅馆。不论从哪一个角度来衡量，大使旅馆都赢了竞争者。与希尔顿、喜来登和假日旅馆这些高级连锁旅馆比较，它的平均房租较高。住房率也高出许多，因此获利比上述几家知名旅馆平均高出 13%。大使旅馆的成长速度要比整个旅馆业高出 10 倍以上。达成这种耀眼绩效的原因很简单：顾客喜欢住在大使旅馆。根据消费者协会《消费者报道》的 15 万名读者中，23.2 万人次住过旅馆者的调查，发现大使旅馆在 24 家中价位档次的连锁旅馆(每晚房租在 80 美元以上)当中，排名第一。NPD 研究公司曾前后连续一个月替假日旅馆追踪 10 000 名旅客的住宿习惯，最后发现有 62%将大使旅馆评价为“极佳”，而紧接其后的马里奥旅馆，则仅有 53%将其评为“极佳”。

大使旅馆最吸引人的地方，是它只提供套房——它的前身 Granada Royale 旅馆于 1969 年最先提出这一经验理念。这种套房的收费与附有浴室的高级房间相同。但套房里面除了附有浴室的一件卧房外，还有单独的客厅、书房、书桌、沙发和调酒台，而且大都备有制冰器、微波炉或烹调炉。由于这种套房大受欢迎，有不少旅馆公司竞相效仿，使类似的旅馆每年成长率达到了 15%～20%。然而尽管这个市场竞争激烈，大使旅馆在每年总共 20 亿的套房旅馆生意中，仍能占有 1/5 的份额。

大使旅馆能独占鳌头，全凭它的服务品质。其他公司虽模仿它的套房旅馆经验理念，但很少知道如何才能提供无微不至的服务。1987 年，有一家市场研究公司访问了该旅馆的 5 900 位客人，发现有一半是第一次到该旅馆投宿。这些客人中，58%认为该旅馆的服务品质超过希尔顿、海耶特、马里奥及喜来登等高级连锁旅馆，24%认为大使旅馆的服务要比其他大多数旅馆都好。在这个开放式访问中，有 1/4 的受访者主动表示最欣赏大使旅馆能以关怀和友善的态度提供服务。令人印象格外深刻的是大使旅馆并不是一家高档次、高收费的旅馆。大使旅馆有多位代客停车司机、服务生和清洁工，他们并不一定是经验丰富的老职工，有许多都是兼职人员。公司名下的旅馆都不设门卫，在某些旅客眼中，这是服务优质的象征。

大使旅馆是怎么做到的？它如何通过并不属于豪华级的连锁经营旅馆提供优异的服务？首先，它善于运用策略与领导原则。该公司的服务策略既精明又明确。在细分市场策略运用中，它着眼于两个子市场：商务旅客和带着家人的旅客。套房经营能讨好商务旅客，因为他们可以利用舒适的客厅会见来客和商量事情；它也能讨好全家旅游的客人，因为他们可以利用客厅中的沙发安置小孩。由于商务旅馆是在周一到周五需要这种房间，旅游客人则大都在周末假期前来投宿，这种套房能让这两个细分市场都得到满足。进而，这种套房还使该公司能弹性运作，如果房间快要被客人订满时，经理可以把一间套房分成两个房间，减价租给不同的客人。

大使旅馆的各种措施，都以提高对这两个子市场的服务品质为着眼点。该旅馆设有代客停车的司机，但大多数客人为了省事起见，自己把车开进车库，或开到该旅馆附近的停车场。由于商务旅客和家庭旅游者除了早餐外，很少到餐厅，该旅馆只划出一个气氛祥和的餐饮区，提供全套的免费早餐，而不是浪费金钱和心血经营一家餐厅。这个餐饮区包给一家有经验的餐厅连锁公司来经营。在这种情况下，客人不会抱怨没有中餐、晚餐，或房间内餐饮服务，而旅馆也不必维持“提供完整服务的餐厅”这一最无利可图的旅馆业务。但该旅馆开设了晚间免费酒吧，企业人士或游览者在忙了一整天后，还可以晚上在鸡尾酒吧免费享受浅酌之乐。

大使旅馆针对客人的期望与经验所做的研究，可能在同业中最为广泛，包括每天至少对名下每家旅馆访问五位客人。它利用创新的广告拟定客人对该旅馆的期望。一般的旅馆广告往往会强调自己的房间豪华美丽，设施齐全，以及服务亲切。大使旅馆的广告是以一只娇宠的卡通猫做主角，借此暗示“套房生活”的代价不会超过传统的旅馆。该公司并未塑造超级豪华和服务无微不至的形象。有鉴于此，客人不会有过高的期望，并且在有所不便时，也不会感到失望，反而会对经历到的服务感到惊喜，因为它超出了卡通猫在他们心中创造的期望。

大使旅馆能提供优质的服务，最主要是靠它对基层员工的训练和激励方式。就像其他连锁旅馆一样，大使旅馆也是利用一整天进行新人讲习，使他们能熟悉这家公司及本身的职责，也借助详尽的作业手册及指导来塑造新员工的行为。与其他连锁旅馆不同的是，大使旅馆为基层员工提供各种升迁机会。

大使旅馆在优质服务中赢得竞争的事实，涉及服务营销的方方面面，如对服务概念的理解、对服务特点的把握、对服务产品的设计、对服务市场的细分、对顾客满意的重视及企业内部员工间的服务和激励等。

近年来，国内外许多营销管理专家对服务质量管理进行了探讨，提出的服务质量管理模式基本上可划分为三种类型：产品生产模式、顾客满意程度模式和相互交往模式。

1. 产品生产模式

产品生产模式由美国著名企业管理学家莱维特在20世纪70年代初期提出，它强调“服务工业化”。莱维特认为，服务企业管理人员应从工业企业引进流水作业法，对服务人员进行合理分工，并使用现代化设备(硬技术)和精心设计的服务操作体系(软技术)，取代劳动力密集型的服务工作，进行大规模生产，从而提高劳动生产率和无形产品的质量。通过“服务工业化”，服务企业以最低的成本生产符合质量标准的无形产品，并通过规模化实现总成本领先的竞争战略优势。目前，在快餐馆、汽车旅馆、汽车出租公司等服务企业里，产品生产模式相当普遍。

产品生产模式可使管理人员较易确定服务质量标准，较易衡量和控制服务质量。但是，这种模式取决于两个方面的条件：一方面，管理人员能否全面控制融入生产过程的各种资源和生产过程中使用的各种技术；另一方面，管理人员规定的服务质量，能否与顾客感觉中的质量与顾客行为之间相一致。在面对面服务过程中，这些条件并不一定存在，通常服务属性很抽象，如热情、友好、方便、迅速等，企业能够完全控制的属性也非常少。服务过程会受顾客情绪和服务环境等因素的影响，而服务企业几乎无法控制这些因素。在服务过程中出现的某种差错，会使顾客对一系列服务属性的看法产生不利的影响。因此，产品生产模式存在以下缺点。

(1) 把服务属性看成可以观察、可以测量的有形属性。

(2) 不能表明服务过程和消费过程的特点。

(3) 把不同时间、不同场合、不同服务人员为不同顾客提供的不同服务等同起来。

(4) 顾客的行为往往不是合理的经济动机激发的，通常是由他们的特殊习惯、心理需要和社会习俗指导的。

(5) 强调企业内部组织结果和管理人员规定的服务结果，忽视企业外部因素和顾客的感觉。

2. 顾客满意程度模式

顾客满意程度模式强调顾客对服务质量的主观看法。这个模式认为，顾客是否会选用并反复购买某种服务，在服务过程中是否与服务人员合作，是否会向他人介绍这种服务产品等是由顾客对服务过程的主观评估决定的。服务质量不仅和服务结果有关，而且和服务过程有关。顾客的看法则与他们的个性、服务时间和服务场合有关。

顾客满意程度研究表明，服务属性与顾客感觉中的服务质量并不存在简单的、机械的对应关系。顾客的满意程度是他们对自己的消费经历进行主观评估的结果。根据顾客满意程度评估服务质量，管理人员不仅应重视服务过程和服务结果，更应分析、掌握顾客的看法及服务过程中影响服务人员和顾客相互交往的心理、社会和环境因素。顾客满意程度研究极大地丰富了管理人员对服务质量的理解，促使他们重视服务质量的动态性、主观性、复杂性等特点。但是，顾客满意程度模式也有具有许多缺点。

(1) 片面强调顾客满意程度，不能兼顾企业的利益、员工的利益与企业的社会责任。

(2) 忽视有关环境因素的影响。当顾客轻信某一企业广泛的宣传和市场形象而对该企业的服务感到满意，这种满意就不是真正的满意。

(3) 根据顾客满意程度研究服务质量，要求管理人员将注意力从服务过程和服务结果转移到顾客的心理感受。因此，顾客满意程度模式实际上仍然将服务过程和消费过程分割开来，并未克服产品生产模式的缺点。

(4) 不易测量顾客的主观看法。在顾客满意程度研究中使用的许多测量方法，实际上仍在测量服务的另一种静态、客观、有形的属性，而并不是测量顾客对服务质量的主观评价。

3. 相互交往模式

相互交往模式由美国波士顿大学可劳斯(Klaus)博士提出，强调顾客和服务人员互动的服务质量，其理论基础是相互关系理论、角色理论等，在实践运用中强调互动场景的服务设计和管理工作。可劳斯认为，互动的服务质量是由协调、完成任务和满意三个层次组成的。

(1) 协调。优质服务的首要条件是服务人员和顾客之间的礼节性行为和感情交流。例如，服务人员欢迎和尊重顾客，顾客对服务人员同样应有礼貌。

(2) 完成任务。优质服务的第二个条件是顾客和服务人员能够完成各自的任务，实现服务的目的。

(3) 满意。顾客和服务人员都会根据自己的期望，评估满意程度。例如，顾客会评估自己是否得到服务人员的关心，服务人员是否热情友好，自己是否能控制相互交往过程等。

互动的服务质量受到服务程序、服务内容、顾客和服务人员的特点、企业特点和社会特点、环境和情景因素等因素的共同影响。因此，管理人员往往无法通过预先确定的标准做好服务质量管理工作，而必须通过上述各个因素的优化组合，间接地提高服务质量。

这里需要指出的是，上述三类不同的服务质量管理模式适用于不同类型的服务企业，但都无法普遍地用于企业的服务活动中。在实际工作中，单纯套用某一模式通常并不适合具体的服务工作，服务企业应在借鉴某一模式的基础上，分析服务特点及各影响因素，对服务质量管理过程的各个环节采取相应的管理办法。

营销案例

追求优质服务

比尔·玛丽约特是同名饭店联号集团的老板。他经常隐匿身份在他的各家饭店中就餐。1984 年，他私访了他 141 家饭店中的 100 家饭店。人们午夜时会在厨房里和他相遇。清晨 5 点，又可以发现他在饭店的洗衣房。白天他则尽可能多地同员工们聊天。第二天上午，他对企业管理状况的了解就能胜过奉命前来做调查的任何特派员。他把他的印象录制在录音带上，悄悄地留在饭店总经理的写字台上。这些饭店中的一位总经理在谈到他的这种领导方法时说："只有认真提高经营水平才能预防他的私访。"

由于比尔·玛丽约特深知过多干预细节会束缚下属的创造性，有削弱他们经营特色的危险，所以他对自己的私访做了如下说明："认识任何机构成功的钥匙。我只是试图向他们表明我高度重视他们的工作质量，我只想让他们懂得，在我的企业里，每位员工都扮演着具有根本意义的角色。"优质服务绝不是信手拈来的成果。

河马(Hippopotemus)参观商务经理里基埃·马斯几乎每天轮流在各餐厅里用午餐或晚餐。他说："当我作为顾客到'河马'去的时候，我的时间主要是用来观察。我们的经营观念是对的，但我们还必须对细节进行改进。因为改进这类数以千计的细节就能吸引许多回头客。例如，人们只待在办公室里研究统计数字和阅读书面报告，他们是不会发现这些细节的。要是我听说到我们餐馆用餐的顾客临走时说我们的饭菜不错，我就会很恼火，因为一个餐馆饭菜好是最起码的要求。我试图做到的是在出售物质享受之外，使顾客感到人情的温暖。"他还补充说："我们每年也收到一些投诉信，不超过 10 封，这显然太少。……取得的成绩是很明显的。今天到'河马'用餐的所有顾客都会得到殷勤的接待。"

13.4.2 服务质量提升方法

1. 服务蓝图法

服务蓝图法(service blueprint)是通过分解组织系统和架构，鉴别顾客同服务人员接触点，并从这些接触点出发来改进企业服务质量的一种策略，它最先由萧斯塔克引入服务营销中。佩恩在说到蓝图时认为，"'服务蓝图计划'或服务过程分析概念是为了扩展对服务过程更深的理解而去分解一个组织的基本系统和结构。这种方法需要确认顾客和服务提供者之间所有的接触点，把这些接触点与可能发生的偶然事故辨认出来，进而针对这一问题采取行动，以提高服务质量"。

运用服务蓝图法寻找和控制失误点，是有效改善服务质量的一种方法。一张好的蓝图包含了整个服务的传递过程，如顾客与服务人员、服务场地和设备等接触时与一线员工交往的过程。通过蓝图，管理人员可以明确过程中有哪些主要的服务要素，每个要素服务人员的职责和权力，并对过程中的重要因素做合理的排序，看这一排序是否最能吸引顾客。即使出现失误，也可以从蓝图中找出失误点在哪个要素或环节上，通过预测失误有可能出现的类型，制定相应的预防失误和改善失误的积极措施及应变计划。

服务蓝图策略借助流程图的方法来分析服务传递过程的各个方面，它通常涉及四个步骤：①把服务的各项内容用流程图的办法画出来，使得服务过程能够清楚、客观地展现出来；②把那些容易导致服务失败的点找出来；③确立执行标准和规范，而这些标准和规范应体现企业的服务质量标准；④找出顾客能够看得见的服务证据，而每一个证据被视为企业与顾客的服务接触点。

在运用服务蓝图的过程中，甄别和管理这些服务接触点具有重要意义。因为在每一个接触点，服务人员都要提供不同的技术和功能质量。而在这一点上，顾客对服务质量的感知将影响到他们对企业服务整体的印象。

2. 标准跟进法

标准跟进是企业将自己的产品、服务和市场营销过程等方面与市场上竞争对手尤其是最好的竞争对手的标准进行对比，在比较和借鉴过程中逐步提高自身的水平。企业提高服务质量的最终目的是在市场上获得竞争优势，而获得竞争优势的简单办法就是向自己的竞争对手学习。

标准跟进法适用于所有服务企业，在具体实施时，企业应该将自己的市场策略同竞争者成功的策略进行比较，寻找他们的相关关系。例如，竞争者主要集中在哪些细分市场；竞争者追求的是低成本还是价值附加；竞争者的投资水平如何；他们在产品、设备和市场开发等方面是如何分配的等。通过一系列的比较和研究，企业将会发现过去可能被忽略的成功因素，从而制定出新的符合市场条件和自身资源水平的策略。在业务管理方面，企业应该根据竞争对手的做法，重新评估那些支持性职能部门对整个企业的作用，通过学习竞争对手的经验，使得步调一致，这是服务企业提高服务质量的重要保证。

3. 建立服务质量信息系统

建立服务质量信息系统，可以收集大量的市场和顾客信息，为管理者制定决策提供其所需要的相关资料，有利于管理者对顾客的行为和非顾客的行为进行研究。服务质量信息系统的重点有两类：顾客研究与非顾客研究。顾客研究是检查顾客对公司优势和劣势的感受，包括顾客抱怨、售后调查、焦点群体面谈和服务质量调查这些变量指标。而非顾客研究的重点是调查员工对公司优势和劣势的感受，以及员工的绩效如何等。可以采用的方法有，分析顾客的投诉；对服务进行售后调查；对顾客进行持续性的调查，如可以通过电话或者 E-mail 进行科学抽样调查；神秘购物的结果；员工调查；市场总体服务质量的调查；对竞争性的市场的调查，把企业的业绩与竞争对手的业绩进行比较，以领先者为目标，确定相关的政策。其中，分析顾客的投诉主要有两个方面的原因：一方面，从顾客的投诉中可以找出不满意的顾客，在他们流向竞争对手之前，留住他们；另一方面，从顾客的投诉中能够为公司服务提交系统的劣势，并采取必要的纠正措施，减少顾客的不满。

由于服务质量信息系统的建立是一项非常复杂的工作，需要进行大规模的顾客和非顾客调查，并且在调查的过程中需要各个部门和机构的配合，有时很难达到效果。因此建立服务质量信息系统有其积极的一面，也有消极的一面。但总体而言，服务质量信息系统的建立对于改善和提升服务企业的服务质量有着明显的益处。

13.4.3 服务质量管理策略

服务的对象是人，服务的组织、最终目标是满足人的物质和精神需要，服务是通过企业员工和顾客之间的接触实现的，服务者的素质在提高服务质量的过程中起着直接的决定作用。服务企业必须根据企业在服务过程中出现的问题和服务环境状况采取不同的策略，以提高企业的服务质量。

1. 制定服务产品的高质量标准

优秀的服务企业通常都为其提供的服务产品制定很高的产品标准。例如，在制定服务规程时，从服务的环节程序，每个环节统一的动作、交流语言、服务时间，到对于意外事件的处理、顾客临时要求的解决方法都做了明确的规定。企业管理人员的主要工作是执行并控制程序，用规范的服务规程统一各项工作，从而达到服务产品的标准化、服务岗位的规范化、服务工作的程序化。例如，花旗银行的工作规定要求电话响铃十秒内必须有人接听，顾客来信必须在两天内回复。

营销案例

沃尔玛的“超值服务”标准

沃尔玛是世界上最大的零售公司，有许多其他商家所不具备的优势，其中之一就是所谓的“超值服务”标准，包括“日落标准”、“比满意还满意标准”、“十步标准”等。“日落标准”是指当天的工作必须在当天日落之前完成；对于顾客的服务要求，要在当天予以满足，绝不拖延。这个标准与尊重个人、注重顾客服务和精益求精的信念一脉相承，已成为沃尔玛企业文化的重要内容。“比满意还满意标准”，公司的创始人沃尔顿对此的解释是，“让我们成为顾客最好的朋友，微笑着迎接光顾本店的所有顾客，尽可能提供能给予的帮助，不断改进服务，这种服务甚至超过了顾客原来的期望，或者是比其他任何商店更多、更好的服务。”例如，一名员工主动拖长工作时间，帮助一位母亲精心挑选儿子的生日礼物，却耽误了自己孩子的生日晚会等。这些根植于沃尔玛员工心目中的优质服务，给公司带来了无数的回头客。“十步标准”是指只要顾客出现在沃尔玛员工十步距离的范围内，员工就必须主动上前打招呼，并询问是否需要帮助。沃尔玛的这些经营理念在实践中被认为是成功的典范。薄利多销并没有使沃尔玛无钱可赚，相反，由于服务到位，沃尔玛顾客盈门。

2. 制定科学高效的服务营销战略

企业应充分了解产品的目标市场和顾客的需要，为赢得顾客的长期信赖，企业必须制定科学高效的营销战略和服务质量战略，建立服务质量管理体系、保证体系，根据服务的重要环节、薄弱环节，建立质量监控点。企业需要从顾客的角度看待问题，通过与客户的不断沟通和协商，逐步完善流程，并针对客户不同需求制定不同的策略和流程，建立客户化的支持服务流程，将客户支持、服务工作制度化、流程化。

3. 重视内部服务质量的提升

服务质量的好坏直接关系到一个企业的生存和发展，必须引起服务企业的管理者的高度重视，将提高服务质量作为重要的管理工作。但是，首先高层管理者必须以身作则，重视企业内部服务质量的提升，为企业员工提供优质服务树立榜样。为了提升内部服务质量，企业管理者必须做到：第一，必须尊重员工、关怀员工；第二，必须为员工提供优质服务；第三，在使顾客满意之前，必须使员工满意。

4. 建立服务绩效的监督考评制度

服务企业必须建立相应的监督和考评机制，采取适当的方法及时发现企业在提供服务过程中出现的服务质量问题，并了解员工的服务表现，同时也要了解竞争对手的服务绩效。有些企业通过比较性购物、顾客调查、利用顾客建议卡与投诉表等方法监督服务绩效。

5. 创造良好的服务环境

服务环境对顾客感知服务质量有很大的影响。在服务消费过程中，顾客不仅会根据服务人员的行为，也会根据服务环境中的有形证据评判服务质量。因此，服务企业应根据目标细分市场的需要和整体营销策略的要求，做好服务环节的工作和有形证据管理工作，为顾客创造良好的消费环境，以便提高顾客感知的整体服务质量。

本章小结

本章主要介绍了服务质量的内涵、服务质量的测量、服务质量差距模型、服务质量管理模式、方法及策略等。服务质量是一种基于顾客感知的质量，它是由顾客期望的服务水平与实际体验到的服务水平之间的差距所形成的主观质量。它不仅取决于服务提供者的技术水平，更取决于企业提供服务的整个过程。服务质量与有形产品质量有很大的区别，对服务质量的测量采用的是SERVQUAL模型，它是一种基于“服务质量差距模型”的服务质量评价体系。服务质量差距模型指出了五种差距会对服务企业的服务质量问题造成很大影响，企业可以针对这五种差距采用应对措施以避免出现服务质量问题。服务质量的管理模式有产品生产模式、顾客满意程度模式和相互交往模式。服务质量的提升方法有服务蓝图法、标准跟进法和建立服务质量信息系统。服务质量的管理策略包括制定服务产品的高质量标准、制定科学有效地服务营销战略、重视内部服务质量的提高、建立服务绩效的监督考评制度和创造良好的服务环境等。

名人名言

服务质量包括三个方面：服务产品、服务过程和服务环境。

——R·T·拉斯特(R. T. Rust)和R·L·奥利弗(R. L. Oliver)

服务质量作为一个评估的焦点，反映顾客对服务要素(如交互质量、有形环境质量和结果质量等)的感知。

——布雷迪(Brady)和克罗宁(Cronin)

可感知的服务质量是顾客满意的一部分。

——泽斯梅尔和玛丽·乔·比特纳

高质量的成本往往最低。

——西蒙

一个坏苹果毁掉一筐苹果。

——谚语

课后练习

一、复习题

1. 单项选择题

(1) 下列关于服务质量的叙述中，错误的是(　　)。

A. Lewis 和 Booms 把服务质量定义为“一种衡量企业服务水平能否满足顾客期望的工具”

B. 格罗鲁斯则提出消费者“感知服务质量”概念，认为服务质量是一个主观范畴

C. 萧斯塔克把质量分为实体质量、相互作用质量和公司质量

D. 进入 20 世纪 80 年代之后，罗赫巴将服务质量分割为“人员质量、过程质量和结果质量”

(2) (　　)是区分不同类别的产品或服务的概念。

A. 特性　B. 特征　C. 属性　D. 特点

(3) (　　)不属于技术质量。

A. 宾馆为旅客提供的房间和床位　B. 饭店为顾客提供的菜肴和饮料

C. 航空公司为旅客提供的飞机、舱位　D. 服务人员的穿着

(4) 顾客感知服务质量的过滤器是(　　)。

A. 技术质量　B. 形象质量　C. 预期服务质量　D. 过程质量

(5) 影响顾客对整体服务质量的感知的重要前提是(　　)。

A. 技术质量　B. 形象质量　C. 预期服务质量　D. 过程质量

(6) 在服务营销活动中，能够直接为企业所控制的因素是(　　)。

A. 市场沟通　B. 企业形象　C. 顾客口碑　D. 顾客需求

(7) 在服务质量差距中，最主要的差距是(　　)。

A. 管理者认识差距　B. 质量标准差距

C. 期望服务和感知(实际经历)服务差距　D. 服务交易差距

(8) 在饭店服务中，餐厅服务员的年龄、性别、容貌、语言习惯、动作等比较重要。这说明在选拔服务提供者时，应考虑(　　)。

A．服务本身的特点　　B．顾客的特点
C．企业组织构造　　D．服务提供者本身的素质

(9) 分析服务质量问题的根源的模型或方法是(　　)。

A．SERVQUAL 方法　　B．SERVPERF 方法
C．SWOT 分析方法　　D．差距分析模型

(10) 质量差距是由(　　)造成的。

A．服务人员素质低　　B．管理不当
C．质量管理前后不一致　　D．服务程序复杂

2．多项选择题

(1) 人们对有形产品质量的认识包括(　　)。

A．无瑕疵　　B．符合某种规范或标准
C．对顾客需求的满足程度　　D．“内部失败”

(2) 感知服务质量的基本内容有(　　)。

A．技术质量　　B．过程质量
C．预期服务质量　　D．感知服务质量

(3) 质量的来源有(　　)。

A．设计　　B．生产　　C．交易　　D．与顾客的关系

(4) 服务质量的维度包括(　　)。

A．有形性　　B．可靠性　　C．响应性　　D. 保证性和移情性

(5) 在对服务提供者的综合管理过程中，对服务提供者行为进行监督的内容包括(　　)。

A．销售状况　　B．顾客投诉处理
C．员工的建议、提案处理　　D．顾客满足度调查

3．名词解释

服务质量　过程质量　功能质量　服务蓝图

4．简答题

(1) 服务质量的概念和有形产品的质量概念在内涵上有什么区别？
(2) 服务质量管理策略有哪些？

5．论述题

联系实际论述服务质量差距的类型及其产生的原因。

二、案例应用分析

换位思考化解服务质量难题

航空公司的乘务员在日常工作中，经常会遇见这样那样的服务难题，特别是飞机长时间延误时，面对情绪暴躁的乘客，很多乘务员常常无所适从，不少人心里想，航班延误又不是我们乘务员造成的，乘客再

生气也没我的责任。然而，在讲服务质量的今天，就应重视这个问题，如果广大乘务员能够在困难条件下，及时调整心态，进行换位思考，就能化解矛盾，轻松愉快地进行工作。

2004 年 7 月 18 日，中国国际航空公司付雅莉乘务组执行 CA1357 北京—深圳航班。在北京时，乘务员明显感到部分乘客情绪很不好，经了解，发现本应乘坐 CA1337 航班的客人，由于航班取消，被合并到这个航班上来，这比他们原先的起飞时间晚了两个小时，并且地面服务人员没有向他们提供任何餐饮服务。乘务员根据这个情况，及时为乘客提供了餐饮服务，轻松化解了乘客的不满情绪。

飞机到达深圳后，乘务员又发现回程的 CA1338 航班同样与 CA1358 合并，事实上，CA1338 的客人已经在没有提供任何餐饮服务的候机室里等了三个小时，而且有部分乘客在候机室里已经扬言，拒绝登机、要求赔偿。乘务组同志对这一情况进行了充分了解，并马上召开乘务长会，大家动脑筋，想办法，做好了为延误乘客服务的心理准备。

乘务员首先为已经登机的乘客提供饮料，并积极配合地面人员，到候机厅为拒绝登机的 10 多名旅客提供饮料，乘务员付出了真情，这 10 多名乘客终于被劝上飞机。然而刚关上机门，又传来由于北京天气不好，航班将推迟两小时起飞的消息，部分乘客的情绪一下子又坏起来，谩骂、起哄声不绝于耳，怎么办？新的考验和困难又摆在乘务员面前。

大家当机立断，首先为饥饿难耐的乘客提供了晚餐，并把延误情况及时通知乘客，还在客舱进行大量安抚解释工作，尽管有的客人还是不理解，破口大骂乘务员，但大家都能保持冷静，面对客人，面带微笑，一遍、两遍、三遍地进行着解释沟通。一位乘客让乘务长刘静惠倒 6 杯不同的饮料。5 分钟后，按呼叫铃，告诉乘务员他喝完了，让乘务员把一口未喝、原封不动的 6 杯饮料拿走，再换 6 杯加冰的可乐。刘静惠面带微笑，以老同志特有的沉稳很快满足了客人的要求。5 分钟后，该客人又按响呼叫铃，再次要求更换饮料。这位乘客的行为，以及乘务员的诚恳服务，使旁边的乘客看不过去了，大家纷纷指责这位乘客太过火，乘务员是无辜的，当事人终于无言以对。但刘静惠在整个航班服务过程中，仍然十分细心地照料这位乘客，终于换来这位乘客的理解和好评。

在整个航班工作中，乘务员放弃了休息，放弃了吃饭(乘务员餐食已经提供给要求吃两份的乘客)，无一声怨言，不停地为乘客服务，尽管工作劳动量增加了，但通过大家共同的努力工作，化解了与乘客的矛盾，得到了广大乘客对航班服务的赞许，更赢得了一位乘客热情洋溢的书面表扬，大家的心情是非常愉快的。

问题：

(1) 国航付雅莉乘务组执行 CA1357、CA1358 航班时遇到了什么难题？他们是如何处理的？

(2) 两个航班的部分乘客有什么样的不满行为表现？乘务员用何种方式化解乘客的不满情绪？

(3) 国航付雅莉乘务组的行为对其他航空公司有何启示？

阅读材料

上海金融窗口服务质量评估与改进

1. 金融窗口服务质量监测的发展过程

对金融窗口服务质量进行测评，是推动金融企业不断提高服务质量的有效途径。20 世纪 90 年代中期以来，上海市银行业以开展行业规范服务达标活动为抓手，先是在全行业推行规范服务，做到服务合格，再把合格的服务提升到优质服务，从而不断地提高银行服务质量。随着工作内涵的不断深化，窗口服务质量测评工作也在不断发展。

窗口服务质量测评，包括“监测”和“评价”两个方面。

(1) “监测”是指由专业检查人员按照客观、统一的服务规范要求，对窗口服务的各个方面进行现场检查或体验。专业的说法，检查叫“观察员(观察)”，体验叫“神秘顾客(体验)”。监测是对窗口服务质量的一种比较专业化的检查手段，优点是比较客观，缺点是监测结果有可能仅仅代表专业人士的判断，和普通消费者的感受有偏离。

(2) “评价”主要是指征询、收集广大客户对银行的评价，这种评价可能比较模糊、主观性强、受客户心理情绪因素影响大，但是它代表了金融消费者对金融服务的最终感受和评价，因而也是至关重要的。

实践证明，对金融窗口服务的测评，应当将客观监测和客户评价两个方面结合起来，才能做到既以客户为中心，又做到客观公正。但是这种将客观监测和客户评价结合起来的测评方法，需要几个条件：①有统一的窗口服务规范或质量标准；②有比较可靠的数据收集手段。这些要在实践过程中逐步探索，逐步成熟。因此，上海金融系统的窗口服务质量测评经过了几个阶段的发展过程。

第一个阶段：2004 年以前，主要是对“柜台服务”的“规范服务”情况进行检查。1996 年以来，原市综合经济党委和市金融工作党委每年都委托上海市统计局城调队(现在称“国家统计局上海调查总队”)进行“上海市银行系统窗口规范服务市民满意度”调查，以全面衡量上海各大银行窗口服务质量状况。但是，随着银行窗口文明建设的内涵逐步从“规范服务”向“优质服务”深化，这种检查就显得不能满足要求了。

第二个阶段：2004—2006 年，主要对金融窗口服务进行“服务质量”的客户满意度调查。评估范围从“柜台服务”向全程银行金融服务拓展，评估内容从“服务达标”向“服务质量”深化。修改了评估指标体系，运用国际通行的“服务质量感知评价模型”，从“服务便利”、“服务环境”、“服务能力”、“服务态度”、“服务信誉”和“服务价值”六个方面，对银行窗口服务进行全面评价。数据来源主要是委托上海市统计局城调队通过在 15 家银行营业网点拦截的方式，共对 4 400 名银行顾客进行现场问卷调查。很多银行反映，这种服务测评较好地反映了广大市民对银行窗口服务的评价，但是也存在客观性有所欠缺的问题。比如，客户经常会因为某一方面的问题而全面降低评价，由于排队问题比较严重，所有方面都不满意了。

第三个阶段，2007 年到现在，还在探索之中。是要建立一个将客观监测和客户评价结合起来，覆盖金融窗口服务所有渠道的服务质量监测体系。一是初步制定了《上海金融业(银行业)窗口服务规范》，涵盖了营业网点、自助银行、网上银行、电话银行及投诉处理等不同的服务接触点(或服务渠道)。二是综合了多样化的数据收集渠道，主要包括：①继续采用营业网点拦截的方式对银行顾客进行现场问卷调查；②通过对实名注册的“市民信箱”用户进行问卷调查；③委托专业调查公司对营业网点、自助银行、电话银行等进行实地监测；④对网络银行使用情况进行机器监测。

当然，这还在探索之中，还要继续完善。

2. 金融窗口服务质量监测的初步实践

今年春节前后，我们对这个服务质量监测体系进行了试用，其基本情况如下。

1) 调查情况

(1) 网点现场拦截：共采访、收集了 4 150 位客户的评价(其中 7 家较大规模银行的样本量为 400 份，9 家相对较小规模银行的样本量为 150 份)。

(2) 市民信箱调查：调查了 7 117 个“市民信箱”用户的评价；说明由于网络用户只是银行客户中的特定部分，所以尽管网络调查的样本量多于现场拦截样本量，但是这不影响它们对最终评价结果的影响。

(3) 现场监测：对 100 家营业网点和自助银行的情况进行现场监测。

2) 调查结果

(1) 客户满意度如图 13.2 所示。

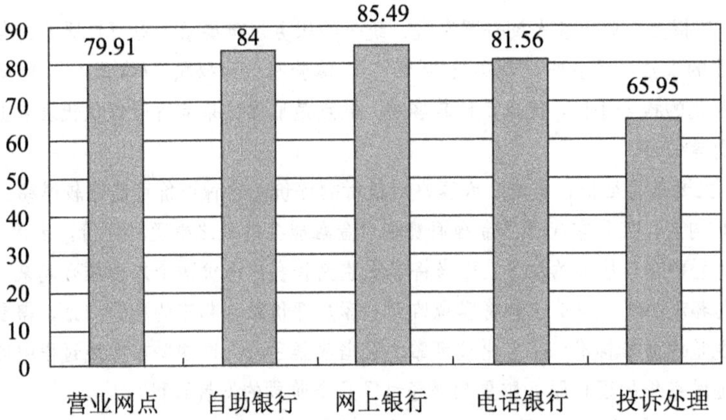

图 13.2　客户满意度调查结果

(2) 客观监测结果(其中“投诉处理”目前无法监测)如图 13.3 所示。

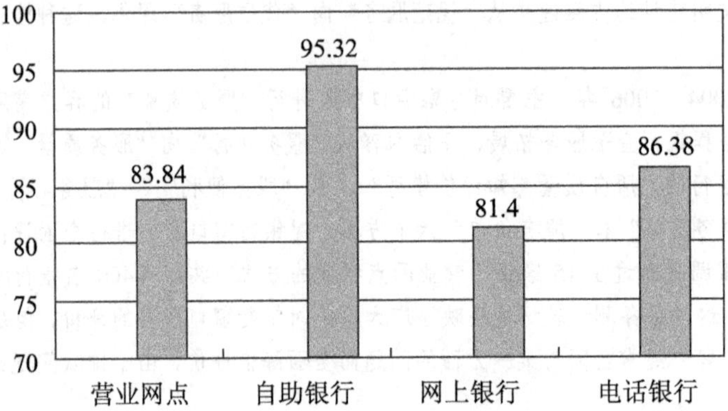

图 13.3　客观监测结果

(3) 总的服务质量指数(客户评价＋客观监测)如图 13.4 所示。

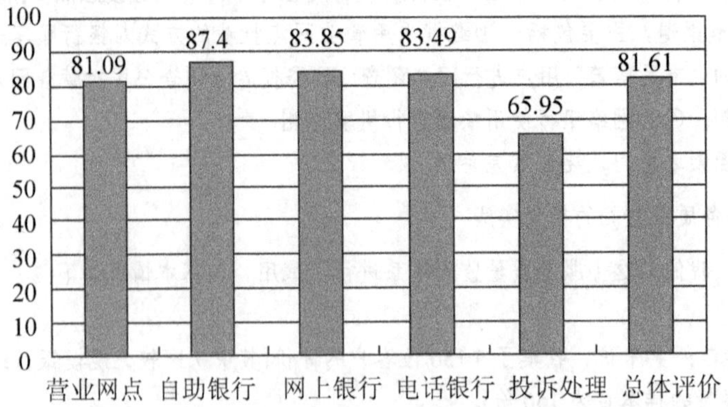

图 13.4　总的服务质量指数

3. 窗口服务质量存在的问题与改进

1) 不同服务渠道的共性问题

(1) 服务便利性方面，主要是排队问题，得分最低，71.6 分。

(2) 服务环境与设施方面，主要问题是机具故障，得分最低，75.19 分。

(3) 服务能力方面，对银行服务手段(包括设施、设备、技术)评价较低，76.16 分。

(4) 服务意识方面，“正确对待投诉”、“主动征求顾客意见”评价较低，分别为 52.98 分和 76.77 分。

(5) 服务信誉方面，“差错率”和“误导顾客”影响了银行声誉，得分分别为 77.3 分和 75.42 分。

(6) 服务价值方面，顾客虽然承认银行服务给他们生活工作带来便利，但对于银行服务所带来的经济收益和收费合理性评价不高(72.97 分和 73.30 分)。

2) 各服务渠道的突出问题

(1) 自助银行：环境卫生(78.45 分)、遇到问题的处理情况(75.22 分)、安全保障(77.51 分)。

(2) 投诉处理：主要是对“处理结果”(63.58 分)和“处理速度”(63.94 分)不满意。

(3) 网上银行：比较平均，对“响应速度”(82.53 分)评价略低。

(4) 电话银行：对“操作便捷”(76.33 分)和“响应速度”(76.45 分)评价较低。

3) 其他问题(银行客户的呼声)。

本次银行调查共收集到的意见建议近 2 000 条。这些意见建议主要针对的是整个上海银行业的服务质量，另外还有部分被访市民对个别银行的服务也提出了自己的想法。

意见内容	频次
等候时间	676
服务质量	329
服务态度	181
服务设施	113
自助银行	93
电话银行	49
服务环境	43
投诉	33
叫号	8

图 13.5 对银行的建议

(1) 服务用语：有些银行网点缺少人性化的问候，取而代之的是机器的程序式问候。

(2) 服务态度：各家银行都存在服务态度冷漠的状况，在客户犹豫不决时未能主动向客户介绍业务品种。

(3) 营业时间：不少上班族客户表示，希望银行能提早开门或者延长营业时间，有的希望中午银行不要关门，并希望闹市区银行双休日也营业。

(4) 排队问题：对“排长队”客户抱怨在调查中占据很大篇幅，许多客户反映通常办理业务只需要 5 分钟，但排队却需 1 个小时，大大降低了办事效率；还存在着在业务高峰时段有空关窗口的现象。同时，在出现排长队的现象后，银行营业网点也没有人负责疏导，并致歉安抚顾客。

(5) 网点设施：部分网点有顾客反映点钞机老化。

(6) 自助机具：ATM 机基本做到普及，但是故障导致不能使用的案例时有发生，大多数关于硬件方面的投诉是关于 ATM 机故障。

(7) 服务差错：ATM 机缺钞情况时有发生，而且有时吐出假币，但是银行对此仅用出柜概不负责来推脱。

4. 进一步做好窗口服务质量监测工作的建议

(1) 要继续完善窗口服务质量指标体系，并通过制定上海地方标准[上海金融(银行业)窗口服务质量标准]的方式将其固定下来，同时向保险、证券推进。

(2) 检测目的要更为注重分析银行业服务存在的主要问题，研究提高银行服务质量的有效途径。要充分利用调查数据，着重发现自身存在的问题，提出对策，不要只关注排名。

(资料来源：http://sjr.sh.gov.cn/jrfc.jsp?main_colid=1164&top_id=169&main_artid=26005.)

第 14 章 服务补救

教学目标

通过对本章的学习，了解服务失误的类型，顾客对服务失误的反应及产生顾客抱怨的原因，掌握进行顾客补救的原则和基本方法。

教学要求

知识要点	能力要求	相关知识
服务失误	(1) 了解服务失误的概念类型 (2) 顾客对服务失误的反应	(1) 服务失误的概念及类型 (2) 顾客对服务失误的反应
顾客抱怨	(1) 了解顾客抱怨及不抱怨的原因 (2) 掌握处理顾客抱怨的基本技巧	(1) 顾客抱怨的类型 (2) 顾客抱怨及不抱怨的原因 (3) 处理顾客抱怨的政策 (4) 顾客抱怨对服务企业的影响 (5) 应对顾客抱怨的技巧
服务补救	(1) 认识服务补救的意义 (2) 掌握服务补救的基本策略和方法	(1) 服务补救的意义 (2) 服务补救框架 (3) 服务补救策略

那些不满意的顾客若经历了高水平的、出色的服务补救，最终会比那些第一次就获得满意的顾客具有更高的满意度，并更可能再次光顾。

——赫斯克特

基本概念

服务失误　顾客流失　顾客抱怨　服务补救　美誉度　忠诚度　紧急复原　移情

导入案例

服务补救"为时晚矣"？

前些天，武汉某酒店在给用完餐的客人结账时，账单上凭空多出四包中华烟(152 元)。双方相持 50 多分钟后，店方才承认自己工作失误，对耽误了时间的顾客表示歉意，并将餐费打折为 500 元，少收 400 多元，让客人满意离去。初闻此事，我为酒店的慷慨叫好，但一细想，这件事实际上暴露了酒店服务工作存在漏洞，才会发生如此"低级"的错误，既延误了客人将近一个小时的时间，又减少了酒店的收入。幸而酒店采取的补救措施最终让客人满意，否则客人投诉、双方交涉、不利的口头宣传等都会给酒店带来更大的损失。

优质的补救性服务可将不满意的客人转化为满意的客人，促使客人为酒店做有利的口头宣传。在上述的事例中，客人为讨个说法而耽误了 50 多分钟时间，最后酒店经理出面才弄清原委，做出赔偿，补救工作的效率也未免太低了！期间所发生的不愉快在客人心中留下的印象也会很深刻。服务工作出现意外时，客人往往对补救性服务的过程即解决问题的过程更加重视。服务人员应设身处地为客人着想，平息客人的怒火，首先从自己这方面查找原因，而不应该固执己见，与客人争执僵持。当服务人员在自己的权限范围内解决不了问题时，就必须及时请示上级。另一方面，如果管理者做好现场服务实际管理工作，则不必等员工来反映问题就能及时发现并解决问题了。可见，管理者和服务人员双管齐下才会有出色的补救性服务。

为客人提供完美的服务是各酒店的追求，而当由于种种原因发生了服务差错时，酒店就应该根据客人重视的损失(如金钱、时间、心理、名誉等)及时采取有效的补救性措施，防止酒店与客人之间关系的破裂，并将不满意的客人转化为满意的客人，甚至使之成为酒店的忠实顾客。如此说来，服务补救"为时不晚"！

点评：服务补救对服务性企业而言永远"为时不晚"。

对于服务性行业，即使是最缜密的操作流程、最优秀的服务人员，在服务时也难免会发生差错，此时迅速、及时、有效的服务补救就非常关键。事实证明，经历服务失误的顾客如果经过公司努力补救后并最终感到满意，将比那些问题未被解决的顾客更加忠诚。本章主要介绍服务失误的类型、原因，顾客抱怨或不抱怨的原因，服务补救的原则和基本策略等。

14.1 服务失误

14.1.1 服务失误的类型及原因

顾客满意是服务营销成功的基础。然而无论企业如何努力，总是不可避免地会在服务中出现服务失误(service failure)，如顾客在服装店定做的服装不合身，在餐馆就餐时服务员上错菜，速递公司没有如期将顾客要求的物品按时送到，照相馆将顾客拍摄的珍贵结婚照底片损坏等。这些发生在身边的服务失误不仅给顾客造成伤害，由此引发的顾客抱怨、顾客流失，甚至通过消费者权益组织或法律渠道投诉等后果，对企业的经营和发展造成不良影响。因此，任何一项服务都必须正确对待服务失误。

服务失误一般可以分为三种主要类型：①服务提交系统的失误；②对顾客需要的反应失误；③员工自发而多余的行为引发的失误。服务提交系统的失误是指公司提供的核心服务中的失误，包括没有可使用的服务、不合理的缓慢的服务及其他核心服务的失误。对顾客需要的反应失误包括员工对四类可能失误的反应：特殊的需要、顾客的偏好、顾客的错误、其他混乱。员工对特殊的需要的反应包括满足顾客特殊的医疗上的、饮食上的、心理上的、语言上的或社会学方面等困难的请求。员工对顾客偏好的反应需要员工以满足顾客偏好需要的方法来修改服务提交系统，在饭店里顾客要求把一样东西替换成另一样东西就是顾客偏好的典型例子。员工对顾客的错误的反应包括员工对于最初是由于公认的顾客错误所引起的情形的反应，如发票丢失、旅馆钥匙遗失等。员工对其他混乱的反应要求员工解决顾客间发生的混乱，如要求电影院内的顾客保持安静、要求顾客不要在旅馆的非吸烟区吸烟等。员工自发而多余的行为引发的失误包括事件和员工的行为——好的和坏的——总体上是顾客所不期望的，这些行为既不是顾客通过请求提出来的，也不是核心的提交系统的一部分，如员工上班期间聊天、忽视顾客需求、粗鲁的服务行为、歧视顾客行为等。

造成服务失误的原因是非常复杂的，既有服务提供者的原因，也有顾客自身的原因，还有随机因素的影响，决定了服务中不可避免地存在服务失误。

从顾客方面来看，出于服务具有生产与消费的同时性特点，服务质量不仅取决于员工是否按照企业所设定的服务标准为顾客提供服务，也取决于顾客参与的有效性，所以，在很多情况下，顾客对于服务失误也具有不可推卸的责任。例如，在顾客的服务期望中，既有显性的，也有隐性的，还有模糊的期望。在有些情况下，顾客无法正确地表达自己的服务期望，由此而形成的后果是服务结果的失败。而服务结果一旦失败．再好的服务过程都不会有任何意义。例如，一位理发的顾客如果不能准确地说出他所期望的发型，那么，这个服务过程是注定要失败的，理发师的微笑和良好的服务不会具有任何意义。

在有些情况下，随机因素也会造成服务失误。例如，货轮在海上遭遇风浪而造成货物损失、股票操作系统故障而给客户带来的经济损失等。由于随机因素，特别是不可抗力造成的服务失误是不可控因素，所以企业服务补救的重点不是在服务结果的改进上，而是如何及时、准确地将服务失误的原因等信息传递给顾客，并从功能质量上予以有效的“补偿”。

服务失误的后果包括两种，一种是显性的，即顾客流失；另一种则是隐性的，即不满意顾客中“坏口碑”的形成与传播。无论哪一种最终都会使企业形象受到严重损害，因此，提高服务补救水平是保持顾客满意和提高企业形象的非常重要的手段。

特别提示

即使在一个追求100%服务品质的零缺陷组织中，失误也会发生。

对服务而言，服务失误是客观存在的，不可完全避免，且随时发生在顾客与组织接触的任何时点。这里借助既有的研究成果，对各种可能发生的服务失误进行追根溯源，得出服务失误的根源主要有三个。

1. 服务提供系统失误根源

服务提供系统失误主要表现在三个方面：一是正常服务不可获得；二是服务延迟；三是不可接受服务等。顾客对服务传递系统失误的判断，主要有个人消费经验、顾客口碑和企业宣传。一个有过飞行经验的顾客，会将座位不可倾斜视为不可接受服务。一个曾在某银行仅花几分钟就办完存款手续的顾客，会认为用半个小时办理存款手续是大大的服务延迟。一项有关银行账务处理准确性的宣传，则可促使顾客视出现微小错误的账单为不可接受服务。

2. 前台员工的不合理言行根源

服务的不可分离性，使前台员工的行为暴露在顾客的视野之内，因此，前台员工的不合理言行常常直接导致服务失误的发生。前台员工的不合理言行可以分为两类：一是对顾客的需求偏好反应不当；二是自身言行不当。任何顾客都会有自己的需求偏好，但企业不可能对所有顾客的所有需求偏好做到无微不至地注意和事先准备。顾客需求偏好的未被满足一般不会直接导致顾客的极大不满和服务失误，但是，若员工应对顾客需求偏好请求反应不当，则会直接导致顾客不满和服务失误的发生。实际工作中，前台员工最易犯的错误主要是，对顾客合理的需求偏好敷衍搪塞，消极应付；将顾客合理的需求偏好误认为不合理而予以拒绝；对顾客的不合理需求偏好反应过激或过于直接。服务剧场理论认为，前台员工就好比活跃在舞台上的演员，他们的一言一行都会影响顾客的服务体验。员工的不当言行主要表现为对顾客缺乏应有的尊重与重视，如言辞刻薄、举止粗鲁、表情傲慢无礼等。它主要是员工的不合理心态所致，身处卖方市场或服务意识尚处卖方市场的员工易犯此类错误。

3. 顾客言行的控制不力根源

“顾客是企业的上帝”，但顾客并不总是对的。服务企业总是会面临一些顾客的不正确言行，如果缺乏有效控制，轻则影响个别顾客的服务体验，重则导致大量顾客的不满。按其所殃及对象来划分，顾客的不正确行为可分为两类：一是殃及其他顾客的行为；二是殃及自身的行为。例如，在禁烟的公共场所吸烟、在大众泳池裸泳属殃及其他顾客行为。一位顾客，可能会因缺乏正确享用服务的能力而导致服务失误，如个别病人缺乏自控能力，在手术后大量饮酒，则可能导致手术失败。

特别提示

服务企业重视对服务成功与服务失败的研究，最终希望给组织以行动启示。为了刺激更多的服务成功，许多服务组织借助于管理及对员工的奖励来寻求成功。对于服务失误，成功的服务企业会积极应对。例如，鼓励顾客提供反馈信息，为指出服务失误的顾客提供奖励，不但不会因为服务失误而失去顾客，相反，会由于服务组织的积极补救态度而赢得顾客。有的服务组织还邀请顾客帮助其改善服务。

营销案例

美国联邦快递公司优化传递系统

20 世纪 70 年代末，美国联邦快递公司发现它的传递系统失去了竞争优势，便决定从服务方面寻求突破，再领风骚。它利用精良的顾客服务系统提供信息，回答订单，解决问题。该系统以现代计算机技术为依托，所有的邮件在分类和传递过程中都采用了条码处理，全部信息输入主机，顾客服务代理能极其方便地追踪信息。为了提供优质服务，公司的组织结构也发生了相应变化，顾客服务发展成为独立于执行和销售部门的一个管理机构，使执行和销售部门的工作得以精简，又提高了顾客服务水平。同时，公司还应用新技术加强自动化服务，令竞争者难以抗衡。

14.1.2 顾客对服务失误的反应

1. 服务失误的顾客反应行为过程

当服务失误时，顾客会产生各种反应模式。首先，他们可能会选择采取行动或沉默。许多顾客对其不满采取消极态度，只是说说而已，他们是否采取行动，在某种程度上取决于顾客是想保持其原有供应商还是转向新的供应商。那些没有投诉的顾客最不可能再次光顾。对于企业而言，消极面对不满意的顾客对企业今后的成功是一种威胁。

在服务失误后，顾客采取行动的种类会是各种各样的。一位不满的顾客可能选择当场对服务人员进行投诉，给企业一个立即反应的机会。对企业而言，这往往是最好的情况，因为企业有第二次机会当场满足顾客需要，保留其未来的生意，并潜在地避免了任何负面口头宣传。如果没有马上投诉，顾客可能选择以后通过电话或信件向供应商投诉，甚至写信或打电话给企业的相关部门，这样企业也有机会进行补救。一些顾客不直接向有关服务人员抱怨，而是宁愿向朋友、亲戚及同事传播，这样企业就没有机会进行补救。最后，顾客可以向第三方抱怨，如政府的消费者事务主管部门、行业协会、许可证发放部门，或者可能是律师。

2. 服务失误的顾客反应行为种类

根据顾客对服务失误做出的反应，可以将其表现分为四类：一是被动者，二是发声者，三是激怒者，四是主动者。了解服务失误后的顾客决策行为，可以促使企业树立服务补救的意识并认识到服务补救的重要性、必要性，从而真正做到进行积极有效的服务补救。

(1) 被动者：不采取行动。这类顾客在服务过程中感受到服务失误时，极少采取行动，包括不抱怨、不投诉，没有散布消极口碑，在将来的消费中也极少转向其他的服务提供者。这类顾客怀疑抱怨投诉的有效性，认为采取行动的结果与投入相比不值得。对于企业而言，被动者是企业进行服务补救、改进服务流程、减少顾客不满意的障碍。不采取行动的主要原因有以下六种：①顾客认为企业不用为服务失误承担责任；②顾客认为企业不会理睬顾客的投诉；③顾客不想面对与服务失误相关的个人责任；④顾客对其权力和企业责任不了解；⑤顾客认为投诉会花费过多的时间和精力，成本太高；⑥顾客会担心在未来的服务中受到不公正的待遇。所以，企业率先、主动识别服务失误从而减少由于被动者造成的障碍是至关重要的。

(2) 发声者：只有出声行为。这类顾客感受到服务失误时，乐于向企业抱怨、投诉，但不太可能向亲朋好友宣传此项服务的失误(消极的口碑宣传)或转向其他的服务提供者。这类顾客是企业的最忠实朋友，他们乐于向服务提供者抱怨但不进行消极的口碑宣传，这样可以让企业认识到服务失误的存在并给予企业改正的机会。

(3) 激怒者：出声与私下行动。与被动者和发声者相比，此类顾客更有可能向亲朋好友传播消极口碑并转向其他的服务提供者。根据“技术协助研究计划”的研究发现，一位深为不满的顾客会向其他 11 人诉说其失落感，而这 11 人又会再分别告诉其他的五人，这是一种几何级数的变动过程。由于遭遇了服务失误，顾客不仅宣传消极的口碑，并且在未来的顾客生涯中与企业终止了关系，这对于企业来说损失是重大的，不仅企业的形象受到了影响，而且会发生顾客流失，从而失去该顾客的终身价值。

(4) 主动者：出声、私下行动与第三方团体行动。除了抱怨、投诉、宣传消极的口碑、转向其他服务提供者外，主动者还求助于第三方团体，从而使自己在服务失误中的损失得到补偿。第三方团体，如消费者协会、行业协会或是法院机关等，特别是在由于服务失误造成顾客的人身安全受到损害的情况下，顾客倾向于借助第三方团体来保护自己的权益。

知识链接

服务失误会导致顾客流失。这样，就需要企业争取新的顾客来弥补顾客流失所造成的损失。更重要的是，顾客流失会给企业带来坏口碑。这些都构成服务的成本。争取新顾客的费用通常比维持老顾客的费用要高几倍。良好的服务可以避免因服务失误而付出的额外费用，但企业很少能意识到糟糕的服务所带来的经济损失。而坏口碑对企业的影响更是致命的，也使得企业争取新的顾客更加困难。因而，出现服务失误后，即使对顾客进行“过度”补偿，对企业来说，也是有利可图的。

14.2 顾客抱怨

14.2.1 顾客抱怨的概念及类型

顾客对产品或服务的不满和责难称为顾客抱怨。顾客的抱怨行为是由对产品或服务的不满意而引起的，所以抱怨行为是不满意的具体的行为反应。顾客对服务或产品的抱怨即意味着经营者提供的产品或服务没达到他的期望、没满足他的需求。另一方面，也表示顾客仍旧对经营者具有期待，希望能改善服务水平。其目的就是挽回经济上的损失，恢复自我形象。顾客抱怨可分为私人行为和公开行为。私人行为包括回避重新购买或再不购买该品牌、不再光顾该商店、说该品牌或该商店的坏话等；公开的行为包括向商店或制造企业、政府有关机构投诉、要求赔偿。顾客抱怨的三种类型：抱怨分为建设性抱怨、引起注意的抱怨和专业抱怨三种类型。建设性抱怨(suggestive complaint)是善意的，提出问题，同时也提出改进意见，这种顾客大多能成为忠诚顾客。引起注意的抱怨(arise attention)是因为顾客希望受人重视。有的顾客通过抱怨而引起服务生对他的注意和重视，或者由此引出餐馆老板或经理与其见面，使他感觉到自己很重要。专业的抱怨(professional complaint)，顾名思义，属于专门挑毛病、“鸡蛋里挑骨头”的类型，这类顾客只是极个别的人，或许只想从抱怨中赚些“好处”。

知识链接

当一位顾客有了不愉快的服务遭遇，他可能会怎样宣泄，抱怨还是不抱怨？若抱怨，以什么方式进行？事实上，他们会无意识地权衡其利弊。借用营销学中的“顾客让渡价值”一词来解释，将其称为“顾客抱怨价值”。顾客让渡价值是顾客总收益与顾客总成本的差额，顾客总是愿意追求顾客让渡价值最大。顾客抱怨价值意味着顾客抱怨之后的结果和进行抱怨的可觉察成本的比较。一般而言，顾客抱怨有两个主要后果：一是抱怨之后找回资金、财物上的损失；二是要个公平合理的说法，如对服务员工态度恶劣、出言不逊等讨个说法。进行抱怨的可觉察的成本涉及货币支付、时间、精力和不愉快的心理压力。很多顾客放弃寻找法律的途径或向服务组织抱怨，大多基于付出成本太高的考虑。为什么不另选一家服务企业？这几乎没有太多的成本支出。

14.2.2 顾客抱怨的原因

现实中有一些顾客比其他人更可能产生抱怨。作为个体，这些消费者相信投诉总会有积极的结果且对社会有益，而且其个人标准支持其抱怨行为。他们相信自己将来会并且应该由于服务失误而获得某种形式的赔偿。他们相信得到公正的对待和良好的服务是应该的，并且在服务失误时，某些人本应该把它做好。在有些情况下，他们认为有一种社会责任在促使其抱怨，帮助其他人避免遇到相似的情况或者惩罚这家服务供应商。只有极少数消费者拥有“抱怨”的个性，他们仅仅是喜欢抱怨或是制造麻烦。那些不大可能采取任何行动的消费者怀有相反的信念，他们通常将抱怨看做对其时间和精力的浪费。他们不相信经过其行动，对自己或对别人会有任何积极的事情发生。有时候他们甚至不知道怎样抱怨，他们不了解或可能没有意识到还有倾听其抱怨的开放渠道。在有些例子中，未抱怨者可能会使用“情感对抗”来处理其消极活动，这种对抗类型包括自责、否定和可能寻求社会帮助。他们可能感到那些错误某种程度上是由其自身的原因造成并且得不到赔偿。

总的来看，顾客抱怨的原因可以归结为三种：第一，顾客抱怨能够使抱怨者释放挫败中的情绪。抱怨像一个压力阀，它提供了人们发泄其情绪的手段；第二，抱怨也为那些想重新获得某种控制手段的人提供了工具。如果抱怨者可以影响其他人对抱怨对象的评价，那么就能重新建立起控制。例如，抱怨者出于报复的目的所散布的负面的口头传播就使抱怨者通过间接的惩罚得到了某些控制手段；第三，抱怨是为了得到别人的同情，并促使别人对其抱怨产生认同，以此证实抱怨者对导致抱怨事件的主观评价的合理性。也就是说，抱怨者想知道别人在相同的情形下是否会有同样的感觉，如果是的话，那么抱怨者会觉得他提出抱怨是正当的。第四，抱怨者也可能是仅仅为了创造一种印象而抱怨。抱怨者通常被认为比不抱怨者更聪明和更有洞察力，这意味着抱怨者的标准和期望值高于那些不抱怨者。

14.2.3 顾客不抱怨的原因

顾客没有说出来的服务问题的比例远要比没有说出来的商品问题多得多。当出现服务问题的时候，许多顾客采取默认的态度，没有表现出抱怨的情绪。造成顾客对服务问题不抱怨的原因主要有以下几个方面。第一，顾客很难保证对服务做出客观的评价。由于服务本身的无形性，对服务提供过程的评价基本上是主观的，因此，顾客难以对服务过程做出客观的评论，有时顾客可能会怀疑他们自己的评价。第二，服务失误的个人关联程度比较低。失误的个人关联程度影响人们是否抱怨。如果服务失误不是真的重要，没有给顾客带来致命的后果，或者顾客与服务没有什么牵涉，那么他们就不大可能抱怨。例如，消费者对那些昂贵、高风险和设计自我的服务(如独家服务、航空服务、医药服务)的投诉多于对那些廉价的频繁购买的服务(如汽车快餐服务、出租车服务、电话服务)的投诉。后面这些服务显然不很重要，不足以花费时间抱怨。第三，顾客将服务失误的原因归结为自己。由于服务具有不可分离性，顾客经常会参与服务生产过程。如果得到了一个不想要的结果，顾客可能会更多地责怪他们自己，没有向服务提供者清晰地描述他们所需要的服务水平和种类，如理发，顾客可能会把不满意的发型归结于自己没有向理发师描述清楚。第四，顾客缺乏对服务质量评价的专业化知识。由于许多服务是技术性的或专业化的，顾客可能感觉到由于自己缺乏必要的专业知识，因而认为自己没有足够的资格提出抱怨，如顾客并不知道他们的汽车修理工是否做好了他们所付费的每一件事。第五，顾客感到当面抱怨不舒服。由于服务的不可分离性，在服务生产过程中顾客与服务提供者经常面对面地相互影响，由于服务提供者在服务现场，碍于情面或个人性格的原因，顾客常常感到当面抱怨不舒服，因而放弃抱怨。

14.2.4 顾客抱怨对服务企业的影响

过去，在经营者的观念中顾客只要抱怨，经营者总是认为他们在找麻烦，而且只认识到了抱怨给经营者带来的负面影响。但实际上这种观念是偏颇的。从某种角度来看，顾客的抱怨实际上是企业改进工作、提高顾客满意度的机会。

建立顾客的忠诚是现代企业维持顾客关系的重要手段，对于顾客的不满与抱怨，应采取积极的态度来处理。对于服务、产品或者沟通等原因所带来的失误进行及时补救，能够帮助企业重新建立信誉，提高顾客满意度，维持顾客的忠诚度。顾客抱怨对服务企业造成的影响表现在以下几个方面。

1. 顾客抱怨会影响企业美誉度

顾客抱怨发生后，尤其是公开的抱怨行为，企业的知名度会大大提高，企业的社会影响的广度、深度也不同程度地扩展。但不同的处理方式，直接影响着企业的形象和美誉度的发展趋势。在积极的引导下，企业美誉度往往会经过一段时间下降后反而能迅速提高，有的甚至直线上升；而消极的态度，听之任之，予以隐瞒，与公众不合作，企业形象美誉度会随知名度的扩大而迅速下降。

2. 顾客抱怨是企业的“治病良药”

企业成功需要顾客的抱怨。顾客抱怨表面上让企业员工不好受，实际上给企业的经营敲响警钟，使其明白工作在什么地方存在隐患，解除隐患便能赢得更多的顾客。同时，保留着忠诚的顾客，他们有着“不打不成交”经历，他们不仅是顾客，还是企业的亲密朋友，善意的监视、批评、表扬，表现出他们特别的关注和关心企业的变化。如此来看，顾客对不满来抱怨不是极好的事吗？对企业应是求之不得的好事。

如果企业换一个角度来思考，实实在在地把顾客抱怨当作是一份礼物，那么企业就能充分利用顾客的抱怨所传达的信息，把企业的事业做大。对企业而言，顾客的不满唾手可得，但作为来自顾客及市场方面的资源，顾客的不满并没有得到充分利用。其实，顾客的不满是企业改善服务的基础。企业成功必须真诚地欢迎那些提出不满的顾客，并使顾客乐意将宝贵的意见和建议送上门来。

3. *顾客抱怨是提高顾客忠诚度的良好机会*

有研究发现，提出抱怨的顾客，若问题获得圆满解决，其忠诚度会比从来没遇到问题的顾客要来得高。因此，顾客的抱怨并不可怕，可怕的是不能有效地化解抱怨，最终导致顾客的离去。反而，若没有顾客的抱怨，倒是有些不对劲。哈佛大学的李维特教授曾说过这样一段话：“与顾客之间的关系走下坡路的一个信号就是顾客不抱怨了。”

美国一家著名的消费者调查公司 TRAP 公司曾进行过一次“在美国的消费者抱怨处理”的调查，并对调查结果进行了计量分析，以期发现顾客源于再度购买率、品牌忠诚度等参量之间的关系。

从顾客抱怨处理的结果来看，顾客抱怨可能给经营者带来的利益是顾客对经营者就抱怨处理的结果感到满意从而继续购买经营者的产品或服务而给经营者带来的利益，即因顾客忠诚度的提高而获得的利益。

TRAP 公司的研究结果表明，对于所购买的产品或服务持不满态度的顾客，提出抱怨但却对经营者处理抱怨的结果感到满意的顾客，其忠诚度要比那些感到不满意但却未采取任何行动的人好得多。具体而言，他们的研究结果显示，在可能损失的 1～5 美元的低额购买中，提出顾客抱怨但却对经营者的处理感到满意的人，其再度购买比例达到 70%。而那些感到不满意却也没采取任何行动的人，其再度购买的比例只有 36.8%。而当可能损失在 100 美元以上时，提出顾客抱怨但却对经营者的处理感到满意的人，再度购买率可达 54.3%，但那些感到不满意却也没采取任何行动的人再度购买率却只有 9.5%。这一研究结果一方面反映了对顾客抱怨的正确处理可以提高顾客的忠诚度，可以保护乃至增加经营者的利益。另一方面也折射出这样一个事实：要减少顾客的不满意，必须妥善地化解顾客的抱怨。

另有研究表明，一个顾客的抱怨代表着另外 25 个没说出口的顾客的心声，对于许多顾客来讲，他们认为与其抱怨，不如出走或减少与经营者的交易量。这一数字更加显示出了正确、妥善化解顾客抱怨的重要意义，只有尽量化解顾客的抱怨，才能维持乃至提高顾客的忠诚度，保持和提高顾客的满意度。

14.2.5 顾客抱怨的处理政策

顾客最讨厌听到的话通常是，“很抱歉，我无能为力，这是公司的规定”。很多企业没有制定欢迎顾客抱怨的政策。实际上，很多企业根本就没有处理抱怨的政策，尽管书面上制定了政策，但没有考虑到如何在行动上执行这些制度，让顾客尽情抱怨，最终让顾客满意，而是一心想减少企业的麻烦。

因此，企业必须制定相应的政策和制度，使顾客抱怨能准确、及时地解决。

1. 以顾客为中心制定有利于抱怨的政策

许多企业制定政策和制度的前提是如何让企业运作得更顺利、更有效，这是把企业内部体系放在优先位置来考虑。

(1) 专为顾客而设的服务窗口开放的时间却并不方便顾客。很多顾客服务部门午餐时间都要关门休息，但对忙碌紧张的上班族来说，午餐时间是他们方便退货的时间。

(2) 退货程序要求顾客必须保存原始包装才能退。很多顾客家里没有充足的空间来堆放多余的箱子，就算有地方，他们也不想在家里放一大堆废品。

(3) 保证程序要求顾客保留原始收据，否则保证书不能生效。

(4) 对最初所购产品不满意的顾客不能享受售后的差价优惠。

(5) 购买家用产品的顾客浪费了很多时间在家里等候送货员或等修理人员。企业通知他们："技术人员会在下午一点到五点之间到你那里。"而今天的很多小家庭，在企业正常上班时间，夫妇俩也都在上班，家里没人，这种处理方式对他们十分不便。

(6) 尽管顾客对某些烦人的程序怨声载道，但企业依然如故。

由此可见，以企业为中心的政策，无疑为顾客流失和顾客抱怨提供了滋生的土壤。因此，企业制定为顾客服务政策时，应首先考虑到顾客是否愿意并且便于接受，如果顾客要求对不希望的事进行变动或自愿选择时，应有便利权。对所提供的服务不满意时，应鼓励抱怨。企业应充分考虑顾客的利益，征求顾客的意见，制定出顾客乐于配合的管理政策。

2. 企业内部协调，统一执行对顾客的政策

很多顾客都有这样的经历：最初向顾客提供服务的明明是某一个部门，最后却像踢皮球似地被推到另一部门去了。这种情况往往发生在汽车经销商的维修部、医院及帮顾客运筹资金以便进行大宗采购的公司。这些企业最初向顾客提供的服务可能个人针对性很强，但是一旦到了另一个部门，就很快变得不明确了，服务质量自然大打折扣。

波士顿咨询公司对美国企业进行的一项调查发现，企业内部几乎所有的活动(95%～99%)都与顾客无关。他们引用调查情况说，保险公司处理顾客的申请表平均要花 22 天时间。推算一下处理这些表格所需的时间，其实只需 17 分钟就行了。那么，另外多花的时间都耗在了哪里？答曰：签字、呈报、开会。对顾客抱怨的处理也是一样，如果企业能够协调好处理顾客抱怨的各个部门的职能范围，高效地处理抱怨，那么每个人都会成为赢家。

3. 授权一线员工

现在许多管理者存在一种偏见，即一线员工的品质素质较差，他们并不可靠，一线员工只能按规范的程式和程序为顾客服务，这种不信任导致管理者不敢向一线员工授权。

授权意味着一线员工不用去重复老一套的接待词，而可以根据情景和顾客的不同灵活地为顾客提供得体服务；授权意味着一线员工可以立即处理顾客的投诉或抱怨，而不会因为处理程序复杂导致矛盾激化；授权还可以充分发挥员工的创造性、积极性和主动性，提高顾客服务质量。因此，管理者应适当地授权一线员工，充分发挥他们的潜能去为顾客服务。

4. 表彰和奖励受理顾客抱怨最佳的员工

有些企业的奖励制度与受理抱怨之间有矛盾。例如，某家企业为争夺市场而拼命宣传所提供的服务百分百令顾客满意，但其销售部门却背道而驰。业务人员为了拉一笔生意向顾客夸下海口并承诺，但企业对此很少过问。业务人员一心只想把顾客的钱挣到手，顾客有了问题，企业不问不管，顾客或服务人员只好自负。

有些企业急功近利，只顾短期利益，使顾客抱怨无法得到妥善解决。企业甚至对这种行为进行表彰和奖励。例如，某位经理只要能迅速降低该部门的产品进货率，在短期内提高利润，就能获得奖金。路易斯·葛斯特勒出任美国联通公司总裁时，曾经对这一问题发表看法："这是大多数公司的内部不合理造成的，顾客服务人员既辛苦又要承担费用上的风险，却没有得到一点好处。他们的优秀表现只体现在市场营销尤其是对新产品的开发上，但他们本人始终得不到公司的回报。"

因此，公司要建立相应的表彰机制和员工自主机制，鼓励员工积极处理顾客抱怨，并对优秀的员工给以奖励。使员工能够积极有效地处理顾客抱怨，为建立高效的顾客抱怨体系打下基础。

5. 及时准确地向管理高层传达顾客的抱怨

通常一线员工能最先接触到顾客。如果企业不鼓励员工将来自顾客的信息传达给经理，那么大部分的顾客抱怨在一线就会石沉大海；如果一线员工和经理人之间未能坦诚地交换意见，那么提高服务质量纯粹是一句空话。

企业的高层主管一方面要尽可能地与顾客进行面对面的交流，亲身体会一下顾客的愤怒，另一方面要建立监督机制，对顾客抱怨从一线员工传达到管理层的过程进行监督，看看究竟有多少顾客抱怨传达到了企业高层，这些传达到的抱怨是否准确。

如果经理人打算花更多的时间直接了解一线员工的情况，不妨深入员工基层走走看看。美国著名的沃尔玛超市的前总裁山姆·沃尔顿(Sam Walton)说："我们最好的点子往往来源于送货员和库存员。"很有可能这些员工的灵感都是受顾客的抱怨而启发的。沃尔顿说，员工不能仅靠耍耍嘴皮子就对顾客说，他们对顾客有多重视，关键是要落实到行动中去。面对抱怨连天的顾客，经理人不妨时时提醒自己"以身作则"。

目前，为加快一线员工与高层主管的沟通速度，许多企业将企业内部组织扁平化，减少周折加快流通。企业内部结构的精简意味着不必花好几天，甚至好几周的时间将所出的问题层层上报。当今我们面临的严峻挑战是市场流通不断加快，促使我们不得不加快恢复顾客抱怨的速度。

14.2.6 顾客抱怨的应对技巧

仅有良好的政策方针并不能减少顾客的不满，积极并准确的行动才是关键。企业必须培养高业务素质和高道德素质的员工，使顾客由不满到满意，再到惊喜。

1. 以良好的态度应对顾客的抱怨

处理顾客抱怨首先要有良好的态度，保持良好的态度是处理顾客抱怨的前提，然而要保持良好的态度，说起来容易做起来难，它要求企业员工不但要有坚强的意志，还要有牺牲自我的精神去迎合对方，只有这样，才能更好地平息顾客的抱怨。

2. 了解顾客抱怨的背后期望

应对顾客抱怨，首先要做的是了解顾客抱怨背后的期望是什么，这样有助于按照顾客的期望进行处理，这是解决顾客抱怨的根本。表面上看，顾客向保险代理人抱怨说，他打电话要求保险公司处理一个简单的问题，等了好几天都没回应。但深入地看，顾客是在警告代理人，保单到期后，他们会去找另一家保险公司续保。令人遗憾的是，许多公司只听到了表面的抱怨，结果因对顾客的不满处理不当，白白流失了大量顾客。

3. 行动化解顾客的抱怨情绪

顾客抱怨的目的主要是让员工用实际行动来解决问题，而绝非口头上的承诺。如果顾客知道你会有所行动自然放心，当然光嘴上说绝对不行，接下来你得拿出行动来。在行动时，动作一定要快，这样一来可以让顾客感觉到尊重，二来表示经营者解决问题的诚意，三来可以防止顾客的负面宣传对公司造成重大损失。

4. 让抱怨的顾客惊喜

四名来自欧洲的 MBA 学员到位于美国亚利桑那州菲尼克斯的 Ritz Carlton 酒店参加服务营销理论研讨会。他们想在即将离开酒店前往机场的那个晚上到酒店的游泳池里轻松地度过几个小时。但是，当他们下午来到游泳池时，被礼貌地告知游泳池已经关闭了，原因是准备晚上的一个招待会。这些学员向招待员解释说，晚上他们就将回家，这是他们唯一可以利用的一点时间了。听完他们的解释后，这位招待员让他们稍微等一下。过了一会儿，一位管理人员来到他们身旁解释道，为了准备晚上的酒会，游泳池不得不关闭。但他接着又说，一辆豪华轿车正在大门外等待接待他们，他们的行李将被运到 Biltmore 酒店，那里的游泳池正在开放，他们可以到那里游泳。至于轿车费用，全部由本店承担。这四名学生感到非常高兴。这家酒店给他们留下了非常深刻的印象，也使他们乐于到处传颂这一段服务佳话。

由此可见，良好的处理方式不仅赢得了顾客的满意，而且为企业宣传自己、改善自己提供了良好的机遇。

顾客抱怨是因为经营者提供的产品或服务未能满足顾客的需求，顾客总认为他们受到了利益的损失。因此，顾客抱怨之后，往往会希望得到补偿。即使公司给了他们一点补偿，他们也往往会认为这是他们应当得到的，因而他们也不会感激公司。这时，如果顾客得到的补偿超出了他们的期望值，顾客的忠诚度往往会有大幅度提高，而且他们也会到处传颂这件事，公司的美誉度也会随之上升。所以，公司处理顾客抱怨要遵守两点：①补偿多一点；②层次高一点。

总之，抱怨是顾客对自己的期望没得到满足的一种表述。对企业而言，有顾客提出不满，说明企业还是能被市场关注的。正确对待和解决好顾客提出的难题是企业生存和发展的关键。顾客是市场竞争中的“法官”，顾客可以决定企业的生死存亡，所以顾客的意见和脸色就是企业经营的准绳。因为，顾客不满的原因正是企业的问题所在，不解决问题，不被市场关注就等于给企业“判死刑”。如果及时地解决了问题，完善了工作方法，使顾客由不满意转变为满意和惊喜，就不会流失顾客。长久积累这些顾客，他们便会成为企业的忠诚顾客群。

14.3 服务补救的概念、原则和策略

14.3.1 服务补救的概念

服务在传递中会涉及很多步骤和细节，而且服务是实时发生的，不能像产品那样在出厂之前先进行质量检查。服务是互动的，而且服务的出色与否也会受到许多企业无法控制的因素的影响，如天气、环境等，那么也就很容易导致失败。很多企业承认服务会出现失误，开始制订计划来对正在发生的服务失误予以管理和控制，这就是服务补救。

服务补救(service recovery)的概念最早由哈特(Hart)等人于1990年提出。不同的学者对服务补救的概念有不同的表述。史蒂夫・布朗(Steve Brown)和史蒂夫・塔克斯(Steve Tax)将服务补救定义为，服务补救是一种管理过程，它首先要发现服务失误，分析失误原因，然后在定量分析的基础上，对服务失误进行评估并采取恰当的管理措施予以解决。而有的学者则认为，服务补救是服务性企业在对顾客提供服务出现失败和错误的情况下，对顾客的不满和抱怨当即做出的补救性反应。其目的是通过这种反应，重新建立顾客满意和顾客忠诚。由定义看出，服务补救是一种反应，是企业在出现服务失误时，对顾客的不满和抱怨所做的反应。

服务补救的目的就是挽回服务失败给顾客带来的不良影响，企业采取补救措施，将顾客和企业的损失降到最小。因为失去一位顾客，对于企业来说代价是高昂的。首先要找一位新顾客来代替旧顾客，其成本是很高的，据统计表明，填充一位流失顾客的成本比保留一位忠实顾客的成本要高数倍。要赢得一位新顾客，需要大量的广告和宣传，这就需要大笔资金的投入，全盘考虑顾客在一生中的所有可能的购买行为。顾客流失会产生长期影响。因此，对于企业而言，积极努力地去挽回因服务体验不满而流失的顾客是值得的，它也强调了忽视或轻视顾客抱怨是非常错误的。

服务提供中所包含的一系列的环节和许多因素都会对顾客在服务中的体验产生影响，这也会影响到顾客的满意度。顾客在与企业接触的每一点都会影响到他对企业整体服务质量的感知。而关键时刻是指顾客与企业接触的每一个具体的细节，顾客用它们来评价企业服务的提供。这些细节是企业为令顾客感觉到企业的友好而做的努力是否有效的时机。一旦一个企业在关键时刻中失败，它就需要从事一些服务补救工作了。一般而言，比较复杂的服务，也就是在服务传递过程中涉及许多步骤的服务比简单的服务包含更好方法就是对前台员工授权。那些有权并且有责任令顾客满意的员工，可以作为差劲服务表现的不利影响的缓冲器。作为服务过程的积极参与者，他们能发现问题、请求帮助和安抚抱怨的顾客。若顾客产生不满的原因很明显，那么被授权的员工就可以立即采取行动，争取立刻挽回顾客的好感。

知识链接

卡特怀特和格林发现一些有助于弥补损失但又很便宜的方法，这些方法需要的资金少，但需要仔细思考。下面是他们所发现方法中的一些例子。

一句简单的“对不起”及提供一杯茶可能在某些情况下就足够了。如果员工被看做是自己站到顾客利益那一方时，这一做法往往会有意想不到的结局，有可能只有很少或没有额外成本。大多数顾客非常珍视这种额外做出的努力。商业机构可以从一个生产商那里批量购买一些礼物，作为赠送的礼品，专门用来弥补顾客损失。

14.3.2 服务补救的原则

优秀的服务补救是各种各样的策略一起发挥作用的综合体。企业在制定服务补救策略时要遵循以下几个原则。

1. 争取一次把事情做对

服务质量的第一条规则就是在第一次就把事情做好，如果能做到这样，那么就没有必要补救了，补救所需的花费及赔偿的费用就可以避免了。可靠性或者第一次做对是所有行业关于服务质量最重要的量度。一个企业采取一系列服务补救的措施后还是要回到服务策略的基础，也就是服务的可靠性。

企业可以采用防故障程序的概念来改善服务的可靠性。防故障程序通过现场自动报警和控制来确保不发生错误，对服务进行“错误防护”，也用来确保遵循必需的程序，还确保按恰当的顺序和适时的方式进行服务。确保与服务相关的有形物品是干净的、得到很好维护的，并且顾客资料是准确和及时更新的，还可以用于确保员工行为和顾客行为的有效性。或者企业可以形成一种零缺陷的文化来保证“第一次就把事情做对”是至关重要的，在这种零缺陷的文化观念下，每个人都理解可靠性的重要性。企业的目标就是让每个顾客满意，并且寻找改善服务的方法。在零缺陷氛围中，员工会充分地理解和领会“顾客终身价值”的概念，这样他们也就会每时每刻的对每一位顾客都提供优质服务。

知识链接

公司可以故意令顾客失望，这样它们可以利用补救服务获取更高的顾客忠诚度，这种观点被称为“补救悖论”。

的确，补救悖论比其表面上的意思更复杂。首先，改正失误要付出代价，并且鼓励服务失误看上去有些滑稽，毕竟，可靠性(第一次就把事情做对)是整个行业服务质量最重要的决定因素。其次，经验研究表明，只有最高水平的顾客服务补救情况下，顾客满意度和忠诚度才会提高。这表明顾客比较看重其最近的经历以决定是否再次光顾。如果这种经历是负面的，他对公司的总体感觉将会下降，重复购买的倾向也会显著减少。除非补救努力是绝对超水平的，否则它不足以抵消初始的负面影响，及使顾客产生比一开始就享受正确服务时更好的重复消费倾向，使客户产生再次购买欲望。

假定这种服务悖论存在一些不同意见，我们说“第一次就把事情做对”这就是最好并且最安全的战略。然而，一旦出现失误，就需要提供出色的补救服务以缓解负面影响。如果失误能够被完全克服，或者失误不太严重，或者补救工作非常出色，那么都可以被视为补救悖论的证据。

2. 欢迎并鼓励顾客抱怨

服务补救策略的关键组成部分就是欢迎并鼓励抱怨，而且抱怨应该是被预期、被鼓励和被追踪的。抱怨的顾客也要被真正当成朋友看待。

通过满意调查、重大事件研究、丢失顾客研究和特别设计顾客研究项目可以来鼓励和追踪抱怨。还可以鼓励一线员工发现顾客不满意和服务失误的根源就往上报告这些信息。如果通过一些失误情况发现了某些公共原因，就可以对服务过程和属性进行修改。鼓励抱怨还可以教会顾客怎样抱怨，很多顾客是不知道该跟谁讲、过程是什么、或者应该涉及什么。企业就要使这些过程尽量简单，顾客最不愿看到的就是当其不满意时，还要去面对一个复杂的、难以进行的投诉过程。例如，企业可以通过免费呼叫中心、免费电话、电子信箱等技术来帮助、鼓励和追踪抱怨，使顾客很容易就找到销售和服务人员。而且采用技术还可以在问题和抱怨发生之前实现预测，甚至使员工在顾客发现问题存在前对问题进行诊断。

3. 快速行动

抱怨的顾客希望得到企业的快速反应。如果企业欢迎、甚至鼓励抱怨，它就要快速对抱怨采取行动，这也就要有适合快速行动的系统和程序，以及对员工授权。企业可以采取的行动包括以下几个方面。

(1) 在现场关心问题。顾客希望听到其抱怨的人就可以解决他的问题，无论这项抱怨是通过个人、电话还是国际互联网方式。打电话给顾客也可以加快抱怨的处理，即使顾客是花费时间写信抱怨的也可以通过电话来回应。

(2) 授权员工。对员工进行培训和授权可以在问题发生时就予以解决。往往一个未解决的问题可能会很快升级。例如，客人在饭店住宿，对饭店洗衣房不满，如果他的投诉没有得到响应或及时解决，那么顾客就会离开去光顾其竞争对手。有时候，员工们可以在问题发生之前预见它们，并给顾客以惊奇的解决方法。例如，在旅行途中，因为塞车，导游可以调动游客的积极性，举办车上联欢或讲解一些关于旅游地的传说或者是提供车上游客食物和饮料，以此来转移游客的注意力，让他们的抱怨分散。对于服务人员，补救培训是特别和真正需要的。因为顾客要求服务补救在现场及时进行，那么一线员工就要有技巧、权力和激励来从事有效的补救。有效的补救技巧包括倾听顾客问题、采取初始行动、辨别解决方法、即兴发挥及变通规则等。员工不仅要有权力来行动，而且不能因采取的行动而受罚，企业必须要有一些激励措施鼓励员工行使其补救权力。

(3) 允许顾客自行解决问题。这也是一种快速处理问题和抱怨的方法，通过建立一个允许顾客亲自解决服务需要和处理遇到问题的系统(一般是需要技术支持来完成的)。顾客直接应用公司的技术完成对自己的服务，给自己提供及时答案，如银行的 ATM 机。

特别提示

研究表明，如果投诉处理及时，公司将能保留 95%的不满意顾客。相反，如果反应缓慢，即使投诉完全解决，公司也只能保留 64%的不满意顾客。

4. 公平对待顾客

企业在快速反应时，公平对待每一位顾客也是很重要的。一般而言，顾客希望在以下方面得到公平对待：他们得到的结果、服务补救的发生过程及相互间的对待等。

知识链接

服务补救专家史蒂夫·布朗和史蒂夫·塔克斯总结出三种顾客在投诉后所寻求的特别公平类型：结果公平、过程公平和相互对待公平。结果公平是指顾客希望结果或赔偿能与其不满意水平相匹配。这种赔偿可采用实际货币赔偿、一次正式道歉、未来免费服务、折价、修理或更换等形式。顾客希望公平的交换。也就是说，他们想感觉到，公司为其错误而采取某种行为的付出至少等于他们已经遭受的损失，对公司来讲必须是"罪有应得"。除公平赔偿外，顾客希望抱怨过程的政策、规定和时限公平。他们希望很容易进入投诉过程，并且希望事情被快速处理，最好是通过他们第一个接触的人。公平过程的特点包括清晰、快速和无争吵。不公平过程使顾客感觉到缓慢、拖延和不方便。除对公平赔偿、无需争吵及快速持续的期望之外，顾客希望被有礼貌地、细心地和诚实地对待。如果顾客感到公司及其员工态度漠不关心和几乎没做什么以试图解决问题，这种形式的公平会支配其他公平形式。这种员工行为看起来很奇怪，为什么在某些情况下他们会漠不关心或者粗鲁地对待顾客？多数情况是由于缺乏培训和授权。一名沮丧的、无权补偿顾客的一线员工很容易做出漠不关心的反应，尤其是如果顾客本身就很愤怒或粗鲁。

5. 从补救经历中学习

问题解决状况并不仅仅是指有机会补救有缺陷的服务和加强与客户的联系，它们同时也是一种有助于改进客户服务特征和规范性信息的有价值的来源，而企业对此却常常忽视和未加利用。通过追踪服务补救的努力和过程，企业可以获知一些在服务交付系统中需要改进的系统问题。通过进行根本原因分析，识别出问题的来源，对过程进行改进，有时能彻底消除对补救的需要。

6. 从失去的顾客身上学习

有效服务策略的一个重要方面就是从已经决定离开的顾客身上学习。正式的市场调查可以发现顾客离开的真正原因，对离去顾客的研究特别是对顾客的深入调查，以确定其离去的真正原因，有助于避免未来的失误。由训练有素和真正了解业务的人员进行深度访谈是最有效的做法。企业的高层管理人员来进行这项研究就更好了，特别是对大宗顾客或丢失一个顾客会带来巨大影响的企业顾客，从而来发现顾客背离的真实原因。

从顾客身上学习重要的是将重心集中在那些已经离开的、重要的或有利可图的顾客身上，而不是针对离开企业的每个人。尽管行业不同，顾客离去的特殊原因也会各不相同，但还是可以找到一些共同之处，如价格、不方便、核心服务失误、服务接触失败、对服务失误的反应、竞争、道德问题及不自觉转换。

7. 重新把事情做好

企业通过集成所有的服务补救战略，就会发现对服务补救的需要越来越少，而当服务补救确实发生时，企业也早有准备，就会给顾客留下深刻印象并仍然保证业务。

14.3.3 服务补救的策略

现在很多企业已经接受了服务补救的重要性，可是怎样做好服务补救呢？一般而言，失败的服务补救和不采取任何补救措施是同样糟糕的，有时甚至会产生更坏的影响。因此，对服务质量和顾客期望的双重背离，企业就要尽一切努力避免。企业若想挽回在服务提供方面已经失望的顾客，可以采用下面的几种方式，即道歉、紧急复原、移情、象征性赎罪、动态追踪访问和服务承诺。每一种方式都是建立在上一种方式基础上的。

1. 道歉

向顾客道歉是服务补救的开始，当企业意识到顾客的不满时，就应该有人向其道歉。道歉在一定程度上就意味着承认错误，这对于一些企业来说是很陌生的，它们常常不这么做。但是企业必须承认的是它们有时确实是无能为力的，如因电脑故障银行不能对顾客进行服务等。存在失败的危险在企业经营中是存在的，因为服务是易变的，只有企业接受了失败有时是会发生的这一客观存在的事实，它才能向员工阐明向失望的顾客道歉的必要性。道歉的举动虽然很小，但是顾客就会深切地感受到他们对于组织的重要性，这也为重新赢得顾客的好感所做的后续工作做好铺垫。

2. 紧急复原

紧急复原是道歉的自然延伸，也是那些不满意的顾客所期望的。顾客在对服务不满后，就会希望企业可以做一些事情以消除引起不满的根源。紧急也就说明企业采取行动迅速，也表明了企业对顾客的重视和对自身错误的深刻认识及企业自身的纠错能力很强。复原就意味着企业为纠正错误而做的努力。当一个企业采取紧急复原措施的时候，它就向顾客表明了企业是很重视顾客的抱怨的。与得体的道歉一样，紧急复原行动令顾客知道顾客满意对企业很重要。如果一个企业对顾客的不满或抱怨视而不见或反应迟钝，或无法向顾客表明它在对此采取一些行动，那么顾客就会感到企业并不重视他们的感受，顾客就会和其他不满顾客一起成为企业的流失顾客。

3. 移情

当完成紧急复原的工作以后，就需要对顾客表示一点移情，这也是成功的服务补救所不可缺少的。企业要对愤怒的顾客表示理解，因为企业的服务未能满足顾客的要求而给他们带来了损失，但要注意的是移情不仅仅是简单地承认失败(这项工作可以由道歉来完成)。移情要做的更重要的是努力地去理解为什么顾客会对企业失望，找出失望的具体原因。如果服务人员能够站在顾客的角度，他们就能很好地理解顾客的失望，并对顾客表示理解。移情的回报是令顾客意识到企业实际上是很关心他的困境的，而且也在积极地采取措施来减小损失。一般顾客能意识到这一点，许多愤怒就会烟消云散，这也可以为企业和顾客的相互理解和尊重打下良好的基础。倘若移情努力不是真诚的，它就会使顾客重燃怒火。伪装的移情就好似恩惠或施舍，它只会使顾客更加愤怒。因此，企业也要注意提高员工的倾听和移情技巧。

4. 象征性赎罪

对顾客表示理解和同情是很重要的，但是这时顾客仍未得到补偿。所以，在移情之后还要以一种有形化的方式来对顾客进行一定程度的补偿。或许可以把送个礼物当作象征性赎罪的形式。礼物可以以赠券或其他的形式来赠与，如一张免费的电影票或音乐会的入场券、一次免费旅行等。之所以叫象征性赎罪，是因为企业提供给顾客的不是服务的替代品，而只是告诉顾客企业愿意为他的失望负责，愿意为因服务的不周对顾客造成的损失做出一定的补偿。但是，如果企业赎罪的成本相对过高，就会对组织的底线有负面影响，而如果赎罪的支出过小，则又无法发挥它的效果，确定顾客的接受临界也是一项重要的工作。

5. *动态追踪访问*

在做了一定的补救工作后，企业还要看其挽回顾客好感的努力是否有效。通过对象征性赎罪进行动态追逐访问，企业可以测量出所采取的措施是否得到了顾客的认可，是否在一定程度上缓解了顾客的不满。如果表明企业的努力并没有达到预期的目标，那么在服务补救程序中就要加入新的手段。动态追逐访问有多种形式，因服务的类型和服务补救的情景而定。例如，可以是象征性赎罪以后的电话回访或者是一封信或电子邮件，还可以是服务结束后对顾客的口头询问等。这样做的目的就是确定企业的赎罪努力是否得到了认可，顾客的不满或抱怨是不是得到了扭转。而且，动态追踪访问使企业获得了一次对补救计划的自我评估的机会，并可以找出哪些环节需要进一步改进。

一般而言，采取上述方式的企业是能够期望在克服顾客不满的道路上阔步前进的。当然，这五种方式不是每一次顾客不满时都要全部用到。有时，顾客的不满只是对一点点问题感到失望，如餐厅的洗手间过于拥挤等，这就只要成功地运用服务补救的前两种方式，就能做好服务补救了。如果服务失败的结果对顾客造成了伤害，那么就可能要用到这五种方式。这就要视具体情况而定了。但不管是哪种情况，企业都要让顾客意识到企业对他们关心的问题是很重视的。

6. *服务承诺*

承诺是一种特别的补救工具。许多企业发现有效的服务承诺可以补充企业的服务补救策略。许多企业也开始认识到，承诺不仅可以作为一种营销工具，同时也是在企业内对质量进行定义、培养和维护的一种方法。一个有效的服务承诺对于企业的益处数不胜数：一个好的承诺促使企业关心顾客。要开放一个有意义的承诺，企业就要了解对于顾客来说什么是他们期待的和觉得重要的；一个有效的承诺为企业设立了清晰的标准，它促使企业清晰定义对员工的期望，并为此与他们进行沟通。承诺为员工们提供了以服务为导向的目标，它可以很快就让员工围绕顾客策略一起行动；一个好的承诺可以从顾客那里得到快速及相关的反馈，它能够激发顾客抱怨，承诺使顾客了解到他们有权利抱怨；实施承诺时有一个快捷的机会补救，既令顾客满意也有助于维持顾客的忠诚；通过承诺产生的信息可以被跟踪，并汇总在持续的改善行动中，顾客与服务运作决策之间的反馈联系可以通过承诺得到强化；对服务承诺影响的研究表明，承诺可以提高员工的士气和忠诚度，承诺可以使员工产生自豪感；对于顾客来说，承诺降低了他们的风险感并建立对企业的信任，承诺已经显示出可用来降低风险和增加在顾客购买前对服务的积极评估。

本章小结

本章主要介绍服务失误的类型和原因、顾客对服务失误的反应、顾客抱怨的原因及顾客抱怨对企业的影响，顾客抱怨的处理政策和应对技巧，服务补救的概念、原则和服务补救策略等。服务失误一般可以分为三种主要类型：服务提交系统的失误、对顾客需要的反应失误、员工自发而多余的行为引发的失误，其原因包括服务传递系统失误根源、前台员工的不合理言行根源、顾客言行的控制不力根源。顾客抱怨是顾客对产品或服务的不满和责难，分为建设性抱怨、引起注意的抱怨和专业抱怨三种类型。顾客抱怨对服务企业造成的影响表现在顾客抱怨会影响企业美誉度、顾客抱怨是企业的“治病良药”、顾客抱怨是提高顾客忠诚度的良好机会。服务补救是指企业为重新赢得因服务失败而已经失去的顾客的好感而做的努力行动。企业在制定服务补救策略时要遵循以下几个原则：争取一次把事情做对、欢迎并鼓励顾客抱怨、快速行动、公平对待顾客、从补救经历中学习、从失去的顾客身上学习、重新把事情做好。服务补救策略包括道歉、紧急复原、移情、象征性赎罪、动态追踪访问、服务承诺。

名人名言

现在一般顾客的真实抱怨行为是，尽管100%的顾客转向了其他公司，但只有53%的人向商店说出了他们的抱怨。

——亨特

成功的公司把抱怨看作使不满意顾客感到满意的机会，并避免顾客流失和对公司不利的口头传播。

——威廉·B·史蒂芬孙等(William B. Stevenson, act)

公司不应当因为抱怨者而着急，相反，倒是应当注意那些不抱怨的人。

——霍夫曼和彼得森

一位不满意顾客可能会向12个人倾诉他们糟糕的服务体验，而一位满意的顾客在人群中传播企业好口碑的机会比这要少得多。服务补救越慢，坏口碑传播得越快。

——格罗鲁斯

课后练习

一、复习题

1. 名词解释

服务失误　服务补救　紧急复原　象征性赎罪　移情

2. 填空题

(1) 服务提供系统失误主要表现在三个方面：一是______；二是服务延迟；三是______。

(2) 顾客抱怨的三种类型：______、______和______。

(3) 服务补救的目的就是______，企业做出______，将______最小。

3. 问答题

(1) 服务失误有哪些类型？
(2) 顾客对服务失误会有什么样的反应？
(3) 什么是顾客抱怨？顾客抱怨对企业有什么影响？
(4) 顾客抱怨或不抱怨的原因分别有哪些？
(5) 如何处理顾客抱怨？
(6) 服务补救的原则有哪些？
(7) 服务补救的程序是什么？
(8) 企业进行服务补救有什么意义？

二、案例应用分析

Ritz Carlton 酒店的服务补救

四名来自欧洲的MBA学员到位于亚利桑那州菲尼克斯的Ritz Carlton酒店参加服务营销理论研讨会。在即将离开酒店前往机场的那个晚上，他们想在酒店的游泳池里轻松地度过几个小时。但是，当他们下午来到游泳池时却被礼貌地告知：游泳池已经关闭了。原因是为了准备晚上的一个招待酒会。这些学生向招待员解释说，晚上他们就将回家，这是他们唯一可以利用的一点时间了。听完他们的解释后，这位招待员找来了一个管理人员向他们解释说，为了准备晚上的酒会，游泳池不得不关闭。但他接着又说，一辆豪华轿车正在大门外等待他们，他们的行李将被运到Biltmore酒店，他们可以到游泳池正在开放的地方游泳。至于轿车费用等，全部由Ritz Carlton酒店承担。

这四名学生感到非常高兴。这家酒店给他们留下了无比深刻的印象，也使得他们乐于到处传诵这一段服务佳话。

(资料来源：克里斯廷·格罗鲁斯. 服务管理与营销——服务竞争中的顾客管理. 3版. 韦福祥等，译. 北京：电子工业出版社，2008：96—97)

问题：

案例中的服务补救是什么策略？使用其有什么好处？

阅读材料

服务补救的归因及结果

众所周知，没有毫无缺陷的服务系统。失误是在所难免的，幸运的是意识到服务的失败并不意味着自动放弃顾客。当服务失败时，顾客对企业的信心需要公司采取措施来平衡。公司可以采取行动使顾客在一定程度上感觉好一些，也可以使事情变得更糟。据说，服务补救有这么一种奇怪的特性：一项成功的服务补救可能产生比第一次就正确服务还要好的效果。为了更好地留住顾客，营销人员必须认识到顾客接受服务补救的条件和方式。

服务补救绝对是经济划算的。因为，减少5% 的顾客流失率就能增加25%～95%的利润。长期顾客会随着时间的推进产生越来越多的利润。服务补救会产生四种结果，可估量的结果或行为结果。服务补救的两个可估量结果是服务感知质量和顾客满意。服务补救的行为结果是口碑和重购。顾客感知质量通常把质量分成两种类型。第一类型的质量是技术质量，是指服务完成后顾客的评价质量。技术质量是服务被满足后的结果。第二类型的质量即感知质量，涉及服务在完成过程中顾客需要被满足时的经历。我们关注服务补救过程的感知质量。顾客满意：满意的顾客有一场与消费有关的快乐经历。顾客将心中的期望与服务实际完成情况相比较从而得出对服务的评价。在服务补救过程中也是如此。口碑意图：口碑交流被认为是服务营销者与顾客交流的普遍重要的一环。大多数不满的顾客会把不满隐瞒不说。但优质的服务会带来好的口碑效应。重购意图：顾客的长期价值已受到营销者的关注。评估顾客的忠诚和保持的可能性是用他们的重购意图来衡量的。

研究表明：服务补救质量在补救过程中是很重要的，必须要有与顾客稳定的相互交流。口碑意图在服务补救中也很重要。要确保雇员和顾客相信服务补救过程是以一种持续的方式完成的。当完成服务补救时，要向顾客保证服务补救是由公司组织的代表始终如一地完成的。要让他们相信公司的服务失败是极少发生的。在服务补救同样稳定地进行时，补救服务感知质量是不同的，正如各种服务失败是由不同的原因造成的一样。当一个服务企业错误地占用了顾客的资源后(如丢失行李、丢失干洗的衣物、装潢错误的房间)，顾客关注的是服务补救完成的时间，即所有物何时归还。当涉及有形物体时，顾客更加关心问题解决的连贯性。另一个值得探讨的问题是由谁来完成服务补救。根据实证研究，看起来不论何时由第一线的员工来完成补救都比较合适。在补救感知质量中，服务人员的关键作用是稳定。合适的培训和适当的分权对成功地完成服务补救程序是非常重要的。以员工为基础的补救服务对感知质量、顾客满意、口碑意图是很重要的，但对重购意图并非如此。首先，让实施服务的员工参加服务补救必须十分谨慎。因为补救会对感知质量、顾客满意和口碑意图产生重要影响。但当一线员工不能成功补救时，经理们也不必沮丧。无论是应该由企业、雇员或顾客对补救未来负责，未来的重购意图并不受很大影响。经理感兴趣的是如何获得一个经历了失败服务的顾客的未来重购，至于谁应该对补救服务负责并不重要，重要的是如何提供合适的补救服务。

服务补救时间和复杂性对四个补救结果会产生重大影响。航空公司的补救时间最长、复杂性最高，所以补救效果不好；有线电视公司的补救时间和复杂性中等，产生了中等满意的补救效果；而信用卡公司的补救最简单，因此产生了非常好的补救结果。这也验证了前面所说的简单有效的补救才会为公司带来积极的顾客评价。因此，服务经理们会需要考虑他所在具体行业的服务补救过程的复杂性和时间长短。如果服务补救过程简单且花费很短的时间的话，顾客对补救的积极评价将会超过对失败服务的消极评价。所以，对由服务的复杂性和时间过长造成的失败，就需要在补救过程中采取特别精心的补救措施。另外，简单迅速的服务补救能为公司提供一种相对于竞争者的优势定位策略。

(资料来源：Kathleen Mortimer(2001)The Joumal of Services Marketing;Senta Barbara)

第 15 章 服务业的关系营销

教学目标

通过对本章的学习，了解服务服务业营销的演进和服务中的顾客关系，掌握顾客满意、顾客忠诚及关系营销理论等，并能将这些理论运用到服务关系营销策略中去。

教学要求

知识要点	能力要求	相关知识
服务业营销的演进	(1) 理解营销焦点演进 (2) 运用服务业营销演进	(1) 营销关注的主要领域 (2) 服务业营销的演进
服务中的顾客关系	(1) 理解服务性企业与顾客关系水平 (2) 运用服务中的顾客满意与顾客忠诚	(1) 服务性企业与顾客的五种关系水平 (2) 顾客满意 (3) 顾客忠诚 (4) 服务中的顾客满意与顾客忠诚
服务的关系营销	(1) 理解关系营销提出背景 (2) 理解关系营销内涵和特征 (3) 理解关系营销与传统营销区别 (4) 理解关系营销基本理论	(1) 关系营销的提出背景 (2) 关系营销的内涵、特征 (3) 关系营销与传统营销比较 (4) 关系营销的基本理论
关系营销的层次与策略	(1) 理解关系营销层次 (2) 运用关系营销策略	(1) 关系营销的三个层次 (2) 关系营销的策略

关系营销不是创造购买，而是建立各种关系。

——理查德·古德曼(Richard Goodman)

基本概念

服务业营销　营销演进　顾客关系水平　顾客满意　顾客忠诚　关系营销

导入案例

淘宝的关系营销

打开“好友总动员”页面(http://pengyou.taobao.com)发现，淘宝网在11月2日～12月31日，为淘江湖用户限量免费送出18款形象，总计100万个的淘宝玩偶。淘宝用户只要登录淘江湖，就可以选择一款自己喜欢的淘宝玩偶，同时还可以为自己的好友选择一款淘宝玩偶，淘宝网将通过快递，为玩家和玩家的好友同时送出这两款淘宝玩偶。这意味着，如果玩家的淘江湖好友越多，就能收到越多的淘宝玩偶。

“今年过节不收礼，收礼只收淘玩偶。” 网友Maggie告诉记者，她已经把自己的淘宝旺旺签名改成了这句话。集齐18款淘宝玩偶，将成为她的终极目标。只要发现有好友收到淘宝邀请函，她就用淘宝旺旺不断发消息“轰炸”他们，让他们送自己一个。

“好友总动员”正在网民中掀起一股狂热。淘宝玩偶通过一条条的好友关系，不断传递开来，吸引更多的淘友参与其中，让人为之疯狂。不仅如此，由于淘宝玩偶无处可买，必须加入淘江湖才能拿到，也吸引了很多新会员加入进来。

点评：关系营销就是通过某种方式建立并维持同顾客的长期关系。

在21世纪的今天，关系营销已经成为许多企业的一项重要的营销战略。它主要是通过一些方法和手段，建立同顾客的联系，并进一步强化和巩固这种关系，以达到长期赢利的目的。本章主要介绍服务业营销的演进、服务性企业与顾客的关系水平、顾客满意、顾客忠诚及关系营销等相关理论。

15.1　服务业营销的演进

15.1.1　营销焦点的演进

随着营销学理论和实践的不断发展，营销关注的焦点也不断发生变化(如图15.1所示)。20世纪50年代，消费品公司率先正式开发营销计划，对消费市场的研究和分析也是那个时期的主流；到了20世纪60年代，专门针对工业市场的营销开始吸引人们的注意力；20世纪70年代，非营利机构和公共部门开始关注服务营销；到20世纪80年代，服务营销引起了整个服务业的世纪关注；20世纪90年代，关系营销成为新的营销重点，它将各种营销关注的重点整合成一体。关系营销在90年代崭露头角、一显身手，这主要是由两个方面的重要原因促成的。首先，从宏观来讲，市场营销影响的是一系列相当广泛的领域，如客户市场、雇员市场、供应市场、内部市场、推荐市场及影响市场等；影响市场包括政府市场和金融市场。其次，从微观来讲，企业与客户的相互关系正在发生本质性的变化，人们的关注重点正从以交易为中心转向以关系为中心，如图 15.1 所示。

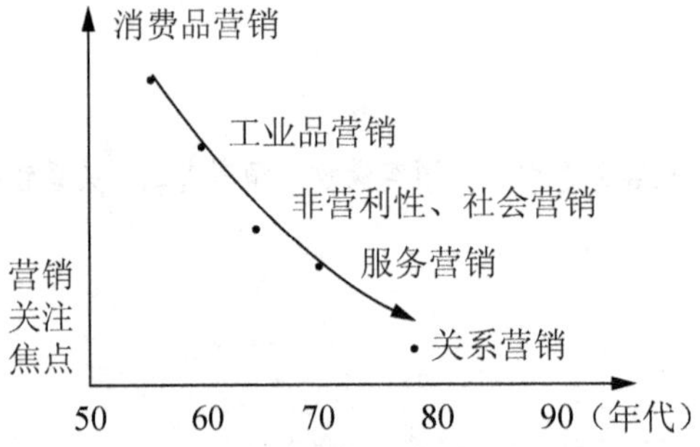

图 15.1　营销焦点的演进

过去，营销理论的很大部分是通过研究消费市场发展起来的，然而，对工业市场和服务市场的研究表明，如今我们需要一种新的认识角度。例如，营销学者米高森就曾指出，工业企业的国际业务部门，并不像在消费品市场进行营销活动时那样着重关注 4P 的操作，他们关心的是如何与至关重要的那部分客户、经销商、供应商、公共机构及个人建立一定规模的联系。按照工业营销的新兴理论来看，“网络互促式营销”指的就是公司旨在建立、维系和发展与客户的关系而开展的一切活动。多年来，它在欧洲的 IMP 集团公司还得到了不断的发展和丰富。实际上，互促式营销和建立相互影响的关系这类想法与关系营销的概念有着紧密的联系。

15.1.2　服务业营销的演进阶段

随着服务业的快速增长和竞争的日益激烈，服务企业开始将营销作为竞争的手段，但是对于服务营销的理解和运用在各个服务部门程度不一、效果也不一样。有些部门还停留在运用一些简单的促销手段来追求销售额，另一些部门已经能够充分地利用内部和外部的营销能力。总体而言，服务业营销的演进经过了一系列的阶段。

1. 传统销售阶段

传统销售阶段，由于竞争的出现，服务企业不得不开始制订销售计划，通过对销售人员进行培训提高他们的销售技巧，以招募更多的新顾客。这样做提高了销售能力，但是缺乏让顾客满意的思想和工作，企业注重的是销售或者说是销售额而非利润。

2. 简单促销阶段

为了刺激市场，服务企业往往有多个广告和公共关系的代理公司，制作精美的宣传和销售资料。企业这样做会使顾客期望值升高，但是由于这样的竞争活动很容易被模仿，因而顾客的期望常常没有被满足，而且，企业这些投资的产出不易测量，激励也会下降。

3. 差异化阶段

差异化阶段，服务企业开始认识到差异化的重要性，传统的产品、技术及促销手段已经逐渐被竞争对手所模范，因而服务企业要想在市场上立足，必须首先分析竞争对手，了解竞争对手的战略特点及产品定位，进而通过不断开发新产品、发掘新需要、引进新服务，从而形成自己的差异化竞争优势，最后成功塑造自己的品牌。

4. 服务质量阶段

服务质量阶段，服务企业开始重视顾客的价值。通过改进服务设备与设施，采取改善服务的外部促进行为，开展顾客服务培训、微笑运动、顾客关怀、服务补救等活动，服务企业有效提升了服务质量，增加了顾客价值，成功地维系了顾客关系。

5. 关系营销阶段

企业开始经常地研究顾客和竞争对手，注重所有的关键市场，严格分析和整合营销计划，建立顾客数据库，开展以数据为基础的营销。营销的目的不再是单纯的准确短期的销售额，而是为了维系老顾客，通过顾客忠诚为企业创造更多的价值。

15.2 服务中的顾客关系

15.2.1 服务性企业与顾客的关系水平

服务性企业和顾客的关系一般可以分为五种不同的水平。

1. 基本关系

基本关系是指服务企业的服务人员在服务完成之后，不再与顾客接触。

2. 被动式关系

服务企业的服务人员在服务完成过程中，或服务完成之后，鼓励顾客在购买产品和服务之后，如果发现产品或服务有问题或不完善时，主动联系服务企业。

3. 负责式关系

服务企业的服务人员在服务完成之后，通过各种方式了解顾客的意见，主动收集顾客的建议及对服务的特殊要求等信息，并不断改进服务。

4. 主动式关系

服务企业的服务人员经常与顾客进行沟通，不时与顾客联系，向他们提出改进产品或服务使用的建议，或者提供有关新产品的信息，促进新产品的销售。

5. 伙伴式关系

企业与顾客持续合作，使顾客能更有效地使用其资金或帮助顾客更好地使用服务产品，并按照顾客的要求来设计新的产品。

在实践中，服务企业因服务产品和顾客层次、利润等因素的差异，而采用不同的顾客关系。一般而言，如果服务企业的服务产品有众多的顾客，并且单位产品的边际利润很低，则宜采用基本关系；如果顾客很少，而且产品边际利润很高，则宜采取伙伴式关系。

15.2.2 顾客满意与顾客忠诚

1. 顾客满意

在现代社会，服务企业要赢得长期顾客，就要创造顾客满意。顾客满意是一种心理活动，是顾客的需求被满足后的愉悦感。美国营销学家科特勒指出："满意是指一个人通过对一个产品的可感知效果与他的期望值相比较后，所形成的愉悦或失望的感觉状态。"顾客可以经历三种不同满意度中的一种：如果感知效果低于期望，顾客就会不满意；如果感知效果与期望相匹配，顾客会认为服务是"合适的"，但他们既可能满意，也可能不满意；如果感知效果超过期望，顾客就会满意，当这个差距很大时，顾客就会愉悦，并形成顾客忠诚。顾客的满意程度会受到许多因素的影响，尤其是顾客的情绪、归因及对平等的感知等。目前，顾客满意(customer satisfaction，CS)理论已经成为现代企业的一种重要整体经营手段和战略指导。CS战略的指导思想是，企业的全部经营活动都从满足顾客的需要出发，以提供满足顾客需要的产品或服务为企业的责任和义务。CS战略强调以顾客为中心的价值观，建立顾客满意的营销导向。

顾客满意包括产品满意、服务满意和社会满意三个层次。产品满意是指企业产品带给顾客的满足状态，包括产品的内在质量、价格、设计、包装、时效等方面的满意。产品质量满意是构成顾客满意的基础因素。服务满意是指产品售前、售中、售后及产品生命周期的不同阶段采取的服务措施令顾客满意。这主要是在服务过程的每一个环节上都能设身处地地为顾客着想，做到有利于顾客、方便顾客。社会满意是指顾客在对企业产品和服务的消费过程中所体验到的对社会利益的维护，主要指顾客整体社会满意，它要求企业的经营活动要有利于社会文明进步。

知识链接

跟踪美国的顾客满意度是最近由美国质量控制学会和密歇根大学商学院联合开展的一项非常复杂的工作。这两个组织共同开发了美国顾客满意指数，它是以代表了超过24个制造业和服务业的3 900种产品为基础的。研究中所涉及的公司是根据规模、美国的市场份额为基础来选择的，总共代表了大约40%的美国GDP，政府服务也包括在内。

根据对顾客满意指数结果的分析，企业经常会犯三类导致顾客满意度下降的共同性错误。首先，许多公司继续把顾客服务看做成本而不是投资。其次，公司常常会忘记顾客满意的要求是不断提升的。最后，公司不能把顾客满意与它确保成功的基本目标连接起来。某些公司仍然没有看到(或者不重视)这种联系。可是，其他企业，像广告业中的某些企业已经意识到，顾客保留率提高5%就意味着顾客净现值增加95%。

据对美国汽车业的调查，一位满意的顾客会引发八笔潜在的生意，其中至少有一笔成交；而一个不满意的顾客则会影响25个人的购买意愿。对服务企业而言，顾客满意带来的好处包括：①购买更多的服务产品，对产品忠诚更久；②听从服务企业的推荐，购买附加服务产品或对产品升级换代；③为服务企业和服务产品说好话；④忽视竞争品牌和广告，对其低价促销不敏感；⑤向企业提出产品或服务的建议；⑥比新顾客降低了交易成本。

对于企业而言，如果对企业的产品和服务感到满意，顾客会将他们的消费感受通过口碑传播给其他的顾客，从而可以扩大产品的知名度，提高企业的形象，为企业的长远发展不断地注入新的动力。但现实的问题是，企业往往将顾客满意等同于信任，甚至是"顾客忠诚”。事实上，顾客满意只是顾客信任的前提，顾客信任才是结果；顾客满意是对某一产品、某项服务的肯定评价，即使顾客对某企业满意也只是基于他们所接受的产品和服务令他满意。如果某一次的产品和服务不完善，他对该企业也就不满意了，也就是说，它是一个感性评价指标。顾客信任是顾客对该品牌产品及拥有该品牌企业的信任感，他们可以理性地面对品牌企业的成功与不利。美国贝恩公司的调查显示，在声称对产品和企业满意甚至十分满意的顾客中，有 65%～85%的顾客会转向其他产品，只有 30%～40%的顾客会再次购买相同的产品或相同产品的同一型号。

知识链接

“满意”是一种感觉状态下的水平，怎样才是满意，怎样才是“不满意”呢？

首先，满意与否取决于一个人的价值观。顾客满意不是公司拿着自己的产品或服务去询问顾客“我准备为你提供怎样的服务”或者是对于“我已经为你提供的这些服务”你是否满意。真正意义上的“顾客满意”是指公司所提供的产品或服务的最终表现与顾客期望、要求的吻合程度如何，从而所产生的满意程度。

其次，“顾客满意”管理哲学着重强调的另外一点是“定义你的顾客”。不是所有的人都是你的顾客，也不是所有顾客的满意度都需要提高，你只需要高度关注那些可以为你带来效益的顾客。不要忘记公司的最终目的是赢利，而不是不计成本地追求“所有人的满意”。100%的顾客满意不仅没有可能而且也非常不现实。

再次，“顾客满意”管理哲学还强调顾客导向服务标准的建立。“顾客满意”的另一个基本原理是，你能衡量的，才是你能管理的；你无法衡量它，就无法管理、控制它！所以，顾客满意管理哲学告诫公司，应在对顾客了解的基础上，提出制定产品的服务标准，同时将这些标准转换为“以行动为导向的、可衡量的”具体措施。

很多情况下，我们会发现 100%的顾客满意度的利润率反而较低。原因很简单：从一个比较低的顾客满意度的基础上开始提升，或许能使企业获得迅速的利润增长——顾客满意度高的企业很容易打败满意度较低的企业，这已经被许多国内外企业所证实；但是当一个企业追求一个更高等级的顾客满意度时，所付出的资金与精力和所得到的利润相比有时极不划算。这就是很多超市与家电专卖店规定顾客必须买足一定金额的货物才提供送货服务的原因。至于有的企业不顾成本地提供服务，那是将服务作为树立企业形象和提升品牌价值来抓的，服务的成本已经计入日后的品牌溢价之中去了。

2. 顾客忠诚

关于顾客忠诚的含义，不同的学者理解不同。贾瓦尔基和莫伯格(Moberg)认为，顾客忠诚的界定可以从两个层面进行。首先，可以从行为层面上来界定顾客忠诚，其度量标准包括购买频率、购买量及品牌转换倾向等；其次，可以从态度层面上来界定顾客忠诚，包括品牌偏好、倾向及情感依附程度。在度量顾客忠诚问题上，必须是多维度的，而不能单纯地用行为指标来界定，这也是顾客忠诚度量的难点之所在。

按照学者奥立弗(Oliver)的观点，顾客忠诚可以划分为认知忠诚、情感忠诚、意向忠诚和行为忠诚四类。认知忠诚是顾客建立在品牌信念基础上的忠诚，是由顾客之前的、关于替代品的信息，或者最近的消费经历而建立起来的某种认知。因此，这种忠诚是针对某种特定品牌的。情感忠诚是指一旦形成对某个品牌的偏好后，即使受到负面信息的影响，顾客对于该品牌的情感也不会轻易地发生改变。意向忠诚就是顾客承诺购买的一种深度忠诚，但这只是一种购买的意愿，而没有变成实际的购买行为。行为忠诚是指顾客将意向忠诚转化为实际的购买行为，如果企业能够兑现承诺，顾客就会形成一种购买惯性，从而变成重复购买。在这四种忠诚类型中，认知忠诚强调的是品牌的绩效，情感忠诚强调的是顾客对品牌的偏好，意向忠诚强调的是顾客对特定品牌的某种深度承诺，而行为忠诚强调的则是顾客的重复购买行为。

3. *顾客满意与顾客忠诚的关系*

传统观念认为，发现正当需求——满足需求并保证顾客满意——营造顾客忠诚，如此过程构成了营销三部曲。因此，顾客满意必然造就顾客忠诚。但是，满意的顾客就是忠实的顾客，这只是一个神话——世界知名的美国贝思管理顾问公司的研究表明，40%对产品和服务完全满意的顾客也会因种种原因投向竞争对手的怀抱。根据清华大学中国企业研究中心对全国40多个不同行业390多家企业的调查，许多顾客满意度比较高的企业其顾客忠诚并不高。

那么，顾客的满意度和顾客的忠诚度有什么区别呢？满意度衡量的是顾客的期望和感受，而忠诚度反映顾客未来的购买行动和购买承诺。顾客满意度调查反映了顾客对过去购买经历的意见和想法，只能反映过去的行为，不能作为未来行为的可靠预测。忠诚度调查却可以预测顾客最想买什么产品、什么时候买、这些购买可以产生多少销售收入。不少研究表明，顾客满意与顾客忠诚存在着正向关系，但是这种关系并不是线性的。哈特和约翰逊(Johnson)在对施乐公司进行研究时发现，顾客存在一个“质量不敏感区”(zone of indifference)。在这部分区域内，那些基本满意和满意的顾客的忠诚度和重复购买率很低；只有那些非常满意的顾客才有较高的重复购买率，并乐于为企业传递良好的口碑(如图15.2所示)。

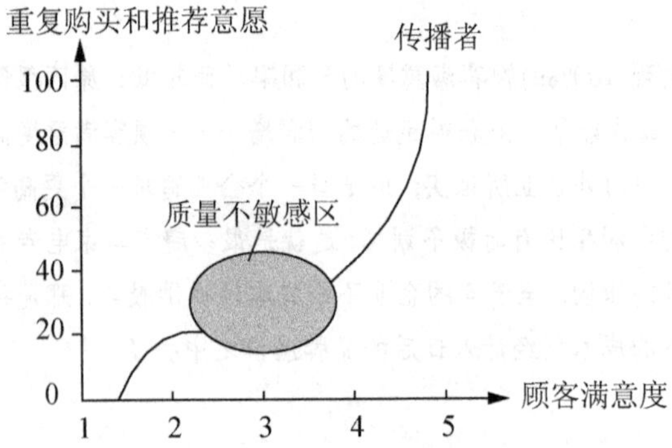

图15.2 顾客满意与顾客忠诚的关系[①]

实际上，顾客的满意度和他们的实际购买行为之间不一定有直接的联系，满意的顾客不一定能保证他们始终会对企业忠诚，产生重复购买的行为。在一本有关“客户忠诚”的《客户满意一钱不值，客户忠诚至尊无价》的畅销书中，作者谈道：“客户满意一钱不值，因为满意的客户仍然购买其他企业的产品。对交易过程的每个环节都十分满意的客户也会因为一个更好的价格更换供应商，而有时尽管客户对你的产品和服务不是绝对满意，你却能一直锁定这个客户。”

① 资料来源：克里斯廷·格罗鲁斯. 服务管理与营销——服务竞争中的顾客管理. 3版. 韦福祥等，译. 北京：电子工业出版社，2008.

营销案例

顾客满意就一定忠诚吗?

许多用户对微软的产品有这样那样的意见和不满，但如果改换其他产品要付出很大的成本，他们也会始终坚持使用微软的产品。最近的一项调查发现，大约 25%的手机用户为了保留他们的电话号码，会容忍当前签约供应商不完善的服务，而不会转签到别的电信供应商。但如果有一天，他们在转约的同时可以保留原来的号码，相信他们一定会马上行动，这一情况已在中国联通与中国电信之间的竞争中表现得很突出了。

不可否认，顾客满意度是顾客重复购买的重要因素，当满意度达到某一高度，会引起忠诚度的大幅提高。顾客忠诚度的获得必须有一个最低的顾客满意水平，在这个满意度水平线下，忠诚度将明显下降。但是，顾客满意度绝对不是顾客忠诚的重要条件。

15.2.3 服务性企业的顾客忠诚

随着市场竞争的日益加剧，顾客忠诚已经逐渐成为影响企业长期利润的决定性因素。以顾客忠诚为标志的市场份额，比以顾客多少来衡量的市场份额更有意义。服务性企业的管理者已经认识到维持顾客关系的重要性，并逐步将营销管理的重点转向提高顾客忠诚度方面来，以使企业在激烈的竞争中获得关键性的竞争优势。

对于一个组织来说，维护和发展同顾客的关系所产生的利益可以有很多种。P. Kumar(1999)对 Compustat 和 Compact Disclosurs 数据库中包含的信息进行研究，发现以关系为导向的商家对商家(business to business，B2B)服务企业，其投资回报要高于以业务为导向的企业。这种赢利来自于许多方面，包括从客户处获得的不断提高的收入，降低的营销和管理成本，以及无需降低价格就能够保持边际收益率的能力。对于服务业而言，顾客保留率增加 5%可以带来利润增加量 35%～95%的改变(F. Reichheld，1994)(如图 15.3 所示)。

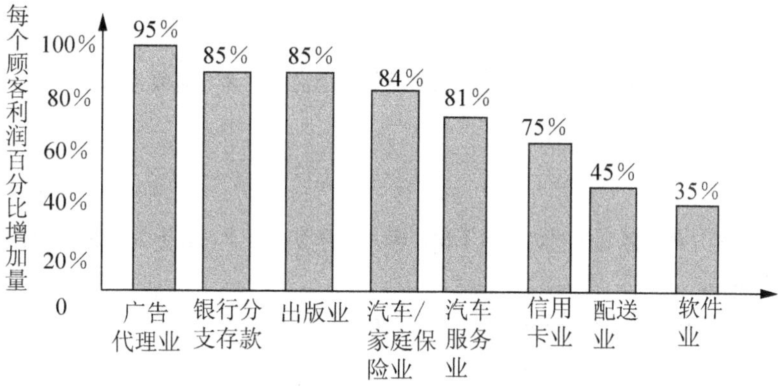

图 15.3 顾客保留率增加 5%带来的利润①

① 资料来源: F.Reichheld. Loyalty and the Renaissance of Marketing. Marketing of Management，1994(4)：15.

顾客忠诚对于顾客与企业双方而言都将获得巨大好处。从顾客角度来看，顾客忠诚的动机是显而易见的，因为顾客可以从关系维持中获得经济利益、社会利益和心理利益。顾客是理性的，得不到好处的顾客是不会维持同企业的关系的。然而，对于企业而言，这种好处由于短期关系成本的上升却并不能得到体现。但在长期，随着关系成本的下降，维持顾客关系的直接结果将是营业收入的快速增长，同时还会带来成本节约、顾客推荐、溢价等相关效应(F.Reichheld，1996)(如图 15.4 所示)，这些都将带来企业长期经营绩效的提升。

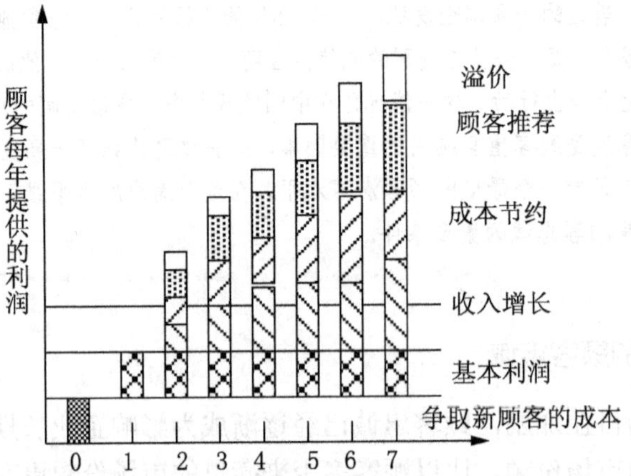

图 15.4 服务业维持顾客关系的好处[①]

然而，维持顾客关系的巨大利益并不代表所有的客户都值得注意和保留。联邦快递公司就通过在内部按照收益率将其客户区分为优良、差和恶劣三类，变革了自己的营销哲学。他们致力于为优良客户提供服务，并努力将差客户变成优良客户，而放弃恶劣客户，这比对所有客户都使用相似的营销方式要好得多[布鲁克斯(Brooks)，1995]。由于对客户获利能力的不断细分，传统的 80/20 客户金字塔进一步地被细分为由铅层、铁层、黄金层和白金层四层所构成的扩展客户金字塔(泽斯梅尔和比特纳，2004)。

特别提示

顾客并非永远正确，在有些情况下服务企业宁愿终止他们与顾客之间的关系。

知识链接

按照从高赢利客户到低赢利客户的层级不同，客户也分为白金层、黄金层、铁层和铅层四级，构成扩展的客户金字塔模型。

(1) 白金层：企业最有价值的客户，对于价格不是过度敏感，愿意购买和尝试新产品或服务，是企业的忠实客户。

(2) 黄金层：他们可能是大客户，但是为了使风险最小化，他们往往会选择多个卖主而不仅仅是某一个公司。

---

① 资料来源：F.Reichheld．The Loyalty Effect. The Hidden Forces Behinds Growth, Profit and Lasting Value. Boston, MA: Harvard Business School Press, 1996.

(3) 铁层：包括一些重要的客户，但是他们的消费水平、忠诚度和回报率要获得特别的对待还是不够的。

(4) 铅层：由那些浪费公司金钱的客户组成，他们要求获得比根据他们消费和回报率所应得的更多的注意，有时候他们就是问题客户——向其他人抱怨企业并且占用企业的资源。

一旦一个系统已经为分类的客户建立，就能够识别各个层级，并且推动服务，进而预期获得不同水平的利润。通过延伸与忠诚客户的关系，提高现存客户的销售，提高每一个销售机会的回报率，企业能够增加每一个客户的潜能。

那么，如何提高服务性企业的顾客忠诚呢？

首先，为顾客提供优异的服务，并不意味着一定要为顾客提供额外的或附加的服务，企业所需要的只是在每一个服务过程中，给顾客小小的“惊喜”，而不是对服务历程做多么大的改动。而这小小的“惊喜”，对于提高顾客感知服务质量，对于提高顾客的忠诚度具有极其重要的意义。

其次，对于服务提高者来说，一次优质的服务并不能说明什么，重要的是在每次服务过程中，都要令顾客感到愉悦。必须与顾客建立起长期的互动关系，这是顾客高保持率的根本所在。

最后，需要注意的是，提高顾客满意度和忠诚度，并不是指提高所有顾客的满意度和忠诚度。正确的做法是，在对顾客进行细分的基础上，采取有针对性的策略，最大限度地让更具有价值的顾客满意，而不是取悦于所有的顾客。这一观点是在对瑞典银行组织实证性研究的基础上提出的。在该银行，顾客满意水平很高，但企业却没有赢利。在研究了顾客的存贷行为并将收入、利润同成本比较后，他们发现，80%的顾客并不具有可赢利性，而他们对从银行获得的服务却很满意。另一方面，20%的顾客贡献了超过银行 100%利润的资金，但却对银行的服务不满意。所以，银行采取措施努力改善对可赢利顾客的服务，并取得了极好的成果。

15.3 服务的关系营销

15.3.1 服务与关系营销

20 世纪 80 年代，客户服务受到了极大的关注。这场强调客户的大变革，至少可以部分地追溯到彼得斯和沃特曼所撰写的《追求卓越》一书。该书集中探讨了那些经营业绩最为优秀的公司为“更加贴近客户”而做出的努力，引起了商界的广泛注意。他们对客户的关注迅速在西方各大公司中传播开来。在英国，备受传媒津津乐道的例子莫过于英国航空公司和兰克施乐公司。在零售金融服务领域，所有的主要参与者都采取了某种形式的“关怀客户”方案。从旅行招待行业到公用事业，众多的经济部门在客户服务方面投入了相当多的精力和关注。尽管这些企业都用心良苦，但公司要达到满足客户要求这一目的，却常常明显地缺乏全体上下在目标指向上的协同一致。对此，传统的营销观念难辞其咎。

市场营销涉及公司和客户之间的交流关系，是为了促成两者之间的沟通，而质量和服务则在这一关系中起着关键的衔接作用。公司所面临的挑战是如何促使这三个方面相互配合，达到和谐统一。过去，这三者常常被割裂开来看待，被分离开来处理。正是在这种情况下，才出现了“关系营销”这一概念。关系营销作为新的聚合点，它以市场为导向，把服务与质量有机地结合了起来。关系营销的着眼点不像传统营销观念那样只有一个，而是两个：赢得客户与拥有客户。过去，市场营销的重点很大部分放在怎样“赢得”而不是如何长期“拥有”客户上面；而关系营销的目的正是在于使服务、质量和营销这三者环环相扣，使赢得客户与保有客户这两方面呼应结合起来(如图 15.5 所示)。

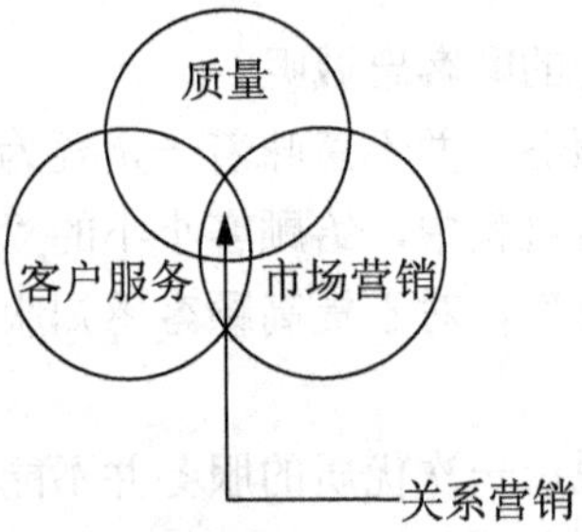

图 15.5　关系营销导向：将服务、质量与营销融为一体

客户服务和全面(全公司范围内的)质量决策是以竞争性营销战略为背景而出现的。在传统上，人们一直从某种狭隘的角度来看待客户服务。这种观点认为，客户服务的主要作用在于把恰当的产品在合适的时间投放到适宜的地点，它基本上是从流通销售和后勤服务的角度出发来考虑的。然而，正在悄然兴起的一种客户服务观念却与此并不相同。这种观点置客户服务于更为广阔的背景之中，把它作为一个多层次的问题，在公司各项活动领域影响着公司与特定目标群体的关系。实际上，客户服务是指公司与客户及其他市场主体建立联系，从而确保长期互惠的关系得以巩固。可以把客户服务看做一种为客户提供时间便利和空间便利的过程，它牵涉到对与这一过程相关的交易前期准备、交易本身、交易之后的工作等诸多方面，客户服务的决策必须在更为广泛的关系营销战略背景下来制定。进行关系营销就是为了发展与客户的交流关系，而客户服务应该在这一活动中起到关键的作用。

15.3.2　关系营销的提出背景

关系营销是一种基于建立和管理关系的营销理念，它的产生是市场竞争加剧和营销理论缺陷共同作用的结果。随着经济的发展，企业所处的市场环境发生了很大变化，主要表现在宏观和微观两个方面：①从宏观方面看，随着市场经济的全球化发展，影响企业营销活动的不只是消费者市场，而是由消费者市场扩展到雇员市场、供应者市场、内部市场、推荐市场和影响市场，这表明传统营销的研究范围必须进一步扩大；②从微观方面看，随着市场竞争的激烈化和复杂化，企业与顾客的关系也在发生本质的变化。企业要想在激烈的竞争中取得优势地位，必须将关注的焦点从交易为中心转向以关系为中心，以吸引新顾客为目标转向以保持老顾客为目标。原有的传统营销理论是从消费品营销的基础上发展起来的，它以交易为基础，强调的是竞争和短期交易行为，这种营销模式对于产业营销、服务营销和国际营销而言，已经呈现出越来越多的局限性。市场的压力和理论的缺陷，使得企业营销实践者和理论研究人员重新审视营销理论和实务，并由此产生了关系营销理论。

关系营销研究始于 20 世纪 70 年代，发源于北欧的诺丁服务营销学派(nordic service

marketing)和产业营销学派(industrial marketing purchasing)。欧洲的一些学者如 Christopher、Payne、Ballantyne 等，在研究服务市场与工业品市场的基础上，率先提出“交互营销”、“交互关系”等概念，他们倡导关系导向，但并未提出关系营销这个概念。“关系营销”一词由贝里在 1983 年的一篇会议论文中正式提出。进入 20 世纪 90 年代后，对关系营销理论的研究在西方掀起一股强大的热潮。目前，研究关系营销理论的主要有四大学派，即北美学派、IMP 学派、诺丁学派和英澳学派。

15.3.3 关系营销的内涵及特征

1. 关系营销内涵

美国学者贝里(1983)认为“关系营销就是保持顾客”；芭芭拉·邦德·杰克逊(Barbara Bound Jackson，1985)提出“关系营销就是锁住顾客，由两种纽带将顾客锁住，一种是结构纽带，另一种是社会纽带”。Copulsky & Walf(1990)认为，“关系营销就是利用数据库去瞄准消费者，去保持消费者，与消费者建立连续关系”。摩根和亨特(Hunt)(1994)认为，“关系营销就是指建立、发展和维持同顾客成功的交换关系”。格罗鲁斯(1996)对关系营销进行了较全面的定义，他认为“关系营销是为了满足企业和相关利益者的目标而进行的识别、建立、维持、促进同消费者的关系，并在必要时终止关系的过程，这种过程只有通过交换和承诺才能实现”。

从上述定义中，可以看出关系营销的基本内涵①如下。

(1) 留住顾客，建立企业同顾客的长期关系。

(2) 留住顾客是实现同顾客成功的交换关系。

(3) 通过交换和承诺来实现顾客保留。

(4) 关系营销包括识别、建立、维持和在必要时终止关系的过程，目的是满足企业和相关利益者的目标。

2. 关系营销的特征

关系营销的本质特征可以概括为以下几个方面。

(1) 双向沟通。在关系营销中，沟通应该是双向而非单向的。只有广泛的信息交流和信息共享，才可能使企业赢得各个利益相关者的支持与合作。

(2) 合作。一般而言，关系有两种基本状态，即对立与合作。只有通过合作才能实现协同，因此合作是“双赢”的基础。

(3) 双赢。即关系营销旨在通过合作增加关系各方的利益，而不是通过损害其中一方或多方的利益来增加其他各方的利益。

(4) 亲密。关系能否得到稳定和发展，情感因素也起着重要作用。因此，关系营销不只是要实现物质利益的互惠，还必须让参与各方能从关系中获得情感的需求满足。

(5) 控制。关系营销要求建立专门的部门，用以跟踪顾客、分销商、供应商及营销系统中其他参与者的态度，由此了解关系的动态变化，及时采取措施消除关系中的不稳定因

---

① 甘碧群．市场营销学．武汉：武汉大学出版社，2004：536.

素和不利于各方利益共同增长的因素。此外，有效的信息反馈，也有利于企业及时改进产品和服务，更好地满足市场的需求。

15.3.4 关系营销与传统交易营销比较

传统的营销概念建立在交易概念和4P组合的基础之上。这种基于美国大众消费品市场的经验理论，由于着眼于短期的交易，在国际营销、组织营销和服务营销领域里显得有些软弱无力，也越来越受到理论界和企业界的质疑。一大批学者为了改变这种状况，提出了新的营销模式——着眼于与顾客建立长远关系的关系营销理论，关系营销与传统的交易营销有着较为明显的区别(见表15-1)。

表15-1 关系营销与传统交易营销比较

比较内容	传统交易营销	关系营销
营销工作重点	吸引新顾客	保留老顾客
营销工具组合	4P	不仅是4P，更多
营销执行部门	营销部门	全部门、全员营销
营销对象	顾客市场	六大市场
目标取向	产品特征取向	产品利润取向
时间标段	短	长
顾客服务	不重视	非常重视
顾客承诺	有限	很多
顾客接触	有限	高度接触
质量观	首先是生产关心的事	专注所有质量

15.3.5 关系营销的基本理论

1. 六大市场模型[①]

以佩恩、马丁·克里斯托弗(Martin Christopher)、莫里亚·克拉克(Moria Clark)和海伦·佩克(Helen Peck)为代表的英澳学派把对企业营销有影响的因素划分为六个市场，即顾客市场(customer markets)、供应市场(supplier markets)、内部市场(internal markets)、推荐市场(referral markets)、影响市场(influence markets)和雇员市场(recruitment markets)。其中，顾客市场是六个市场的核心。企业在实施关系营销战略时，必须保持六个市场之间的高度协调，开发和促进与六个市场的关系，为实现成功的顾客关系打下基础。

1) 顾客市场

顾客是企业存在和发展的基础，市场竞争的实质是对顾客的争夺。通过关系营销与传统营销的比较发现，关系营销更多的是与顾客建立长久关系，即建立顾客忠诚。学者们的研究证明，一个企业80%的营业额来自20%经常惠顾企业的顾客；而获得一位新顾客的成本是保留一位老顾客所花费成本的6倍，并且一个满意的顾客会引发8笔潜在的生意，其中至少有1笔会成交，一位不满意的顾客会影响25个人的购买意愿。因此，企业应非常关

① Adrian Payne, Martin Christopher, Moria Clark , act. *Relationship Marketing for Competitive Advantage*, Butterworth-Heinemann. 1995. Adrian Payne. *Advances in Relationship Marketing*. Kogan Page Limeted，1995.

注这个市场，不仅要花资源和精力用于吸引新顾客，更要维持和发展与现有顾客的关系。

在分析顾客市场时，英澳学派提出了顾客关系阶梯模型(如图 15.6 所示)。阶梯的底部是潜在顾客。经过企业的营销活动和关系运作，潜在顾客会经历顾客、客户、支持者、宣传者、合作伙伴的变化，随着顾客与企业紧密关系程度的不断加强，企业与顾客实现了“双赢”。顾客关系阶梯模型指出了顾客与企业关系的演变历程。它给企业带来的启示是，对于阶梯的底部顾客，企业应将重点放在吸引新顾客上；而对于位于阶梯上端的顾客，企业应将重点放在通过发展和扩大关系，达到保持老顾客的目的。

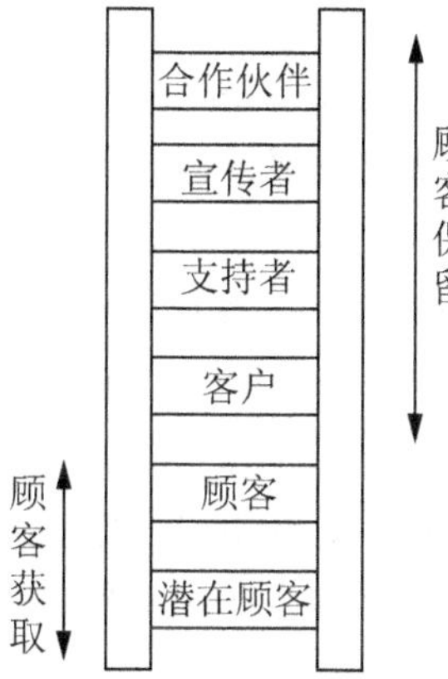

图 15.6　顾客关系阶梯模型

2) 推荐市场

推荐市场(中介市场)包括中间商、联系人、增值者、代理人等。企业往往忽略对推荐市场的营销和关系发展，事实上，企业的推荐资源十分重要，它不但可以为企业创造稳定的销售，还可以与之共担一部分风险。

3) 供应市场

任何一个企业不可能独立解决生产所需的所有资源，因此，企业需要与各种供应商进行资源交换。有统计表明，美国典型制造商全部收入的 60%被用于供应商的商品和服务。企业对供应商的选择和与其关系直接关系到企业产品的质量、生产的连续性等，因此，做好供应商营销(在美国，这也被称为“反向营销”)，与供应商亲密合作，能使企业更灵活、低成本、稳定发展。

4) 招聘市场

后工业化社会的企业需要有技能的熟练员工，他们是顾客服务交付中十分活跃的因素。目前，各种人才交流中心、猎头公司，特别是大学校园招聘会是企业吸收新人才的主要渠道。各个企业都希望在招聘市场中招募到符合公司要求和期望的人才，那么，企业必须重视招聘市场的营销。

5) 影响市场

影响市场随行业和行业部门类型的不同而有所不同，总结起来，有一些是比较公认的影响市场，如金融机构、新闻媒体、政府、社区及如消费者权益保护组织、环保组织等各种各样的社会压力团体，它们对于企业的生存和发展都会产生重要的影响。尤其在服务企业，舆论监督往往较严，因此企业有必要把它们作为一个市场来对待，制订好公共关系政策等营销计划。

6) 内部市场

内部营销的理论是建立在内部市场的基础上的，它认为企业的员工就是内部市场。事实上，内部市场有两层含义，较浅的含义或者说较明显的含义是，企业的每一位职员和每一个部门都是企业的内部顾客和内部供应商。进一步的含义是，企业要使全体员工的工作与企业的任务、战略和目标相一致。在为顾客创造价值的生产过程中，任何一个环节的低效率或低质量都会影响最终的顾客价值，因此，企业全体员工都要努力成为企业的最佳代理。

2. 承诺—信任理论

承诺—信任理论(key mediating variable model，KMV)是由美国学者摩根和亨特(1994)提出。他们认为，关系营销源于动态多变的全球市场和在竞争中获得成功所要求的转变。经济的发展使得竞争不再是推动市场的唯一动力，合作的重要性日益凸现。企业之间应该给予合作者应有的重视，这就意味着经济全球化的结果导致了一个组织要想在全球经济中成为一个有力的竞争者，就必须成为一个可以信任的合作者。摩根和亨特认为，承诺和信任是成功的关系营销的保证，是关系维持的基础。承诺和信任可以使合作双方减少短期行为，同时更为谨慎地对待高风险的行为，由此合作者之间的关系得以长期保持。据此，摩根和亨特以承诺和信任为中间变量，构建了关系营销的KMV(如图15.7所示)。

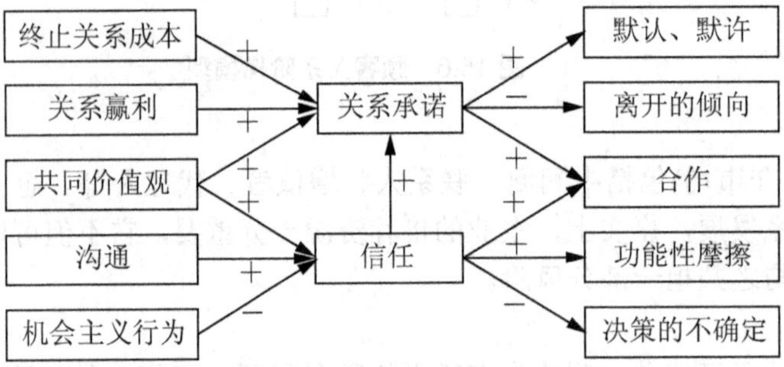

图15.7 关系营销的KMV

3. 关系、网络、互动理论

关系、网络、互动理论又称30R理论，是由瑞典学者古默桑(1994，1996)提出的。他认为，关系(relationship)是两个人或者是更多人之间的联系，网络(network)是关系的集合，互动(interaction)是关系和网络中相互影响的活动。古默桑认为，关系营销是一种把营销看做关系、网络和互动的意识，或者说是企业的一种经营理念，而30R则是理念的实际体现。古默桑把企业面临的关系分为市场关系、特殊市场关系、宏观关系和微观关系四类。市场关系是指供应商与顾客作为买卖者的关系；特殊市场关系则是把顾客当作企业的一员时，企业与顾客之间的关系；宏观关系存在于市场关系之上，包括企业与政府、公众、联合体等的关系，微观关系主要指企业内部的关系，包括企业内部员工与员工、员工与部门、部门与部门、内部市场各利润中心等之间的关系。古默桑认为，有效的关系营销是以关系、网络、互动的意识，促成各种关系的协调发展，而市场关系的改善在很大程度上取决于微观市场关系的改善，即企业的内部市场营销是企业外部市场营销取得成功的重要条件。

15.4 关系营销的层次及策略

15.4.1 关系营销的层次

关系营销可以分为三个层次。

1. 一级关系营销

一级关系营销也称频率营销或保持性营销，它是基于财务层次的关系营销，主要通过频繁市场营销活动提高顾客满意度，从而加强与顾客的关系。在这种关系营销中，营销人员主要通过使用价格刺激来鼓励顾客与企业进行更多的交易。这种关系营销方式较多，如美国航空公司20世纪80年代提出的免费为其顾客提供里程信用服务。接着，旅馆行业也采用了这种方法，例如，马里奥推出荣誉贵宾计划，常住顾客在积累了一定的分数后，就可以享用上等客房或免费房。这种关系营销活动也常在企业之间联合进行。例如，新加坡发展银行有限公司、VISA和高岛屋公司联合发起的忠诚营销也是希望与顾客建立长期的关系，智能卡(smart-card)的持有者能享受免费停车、送货服务、抽奖活动等一系列优惠，具体形式则取决于顾客用智能卡购买商品的累积金额。

现在许多企业间的交叉销售多属于此类营销活动。在此层次关系营销中，为留住顾客，会设立高度的顾客满意目标来评价营销实施的绩效，如果顾客对企业的产品或服务不满意，企业承诺将给予顾客合理的价格赔偿。在印度，六家希尔顿旅馆和亚太地区的其他40家希尔顿旅馆通过签署希尔顿质量保证书做出承诺：如果旅馆没有按预定条件提供住宿，或者没有按时供应饮食，或者没有配备音响设备及这些设备没有按合约规定的标准正常工作，顾客将得到经济上的赔偿。

此层次关系营销是一种低层次的营销，它有三个方面的缺陷：第一，单纯的价格优惠容易使竞争者竞相模仿，企业会丧失竞争力；第二，顾客易于受到模仿者类似促销方式的影响而转移购买，致使顾客的期望没有被满足；第三，可能降低服务水平。可以说这种关系营销可以“购买”顾客忠诚感，但无法真正创造忠诚顾客。

2. 二级关系营销

二级关系营销是基于社会层次的关系营销，主要通过与顾客建立良好的社会关系开展营销活动。在此层次关系营销中，企业充分认识到与顾客建立良好社交关系的重要性。一级关系营销的对象是针对顾客的，是以销售额为经营目标的；而二级关系营销则是针对关系顾客的，关系顾客不仅是“老顾客”，企业还需要以个体为单位了解关系顾客的各种资料，包括姓名、职业、兴趣、偏好、需求、生日、配偶生日、子女情况等尽可能多的情况。这种营销对营销接触人员的要求是比较高的，他们需要用合适的方法选择和了解关系顾客，保存顾客信息，特别强调的是要与他们保持联系，建立以社会关系为基础的信任关系，进而为他们提供个性化的服务。

这种关系营销的主要表现形式是建立顾客组织，通过某种方式将顾客纳入企业的特定组织中，使企业与顾客保持更为紧密的联系，实现对顾客的有效控制。企业通常采用两种方式与顾客建立关系。一是企业利用数据库建立顾客档案来与顾客保持长久的联系。例如，美国特惠润滑油公司的顾客数据库，在顾客超过113天没有再次使用他们的产品或服务时，便会自动打出一份提醒通知，从而让企业制定相应的对策。在数据库支持下与顾客加强联系，使顾客感到公司理解他们，知道他们喜欢什么，并且知道他们在什么时候对什么感兴趣，通过这种个性化的服务培养起顾客对企业的忠诚。二是企业通过建立各种正式或非正式的顾客俱乐部来与顾客保持长久的联系，如日本东芝电器公司组织的顾客沙龙会，松下电器公司组织的顾客“暮之家会”，资生堂等化妆品公司成立的“花椿会”和“钟会”等顾客组织。这种做法被称为“友之会制度”，这种组织会定期与会员交流，给他们寄送有用的资料，了解会员的需要，进而为他们送去其所需要的产品。

二级关系营销较一级关系营销前进了一大步，但当面临激烈的竞争时，特别是当面对较大的价格差别时，交易双方难以维持低层次的销售关系，只有通过提供顾客需要而竞争对手不能提供的技术服务和资金援助等深层次联系才能吸引客户。如果企业与竞争对手相比，没有自身的核心竞争力，一样无法挽留住顾客，所以，企业应在上述两级关系营销的基础上，与顾客结成稳定的结构纽带联系，使顾客长久地留下来。

3. 三级关系营销

与前两个层次的关系营销不同，三级关系营销通过与交易伙伴结成稳定的结构纽带联系开展营销活动，它是基于结构层次的关系营销。此层次关系营销中的关系被称为“合作伙伴”或者“客户联盟”。这种关系的建立是企业自身的行为，而不是仅仅依靠企业销售或者服务人员交际的态度和技巧。例如，一些银行为地处偏远的大型厂矿企业设立储蓄所，并与企业建立长期的财务联系，帮助企业改进其财务系统。结构性联系纽带通常具有三个特点：①依靠技术支持，特别是计算机技术等高科技；②对关系顾客有价值，能为顾客创造高效率和高产出；③顾客一般不能通过其他来源得到。

三级关系营销的优点在于：①稳定关系顾客，因为他们的转移需要付出更多的机会成本；②吸引新顾客，因为结构性服务可以为他们提供更多的利益；③提供价格竞争时的非价格动力。

结构性纽带相对社会联系具有更大的优越性。社会性联系比较而言是一种非正式的联系，而结构性纽带则是一种企业与关系顾客之间的正式联系。当面临较大的价格差别时，社会联系会相对脆弱，因为顾客同样需要利润最大化。而与企业存在结构性联系的客户要转向低价格提供者时将失去原有的结构性联系，因为竞争企业不能提供同样的服务。例如，美国航空公司的“优势成员顾客”如果转向其他航空公司，将重新回到“查询—等待—调整—等待—订票”等烦琐的步骤中，失去特殊的待遇和便捷。这些都将加大企业转移的机会成本，所以即使较大幅度的低价格竞争对结构型营销企业也不太可能构成威胁。

总之，三个层次的关系营销依次加大了为维护与顾客的关系的投入，并且一个比一个更为有效。三者之间并不是互相排斥的(如图15.8所示)，服务企业可以根据自身的资源和市场的特点开展适当的关系营销活动。在实际操作过程中，如果企业规模较小，在企业与顾客建立关系的过程中，可以只采取第一层次关系营销手段，也可以将第一、二层次关系营销并用；如果企业的规模较大，就可以综合运用上述三种关系营销手段。通过上述三种关系营销手段的应用，使顾客成为企业长期合作的伙伴，从而让企业在激烈的市场竞争中立于不败之地。

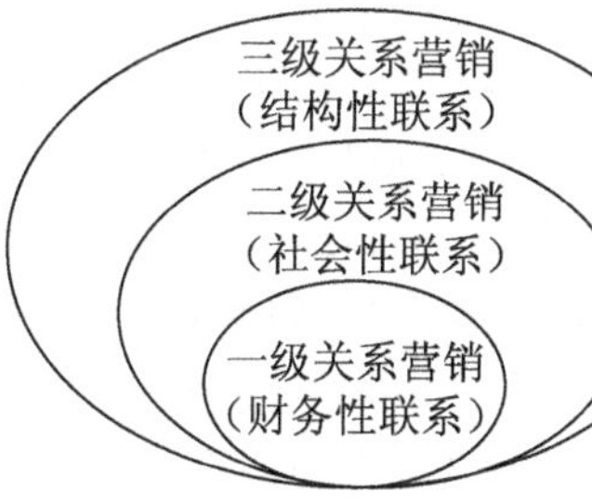

图 15.8　关系营销三层次之间的关系

15.4.2　服务的关系营销策略

1. 数据库营销

数据库营销指建立、维持和使用顾客数据库以进行交流和交易的过程。有效的顾客数据库是企业分析顾客特点、顾客需求和顾客价值的基础，也是企业认定主要顾客的前提条件。它能帮助企业有的放矢地使用各种营销手段，满足顾客的需要，引导顾客的消费，避免营销资源的浪费。例如，企业中最重要的 20%的顾客给自己带来 80%的收入和利润，最糟糕的 20%的顾客使企业的利润减少 50%，完善的顾客数据库很容易帮助企业找到谁是最重要的顾客，谁是最糟糕的顾客。数据库营销具有极强的针对性，是一种借助先进技术实现的“一对一”营销，可看做顾客化营销的特殊形式。数据库中的数据包括以下几个方面：现实顾客和潜在顾客的一般信息，如姓名、地址、电话、传真、电子邮件、个性特点和一般行为方式；交易信息，如订单、退货、投诉、服务咨询等；促销信息，即企业开展了哪些活动，做了哪些事，回答了哪些问题，最终效果如何等；产品信息，顾客购买何种产品、购买频率和购买量等。美国通用电器公司成功地运用了数据库营销。它建有资料详尽的数据库，可以清楚地知道哪些用户应该更换电器，并时常赠送一些礼品以吸引他们继续购买公司的产品。数据库营销特别适合于连锁公司，如果顾客在某一分店购买商品或服务时表现出某些需求特点，任何地方的另一分店店员都会了解并在顾客以后光临时主动给予满足。

营销案例

关系营销——IBM 借网球赛成功试水

对奥美顾客关系营销全球总裁及首席执行官 Reimer Thedens 而言，他的任务就是绞尽脑汁，帮助客户找到与消费者直接对话的方式。2001 年 7 月，Thedens 领导下的团队协助 IBM 为温布尔登网球赛创建官方网站，并首次在网站上推出了 IBM 的实时比分系统。该系统通过 Java 程序将个人电脑与球场的数百个摄像头连接，使用户在电脑桌面上获得一个“虚拟座位”来随时了解比分情况，甚至观看比赛场景。当时，全球有 450 万用户下载了这一程序，决赛时打开了 IBM 实时比分系统的观众超过 23 万人。“这相当于我们帮助 IBM 邮送了至少 450 万份产品体验。”Thedens 笑着说。IBM 这个关系营销事件也是从业以来令他激动的项目之一。

“尽管在消费者体验这方面我们做得很棒，但显然关系营销不仅仅是设计一个网站，让消费者上去浏览这么简单。” Thedens 说：“事实上，一套完整的关系营销方案至少包含关系和数据策略、互动渠道平台和知识中心三个部分的内容，好的创意全部源于此。”

关系和数据策略意味着首先必须明确关系营销的目的，即需要和何种客户建立何种关系。“在 IBM 的例子中，关系营销的重点在于和全球范围内对IBM技术可能产生兴趣的高级经理建立业务往来的关系。” Thedens 说。Thedens 认为，观看网球的观众本来就是知识层次较高的细分群体；另外，高级经理们没有太多的时间看电视，而网络和笔记本电脑已经成为了他们工作的标准配件，无论他们在办公室，还是在外出差，都可以很方便地通过网络来偷空看一眼自己喜欢的体育节目。综合考虑，高级经理们最可能使用该 Java 程序观看球赛；看了球赛后，他们也最易于与 IBM 技术产生共鸣。“这个认识决定了我们在该项目中关系营销的创意，也直接影响我们到底想通过什么平台来和观众互动。” Thedens 说。接下来的问题，是利用和观众已经发生的互动，来构建有效的数据库系统。在 IBM 的例子中，奥美首先设立了一个取得顾客相关数据的方案，在实时比分系统的 Java 程序窗口关闭时他们会让对此技术感兴趣的用户填一张表格，注明职位和联系方式，并声称将进一步提供产品更为详细的资料或派销售人员登门拜访。用户信息到达并存储在数据库后，奥美还要帮助 IBM 进行仔细分析，“因为根据我们的经验，往往 30%的用户会对公司贡献 60%～70%的价值，因而帮助客户分析出核心价值用户是非常必要的。” Thedens 说。

通过有创意的互动获得用户的初始信息后，关系营销人员就可根据数据库得到的核心价值用户名录，通过各种沟通方式与这些潜在客户持续互动，最终实现企业的客户价值、开辟新的创意构思。” Thedens 表示：“从这个意义上说，关系营销从来不是一个短期的行动，而应当被公司视为一项长期的策略。”

2. 频繁营销

频繁营销也称老主顾营销，指设计规划向经常购买或大量购买的顾客提供奖励。奖励的形式有折扣、赠送商品、奖品等。通过长期的、相互影响的、增加价值的关系，确定、保持和增加来自最佳顾客的产出。美国航空公司是首批实施频繁营销规划的公司之一，20 世纪 80 年代初推出了提供免费里程的规划，一位顾客可以不付任何费用参加公司的 AA 项目，乘飞机达到一定里程后换取一张头等舱位票或享受免费航行和其他好处。由于越来越多的顾客转向美国航空公司，其他航空公司也相继推出了相同的规划。许多旅馆规定，顾客住宿达到一定天数或金额后，可以享受上等住房或免费住宿。信用卡公司也向持卡人提供折扣。频繁营销规划的缺陷：第一，竞争者容易模仿。频繁营销规划只具有先动优势，尤其是竞争者反应迟钝时，如果多数竞争者仿效，就会成为所有实施者的负担。第二，顾客容易转移。由于只是单纯价格折扣的吸引，顾客易于受到竞争者类似促销方式的影响而转移购买。第三，可能降低服务水平。单纯价格竞争容易忽视顾客的其他需求。

3. 俱乐部营销

俱乐部营销是指通过建立顾客俱乐部，吸收购买一定数量产品或支付会费的顾客成为会员的一种营销策略。日本的任天堂电子游戏机公司建立了任天堂俱乐部，吸引了 200 万会员，会员每年付 16 美元会费，可以每月得到一本任天堂杂志，先睹或回顾任天堂游戏，赢者有奖，还可以打“游戏专线”电话询问各种问题。哈莱·戴维森公司建立了哈莱所有者团体，拥有 30 万会员，向会员提供一本杂志(介绍摩托车知识，报道国际国内的骑乘赛事)、一本旅游手册、紧急修理服务、特别设计的保险项目、价格优惠的旅馆，经常举办骑乘培训班和周末骑车大赛，向度假会员廉价出租哈莱·戴维森摩托车。第一次购买哈莱·戴维森摩托车的顾客可以免费获得一年期的会员资格，在一年内享受35美元的零件更新。目前，该公司占领了美国重型摩托车市场的48%，市场需求大于供给，顾客保留率达95%。

4. 顾客化营销

顾客化营销也称定制营销，是根据每位顾客的不同需求制造产品并开展相应的营销活动。其优越性是通过提供特色产品、优异质量和超值服务满足顾客需求，提高顾客忠诚度。顾客化营销于20世纪80年代在西方兴起，90年代呈现蓬勃发展趋势，并成为21世纪最重要的营销方式。依托现代最新科学技术建立的柔性生产系统，可以大规模、高效率地生产非标准化或非完全标准化的顾客化产品，成本增加不多，使得企业能够同时接受大批顾客的不同订单，并分别提供不同的产品和服务，在更高的层次上实现“产销见面”和“以销定产”。日本东芝公司在20世纪80年代末提出“按顾客需要生产系列产品”的口号，计算机工厂的同一条装配线上生产出九种不同型号的文字处理机和20种不同型号的计算机，每种型号多则20台，少则10台，公司几百亿美元的销售额大多来自小批量、多型号的系列产品。美国一家自行车公司建立了一个“顾客订货系统”，订货两周内便能生产出顾客理想的自行车。实行顾客化营销的企业要高度重视科学研究、技术发展、设备更新和产品开发；要建立完整的顾客购物档案，加强与顾客的联系，合理设置售后服务网点，提高服务质量。

5. 后营销管理

针对传统营销活动日益低下的营销效率，经过一段时期的探索与比较，最近营销界提出了后营销(after-marketing)的概念，其核心含义是指企业销售商品和服务后，以维持现有顾客为目标所进行的一系列营销活动。传统营销策略常常强调“征服性”，但这并不符合现在的经济形势，因而最后几乎都要失败：其一，企业目前实现的大多数利润来自现有的顾客群而非潜在消费者；其二，争取新顾客比维持老顾客要难得多，这同样是显而易见的。而后营销管理强调以“维持性”(retention)为基本特征，通过了解和满足现有顾客的需求，培养一批对企业服务高度满意、对企业产品高度忠诚的长期和终身顾客，以较低的营销成本、较高的营销效率创造良好的企业经营绩效。

后营销管理与传统营销管理的区别主要体现在三个方面。首先，传统的营销管理在观念上强调“向顾客卖商品”，主要通过主动出击、声势浩大的“征服性”营销活动来争取更多的新客户，以期抢占更多的市场份额；而后营销管理在观念上更强调“向顾客买忠诚”，为将“顾客满意度”提升为“顾客忠诚度”采取一系列维持性营销活动，通过赢得现有客户的心，培养对企业高度忠诚的长期甚至终身客户，也就是在竞争日益激烈的市场中牢牢把握住现有的顾客，有效地维持和扩大属于自身的市场份额。其次，传统的营销活动特别强调价格竞争。一些企业至今还认为，市场营销就是价格营销，市场竞争就是价格竞争。然而，企业之间过度的价格竞争往往会使竞争双方两败俱伤，不仅造成企业因价格大跌、无法赢利而大伤元气，还会造成国内外用户对商品的不信任心理，不利于扩张经营。而以“价值”为核心的后营销管理更强调商品的服务附加值，即服务不仅是一种劳动，更是一种价值创造的过程，是将自身的知识、智慧转化为商品附加值的过程。最后，与传统营销管理相比，后营销管理可以降低企业的经营风险。以“征服性”为主要特征的一般营销活动的目标在于争取新顾客，这必然要求企业有高知名度。为了有高知名度，企业必须投入大量资金开展一系列广告宣传和促销活动。虽然这一强大的“征服市场”的工具能给企业带来销售量增长的机会，但由于市场和消费者的高度不可预测性，使企业存在着极大的风险，一旦市场决策失误，企业很容易得不偿失，甚至陷入财务危机和市场萎缩并存的困境。而后营销管理由于维持老客户比争取新客户更容易、成本更低、效果更佳、可预见性更强，可以以较低的营销成本、较高的营销效率创造出良好的企业经营绩效。由此可见，与传统营销活动相比，后营销管理活动显得更温和、更有效。它是以“维持性”为基本特征的，这更好地体现了当前经济条件下企业间的既竞争又合作的从业理念。

本 章 小 结

本章主要介绍了服务业营销的演进、服务性企业与顾客的关系、顾客满意、顾客忠诚、关系营销的概念、内涵、理论、层次及策略等。服务业营销的演进经历了传统销售阶段、简单促销阶段、差异化阶段、服务质量阶段、关系营销阶段五个阶段。服务性企业与顾客的关系水平分为基本关系、被动式关系、负责式关系、主动式关系和伙伴式关系。顾客满意与顾客忠诚存在着正向关系，服务性企业维持顾客忠诚具有重要意义。关系营销是为了满足企业和相关利益者目标而进行的识别、建立、维持、促进同消费者的关系，并在必要时终止关系的过程，它与传统的交易营销具有较明显的区别。关系营销理论包括六大市场模型、承诺-信任模型及关系、网络、互动理论等。关系营销的层次分为一级关系营销、二级关系营销和三级关系营销，其策略包括数据库营销、频繁营销、顾客化营销和后营销管理等。

名人名言

我们公司的目标不仅是让顾客满意，而且还要让顾客高兴。

——Lexus 汽车公司

关系营销是建立在关系、网络和互动基础之上的。

——古默桑

任何业务都是在各种关系基础上开展起来的。企业所要做的是按照顾客的要求为其提供服务，使这种关系显现出来并具有实质性意义。

——克里斯廷·格罗鲁斯

一个企业存在的目的，在于创造新客户及维系老客户。

——西奥多·莱维特

营销领域已经形成从交易为中心向以关系为中心的一种转变。顾客变成了伙伴，并且公司必须长期致力于通过质量、服务和创新来保留这些顾客。

——F·E·韦伯斯特(F. E. Webster)

课 后 练 习

一、复习题

1. 名词解释

关系营销　顾客满意　顾客忠诚　频繁营销　俱乐部营销　顾客化营销　后营销管理

2. 选择题

(1) 六个市场模型中，最重要的市场是(　　)。

A. 影响者市场　　B. 顾客市场　　C. 内部市场　　D. 推荐市场

(2) 服务性企业与顾客关系的最高水平是(　　)。

A. 主动式关系　　B. 负责式关系　　C. 被动式关系　　D. 伙伴式关系

(3) KMV 是关系营销的(　　)提出来的。

A. IMP 学派　　B. 英澳学派

C. 诺丁学派　　D. 北美学派

(4) 关于顾客满意与顾客忠诚的关系，(　　)是正确的。

A. 顾客满意是顾客忠诚的充分必要条件

B. 顾客满意是顾客忠诚的必要非充分条件

C. 顾客满意是顾客忠诚的充分非必要条件

D. 顾客满意是顾客忠诚的非充分非必要条件

3. 填空题

(1) 一级关系营销建立的基础是______层次；二级关系营销建立的基础是______层次；三级关系营销建立的基础是______层次。

(2) 顾客关系阶梯包括______、______、______、______、______、______。

(3) 顾客满意包括三个方面：______、______和______。

4. 问答题

(1) 服务业的营销经过了哪些阶段？

(2) 什么是顾客忠诚？它包括哪些类型？

(3) 服务性企业与顾客的关系水平有哪些？

(4) 如何理解关系营销？

(5) 如何提高服务性企业的顾客忠诚？

(6) 比较关系营销与传统交易营销的区别。

(7) 简述关系营销的基本理论。

5. 讨论题

(1) 如何理解顾客满意与顾客忠诚的关系？

(2) 联系实际，论述服务性企业如何有效实施关系营销策略。

二、案例应用分析

美国市场研究公司的“忠诚客户”

美国市场研究公司发展到第 14 个年头时，生意越来越好，不少商界巨头也被列入了不断增长的客户名单之中。但令人奇怪的是，该公司却首次出现了利润大幅下降的情况，着实让该公司的决策者们纳闷。

在客户对公司贡献重要程度进行分析之后，事情一下子明朗了。原来，该公司将太多的精力及人力投入到了一些对自己根本没有利润的客户上了，但是这些名气大而贡献微薄的公司，又让人难以拒绝，这种无谓的消耗将公司的业务带入了停滞的阶段，针对这种情况，美国市场研究公司及时做出了以下决策，并取得了成功。

1. “炒掉”无利可图的老客户

为重新获得发展，该公司必须无情地放弃很大一部分现有客户，同时再去争取有利可图的新客户。这种决定是戏剧性的，因为这意味着公司一方面要砍掉收入的一部分来源，另一方面又得积极地寻找增加收入的途径。

经过数年时间，该公司掌握了一对一服务的精髓。这种服务体系的指导思想是对于不同的客户采取不同的服务手段。如果一个客户不能尽职地和市场研究公司合作，那么这个客户很可能会被“炒掉”，就好像解雇一个不称职的员工。这种策略很独特，而且看起来效果不错。不过，这种做法在有些情况下会让人感到痛苦。该公司的财务经理在对一位客户进行分析后发现，这位客户应被列入“拒绝服务”清单，便对上级抱怨：“拒绝这样的大客户真是太令人难过了!”但他得到的回答是，“当你在努力开拓市场的时候，你一定不希望新的生意会给以后更多的生意带来阻碍吧？放弃有时也是一种积极的策略”。

市场研究公司就这样建立了一套自己的标准来对待已有的客户。而且该公司的员工在碰到一些零星而又无利可图的客户们时会毫不迟疑地拒绝他们。公司对客户服务的观点确定实施之后的第二年，开始显出此项策略的影响：公司的收入及利润开始迅速增长。公司的销售人员也从以往零星的客户中解脱出来，得以专心发展一些对公司非常重要的大客户。

2. 认真筛选新客户

1996 年，市场研究公司将已有 20 多年工作经验的伦德斯安排在“看门人”的职位，公司所有来访者都要通过伦德斯的六个提问这一关，通过客户的回答来判断是否要接待。伦德斯的问题很简单，但她却通过六个问题将约 90%的客户抗拒在公司门外。一些被拒绝的客户很不理解，他们的第一反应是，“你们难道不想做生意了吗?”只要来访者成为了该公司的正式客户，这些新客户就会受到公司全面、独特、一对一的服务。公司的资源在伦德斯的努力下都用在这些对公司仍有重大贡献的客户上面了。事实证明，这种做法是极其成功的，双方都获益匪浅。

(资料来源：孙恒有．服务营销实战．郑州：郑州大学出版社，2004.)

问题：

(1) 该案例有哪些启示？

(2) 联系实际，论述服务企业如何实施客户忠诚计划。

阅读材料

酒店业的关系营销策略

世界市场需求与竞争的新特点是，对消费者争夺的重点已经从以前争取新的消费者转向保留已有的消费者与争夺竞争对手的消费者。为了实施好这种转变，除了采用消费者价值理论和消费者非常满意或兴奋理论外，还需要采用关系营销理论，来补充甚至替代传统的交易营销理论。对酒店来说，从交易营销发展到关系营销有哪几种具体选择呢？至少有以下五种与消费者的关系形态可供选择。

第一种是基本关系形态。它是指基本的交易关系，即指酒店的销售人员只负责销售酒店的产品，不关心和提供销售以后的任何其他服务。

第二种是反应性关系形态。它是指酒店的销售人员不仅负责销售产品，而且鼓励购买者在发现产品有问题时可以打电话与他们联系。

第三种是负责任关系型。它是指在酒店产品销售以后的一段时间内，酒店销售人员主动打电话给购买者，调查产品是否能满足购买者的期望。同时，酒店销售人员也向购买者征求改进酒店产品的意见。

第四种是主动联系关系形态。它是指一家酒店的销售人员或其他人员经常打电话给消费者，特别是老顾客，了解他们对改进现有酒店产品功能和开发酒店新产品的建议。

第五种是合伙者关系形态。它是指一家酒店不断地与其客户一起工作来帮助他们，并不断发现能为他们提供更有价值的产品与服务的方法。

如何与顾客建立强有力的关系，使顾客在满意的同时产生忠诚于你酒店产品的自我约束力？一般可以选用下列三种增加顾客价值感的方法。

1. 增加顾客的财务利益

增加顾客的财务利益是指对某些忠诚的顾客来说，支付相同的价格可以享受更多更好的产品。最通常的做法是对经常性的顾客给予优惠性奖励利益。例如，航空公司对经常乘坐它们飞机的旅行者提供“常旅客奖励方案”，即可以按乘坐飞机的里程给予奖励积分，积分到一定数额后可以为顾客提供免费的旅行奖励。据 1992 年的统计，全世界参加这类奖励旅行计划的乘客已高达 4 000 万人。这意味着航空公司拥有了 4 000 万名忠诚的顾客。又如，酒店对经常来住的顾客往往提供高一个等级的客房，酒店内的小商店则给予经常来购物的顾客可以对不满意的商品进行退款的特权。虽然，这类增加顾客财务利益的计划可以建立起消费者对酒店产品的偏好，但是由于这类计划很容易被竞争对手模仿，因此酒店难于通过实施这类计划拥有长期的竞争优势。这样，酒店还必须要运用增加消费者社交利益的方法来强化自己的竞争优势。

2. 增加顾客的社交利益

增加顾客社交利益的方法是，通过了解顾客的独特需求，提供专门化与个性化的产品与服务，以此来建立与消费者个人间的良好关系。例如，波音飞机公司为每一位现在的或潜在的客户指定一位营销经理进行定期联系，详细了解与记载每一位客户的各种需求信息，熟悉客户负责人的名字与个人爱好等。而不是像超级市场里的服务人员对待其顾客那样，不注意他们的名字与个性。实践证明，个性服务和感情服务有利于形成顾客忠诚，为了使个性化服务更有主动性和计划性，必须提升个性服务，即对于一些建立在标准化基础上的、比较成熟的个性服务，可以逐步建立适应个性服务要求的规范，即个性服务的标准化。这需要两个保证。一是硬件——数据库保证。通过数据库综合分析各种顾客信息，可以帮助酒店找到目标顾客群，处理各种顾客档案。这方面集团化或营销联盟中的酒店更有优势，如某位顾客在杭州下榻香格里拉饭店，他还要去武汉，于是在客人到达武汉之前杭州香格里拉饭店已将其客情档案、特殊要求通过本集团的电脑网络传至武汉香格里拉饭店，使客人到武汉后仍可享受到在杭州一样的款待，俨然是武汉的“虚拟”回头客，网络扩大了回头客的定义。二是软件——素质保证。个性服务总处在提炼、升华状态，酒店组织应成为学习型组织(learning organiziation)，不断提高员工的服务技术、技巧和知识水平。

3. 与顾客建立稳定、便利的联系方式

与顾客建立稳定、便利联系方式的具体手段是，提供通信设备，建立联系机构，从实体上加强与顾客的关系。这特别适用于对公司、机构、旅行社等到团体市场进行营销的酒店。许多国际酒店集团设立了800免费咨询与预订电话，有的还与大公司建立固定联系，使己方酒店成为代理大公司旅行、会议业务的常设机构。另外，不少酒店集团在互联网上设立自己的主页，能进行及时的、直接与顾客对话式的、有目标的促销。同时，利用电子邮件接受预订与咨询。有些商务酒店根据自己的客源结构特点，通过有效的顾客组织化战略，把顾客纳入内部系统，使酒店与顾客紧密结合，如上海和平饭店的“金融家俱乐部”。最近上海某大酒店，也成立了“建筑师之家”，通过免费举办各种洽谈、研讨会、报告会、设计作品展览等吸引了大批建筑师，并使之成为自己的忠实顾客。 另外，还可以通过建立战略联盟来增强关系营销的能力。纵向的战略联盟是酒店与旅行社、供应商、航空公司、旅游经销商等建立的网络伙伴关系，如北京京瑞大厦与航空公司合作，使客人在酒店大堂就能完成登机手续，方便了客人。有的酒店在经营形势好时，嫌旅行社支付的房价低，不愿和旅行社发生关系，生意差时又去求旅行社，自然不会有好结果。横向的战略联盟是酒店成立营销联合体，成员间统一促销，互相介绍客源。在有些酒店杀价竞争激烈，给载客的出租车司机回扣成风的地区，酒店间还要联合起来，实行行业自律——抵制恶性竞争。

从世界经济发展的总趋势看，要追随从交易营销向关系营销转变的潮流。但在实际营销活动中，到底选择交易营销管理方式，还是选择关系营销管理方式，这仍然需要依据消费者选择酒店的行为方式、产品本身的特点、顾客数量及提供利润大小等因素来决定。

首先，顾客数量多少与他们提供的利润大小对选择交易营销还是关系营销管理方式的影响。交易营销与关系营销选择图表明，关系营销是适合于那些数量少但提供利润大的顾客。例如，适合大公司的长包房客户，他们的特征就是数量少，但提供的利润大。相反，交易营销则最适合于那些数量多但提供利润小的宾客，如一次性的中转散客。

其次，还需要考虑宾客选择酒店的行为方式和产品自身的特点。对于需要花很大调查分析工作量和巨额资金才能从一个酒店转到另一个酒店的宾客来说，也可以对他们采用关系营销管理方式，如对大公司长包房的购买者来说，因为他们通常需要仔细地研究各酒店的情况，从中选择一家被期望能提供良好的长期与综合服务的酒店。在这类产品的交易中，顾客和酒店都花了许多资金和时间来建立关系。顾客发现，转向另一家酒店要支出大量的费用(如为满足特殊需要的重新装修)和承担巨大的风险，因此对这类顾客宜采用关系营销的方法。

另外，当酒店提供几乎没有差别的产品如相同的自助餐时，由于顾客可以在每一次购买时，通过谈判在几家酒店中选择能提供最好交易条件的那家酒店，在这种情况下，一家酒店与一位购买者建立长期关系的努力自动地警告下一次销售机会，他必须始终提供具有竞争性的交易条件。因此，对这类顾客往往适宜于采用交易营销的管理方式。

(资料来源：http://www.795.com.cn/wz/26246_4.html.)

参 考 文 献

[1] [美]克里斯托弗·H·洛夫洛克. 服务营销[M]. 3版. 陆雄文等，译. 北京：中国人民出版社，2001.

[2] [英]克里斯廷·格罗鲁斯. 服务管理与营销[M]. 韩经纶等，译. 北京：电子工业出版社，2002.

[3] 曹礼和. 基于顾客满意的服务质量管理[J]. 湖北经济学院学报，2006，(1).

[4] 陈秋梅. 关于服务定价问题[J]. 中国流通经济，1999，(6).

[5] 陈祝平. 服务营销管理[M]. 3版. 北京：电子工业出版社，2011.

[6] 杜兰英，芦琼莹. 服务营销[M]. 武汉：华中科技大学出版社，2011.

[7] [美]菲利普·科特勒. 市场营销管理(亚洲版)[M]. 2版. 梅清豪，译. 北京：中国人民大学出版社，2001.

[8] 范红军. 谈服务行业的几种定价策略[J]. 价格月刊，1997，(8).

[9] [英]格罗鲁斯. 服务管理与营销——服务竞争中的顾客管理[M]. 3版. 韦福祥等，译. 北京：电子工业出版社，2008.

[10] 高桂平. 服务营销学[M]. 武汉：武汉理工大学出版社，2008.

[11] 高丽华. 企业服务营销[M]. 北京：中国物资出版社，2002.

[12] 郭国庆. 服务营销管理[M]. 北京：中国人民出版社，2009.

[13] [荷]汉斯·卡斯帕尔，等. 服务营销与管理：基于战略的视角[M]. 北京：人民邮电出版社，2008.

[14] 胡圣洁，孙仁佳. 服务营销创造顾客满意[J]. 甘肃农业，2006，(10).

[15] 贾昌荣. 服务营销战[M]. 北京：中国经济出版社，2006.

[16] [美]K·道格拉斯·霍夫曼，约翰·E·G·彼得森. 服务营销精要：概念、策略和案例[M]. 胡介埙，译. 大连：东北财经大学出版社，2004.

[17] 李海廷. 服务营销思想史[M]. 长春：吉林人民出版社，2008.

[18] 李怀斌. 服务营销学教程[M]. 大连：东北财经大学出版社，2002.

[19] 李晓. 服务营销[M]. 武汉：武汉大学出版社，2004.

[20] 雷蒙德·P·菲斯克，史蒂芬·J·格罗夫，乔比·约翰. 互动服务营销[M]. 北京：机械工业出版社，2001.

[21] 雷莉，谢圣涛. 物流金融服务产品策略研究[J]. 物流科技，2009，(8).

[22] 梁彦明. 服务营销管理[M]. 广州：暨南大学出版社，2004.

[23] [英]马丁·克里斯托弗. 关系营销——如何将质量、服务和营销融为一体[M]. 北京：中国经济出版社，1998.

[24] 彭建仿. 分销渠道管理学[M]. 广州：中山大学出版社，2009.

[25] 任新建. 发展服务消费促进经济转型[N]. 东方早报，2012-04-10.

[26] 孙恒有. 服务营销实战[M]. 郑州：郑州大学出版社，2004.

[27] 陶峻，马力. 基于顾客价值的知识服务定价策略[J]. 中央财经大学学报，2005，(3).

[28] [美]瓦拉瑞尔·A·泽丝曼尔，玛丽·乔·比特纳. 服务营销[M]. 张金成等，译. 北京：机械工业出版社，2004.

[29] 王永贵. 服务营销与管理[M]. 天津：南开大学出版社，2009.

[30] 许晖. 服务营销[M]. 北京：科学出版社，2011.

[31] 许以洪，李双玫．市场营销学[M]．北京：机械工业出版社，2007．

[32] 阎剑平．服务营销[M]．北京：中国纺织出版社，2004．

[33] 杨萌萌．大型商场顾客满意度评价研究[J]．学理论，2008，(22)．

[34] 叶万春．服务营销学[M]．北京：高等教育出版社，2001．

[35] 张旭．服务营销[M]．北京：中国华侨出版社，2002．

[36] 邹乐群．服务营销与服务管理[M]．长沙：国防科技大学出版社，2002．

[37] 张月莉，郭晶．服务营销[M]．北京：中国财政经济出版社，2002．

[38] 张月莉，史天林．服务产品定价策略研究[J]．价格理论与实践，2008，(3)．

[39] 张广玲．分销渠道管理[M]．武汉：武汉大学出版社，2005．

[40] 章海荣．服务营销管理[M]．北京：清华大学出版社；北京交通大学出版社，2009．

[41] 赵天娥．服务品牌培育策略研究[J]．理论探讨，2004，(3)．

[42] McFadden Daniel L，Train Kenneth E．*Consumers' evaluation of new products Learning from self and others*[J]．The Journal of Politic Economy，1996，104(4)．

[43] http://blog.sohu.com/people/!bGluaW1pZUBzb2h1LmNvbQ==/63042051.html